20 世纪中国古代文化经典域外传播研究书系

张西平　　总主编

# 中国古代文化在世界：以 20 世纪为中心

张西平　孙　健　主编

中原出版传媒集团
大地传媒

大象出版社
·郑州·

图书在版编目(CIP)数据

中国古代文化在世界：以 20 世纪为中心／张西平，孙健主编.— 郑州：大象出版社，2017.12
(20 世纪中国古代文化经典域外传播研究书系)
ISBN 978-7-5347-8473-6

Ⅰ.①中… Ⅱ.①张… ②孙… Ⅲ.①文化史—中国—古代—文集 Ⅳ.①K220.3-53

中国版本图书馆 CIP 数据核字(2016)第 282708 号

20 世纪中国古代文化经典域外传播研究书系
## 中国古代文化在世界：以 20 世纪为中心
ZHONGGUO GUDAI WENHUA ZAI SHIJIE：YI 20 SHIJI WEI ZHONGXIN
张西平　孙　健　主编

| | |
|---|---|
| **出 版 人** | 王刘纯 |
| **项目统筹** | 张前进　刘东蓬 |
| **责任编辑** | 管　昕 |
| **责任校对** | 安德华　裴红燕　牛志远 |
| **装帧设计** | 张　帆 |

| | |
|---|---|
| 出版发行 | 大象出版社(郑州市开元路 16 号　邮政编码 450044) |
| | 发行科　0371-63863551　总编室　0371-65597936 |
| 网　　址 | www.daxiang.cn |
| 印　　刷 | 郑州市毛庄印刷厂 |
| 经　　销 | 各地新华书店经销 |
| 开　　本 | 787mm×1092mm　1/16 |
| 印　　张 | 25.25 |
| 字　　数 | 383 千字 |
| 版　　次 | 2017 年 12 月第 1 版　2017 年 12 月第 1 次印刷 |
| 定　　价 | 78.00 元 |

若发现印、装质量问题，影响阅读，请与承印厂联系调换。
印厂地址　郑州市惠济区清华园路毛庄工业园
邮政编码　450044　　　　电话　0371-63784396

# 总 序

张西平①

呈现在读者面前的这套"20世纪中国古代文化经典域外传播研究书系"是我2007年所申请的教育部哲学社会科学研究重大课题攻关项目的成果。

这套丛书的基本设计是：导论1卷，编年8卷，中国古代文化域外传播专题研究10卷，共计19卷。

中国古代文化经典在域外的传播和影响是一个崭新的研究领域，之前中外学术界从未对此进行过系统研究。它突破了以往将中国古代文化经典的研究局限于中国本土的研究方法，将研究视野扩展到世界主要国家，研究中国古代文化经典在那里的传播和影响，以此说明中国文化的世界性意义。

我在申请本课题时，曾在申请表上如此写道：

> 研究20世纪中国古代文化经典在域外的传播和影响，可以使我们走出"东方与西方""现代与传统"的二元思维，在世界文化的范围内考察中国文化的价值，以一种全球视角来重新审视中国古代文化的影响和现代价值，揭示中国文化的普世性意义。这样的研究对于消除当前中国学术界、文化界所存在的对待中国古代文化的焦虑和彷徨，对于整个社会文化转型中的中国重新

---

① 北京外国语大学中国海外汉学研究中心（现在已经更名为"国际中国文化研究院"）原主任，中国文化走出去协同创新中心原副主任。

确立对自己传统文化的自信,树立文化自觉,都具有极其重要的思想文化意义。

通过了解20世纪中国古代文化经典在域外的传播与接受,我们也可以进一步了解世界各国的中国观,了解中国古代文化如何经过"变异",融合到世界各国的文化之中。通过对20世纪中国古代文化经典在域外传播和影响的研究,我们可以总结出中国文化向外部世界传播的基本规律、基本经验、基本方法,为国家制定全球文化战略做好前期的学术准备,为国家对外传播中国文化宏观政策的制定提供学术支持。

中国文化在海外的传播,域外汉学的形成和发展,昭示着中国文化的学术研究已经成为一个全球的学术事业。本课题的设立将打破国内学术界和域外汉学界的分隔与疏离,促进双方的学术互动。对中国学术来说,课题的重要意义在于:使国内学术界了解域外汉学界对中国古代文化研究的进展,以"它山之石"攻玉。通过本课题的研究,国内学术界了解了域外汉学界在20世纪关于中国古代文化经典的研究成果和方法,从而在观念上认识到:对中国古代文化经典的研究已经不再仅仅属于中国学术界本身,而应以更加开阔的学术视野展开对中国古代文化经典的研究与探索。

这样一个想法,在我们这项研究中基本实现了。但我们应该看到,对中国古代文化经典在域外的传播与影响的研究绝非我们这样一个课题就可以完成的。这是一个崭新的学术方向和领域,需要学术界长期关注与研究。基于这样的考虑,在课题设计的布局上我们的原则是:立足基础,面向未来,着眼长远。我们希望本课题的研究为今后学术的进一步发展打下坚实的基础。为此,在导论中,我们初步勾勒出中国古代文化经典在西方传播的轨迹,并从理论和文献两个角度对这个研究领域的方法论做了初步的探讨。在编年系列部分,我们从文献目录入手,系统整理出20世纪以来中国古代文化经典在世界主要国家的传播编年。编年体是中国传统记史的一个重要体裁,这样大规模的中国文化域外传播的编年研究在世界上是首次。专题研究则是从不同的角度对这个主题的深化。

为完成这个课题,30余位国内外学者奋斗了7年,到出版时几乎是用了10年时间。尽管我们取得了一定的成绩,这个研究还是刚刚开始,待继续努力的方向还很多。如:这里的中国古代文化经典主要侧重于以汉文化为主体,但中国古代文化是一个"多元一体"的文化,在其长期发展中,少数民族的古代文化经典已经逐步融合到汉文化的主干之中,成为中华文化充满活力、不断发展的动力和原因之一。由于时间和知识的限制,在本丛书中对中国古代少数民族的经典在域外的传播研究尚未全面展开,只是在个别卷中有所涉猎。在语言的广度上也待扩展,如在欧洲语言中尚未把西班牙语、瑞典语、荷兰语等包括进去,在亚洲语言中尚未把印地语、孟加拉语、僧伽罗语、乌尔都语、波斯语等包括进去。因此,我们只是迈开了第一步,我们希望在今后几年继续完成中国古代文化在使用以上语言的国家中传播的编年研究工作。希望在第二版时,我们能把编年卷做得更好,使其成为方便学术界使用的工具书。

中国文化是全球性的文化,它不仅在东亚文化圈、欧美文化圈产生过重要影响,在东南亚、南亚、阿拉伯世界也都产生过重要影响。因此,本丛书尽力将中国古代文化经典在多种文化区域传播的图景展现出来。或许这些研究仍待深化,但这样一个图景会使读者对中国文化的影响力有一个更为全面的认识。

中国古代文化经典的域外传播研究近年来逐步受到学术界的重视,据初步统计,目前出版的相关专著已经有十几本之多,相关博士论文已经有几十篇,国家社科基金课题及教育部课题中与此相关的也有十余个。随着国家"一带一路"倡议的提出,中国文化"走出去"战略也开始更加关注这个方向。应该说,这个领域的研究进步很大,成果显著。但由于这是一个跨学科的崭新研究领域,尚有不少问题需要我们深入思考。例如,如何更加深入地展开这一领域的研究？如何从知识和学科上把握这个研究领域？通过什么样的路径和方法展开这个领域的研究？这个领域的研究在学术上的价值和意义何在？对这些问题笔者在这里进行初步的探讨。

## 一、历史：展开中国典籍外译研究的基础

根据目前研究,中国古代文化典籍第一次被翻译为欧洲语言是在 1592 年,由来自西班牙的传教士高母羡(Juan Cobo,1546—1592)[①]第一次将元末明初的中国

---

[①] "'Juan Cobo',是他在 1590 年寄给危地马拉会友信末的落款签名,也是同时代的欧洲作家对他的称呼;'高母羡',是 1593 年马尼拉出版的中文著作《辩正教真传实录》一书扉页上的作者;'羡高茂',是 1592 年他在翻译菲律宾总督致丰臣秀吉的回信中使用的署名。"蒋薇:《1592 年高母羡(Fr.Juan Cobo)出使日本之行再议》,硕士论文抽样本,北京:北京外国语大学;方豪:《中国天主教史人物传》(上),北京:中华书局,1988 年,第 83—89 页。

文人范立本所编著的收录中国文化先贤格言的蒙学教材《明心宝鉴》翻译成西班牙文。《明心宝鉴》收入了孔子、孟子、庄子、老子、朱熹等先哲的格言，于洪武二十六年（1393）刊行。如此算来，欧洲人对中国古代文化典籍的翻译至今已有424年的历史。要想展开相关研究，对研究者最基本的要求就是熟知西方汉学的历史。

仅仅拿着一个译本，做单独的文本研究是远远不够的。这些译本是谁翻译的？他的身份是什么？他是哪个时期的汉学家？他翻译时的中国助手是谁？他所用的中文底本是哪个时代的刻本？……这些都涉及对汉学史及中国文化史的了解。例如，如果对《明心宝鉴》的西班牙译本进行研究，就要知道高母羡的身份，他是道明会的传教士，在菲律宾完成此书的翻译，此书当时为生活在菲律宾的道明会传教士学习汉语所用。他为何选择了《明心宝鉴》而不是其他儒家经典呢？因为这个本子是他从当时来到菲律宾的中国渔民那里得到的，这些侨民只是粗通文墨，不可能带有很经典的儒家本子，而《菜根谭》和《明心宝鉴》是晚明时期民间流传最为广泛的儒家伦理格言书籍。由于这是以闽南话为基础的西班牙译本，因此书名、人名及部分难以意译的地方，均采取音译方式，其所注字音当然也是闽南语音。我们对这个译本进行研究就必须熟悉闽南语。同时，由于译者是天主教传教士，因此研究者只有对欧洲天主教的历史发展和天主教神学思想有一定的了解，才能深入其文本的翻译研究之中。

又如，法国第一位专业汉学家雷慕沙（Jean Pierre Abel Rémusat, 1788—1832）的博士论文是关于中医研究的《论中医舌苔诊病》（*Dissertatio de glossosemeiotice sive de signis morborum quae è linguâ sumuntur, praesertim apud sinenses*, 1813, Thése, Paris）。论文中翻译了中医的一些基本文献，这是中医传向西方的一个重要环节。如果做雷慕沙这篇文献的研究，就必须熟悉西方汉学史，因为雷慕沙并未来过中国，他关于中医的知识是从哪里得来的呢？这些知识是从波兰传教士卜弥格（Michel Boym, 1612—1659）那里得来的。卜弥格的《中国植物志》"是西方研究中国动植物的第一部科学著作，曾于1656年在维也纳出版，还保存了原著中介绍的每一种动植物的中文名称和卜弥格为它们绘制的二十七幅图像。后来因为这部著作受到欧洲读者极大的欢迎，在1664年，又发表了它的法文译本，名为《耶稣会士卜弥格神父写的一篇论特别是来自中国的花、水果、植物和个别动物的论文》。……

荷兰东印度公司一位首席大夫阿德列亚斯·克莱耶尔(Andreas Clayer)……1682年在德国出版的一部《中医指南》中,便将他所得到的卜弥格的《中医处方大全》《通过舌头的颜色和外部状况诊断疾病》《一篇论脉的文章》和《医学的钥匙》的部分章节以他的名义发表了"①。这就是雷慕沙研究中医的基本材料的来源。如果对卜弥格没有研究,那就无法展开对雷慕沙的研究,更谈不上对中医西传的研究和翻译时的历史性把握。

这说明研究者要熟悉从传教士汉学到专业汉学的发展历史,只有如此才能展开研究。西方汉学如果从游记汉学算起已经有七百多年的历史,如果从传教士汉学算起已经有四百多年的历史,如果从专业汉学算起也有近二百年的历史。在西方东方学的历史中,汉学作为一个独立学科存在的时间并不长,但学术的传统和人脉一直在延续。正像中国学者做研究必须熟悉本国学术史一样,做中国文化典籍在域外的传播研究首先也要熟悉域外各国的汉学史,因为绝大多数的中国古代文化典籍的译介是由汉学家们完成的。不熟悉汉学家的师承、流派和学术背景,自然就很难做好中国文化的海外传播研究。

上面这两个例子还说明,虽然西方汉学从属于东方学,但它是在中西文化交流的历史中产生的。这就要求研究者不仅要熟悉西方汉学史,也要熟悉中西文化交流史。例如,如果不熟悉元代的中西文化交流史,那就无法读懂《马可·波罗游记》;如果不熟悉明清之际的中西文化交流史,也就无法了解以利玛窦为代表的传教士汉学家们的汉学著作,甚至完全可能如堕烟海,不知从何下手。上面讲的卜弥格是中医西传第一人,在中国古代文化典籍西传方面贡献很大,但他同时又是南明王朝派往梵蒂冈教廷的中国特使,在明清时期中西文化交流史上占有重要的地位。如果不熟悉明清之际的中西文化交流史,那就无法深入展开研究。即使一些没有来过中国的当代汉学家,在其进行中国典籍的翻译时,也会和中国当时的历史与人物发生联系并受到影响。例如20世纪中国古代文化经典最重要的翻译家阿瑟·韦利(Arthur David Waley,1889—1966)与中国作家萧乾、胡适的交往,都对他的翻译活动产生过影响。

历史是进行一切人文学科研究的基础,做中国古代文化经典在域外的传播研

---

① 张振辉:《卜弥格与明清之际中学的西传》,《中国史研究》2011年第3期,第184—185页。

究尤其如此。

中国学术界对西方汉学的典籍翻译的研究起源于清末民初之际。辜鸿铭对西方汉学家的典籍翻译多有微词。那时的中国学术界对西方汉学界已经不陌生，不仅不陌生，实际上晚清时期对中国学问产生影响的西学中也包括汉学。① 近代以来，中国学术的发展是西方汉学界与中国学界互动的结果，我们只要提到伯希和、高本汉、葛兰言在民国时的影响就可以知道。② 但中国学术界自觉地将西方汉学作为一个学科对象加以研究和分梳的历史并不长，研究者大多是从自己的专业领域对西方汉学发表评论，对西方汉学的学术历史研究甚少。莫东言的《汉学发达史》到1936年才出版，实际上这本书中的绝大多数知识来源于日本学者石田干之助的《欧人之汉学研究》③。近30年来中国学术界对西方汉学的研究有了长足进展，个案研究、专书和专人研究及国别史研究都有了重大突破。像徐光华的《国外汉学史》、阎纯德主编的《列国汉学史》等都可以为我们的研究提供初步的线索。但应看到，对国别汉学史的研究才刚刚开始，每一位从事中国典籍外译研究的学者都要注意对汉学史的梳理。我们应承认，至今令学术界满意的中国典籍外译史的专著并不多见，即便是国别体的中国典籍外译的专题历史研究著作都尚未出现。④ 因为这涉及太多的语言和国家，绝非短期内可以完成。随着国家"一带一路"倡议的提出，了解沿路国家文化与中国文化之间的互动历史是学术研究的题中应有之义。但一旦我们翻阅学术史文献就会感到，在这个领域我们需要做的事情还有很多，尤其需要增强对沿路国家文化与中国文化互动的了解。百年以西为师，我们似乎忘记了家园和邻居，悲矣！学术的发展总是一步步向前的，愿我们沿着季羡林先生开辟的中国东方学之路，由历史而入，拓展中国学术发展的新空间。

---

① 罗志田：《西学冲击下近代中国学术分科的演变》，《社会科学研究》2003年第1期。
② 桑兵：《国学与汉学——近代中外学界交往录》，北京：中国人民大学出版社，2010年；李孝迁：《葛兰言在民国学界的反响》，《华东师范大学学报》（哲学社会科学版）2010年第4期。
③ [日]石田干之助：《欧人之汉学研究》，朱滋萃译，北京：北平中法大学出版社，1934年。
④ 马祖毅、任荣珍：《汉籍外译史》，武汉：湖北教育出版社，1997年。这本书尽管是汉籍外译研究的开创性著作，但书中的错误颇多，注释方式也不规范，完全分不清资料的来源。关键在于作者对域外汉学史并未深入了解，仅在二手文献基础上展开研究。学术界对这本书提出了批评，见许冬平《〈汉籍外译史〉还是〈汉籍歪译史〉？》，光明网，2011年8月21日。

## 二、文献：西方汉学文献学亟待建立

张之洞在《书目答问》中开卷就说："诸生好学者来问应读何书,书以何本为善。偏举既嫌挂漏,志趣学业亦各不同,因录此以告初学。"[①]学问由目入,读书自识字始,这是做中国传统学问的基本方法。此法也同样适用于中国文化在域外的传播研究及中国典籍外译研究。因为19世纪以前中国典籍的翻译者以传教士为主,传教士的译本在欧洲呈现出非常复杂的情况。17世纪时传教士的一些译本是拉丁文的,例如柏应理和一些耶稣会士联合翻译的《中国哲学家孔子》,其中包括《论语》《大学》《中庸》。这本书的影响很大,很快就有了各种欧洲语言的译本,有些是节译,有些是改译。如果我们没有西方汉学文献学的知识,就搞不清这些译本之间的关系。

18世纪欧洲的流行语言是法语,会法语是上流社会成员的标志。恰好此时来华的传教士由以意大利籍为主转变为以法国籍的耶稣会士为主。这些法国来华的传教士学问基础好,翻译中国典籍极为勤奋。法国传教士的汉学著作中包含了大量的对中国古代文化典籍的介绍和翻译,例如来华耶稣会士李明返回法国后所写的《中国近事报道》(*Nouveaux mémoires sur l'état présent de la Chine*),1696年在巴黎出版。他在书中介绍了中国古代重要的典籍"五经",同时介绍了孔子的生平。李明所介绍的孔子的生平在当时欧洲出版的来华耶稣会士的汉学著作中是最详细的。这本书出版后在四年内竟然重印五次,并有了多种译本。如果我们对法语文本和其他文本之间的关系不了解,就很难做好翻译研究。

进入19世纪后,英语逐步取得霸主地位,英文版的中国典籍译作逐渐增加,版本之间的关系也更加复杂。美国诗人庞德在翻译《论语》时,既参照早年由英国汉学家柯大卫(David Collie)翻译的第一本英文版"四书"[②],也参考理雅各的译本,如果只是从理雅各的译本来研究庞德的翻译肯定不全面。

20世纪以来对中国典籍的翻译一直在继续,翻译的范围不断扩大。学者研

---

① 〔清〕张之洞著,范希曾补正:《书目答问补正》,上海:上海古籍出版社,2001年,第3页。
② David Collie, *The Four Books*, Malacca: Printed at Mission Press, 1828.

究百年的《论语》译本的数量就很多,《道德经》的译本更是不计其数。有的学者说世界上译本数量极其巨大的文化经典文本有两种,一种是《圣经》,另一种就是《道德经》。

这说明我们在从事文明互鉴的研究时,尤其在从事中国古代文化经典在域外的翻译和传播研究时,一定要从文献学入手,从目录学入手,这样才会保证我们在做翻译研究时能够对版本之间的复杂关系了解清楚,为研究打下坚实的基础。中国学术传统中的"辨章学术,考镜源流"在我们致力于域外汉学研究时同样需要。

目前,国家对汉籍外译项目投入了大量的经费,国内学术界也有相当一批学者投入这项事业中。但我们在开始这项工作时应该摸清世界各国已经做了哪些工作,哪些译本是受欢迎的,哪些译本问题较大,哪些译本是节译,哪些译本是全译。只有清楚了这些以后,我们才能确定恰当的翻译策略。显然,由于目前我们在域外汉学的文献学上做得不够理想,对中国古代文化经典的翻译情况若明若暗。因而,国内现在确立的一些翻译计划不少是重复的,在学术上是一种浪费。即便国内学者对这些典籍重译,也需要以前人的工作为基础。

就西方汉学而言,其基础性书目中最重要的是两本目录,一本是法国汉学家考狄编写的《汉学书目》(Bibliotheca sinica),另一本是中国著名学者、中国近代图书馆的奠基人之一袁同礼1958年出版的《西文汉学书目》(China in Western Literature: a Continuation of Cordier's Bibliotheca Sinica)①。

从西方最早对中国的记载到1921年西方出版的关于研究中国的书籍,四卷本的考狄书目都收集了,其中包括大量关于中国古代文化典籍的译本目录。袁同礼的《西文汉学书目》则是"接着说",其书名就表明是接着考狄来做的。他编制了1921—1954年期间西方出版的关于中国研究的书目,其中包括数量可观的关于中国古代文化典籍的译本目录。袁同礼之后,西方再没有编出一本类似的书目。究其原因,一方面是中国研究的进展速度太快,另一方面是中国研究的范围在快速扩大,在传统的人文学科的思路下已经很难把握快速发展的中国研究。

当然,国外学者近50年来还是编制了一些非常重要的专科性汉学研究文献

---

① 书名翻译为《西方文学作品里的中国书目——续考狄之汉学书目》更为准确,《西文汉学书目》简洁些。

目录,特别是关于中国古代文化经典的翻译也有了专题性书目。例如,美国学者编写的《中国古典小说研究与欣赏论文书目指南》①是一本很重要的专题性书目,对于展开中国古典文学在西方的传播研究奠定了基础。日本学者所编的《东洋学文献类目》是当代较权威的中国研究书目,收录了部分亚洲研究的文献目录,但涵盖语言数量有限。当然中国学术界也同样取得了较大的进步,台湾学者王尔敏所编的《中国文献西译书目》②无疑是中国学术界较早的西方汉学书目。汪次昕所编的《英译中文诗词曲索引:五代至清末》③、王丽娜的《中国古典小说戏曲名著在国外》④是新时期第一批从目录文献学上研究西方汉学的著作。林舒俐、郭英德所编的《中国古典戏曲研究英文论著目录》⑤,顾钧、杨慧玲在美国汉学家卫三畏研究的基础上编制的《〈中国丛报〉篇名目录及分类索引》,王国强在其《〈中国评论〉(1872—1901)与西方汉学》中所附的《中国评论》目录和《中国评论》文章分类索引等,都代表了域外汉学和中国古代文化外译研究的最新进展。

从学术的角度看,无论是海外汉学界还是中国学术界在汉学的文献学和目录学上都仍有继续展开基础性研究和学术建设的极大空间。例如,在17世纪和18世纪"礼仪之争"后来华传教士所写的关于在中国传教的未刊文献至今没有基础性书目,这里主要指出傅圣泽和白晋的有关文献就足以说明问题。⑥ 在罗马传信部档案馆、梵蒂冈档案馆、耶稣会档案馆有着大量未刊的耶稣会士关于"礼仪之争"的文献,这些文献多涉及中国典籍的翻译问题。在巴黎外方传教会、方济各传教会也有大量的"礼仪之争"期间关于中国历史文化研究的未刊文献。这些文献目录未整理出来以前,我们仍很难书写一部完整的中国古代文献西文翻译史。

由于中国文化研究已经成为一个国际化的学术事业,无论是美国亚洲学会的

---

① Winston L.Y.Yang, Peter Li and Nathan K.Mao, *Classical Chinese Fiction: A Guide to Its Study and Appreciation—Essays and Bibliographies*, Boston: G.K.Hall & Co., 1978.
② 王尔敏编:《中国文献西译书目》,台北:台湾商务印书馆,1975年。
③ 汪次昕编:《英译中文诗词曲索引:五代至清末》,台北:汉学研究中心,2000年。
④ 王丽娜:《中国古典小说戏曲名著在国外》,上海:学林出版社,1988年。
⑤ 林舒俐、郭英德编:《中国古典戏曲研究英文论著目录》(上),《戏曲研究》2009年第3期;《中国古典戏曲研究英文论著目录》(下),《戏曲研究》2010年第1期。
⑥ [美]魏若望:《耶稣会士傅圣泽神甫传:索隐派思想在中国及欧洲》,吴莉苇译,郑州:大象出版社,2006年;[丹]龙伯格:《清代来华传教士马若瑟研究》,李真、骆洁译,郑州:大象出版社,2009年;[德]柯兰霓:《耶稣会士白晋的生平与著作》,李岩译,郑州:大象出版社,2009年;[法]维吉尔·毕诺:《中国对法国哲学思想形成的影响》,耿昇译,北京:商务印书馆,2000年。

中国学研究网站所编的目录，还是日本学者所编的目录，都已经不能满足学术发展的需要。我们希望了解伊朗的中国历史研究状况，希望了解孟加拉国对中国文学的翻译状况，但目前没有目录能提供这些。袁同礼先生当年主持北平图书馆工作时曾说过，中国国家图书馆应成为世界各国的中国研究文献的中心，编制世界的汉学研究书目应是我们的责任。先生身体力行，晚年依然坚持每天在美国国会图书馆的目录架旁抄录海外中国学研究目录，终于继考狄之后完成了《西文汉学书目》，开启了中国学者对域外中国研究文献学研究的先河。今日的中国国家图书馆的同人和中国文献学的同行们能否继承前辈之遗产，为飞出国门的中国文化研究提供一个新时期的文献学的阶梯，提供一个真正能涵盖多种语言，特别是非通用语的中国文化研究书目呢？我们期待着。正是基于这样的考虑，10年前我承担教育部重大攻关项目"20世纪中国古代文化经典在域外的传播与影响"时，决心接续袁先生的工作做一点尝试。我们中国海外汉学研究中心和北京外国语大学与其他院校学界的同人以10年之力，编写了一套10卷本的中国文化传播编年，它涵盖了22种语言，涉及20余个国家。据我了解，这或许是目前世界上第一次涉及如此多语言的中国文化外传文献编年。

尽管这些编年略显幼稚，多有不足，但中国的学者们是第一次把自己的语言能力与中国学术的基础性建设有机地结合起来。我们总算在袁同礼先生的事业上前进了一步。

学术界对于加强海外汉学文献学研究的呼声很高。李学勤当年主编的《国际汉学著作提要》就是希望从基础文献入手加强对西方汉学名著的了解。程章灿更是提出了十分具体的方案，他认为如果把欧美汉学作为学术资源，应该从以下四方面着手："第一，从学术文献整理的角度，分学科、系统编纂中外文对照的专业论著索引。就欧美学者的中国文学研究而言，这一工作显得相当迫切。这些论著至少应该包括汉学专著、汉籍外译本及其附论（尤其是其前言、后记）、各种教材（包括文学史与作品选）、期刊论文、学位论文等几大项。其中，汉籍外译本与学位论文这两项比较容易被人忽略。这些论著中提出或涉及的学术问题林林总总，如果并没有广为中国学术界所知，当然也就谈不上批判或吸收。第二，从学术史角度清理学术积累，编纂重要论著的书目提要。从汉学史上已出版的研究中国文学的专著中，选取有价值的、有影响的，特别是有学术史意义的著作，每种写一篇两三千字的书目提要,述其内容大要、方法特点,并对其作学术史之源流梳理。对这些海外汉学文献的整理,就是学术史的建设,其道理与第一点是一样的。第三,从学术术语与话语沟通的角度,编纂一册中英文术语对照词典。就中国文学研究而言,目前在世界范围内,英语与汉语是两种最重要的工作语言。但是,对于同一个中国文学专有名词,往往有多种不同的英语表达法,国内学界英译中国文学术语时,词不达意、生拉硬扯的现象时或可见,极不利于中外学者的沟通和中外学术的交流。如有一册较好的中英文中国文学术语词典,不仅对于中国研究者,而且对于学习中国文学的外国人,都有很大的实用价值。第四,在系统清理研判的基础上,编写一部国际汉学史略。"[1]

历史期待着我们这一代学人,从基础做起,从文献做起,构建起国际中国文化研究的学术大厦。

### 三、语言:中译外翻译理论与实践有待探索

翻译研究是做中国古代文化对外传播研究的重要环节,没有这个环节,整个研究就不能建立在坚实的学术基础之上。在翻译研究中如何创造出切实可行的中译外理论是一个亟待解决的问题。如果翻译理论、翻译的指导观念不发生变革,一味依赖西方的理论,并将其套用在中译外的实践中,那么中国典籍的外译将不会有更大的发展。

外译中和中译外是两种翻译实践活动。前者说的是将外部世界的文化经典翻译成中文,后者说的是将中国古代文化的经典翻译成外文。几乎每一种有影响的文化都会面临这两方面的问题。

中国文化史告诉我们,我们有着悠久的外译中的历史,例如从汉代以来中国对佛经的翻译和近百年来中国对西学和日本学术著作的翻译。中国典籍的外译最早可以追溯到玄奘译老子的《道德经》,但真正形成规模则始于明清之际来华的传教士,即上面所讲的高母羡、利玛窦等人。中国人独立开展这项工作则应从晚清时期的陈季同和辜鸿铭算起。外译中和中译外作为不同语言之间的转换有

---

[1] 程章灿:《作为学术文献资源的欧美汉学研究》,《文学遗产》2012年第2期,第134—135页。

共同性,这是毋庸置疑的。但二者的区别也很明显,目的语和源语言在外译中和中译外中都发生了根本性置换,这种目的语和源语言的差别对译者提出了完全不同的要求。因此,将中译外作为一个独立的翻译实践来展开研究是必要的,正如刘宓庆所说:"实际上东方学术著作的外译如何解决文化问题还是一块丰腴的亟待开发的处女地。"①

由于在翻译目的、译本选择、语言转换等方面的不同,在研究中译外时完全照搬西方的翻译理论是有问题的。当然,并不是说西方的翻译理论不可用,而是这些理论的创造者的翻译实践大都是建立在西方语言之间的互译之上。在此基础上产生的翻译理论面对东方文化时,特别是面对以汉字为基础的汉语文化时会产生一些问题。潘文国认为,至今为止,西方的翻译理论基本上是对印欧语系内部翻译实践的总结和提升,那套理论是"西西互译"的结果,用到"中西互译"是有问题的,"西西互译"多在"均质印欧语"中发生,而"中西互译"则是在相距遥远的语言之间发生。因此他认为"只有把'西西互译'与'中西互译'看作是两种不同性质的翻译,因而需要不同的理论,才能以更为主动的态度来致力于中国译论的创新"②。

语言是存在的家园。语言具有本体论作用,而不仅仅是外在表达。刘勰在《文心雕龙·原道》中写道:"文之为德也大矣,与天地并生者何哉?夫玄黄色杂,方圆体分,日月叠璧,以垂丽天之象;山川焕绮,以铺理地之形:此盖道之文也。仰观吐曜,俯察含章,高卑定位,故两仪既生矣。惟人参之,性灵所钟,是谓三才。为五行之秀,实天地之心。心生而言立,言立而文明,自然之道也。傍及万品,动植皆文:龙凤以藻绘呈瑞,虎豹以炳蔚凝姿;云霞雕色,有逾画工之妙;草木贲华,无待锦匠之奇。夫岂外饰,盖自然耳。至于林籁结响,调如竽瑟;泉石激韵,和若球锽:故形立则章成矣,声发则文生矣。夫以无识之物,郁然有彩,有心之器,其无文欤?"③刘勰这段对语言和文字功能的论述绝不亚于海德格尔关于语言性质的论述,他强调"文"的本体意义和内涵。

---

① 刘宓庆:《中西翻译思想比较研究》,北京:中国对外翻译出版公司,2005年,第272页。
② 潘文国:《中籍外译,此其时也——关于中译外问题的宏观思考》,《杭州师范学院学报》(社会科学版)2007年第6期。
③ 〔南朝梁〕刘勰著,周振甫译注:《文心雕龙选译》,北京:中华书局,1980年,第19—20页。

中西两种语言,对应两种思维、两种逻辑。外译中是将抽象概念具象化的过程,将逻辑思维转换成伦理思维的过程;中译外是将具象思维的概念抽象化,将伦理思维转换成逻辑思维的过程。当代美国著名汉学家安乐哲(Roger T. Ames)与其合作者也有这样的思路:在中国典籍的翻译上反对用一般的西方哲学思想概念来表达中国的思想概念。因此,他在翻译中国典籍时着力揭示中国思想异于西方思想的特质。

语言是世界的边界,不同的思维方式、不同的语言特点决定了外译中和中译外具有不同的规律,由此,在翻译过程中就要注意其各自的特点。基于语言和哲学思维的不同所形成的中外互译是两种不同的翻译实践,我们应该重视对中译外理论的总结,现在流行的用"西西互译"的翻译理论来解释"中西互译"是有问题的,来解释中译外问题更大。这对中国翻译界来说应是一个新课题,因为在"中西互译"中,我们留下的学术遗产主要是外译中。尽管我们也有辜鸿铭、林语堂、陈季同、吴经熊、杨宪益、许渊冲等前辈的可贵实践,但中国学术界的翻译实践并未留下多少中译外的经验。所以,认真总结这些前辈的翻译实践经验,提炼中译外的理论是一个亟待努力开展的工作。同时,在比较语言学和比较哲学的研究上也应着力,以此为中译外的翻译理论打下坚实的基础。

在此意义上,许渊冲在翻译理论及实践方面的探索尤其值得我国学术界关注。许渊冲在20世纪中国翻译史上是一个奇迹,他在中译外和外译中两方面均有很深造诣,这十分少见。而且,在中国典籍外译过程中,他在英、法两个语种上同时展开,更是难能可贵。"书销中外五十本,诗译英法唯一人"的确是他的真实写照。从陈季同、辜鸿铭、林语堂等开始,中国学者在中译外道路上不断探索,到许渊冲这里达到一个高峰。他的中译外的翻译数量在中国学者中居于领先地位,在古典诗词的翻译水平上,更是成就卓著,即便和西方汉学家(例如英国汉学家韦利)相比也毫不逊色。他的翻译水平也得到了西方读者的认可,译著先后被英国和美国的出版社出版,这是目前中国学者中译外作品直接进入西方阅读市场最多的一位译者。

特别值得一提的是,许渊冲从中国文化本身出发总结出一套完整的翻译理论。这套理论目前是中国翻译界较为系统并获得翻译实践支撑的理论。面对铺天盖地而来的西方翻译理论,他坚持从中国翻译的实践出发,坚持走自己的学术道路,自成体系,面对指责和批评,他不为所动。他这种坚持文化本位的精神,这种坚持从实践出发探讨理论的风格,值得我们学习和发扬。

许渊冲把自己的翻译理论概括为"美化之艺术,创优似竞赛"。"实际上,这十个字是拆分开来解释的。'美'是许渊冲翻译理论的'三美'论,诗歌翻译应做到译文的'意美、音美和形美',这是许渊冲诗歌翻译的本体论;'化'是翻译诗歌时,可以采用'等化、浅化、深化'的具体方法,这是许氏诗歌翻译的方法论;'之'是许氏诗歌翻译的意图或最终想要达成的结果,使读者对译文能够'知之、乐之并好之',这是许氏译论的目的论;'艺术'是认识论,许渊冲认为文学翻译,尤其是诗词翻译是一种艺术,是一种研究'美'的艺术。'创'是许渊冲的'创造论',译文是译者在原诗规定范围内对原诗的再创造;'优'指的是翻译的'信达优'标准和许氏译论的'三势'(优势、劣势和均势)说,在诗歌翻译中应发挥译语优势,用最好的译语表达方式来翻译;'似'是'神似'说,许渊冲认为忠实并不等于形似,更重要的是神似;'竞赛'指文学翻译是原文和译文两种语言与两种文化的竞赛。"①

许渊冲的翻译理论不去套用当下时髦的西方语汇,而是从中国文化本身汲取智慧,并努力使理论的表述通俗化、汉语化和民族化。例如他的"三美"之说就来源于鲁迅,鲁迅在《汉文学史纲要》中指出:"诵习一字,当识形音义三:口诵耳闻其音,目察其形,心通其义,三识并用,一字之功乃全。其在文章,则写山曰崚嶒嵯峨,状水曰汪洋澎湃,蔽芾葱茏,恍逢丰木,鳟鲂鳗鲤,如见多鱼。故其所函,遂具三美:意美以感心,一也;音美以感耳,二也;形美以感目,三也。"②许渊冲的"三之"理论,即在翻译中做到"知之、乐之并好之",则来自孔子《论语·雍也》中的"知之者不如好之者,好之者不如乐之者"。他套用《道德经》中的语句所总结的翻译理论精练而完备,是近百年来中国学者对翻译理论最精彩的总结:

> 译可译,非常译。
>
> 忘其形,得其意。
>
> 得意,理解之始;
>
> 忘形,表达之母。

---

① 张进:《许渊冲唐诗英译研究》,硕士论文抽样本,西安:西北大学,2011年,第19页;张智中:《许渊冲与翻译艺术》,武汉:湖北教育出版社,2006年。
② 鲁迅:《鲁迅全集》(第九卷),北京:人民文学出版社,2005年,第354—355页。

故应得意，以求其同；

故可忘形，以存其异。

两者同出，异名同理。

得意忘形，求同存异；

翻译之道。

2014年，在第二十二届世界翻译大会上，由中国翻译学会推荐，许渊冲获得了国际译学界的最高奖项"北极光"杰出文学翻译奖。他也是该奖项自1999年设立以来，第一个获此殊荣的亚洲翻译家。许渊冲为我们奠定了新时期中译外翻译理论与实践的坚实学术基础，这个事业有待后学发扬光大。

## 四、知识：跨学科的知识结构是对研究者的基本要求

中国古代文化经典在域外的翻译与传播研究属于跨学科研究领域，语言能力只是进入这个研究领域的一张门票，但能否坐在前排，能否登台演出则是另一回事。因为很显然，语言能力尽管重要，但它只是展开研究的基础条件，而非全部条件。

研究者还应该具备中国传统文化知识与修养。我们面对的研究对象是整个海外汉学界，汉学家们所翻译的中国典籍内容十分丰富，除了我们熟知的经、史、子、集，还有许多关于中国的专业知识。例如，俄罗斯汉学家阿列克谢耶夫对宋代历史文学极其关注，翻译宋代文学作品数量之大令人吃惊。如果研究他，仅仅俄语专业毕业是不够的，研究者还必须通晓中国古代文学，尤其是宋代文学。清中前期，来华的法国耶稣会士已经将中国的法医学著作《洗冤集录》翻译成法文，至今尚未有一个中国学者研究这个译本，因为这要求译者不仅要懂宋代历史，还要具备中国古代法医学知识。

中国典籍的外译相当大一部分产生于中外文化交流的历史之中，如果缺乏中西文化交流史的知识，常识性错误就会出现。研究18世纪的中国典籍外译要熟悉明末清初的中西文化交流史，研究19世纪的中国典籍外译要熟悉晚清时期的中西文化交流史，研究东亚之间文学交流要精通中日、中韩文化交流史。

同时，由于某些译者有国外学术背景，想对译者和文本展开研究就必须熟悉

译者国家的历史与文化、学术与传承,那么,知识面的扩展、知识储备的丰富必不可少。

目前,绝大多数中国古代文化外译的研究者是外语专业出身,这些学者的语言能力使其成为这个领域的主力军,但由于目前教育分科严重细化,全国外语类大学缺乏系统的中国历史文化的教育训练,因此目前的翻译及其研究在广度和深度上尚难以展开。有些译本作为国内外语系的阅读材料尚可,要拿到对象国出版还有很大的难度,因为这些译本大都无视对象国汉学界译本的存在。的确,研究中国文化在域外的传播和发展是一个崭新的领域,是青年学者成长的天堂。但同时,这也是一个有难度的跨学科研究领域,它对研究者的知识结构提出了新挑战。研究者必须走出单一学科的知识结构,全面了解中国文化的历史与文献,唯此才能对中国古代文化经典的域外传播和中国文化的域外发展进行更深入的研究。当然,术业有专攻,在当下的知识分工条件下,研究者已经不太可能系统地掌握中国全部传统文化知识,但掌握其中的一部分,领会其精神仍十分必要。这对中国外语类大学的教学体系改革提出了更高的要求,中国历史文化课程必须进入外语大学的必修课中,否则,未来的学子们很难承担起这一历史重任。

## 五、方法:比较文化理论是其基本的方法

从本质上讲,中国文化域外传播与发展研究是一种文化间关系的研究,是在跨语言、跨学科、跨文化、跨国别的背景下展开的,这和中国本土的国学研究有区别。关于这一点,严绍璗先生有过十分清楚的论述,他说:"国际中国学(汉学)就其学术研究的客体对象而言,是指中国的人文学术,诸如文学、历史、哲学、艺术、宗教、考古等等,实际上,这一学术研究本身就是中国人文学科在域外的延伸。所以,从这样的意义上说,国际中国学(汉学)的学术成果都可以归入中国的人文学术之中。但是,作为从事于这样的学术的研究者,却又是生活在与中国文化很不相同的文化语境中,他们所受到的教育,包括价值观念、人文意识、美学理念、道德伦理和意识形态等等,和我们中国本土很不相同。他们是以他们的文化为背景而从事中国文化的研究,通过这些研究所表现的价值观念,从根本上说,是他们的'母体文化'观念。所以,从这样的意义上说,国际中国学(汉学)的学术成果,其

实也是他们'母体文化'研究的一种。从这样的视角来考察国际中国学(汉学),那么,我们可以说,这是一门在国际文化中涉及双边或多边文化关系的近代边缘性的学术,它具有'比较文化研究'的性质。"①严先生的观点对于我们从事中国古代文化典籍外译和传播研究有重要的指导意义。有些学者认为西方汉学家翻译中的误读太多,因此,中国文化经典只有经中国人来翻译才忠实可信。显然,这样的看法缺乏比较文学和跨文化的视角。

"误读"是翻译中的常态,无论是外译中还是中译外,除了由于语言转换过程中知识储备不足产生的误读②,文化理解上的误读也比比皆是。有的译者甚至故意误译,完全按照自己的理解阐释中国典籍,最明显的例子就是美国诗人庞德。1937年他译《论语》时只带着理雅各的译本,没有带词典,由于理雅各的译本有中文原文,他就盯着书中的汉字,从中理解《论语》,并称其为"注视字本身",看汉字三遍就有了新意,便可开始翻译。例如"《论语·公冶长第五》,'子曰:道不行,乘桴浮于海。从我者,其由与?子路闻之喜。子曰:由也,好勇过我,无所取材。'最后四字,朱熹注:'不能裁度事理。'理雅各按朱注译。庞德不同意,因为他从'材'字中看到'一棵树加半棵树',马上想到孔子需要一个'桴'。于是庞德译成'Yu like danger better than I do. But he wouldn't bother about getting the logs.'(由比我喜欢危险,但他不屑去取树木。)庞德还指责理雅各译文'失去了林肯式的幽默'。后来他甚至把理雅各译本称为'丢脸'(an infamy)"③。庞德完全按自己的理解来翻译,谈不上忠实,但庞德的译文却在美国和其他西方国家产生了巨大影响。日本比较文学家大塚幸男说:"翻译文学,在对接受国文学的影响中,误解具有异乎寻常的力量。有时拙劣的译文意外地产生极大的影响。"④庞德就是这样的翻译家,他翻译《论语》《中庸》《孟子》《诗经》等中国典籍时,完全借助理雅各的译本,但又能超越理雅各的译本,在此基础上根据自己的想法来翻译。他把《中庸》翻

---

① 严绍璗:《我对国际中国学(汉学)的认识》,《国际汉学》(第五辑),郑州:大象出版社,2000年,第11页。
② 英国著名汉学家阿瑟·韦利在翻译陶渊明的《责子》时将"阿舒已二八"翻译成"A-Shu is eighteen",显然是他不知在中文中"二八"是指16岁,而不是18岁。这样知识性的翻译错误是常有的。
③ 赵毅衡:《诗神远游:中国如何改变了美国现代诗》,成都:四川文艺出版社,2013年,第277—278页。
④ [日]大塚幸男:《比较文学原理》,陈秋峰、杨国华译,西安:陕西人民出版社,1985年,第101页。

译为 *Unwobbling Pivot*（不动摇的枢纽），将"君子而时中"翻译成"The master man's axis does not wobble"（君子的轴不摇动），这里的关键在于他认为"中"是"一个动作过程，一个某物围绕旋转的轴"①。只有具备比较文学和跨文化理论的视角，我们才能理解庞德这样的翻译。

从比较文学角度来看，文学著作一旦被翻译成不同的语言，它就成为各国文学历史的一部分，"在翻译中，创造性叛逆几乎是不可避免的"②。这种叛逆就是在翻译时对源语言文本的改写，任何译本只有在符合本国文化时，才会获得第二生命。正是在这个意义上，谢天振主张将近代以来的中国学者对外国文学的翻译作为中国近代文学的一部分，使它不再隶属于外国文学，为此，他专门撰写了《中国现代翻译文学史》③。他的观点向我们提供了理解被翻译成西方语言的中国古代文化典籍的新视角。

尽管中国学者也有在中国典籍外译上取得成功的先例，例如林语堂、许渊冲，但这毕竟不是主流。目前国内的许多译本并未在域外产生真正的影响。对此，王宏印指出："毋庸讳言，虽然我们取得的成就很大，但国内的翻译、出版的组织和质量良莠不齐，加之推广和运作方面的困难，使得外文形式的中国典籍的出版发行多数限于国内，难以进入世界文学的视野和教学研究领域。有些译作甚至成了名副其实的'出口转内销'产品，只供学外语的学生学习外语和翻译技巧，或者作为某些懂外语的人士的业余消遣了。在现有译作精品的评价研究方面，由于信息来源的局限和读者反应调查的费钱费力费时，大大地限制了这一方面的实证研究和有根有据的评论。一个突出的困难就是，很难得知外国读者对于中国典籍及其译本的阅读经验和评价情况，以至于影响了研究和评论的视野和效果，有些译作难免变成译者和学界自作自评和自我欣赏的对象。"④

王宏印这段话揭示了目前国内学术界中国典籍外译的现状。目前由政府各部门主导的中国文化、中国学术外译工程大多建立在依靠中国学者来完成的基本思路上，但此思路存在两个误区。第一，忽视了一个基本的语言学规律：外语再

---

① 赵毅衡：《诗神远游：中国如何改变了美国现代诗》，成都：四川文艺出版社，2013年，第278页。
② [美]乌尔利希·韦斯坦因：《比较文学与文学理论》，刘象愚译，沈阳：辽宁人民出版社，1987年，第36页。
③ 谢天振：《中国现代翻译文学史》，上海：上海外语教育出版社，2004年。
④ 王宏印：《中国文化典籍英译》，北京：外语教学与研究出版社，2009年，第6页。

好,也好不过母语,翻译时没有对象国汉学家的合作,在知识和语言上都会遇到不少问题。应该认识到林语堂、杨宪益、许渊冲毕竟是少数,中国学者不可能成为中国文化外译的主力。第二,这些项目的设计主要面向西方发达国家而忽视了发展中国家。中国"一带一路"倡议涉及60余个国家,其中大多数是发展中国家,非通用语是主要语言形态①。此时,如果完全依靠中国非通用语界学者们的努力是很难完成的②,因此,团结世界各国的汉学家具有重要性与迫切性。

莫言获诺贝尔文学奖后,相关部门开启了中国当代小说的翻译工程,这项工程的重要进步之一就是面向海外汉学家招标,而不是仅寄希望于中国外语界的学者来完成。小说的翻译和中国典籍文化的翻译有着重要区别,前者更多体现了跨文化研究的特点。

以上从历史、文献、语言、知识、方法五个方面探讨了开展中国古代文化典籍域外传播研究必备的学术修养。应该看到,中国文化的域外传播以及海外汉学界的学术研究标示着中国学术与国际学术接轨,这样一种学术形态揭示了中国文化发展的多样性和丰富性。在从事中国文化学术研究时,已经不能无视域外汉学家们的研究成果,我们必须与其对话,或者认同,或者批评,域外汉学已经成为中国学术与文化重建过程中一个不能忽视的对象。

在世界范围内开展中国文化研究,揭示中国典籍外译的世界性意义,并不是要求对象国家完全按照我们的意愿接受中国文化的精神,而是说,中国文化通过典籍翻译进入世界各国文化之中,开启他们对中国的全面认识,这种理解和接受已经构成了他们文化的一部分。尽管中国文化于不同时期在各国文化史中呈现出不同形态,但它们总是和真实的中国发生这样或那样的联系,都说明了中国文化作为他者存在的价值和意义。与此同时,必须承认已经融入世界各国的中国文化和中国自身的文化是两种形态,不能用对中国自身文化的理解来看待被西方塑形的中国文化;反之,也不能以变了形的中国文化作为标准来判断真实发展中的

---

① 在非通用语领域也有像林语堂、许渊冲这样的翻译大家,例如北京外国语大学亚非学院的泰语教授邱苏伦,她已经将《大唐西域记》《洛阳伽蓝记》等中国典籍翻译成泰文,受到泰国读者的欢迎,她也因此获得了泰国的最高翻译奖。
② 很高兴看到中华外译项目的语种大大扩展了,莫言获诺贝尔文学奖后,中国小说的翻译也开始面向全球招标,这是进步的开始。

中国文化。

在当代西方文化理论中,后殖民主义理论从批判的立场说明西方所持有的东方文化观的特点和产生的原因。赛义德的理论有其深刻性和批判性,但他不熟悉西方世界对中国文化理解和接受的全部历史,例如,18世纪的"中国热"实则是从肯定的方面说明中国对欧洲的影响。其实,无论是持批判立场还是持肯定立场,中国作为西方的他者,成为西方文化眼中的变色龙是注定的。这些变化并不能改变中国文化自身的价值和它在世界文化史中的地位,但西方在不同时期对中国持有不同认知这一事实,恰恰说明中国文化已成为塑造西方文化的一个重要外部因素,中国文化的世界性意义因而彰显出来。

从中国文化史角度来看,这种远游在外、已经进入世界文化史的中国古代文化并非和中国自身文化完全脱离关系。笔者不认同套用赛义德的"东方主义"的后现代理论对西方汉学和译本的解释,这种解释完全隔断了被误读的中国文化与真实的中国文化之间的精神关联。我们不能跟着后现代殖民主义思潮跑,将这种被误读的中国文化看成纯粹是西方人的幻觉,似乎这种中国形象和真实的中国没有任何关系。笔者认为,被误读的中国文化和真实的中国文化之间的关系,可被比拟为云端飞翔的风筝和牵动着它的放风筝者之间的关系。一只飞出去的风筝随风飘动,但线还在,只是细长的线已经无法解释风筝上下起舞的原因,因为那是风的作用。将风筝的飞翔说成完全是放风筝者的作用是片面的,但将飞翔的风筝说成是不受外力自由翱翔也是荒唐的。

正是在这个意义上,笔者对建立在19世纪实证主义哲学基础上的兰克史学理论持一种谨慎的接受态度,同时,对20世纪后现代主义的文化理论更是保持时刻的警觉,因为这两种理论都无法说明中国和世界之间复杂多变的文化关系,都无法说清世界上的中国形象。中国文化在世界的传播和影响及世界对中国文化的接受需要用一种全新的理论加以说明。长期以来,那种套用西方社会科学理论来解释中国与外部世界关系的研究方法应该结束了,中国学术界应该走出对西方学术顶礼膜拜的"学徒"心态,以从容、大度的文化态度吸收外来文化,自觉坚守自身文化立场。这点在当下的跨文化研究领域显得格外重要。

学术研究需要不断进步,不断完善。在10年内我们课题组不可能将这样一个丰富的研究领域做得尽善尽美。我们在做好导论研究、编年研究的基础性工作之外，还做了一些专题研究。它们以点的突破、个案的深入分析给我们展示了在跨文化视域下中国文化向外部的传播与发展。这是未来的研究路径，亟待后来者不断丰富与开拓。

这个课题由中外学者共同完成。意大利罗马智慧大学的马西尼教授指导中国青年学者王苏娜主编了《20世纪中国古代文化经典在意大利的传播编年》，法国汉学家何碧玉、安必诺和中国青年学者刘国敏、张明明一起主编了《20世纪中国古代文化经典在法国的传播编年》。他们的参与对于本项目的完成非常重要。对于这些汉学家的参与，作为丛书的主编，我表示十分的感谢。同时，本丛书也是国内学术界老中青学者合作的结果。北京大学的严绍璗先生是中国文化在域外传播和影响这个学术领域的开拓者，他带领弟子王广生完成了《20世纪中国古代文化经典在日本的传播编年》；福建师范大学的葛桂录教授是这个项目的重要参与者，他承担了本项目2卷的写作——《20世纪中国古代文学在英国的传播与影响》和《中国古典文学的英国之旅——英国三大汉学家年谱：翟理斯、韦利、霍克思》。正是由于中外学者的合作，老中青学者的合作，这个项目才得以完成，而且展示了中外学术界在这些研究领域中最新的研究成果。

这个课题也是北京外国语大学近年来第一个教育部社科司的重大攻关项目，学校领导高度重视，北京外国语大学的欧洲语言文化学院、亚非学院、阿拉伯语系、中国语言文学学院、哲学社会科学学院、英语学院、法语系等几十位老师参加了这个项目，使得这个项目的语种多达20余个。其中一些研究具有开创性，特别是关于中国古代文化在亚洲和东欧一些国家的传播研究，在国内更是首次展开。开创性的研究也就意味着需要不断完善，我希望在今后的一个时期，会有更为全面深入的文稿出现，能够体现出本课题作为学术孵化器的推动作用。

北京外国语大学中国海外汉学研究中心（现在已经更名为"国际中国文化研究院"）成立已经20年了，从一个人的研究所变成一所大学的重点研究院，它所取得的进步与学校领导的长期支持分不开，也与汉学中心各位同人的精诚合作分不开。一个重大项目的完成，团队的合作是关键，在这里我对参与这个项目的所有学者表示衷心的感谢。20世纪是动荡的世纪，是历史巨变的世纪，是世界大转机的世纪。

20世纪初，美国逐步接替英国坐上西方资本主义世界的头把交椅。苏联社会主义制度在20世纪初的胜利和世纪末苏联的解体成为本世纪最重要的事件,并影响了历史进程。目前,世界体系仍由西方主导,西方的话语权成为其资本与意识形态扩张的重要手段,全球化发展、跨国公司在全球更广泛地扩张和组织生产正是这种形势的真实写照。

20世纪后期,中国的崛起无疑是本世纪最重大的事件。中国不仅作为一个政治大国和经济大国跻身于世界舞台,也必将作为文化大国向世界展示自己的丰富性和多样性,展示中国古代文化的智慧。因此,正像中国的崛起必将改变已有的世界政治格局和经济格局一样,中国文化的海外传播,中国古代文化典籍的外译和传播,必将把中国思想和文化带到世界各地,这将从根本上逐渐改变19世纪以来形成的世界文化格局。

20世纪下半叶,随着中国实施改革开放政策和国力增强,西方汉学界加大了对中国典籍的翻译,其翻译的品种、数量都是前所未有的,中国古代文化的影响力进一步增强[①]。虽然至今我们尚不能将其放在一个学术框架中统一研究与考量,但大势已定,中国文化必将随中国的整体崛起而日益成为具有更大影响的文化,西方文化独霸世界的格局必将被打破。

世界仍在巨变之中,一切尚未清晰,意大利著名经济学家阿锐基从宏观经济与政治的角度对21世纪世界格局的发展做出了略带有悲观色彩的预测。他认为今后世界有三种结局:

第一,旧的中心有可能成功地终止资本主义历史的进程。在过去500多年时间里,资本主义历史的进程是一系列金融扩张。在此过程中,发生了资本主义世界经济制高点上卫士换岗的现象。在当今的金融扩张中,也存在着产生这种结果的倾向。但是,这种倾向被老卫士强大的立国和战争能力抵消了。他们很可能有能力通过武力、计谋或劝说占用积累在新的中心的剩余资本,从而通过组建一个真正全球意义上的世界帝国来结束资本主义历史。

第二,老卫士有可能无力终止资本主义历史的进程,东亚资本有可能渐

---

① 李国庆:《美国对中国古典及当代作品翻译概述》,载朱政惠、崔丕主编《北美中国学的历史与现状》,上海:上海辞书出版社,2013年,第126—141页;[美]张海惠主编:《北美中国学:研究概述与文献资源》,北京:中华书局,2010年;[德]马汉茂、[德]汉雅娜、张西平、李雪涛主编:《德国汉学:历史、发展、人物与视角》,郑州:大象出版社,2005年。

渐占据体系资本积累过程中的一个制高点。那样的话,资本主义历史将会继续下去,但是情况会跟自建立现代国际制度以来的情况截然不同。资本主义世界经济制高点上的新卫士可能缺少立国和战争能力,在历史上,这种能力始终跟世界经济的市场表层上面的资本主义表层的扩大再生产很有联系。亚当·斯密和布罗代尔认为,一旦失去这种联系,资本主义就不能存活。如果他们的看法是正确的,那么资本主义历史不会像第一种结果那样由于某个机构的有意识行动而被迫终止,而会由于世界市场形成过程中的无意识结果而自动终止。资本主义(那个"反市场"[anti-market])会跟发迹于当代的国家权力一起消亡,市场经济的底层会回到某种无政府主义状态。

最后,用熊彼特的话来说,人类在地狱般的(或天堂般的)后资本主义的世界帝国或后资本主义的世界市场社会里窒息(或享福)前,很可能会在伴随冷战世界秩序的瓦解而出现的不断升级的暴力恐怖(或荣光)中化为灰烬。如果出现这种情况的话,资本主义历史也会自动终止,不过是以永远回到体系混乱状态的方式来实现的。600年以前,资本主义历史就从这里开始,并且随着每次过渡而在越来越大的范围里获得新生。这将意味着什么?仅仅是资本主义历史的结束,还是整个人类历史的结束?我们无法说得清楚。①

就此而言,中国文化的世界影响力从根本上是与中国崛起后的世界秩序重塑紧密联系在一起的,是与中国的国家命运联系在一起的。国衰文化衰,国强文化强,千古恒理。20世纪已经结束,21世纪刚刚开始,一切尚在进程之中。我们处在"三千年未有之大变局之中",我们期盼一个以传统文化为底蕴的东方大国全面崛起,为多元的世界文化贡献出她的智慧。路曼曼其远矣,吾将上下求索。

张西平

2017年6月6日定稿于游心书屋

---

① [意]杰奥瓦尼·阿锐基:《漫长的20世纪——金钱、权力与我们社会的根源》,姚乃强等译,南京:江苏人民出版社,2001年,第418—419页。

# 目 录

序言　1

## 第一章　理论与方法　1
中国文学的世界性传播与影响　2
"远东文学法文译版数据库"项目介绍　13
预设与关怀
　　——1990 年以来西方《孟子》研究的问题意识　19
中国文化走向世界　31

## 第二章　中国典籍在域外的传播与影响　45
### 第一节　中国诗歌在域外的传播　46
20 世纪《诗经》在国外的传播与研究　46
楚辞在 20 世纪日本的传播与接受　57
译坛姊妹合译先锋
　　——1921 年美国出版的中诗英译集《松花笺》简介　66
20 世纪唐诗在法国的传播
　　——以李白为例　74

## 第二节　中国经典在东亚诸国　84

白坚其人及《唐写本说文残卷》流入日本考　84

韩国《史记》《汉书》翻译现状的概括与评价　95

中国文学史在日本的缘起

——以儿岛献吉郎为中心　108

## 第三节　中国经典在东南亚、中亚　116

中国文学作品在缅甸的传播和影响　116

20世纪中国古代文化经典在越南的传播与影响　123

中亚东干文学对中国古典文学的传承与变异

——以阿尔布都《惊恐》与白行简《三梦记》为例　136

## 第四节　中国经典在欧美　143

英语国家的汤显祖翻译和文学研究述评　143

英美汉学界的《论语》英译　164

中国道教经籍在20世纪的英译与传播　180

东方智者的话语

——19世纪初期第一部英译《论语》之历史研究　194

# 第三章　人物研究　209

## 第一节　文明与文化考察　210

纪念俄国汉学家李福清的不朽功绩　210

林语堂《关于中国方言的洋文论著目录》一文指瑕　215

E. R. 休斯对中国现代文学的介绍　222

论武内义雄与津田左右吉研究中国古籍及其思想的方法　229

"中国迷"沃尔夫与虔敬派在教育观上的冲突

——兼论儒家教育思想对早期德国启蒙思潮的影响　259

早期传教士汉学对中国民俗的辑录和研究

——以法国来华耶稣会士为例　269

## 第二节　翻译研究　287

宇文所安诗歌翻译艺术的"想"与"因"

——以字译王维诗为例　287

孙康宜对中国抒情传统的理解与建构　299

H. A. 翟理斯:英国汉学史上总体观照中国文学的第一人　311

英文本《中国参考书目解题》述评　333

诗性美感的别样话语再现

　　——论卫礼贤对《道德经》的移译　339

"名"与"实"之间的时代张力

　　——以卫方济对"道""天""鬼神"的翻译为例　348

# 附录

"中国古代文化经典在海外的传播及影响研究

　　——以 20 世纪为中心"国际学术研讨会综述　361

# 序　言

中华文明源远流长，历经五千年而不衰，自有其超越具体历史阶段的普遍性价值。历史上，中国文化曾为世界文明的发展做出突出的贡献，从伏尔泰、莱布尼茨等巨匠的思想中，都可以看到中国文化的影响。20世纪末，就有一些国际学者呼吁，人类的发展应汲取孔子的智慧，这从一个侧面反映出世界知识界对中国传统文化普世价值的肯定。在世界文化多元化趋势日益明显的今天，各文明之间的碰撞与融合也空前激烈，如何在全球视角下审视中国文化的意义，提高中国文化的国际影响力，这是一个应该思考的问题。

作为文化的重要载体，典籍在此前中外文明交往的历史过程中发挥了重要作用，也必将在今后的中外文化交流中担当重任。因此，要全面地衡量中国文化的世界意义，首先必须对此前中国文化典籍对外译介的情况进行调查，并在此基础上进行学理性分析和研究，最终做出学术性的评判。否则，便无法真正开始有学术价值和历史意义的中外文化交流。

2007年，笔者主持了教育部哲学社会科学重大课题攻关项目——"20世纪中国古代文化经典在域外的传播及影响研究"，项目联合了校内外几十位学者，经过六年的艰苦攻关，对20世纪中国古代文化在世界范围内的传播与影响进行了系统、全面的梳理。2012年12月，在项目即将结束之时，我们召开了"中国古代文化经典在海外的传播及影响研究——以20世纪为中心"国际学术研讨会，邀请了项目主要参与者及来自世界范围内的百余位学者参加，涵盖了目前在该领域取得突出成就的老、中、青三代学者。在为期两天的会议中，与会学者围绕会议主题展开了自由而充分的讨论，集中反映了当前该领域研究的整体面貌，展现出了学术发展的新趋向。

会议结束后，我们将部分与会学者的论文集结成册，便是目前呈现在读者眼前的这部著作。时光匆匆，距会议召开已经过去5年了，这部论文集的出版几经波折，终于能跟读者见面了。我们在此要向各位作者诚挚地道歉，由于我们的原因，致使各位作者的研究成果迟迟不能发表；同时也感谢各位作者的包容，始终不渝地支持论文集的出版。感谢大象出版社，他们在这个利益至上的时代，能够致力于扶持学术的发展，出版这部注定不会产生经济价值的著作。"铁肩担道义"，没有他们的努力，这部著作恐怕今天还不能与读者见面。北京外国语大学国际中国文化研究院陈茜同学帮助校对了部分书稿，在此一并致谢。

# 第一章 理论与方法

# 中国文学的世界性传播与影响

四川大学文学院　曹顺庆　李　斌

研究中国文学不能关闭国门。人类对于艺术本质拥有共同追求,在"世界文学"观念内,中国文学不可或缺。随着经济崛起,汉语走向世界已是必然趋势。莫言获得诺贝尔文学奖为中国文学走向世界带来了机遇。中国文学的世界性传播使中国形象频繁出现在世界文学中,并有助于推动比较文学中国学派跨文明研究和变异研究走向繁荣。

关于"中国文学"尚没有一个明确定义。陈钟凡先生在《中国文学批评史》一书中指出:"中国文学之封域,历世学者众说纷纭,莫衷一是。"[1]最后,通过对中外"文学"观念的比较,定文学之义界曰:"文学者,书写人类之想象、感情、思想,整之以辞藻、声律,使读者感其兴趣洋溢之作品也。"[2]罗根泽先生对"文学"做了广义、狭义和折中的区分。广义的文学包括一切的文学,狭义的文学包括诗、小说、戏剧以及美文,折中的文学包括诗、小说、戏剧及传记、书札、游记、史论等散文。[3]这种列举式的定义试图包罗万象但难免举一漏万。"文学"一词我国早已有之。《论语·先进篇》:"文学:子游、子夏。"此时,"文学"与"德行""言语""政事"相

---

[1] 陈钟凡:《中国文学批评史》,南京:江苏文艺出版社,2008年,第1页。
[2] 同上书,第4页。
[3] 参见罗根泽:《中国文学批评史》,上海:上海古籍出版社,1984年,第3—4页。

对,指"文章博学"。"文章则兼指文学性的作品和非文学性的作品而言。"[①]至汉代,"文学"重"学",接近于现代意义上的"学术";"文章"重"章",反而接近西方的文学概念。显然,中国传统"文学"观有别于西方的"literature"。勒内·韦勒克(René Wellek)与奥斯汀·沃伦(Austin Warren)指出"文学是创造性的,是一种艺术"[②]。事实上,随着西方文学思想的传入,我国学术界对"文学"的理解逐渐向西方靠拢。

"中国文学"是一个大概念,既包括中国古代文学还包括中国现当代文学,既包括汉民族文学也包括少数民族文学。在我国学科建设中,中国古代文学和中国现当代文学是两个二级学科。研究古代文学的学者不问现当代文学走向,研究现当代文学的学者不通古代文学。同时,中国文学有一个地域限制,即"中国"的文学。有些学者以此为据,认为中文系研究中国文学就是研究国内的文学,主张关起门来研究。早在1898年梁启超先生就指出:"文学是无国界的,研究文学自然不限于本国。"鲁迅在《摩罗诗力说》中也提出:"意者欲扬宗邦之真大,首在审己,亦必知人,比较既周,爰生自觉。"[③]如果关起门来研究,就不会有王国维《红楼梦评论》和《人间词话》这两部融中西理论于一体而自成一家的杰作;如果关起门来研究,就不会有钱锺书"东海西海,心里攸同;南学北学,道术未裂"[④]的独到论断,也不会有费孝通"各美其美,美人之美,美美与共,天下大同"[⑤]的精辟之谈,更不会有朱光潜先生中西互补的跨文化研究实践。

自中外交流之始,中国文学就已经走出国门走向世界。在全球化和世界文学背景下,作为研究者,秉持狭隘"中国文学"观念不放,无异于作茧自缚。今天我们讲中国文学,不仅要通贯古今,还要融会东西。无论中国古代文学还是中国现当代文学都是中国文学。无论国内的中国文学还是传播至国外的中国文学也都

---

① 章培恒:《中国文学批评史大纲·前言》,朱东润撰《中国文学批评史大纲》,上海:上海古籍出版社,2005年。
② [美]勒内·韦勒克、奥斯汀·沃伦:《文学理论》,刘象愚、邢培明、陈圣生、李哲明译,北京:文化艺术出版社,2010年,第3页。
③ 鲁迅:《摩罗诗力说》,郭绍虞主编《中国历代文论选4》,上海:上海古籍出版社,2001年,第447页。
④ 钱锺书:《谈艺录·序》,北京:生活·读书·新知三联书店,2001年。
⑤ 费孝通:《缺席的对话——人的研究在中国——个人的经历》,《读书》1990年第10期。

是中国文学。我们不仅要研究国内的中国文学,还要研究世界的中国文学,以及中国文学的世界性传播与影响。

### 一、中国文学的世界性传播

季羡林先生曾谈到,世界文学理论只有三个地方自成体系。其一是西方,其二是中国,其三是印度。作为一个独立于"西方中心主义"之外的文明载体,中华文明是世界文明不可或缺的一部分。在全球化背景下,国家和地区间的交流无法避免。乐黛云先生指出:"两种文化的'认同'绝不靠一方的完全失去原有特色来实现,绝不是一方对另一方的'同化'和淹没,如果两方完全相同,就会失去交流的意义,无法产生新的因素。'认同',应该是歧义在同一层面的'共存',这种'共存'形成张力和对抗,正是这种张力和对抗推动事物前进。"[1]求同存异,唯有不同文明之间的交流与碰撞才能促使人类共同进步。"文明"输出有很多种途径,"文学"输出是至关重要的一种。随着交流产生,民族文学走向世界是人类文明发展史的必然趋势。中国文学凭借着强大的韧性在文明交流过程中经久不衰。正如英国汉学家大卫·霍克思(David Hawkes)所说:"希腊衰微了,罗马倾覆了,中国却跟我们同在,而且她的文学作品,直到今天依然如潮水般涌现着。"[2]

(一)"文学"世界性传播的基础

文学作品的世界性传播首先基于人类对于艺术本质的共同追求。艺术本质是一曲生命之歌。正是基于对生命本质的共同追求,不同地域、不同文明和不同语言间的文学才有互相传播和交流的可能性。"中西方文论虽然从不同的路径走过来,但它们的目标是一致的,其目的都为了把握文学艺术的审美本质,探寻文艺的真正奥秘。"[3]当我们谈及各民族文学时,既关心其平等价值也着眼于共同的审美和价值判断。古往今来,无论东方还是西方,文学作品中对于生命和爱情的追求从未停止。我们既欣赏西方爱情的浪漫,也为东方爱情的纯美倾心;既为罗密欧与朱丽叶的凄美故事落泪,也为贾宝玉与林黛玉的悲剧结局唏嘘不已。艺术无

---

[1] 乐黛云:《文化交流的双向反应》,见严绍璗、王晓平《中国文学在日本·序》,广州:花城出版社,1990年。
[2] [英]大卫·霍克思:《中文:古典的、现代的和文雅的》,就职学说,牛津大学,1961年。(此处译文由本文作者翻译)
[3] 曹顺庆:《中西诗学对话:现实与前景》,《当代文坛》1990年第6期。

国界,在文学的殿堂里,所有大门都是敞开的。

其次,"世界文学"观念为文学的世界性传播提供了理论依据。"世界文学"观念的形成是各民族文学充分发展,打破彼此间封闭状态走向沟通与交流的结果。在民族文学基础上形成的"世界文学"观念反过来又为各民族文学的进一步交流与融合提供了理论依据。德国大文豪歌德(Goethe)在充分阅读各民族文学(包括中国的文学作品如《好逑传》《花笺记》等)的基础上于1827年首次提出"世界文学"的构想:"我愈来愈深信,诗是人类共有的精神财富……民族文学在现代算不了很大的一回事,世界文学的时代已经来临了。"[①]20年后,马克思和恩格斯从政治经济学角度论证了世界文学时代必然来临:"资产阶级,由于开拓了世界市场,使一切国家的生产和消费都成为世界性的了。……过去那种地方的和民族的自给自足和闭关自守状态,被各民族的各方面的互相往来和各方面的互相依赖所代替了。物质的生产是如此,精神的生产也是如此。各民族的精神产品成了公共的财产。民族的片面性和局限性日益成为不可能,于是由许多民族的和地方的文学形成了一种世界的文学。"[②]"世界文学"逐渐由一种"乌托邦想象"演变为全人类的审美现实。世界文学时代意味着民族文学的世界性传播将常规化。

(二) 中国文学走向世界的方式

早在"世界文学"观念形成之前,中国文学已经走出国门,走向世界。中国文学的世界性传播以文化传播为依托。从文化研究层面看:中国文学的世界性传播分为同质文化基础上的传播和异质文化基础上的传播。同质性和异质性是指不同文明之间在文化机制、知识体系、学术规则和语言方式等层面表现出的从根本质态上彼此相同或相异的特征。[③] 从时间跨度上看,中国文学在同质文化基础上的传播要远远早于异质文化基础上的传播。

作为同质文化圈(汉文化圈),中国文学传入日本、朝鲜和越南等国家的时间非常早。据日本《古事记》和《日本书记》记载,中国文学早在3世纪就已经传播到日本,并直接影响日本本国文字和文学的产生。以汉文学形式表现日本本民族生活和情感的"日本汉文学"十分兴盛,"和文学"中的俳谐、俳句、物语等文学表

---

[①] [德]歌德著:《歌德谈话录》,朱光潜译,北京:人民出版社,1978年,第113页。
[②] [德]马克思、恩格斯:《共产党宣言》,北京:人民出版社,1966年,第30页。
[③] 参见曹顺庆主编:《比较文学教程》,北京:高等教育出版社,2006年,第231页。

现方式,也是在中国诗文的直接影响下产生的。民族文学跨国传播,语言文字不通是主要障碍之一。中国文学在同质文化圈内的传播几乎没有受到语言的阻碍。"汉字作为中国文化的语言载体,是古代汉文化圈形成的先决条件,对包括日本在内的东亚和东南亚很多国家文学的形成以及文学样式的产生起着重要的作用。"①像日本、朝鲜等国家,本来没有自己的文字。他们或采用汉字注音,或直接识汉字、用汉字。相当一段时期内,中国文化和文学在同质文化圈内的传播呈现一边倒的趋势,这与当时中国政治、经济、文化高度繁荣紧密相关。"文化软实力"决定了中国文化和文学在传播和交流过程中拥有绝对话语权。

中国文学向异质文化圈的传播起步较晚。中西方交流早期以文化交流为主,早在中国文学进入西方文学世界之前,中国的瓷器、丝绸和茶叶等就已经在西方声名鹊起。我们通常把明末清初时期来华传教士的"儒学西译"作为中国文学向西方传播的肇端。异质文化间的文学交流主要借助"文字流传物"的形式,要变成有意义的作品,就必须通过翻译。"在两种异质文化的文学交流之中,语言既是人类的工具,也构成了人类在接受外来文化时的接受屏幕。"②在翻译过程中,往往会发生"文化过滤"现象。在传教士的努力下,中国的"四书五经"等儒家经典渐渐有了拉丁文、法文、德文、英文等译本。最初,传教士译介"四书"的真正目的是"以中证西"。他们在中国经典文学作品特别是儒家经典中选取符合西方教义的部分加以翻译和阐释,以便更好地传教。从接受者角度看,国外读者欣赏中国的文学作品也不是被动的。美国波摩纳学院(Pomona College)亚洲语言文学系主任、著名汉学家白亚仁先生在翻译余华作品时,没有选择其成名作《活着》和《许三观卖血记》,而是翻译了小说集《黄昏里的小男孩》。在他看来,美国读者更喜欢相对诙谐的作品,前两部小说内容沉重并不适合美国读者。不过,这一切并不能抹杀西方对中国文学的向往以及"世界文学"观念下中国文学存在的价值。正是由于中国文学作品的输入,西方世界才有机会更加深刻地了解中国社会。

(三)中国文学世界性传播的趋势

目前,中国文学正在迎来走向世界的最佳时机。法国比较文学家马·法·基

---

① 方汉文主编:《东西方比较文学史》(上),北京:北京大学出版社,2005年,第139页。
② 曹顺庆主编:《比较文学教程》,北京:高等教育出版社,2006年,第103页。

亚说:"人们对英国和德国的影响进行较多的研究,而对意大利,尤其是西班牙和俄国的影响进行的研究较少。这是为什么呢?当然是因为前两个国家从18世纪开始就是最重要的:在我们有文化的同胞中很少有人读过卡尔德隆的作品,但几乎所有的人都读过《哈姆雷特》和《维特》。"①不得不承认,文学的传播与研究同国家实力紧密相连。在经济领域,中国的GDP总量已经跃居世界第二位,综合国力显著增强,在国际事务中也拥有更多话语权。全球范围内,"汉语热"悄然升温,孔子学院如雨后春笋般涌现。在全球化背景下,特别是全球经济危机以来,世界各地对于中国的关注与日俱增。要想真正了解中国,了解中国社会,仅仅凭借媒体和网络是远远不够的,还要阅读中国的文学作品。伴随着"中国崛起"逐渐被承认和接受,中国文学的世界性传播将取得更大进步。海外学者对于中国文学已经不再局限于"国别文学"研究。文学渐渐成为海外学者进入中国的一种途径。由此途径获得的将是有关于中国话题和中国研究的国际话语权。

2012年,伴随莫言获得诺贝尔文学奖,"中国文学"成为一个世界性事件。莫言获奖促使全世界都渴望了解莫言,了解中国文学,了解中国,为中国文学的世界性传播提供了良机。莫言在世界文坛的成功并非偶然。第一,中国文学走向世界必须依赖好的翻译作品。著名汉学家、美国科罗拉多州大学教授葛浩文先生是公认的中国现当代文学首席翻译家。莫言的作品几乎每部都由他译成英文,如《红高粱家族》(Red Sorghum,1993)、《天堂蒜薹之歌》(The Garlic Ballads,1996)、《酒国》(The Republic of Wine,2000)、《丰乳肥臀》(Big Breasts & Wide Hips,2003)等,这些译本在国内外均获得好评。莫言本人也对葛浩文的翻译赞不绝口:"葛浩文教授不但是一个才华横溢的翻译家,而且还是一个作风严谨的翻译家,能与这样的人合作,是我的幸运。"②第二,作品内容和叙述技巧上有创新。20世纪,全世界都在惊叹拉美文学所取得的成就。阿斯图里亚斯(Ángel Asturias)、马尔克斯(García Márquez)这些耳熟能详的诺贝尔文学奖获得者,一方面继承并努力挖掘民族文学传统,特别是古老的印第安人文学传统,另一方面积极汲取西方文学的艺术精华,创造出了"魔幻现实主义"(Magic Realism)这种符合各民族审美心理

---

① [法]马·法·基亚:《比较文学》,颜保译,北京:北京大学出版社,1983年,第57页。
② 莫言:《美国演讲两篇》,《小说界》2000年第5期。

的新文学样式,在世界范围内被普遍接受。文学艺术是对生命本质的追求,如何在文学创作中体现时代精神和民族元素是民族文学走向世界的重要一步。莫言的成功,就在于将民族特色融入到"魔幻现实主义"创作中。莫言说过:"我努力地想使我的高密东北乡故事能够打动各个国家的读者,这将是我终生奋斗的目标。"[①]他在福克纳(Faulkner)、马尔克斯、卡夫卡(Kafka)等人的影响下,立足于民族之根,以高密东北乡为背景,大胆讲述着属于自己、属于中国、属于全人类的故事。第三,艺术作品的多渠道传播。莫言小说在世界范围内流行同时得益于张艺谋同名电影《红高粱》在国际上取得的巨大成功。信息化时代,人们获得信息的渠道已经不再局限于文字阅读。多渠道传播将是中国文学世界性传播的主要方式。如何将好作品融入更多传播渠道是中国文学走向世界的关键。

"世界文学"已经成为一种必然趋势,民族文学间的交流将会更加频繁。"把世界上各国各民族的文学视为一个整体,探讨各种文学现象之间的相互关系和共同规律,让文学研究从民族主义走向世界文学,更是比较文学的明确指向。"[②]中国文学走向世界,仅凭一个莫言是不够的。我们还需要更多的莫言,创造出更多富有民族特色的世界性作品。在莫言之前,中国已有数位作家及其作品获得国际性大奖。如贾平凹获得美国"美孚飞马文学奖"和法国"费米娜外国文学奖",余华获得意大利最高文学奖"格林扎纳·卡佛文学奖"及法兰西艺术与文学骑士勋章等。中国作家频繁获得国际大奖,证明世界文学界对中国文学的认可,也为中国文学持续向世界传播提供了可能。莫言此次获得诺贝尔文学奖,为中国文学走向世界开启了一扇新门,让以前的涓涓细流汇集成奔腾不息的大江大河,源源不断地输入到世界文学的海洋中。

## 二、世界范围内中国文学的影响

随着文化交流日益频繁,西方一些学者已经意识到东方文学和文学理论,尤其是中国文学和文学理论的巨大价值。美国哈佛大学比较文学系主任克劳迪奥·纪廉(Claudio Guillén)也指出:"我认为,只有当世界把中国和欧美(包括英

---

① 莫言:《美国演讲两篇》,《小说界》2000年第5期。
② 曹顺庆、李思屈:《跨文化比较诗学论稿》,《东方丛刊》1999年第1期。

国)两种伟大的文学结合起来理解和参考时,我们才能充分面对文学的重大理论问题。"①最早倡导比较文学"中国学派"的李达三先生在中国学派五大目标的第一目标中就提出"在自己本国的文学中,无论是理论方面还是实践方面,找出具有'民族性'的东西,加以发扬光大,以充实世界文学"②。国外学者的看法并非毫无根据。从传播历程来看,中国文学已经在世界范围内产生重要影响。

(一)世界文学中的中国形象

在中国文化和文学的直接影响下,中国元素与中国情节在西方文学作品中频繁出现。"中国"一词在西方人眼中不再陌生,西方国家的东方意识也得到强化。中西交流早期以文化交流为主,在西方传教士进入中国前,中国形象已经进入西方文学作品。西方人通过来自中国的器物了解中国,在他们眼里,中国是一个寄托理想的圣地。随着传教士来华,中西交流更加频繁。特别是中国文学的传入让西方人可以进一步了解中国。中国形象甚至中国文学作品中的人物和故事情节开始频繁出现在西方文学作品中。法国著名思想家伏尔泰(Voltaire)十分推崇中国的儒家思想。在他的很多作品中都可以发现中国文学元素。如由他改编的《中国孤儿》(《赵氏孤儿》)在欧洲公演取得巨大成功。著名悲剧《伊兰娜》更是将女主角伊兰娜塑造成"中国式"节妇形象以抨击法国黑暗的专制制度。而这些绝非个案,正如伏尔泰自己所说:"中国人因为两千多年来故步自封、停滞不前,所以在科学方面碌碌无为,由于它是世界上最古老的民族,它在伦理道德和治国理政方面,堪称首屈一指。"③在剧作《查伊尔》和小说《老实人》《中国人、印度人及鞑靼人的信札》《耶稣会教士自中国被逐记》等作品中,伏尔泰都借助中国事物和形象,为法国读者营造了一个具有东方情调的理想国度。

鸦片战争之后中国门户洞开,与西方的文化交流与碰撞也更加频繁。中国文学在英语世界的传播出现了小高峰。"19世纪中国古典文学作品的译介成果是此前任何一个世纪都无法比拟的。"④在此之前,中国文学的西传主要借助于"儒学西译",译介至西方的作品思想性远胜于可读性,不能展现中国文学的主要特

---

① 转引自卢惟庸:《西方比较文学研究的现状》,《国外社会科学》1982年第1期。
② 李达三:《比较文学研究之新方向》,台北:联经出版事业公司,1984年,第2页。
③ [法]伏尔泰:《路易十四时代》,吴模信、沈怀洁、梁守锵译,北京:商务印书馆,1982年,第594页。
④ 黄鸣奋:《英语世界中国古典文学之传播》,上海:学林出版社,1997年,第2页。

征。此时较有代表性的中国文学作品，诗歌如《诗经》，小说如《三国演义》《水浒传》《西游记》《红楼梦》，戏曲如《琵琶记》等都被英译。英国著名浪漫主义诗人柯勒律治（Coleridge）的长诗《忽必烈汗》，拜伦（Byron）《唐·璜》中的清朝官吏形象，华兹华斯（Wordsworth）诗篇中遥远的中国人，无不散发着中国气息。他们并没有到过中国，仅凭中国的器物和文学作品就对中国产生极大兴趣，有意无意地将中国形象注入自己的文学作品中。

歌德自幼便广泛接触中国文化。在他的文学作品中，不仅中国器物频频出现，还翻译和改写了一组抒情诗——《中国女诗人》。歌德意识到：虽然存在种种限制，但在那个奇特的帝国内人民仍可生活、恋爱和咏诗。这是人类的共性，也是世界文学产生的基础。同时期与歌德齐名的德国著名作家席勒（Schiller）也与中国联系紧密。在改写《图兰朵——中国的公主》的过程中，席勒不断将剧本中国化。小到变化数字，大到改变情节，都体现了他的细致与用心。在他的笔下，图兰朵这位中国公主，既属于中国，又属于世界。

1912年至1922年，在美国文坛声势浩大的新诗运动中，由埃兹拉·庞德（Ezra Pound）发起的"意象派"（Imagism）诗歌异军突起。他们力图摆脱19世纪末浪漫主义的矫揉造作和无病呻吟，力求寻找情感的客观载体，以求简练、含蓄地表达情感。"意象派"的理论与中国古典诗歌不谋而合，并由此掀起了一场译介和学习中国古典诗歌的热潮，使古老的中国诗歌艺术在大洋彼岸大放异彩。

中国形象在世界文学作品中频繁出现并非偶然。中国文学的世界性传播为世界文学带来了新元素、新灵感，拓宽了世界文学的宽度和广度。

（二）中国文学的世界性传播将推动比较文学中国学派走向繁荣

一直以来，在比较文学领域，无论法国学派还是美国学派，都热衷于"求同研究"，将"类同性"作为比较的基础。民族文学走向世界之初，对艺术生命本质的共同追求也是一种"求同"。全球化进程中，不同文化群体间联系更加紧密，特别是独立于西方文明之外的中华文明和中国文学的输出，致使世界文学界在"求同"基础上，"异"的问题更加突出。在《中国学派：比较文学第三阶段学科理论的建构》一文中，作者断言："比较文学的发展经历了三个阶段，即以法国学派为代表的第一阶段（欧洲阶段），以美国学派为代表的第二阶段（美洲阶段），以及比较文学在亚洲崛起后的第三阶段（亚洲阶段），这第三阶段的学科理论体系之一就是已经成形的中国学派。比较文学中国学派的提出具有划时代的意义,标志着比较文学发展到了一个全新的阶段。这个阶段的出现预示着比较文学已经突破了欧美学派的框架而呈现出新的气象,也是学术创新的一个有力例证。"①比较文学中国学派立足于跨文明研究和变异研究,针对跨异质文明语境下的文学变异,重新划分比较文学学科理论。

比较文学自诞生至今,一直危机不断。无论是早期意大利美学家克罗齐(Croce)对比较文学的批评与责难,还是20世纪50年代美国学者韦勒克的"比较文学危机论",乃至中国关于"文学比较"和"比较文学"的论争,都是比较文学研究不可回避的危机。《比较文学史》绪论中曾谈道:"比较文学的研究发展史几乎就是制造'圈子'(定义)与冲破'圈子'的历史。"②整个比较文学发展的一个基本特征和事实,就是研究范围不断扩大,一个个"人为圈子"不断被冲破,一堵堵围墙不断被跨越,从而构成了整个比较文学的基本线索和走向。法国学派执着于各国文学间的影响研究,将比较文学囿于"事实影响"的圈子里。随后美国学派顺势而起,凭借有别于影响研究的平行研究走上跨国和跨学科比较文学研究的道路。正如叶维廉所说:"事实上,在欧美系统中的比较文学里,正如韦斯坦因所说的,是单一的文化体系。"③归根结底,法国学派只关注法国文学和欧洲文学,美国学派也更多着眼于西方。比较文学反复徘徊于人为设定的"圈子"内,面对全球化所带来的跨文化问题和文明冲突一筹莫展。"法国学派和美国学派已经跨越了两堵'墙':第一堵是跨越国家界限的墙,第二堵是跨越学科界限的墙。而现在,我们在面临着第三堵墙,那就是东西方异质文化这堵墙。"④这堵墙的出现是中国文学世界性传播的结果,也是世界文学发展的必然结果。要跨越这堵墙就需要中国文化和中国文学参与。只有进行跨文明比较研究,才能走出比较文学第一阶段和第二阶段二元世界的桎梏,走向多元世界。

自西方文学和文学理论进入中国,运用西方理论阐发中国文学成为普遍现象。以浪漫主义解析李白,以现实主义阐释杜甫,虽已成惯例,但未必合宜。台湾

---

① 曹顺庆:《中国学派:比较文学第三阶段学科理论的建构》,《外国文学研究》2007年第3期。
② 曹顺庆主编:《比较文学史》,成都:四川人民出版社,1991年。
③ 叶维廉:《比较诗学》,台北:东大图书有限公司,1983年,第5页。
④ 曹顺庆:《比较文学中国学派基本理论特征及其方法论体系初探》,《中国比较文学》1995年第1期。

学者称这种理论思维和方法为阐发法,视为比较文学中国学派的主要特征。析其本质,阐发法只知其一不知其二。以西方理论阐发中国文学固然是普遍现象,但其更广泛的深层含义是中西方"文化模子"的交流与碰撞。西方国家,如英国、法国、德国,甚至美国的文学,同根同源,都孕育于古希腊文明和希伯来文明。中华文明自成体系,中国文学一脉相承。中国文学走向世界,必将造成不同文明之间的碰撞与冲突。法国学派和美国学派无法解决这一问题,中国学派应运而生。比较文学中国学派的基础和基本特色是"跨文化研究",是在跨越中西异质文化中探讨中西文学的碰撞、浸透和文学的误读、变异,寻求跨越异质文化的文学特色以及文学对话、文学沟通以及文学观念的整合与重建。随着中国学派跨文明研究和变异研究的提出与完善,中国文学在世界文学舞台上将扮演更重要的角色。

## "远东文学法文译版数据库"项目介绍

皮埃尔·凯泽（Pierre Kaser）[①] 译

法国与中国作为两个文化大国，有许多共通之处，比如说各自都有引以为豪的文学遗产和宝库。但是，它们又各不相同：如果我们以时间跨度和生命力这两点来将两国文学作比较，法国的文学作品略逊一筹。它既不如中国文学那样拥有源远的历史，又不及中国文学拥有的读者之广。无可否认，我们已经拿过14次诺贝尔文学奖，而中国以莫言为代表才首次获得该奖。但是，以数量而言，我们必须要集中整个欧洲的文学才能与中国文学来抗衡。值得庆幸的是，文学不同于经济，它不牵涉任何竞赛，而且我们积累越多，进步越快。因此，我们不应该将精力集中在两种文学的不同之处，而是应该通过两者的共通点来拉近彼此距离。

法语和汉语这两大语体，如果我们将两者相比较，会发现它们本身就有许多共同点：同样都是两种微妙的语言，同样拥有用之不尽的词汇体系，这两个语种都在不断向外扩张，以这两种语体为源语言的各种翻译版、改写版都是两种语言向外延伸的实例。

翻译就是在创造两者的共同空间，我们可以称之为"两者之间"（entre-deux），这个空间需要依靠两者而存在。译者是穿梭于两者之间的媒介，他跨越文

---

[①] 作者工作单位为法国艾克斯马赛大学亚洲研究所（Aix-Marseille Université IrAisa）。

化异差,化解因政治理念、哲学方式造成的不理解因素。除此以外,译作的传入促进对译入语文学及文化的借鉴,有助于译入语文化发展。两种文化相互影响、相互促进的过程,常常不易被察觉,而且受到许多因素影响,比如不同时代的文学氛围、译者的个人喜好以及某些商业因素。

这里我将站在法国的角度探讨这个处于"两者之间"的翻译问题。

正如法国文学在中国的翻译和接受至今仍是一个值得两国学者共同探讨的问题,中国文学在法国的翻译和传播也是同样值得我们相互合作和加强探讨的。要做好这项工作,首先需要我们回顾历史,从17世纪至今,中国文学在法国的翻译和传播跨越将近4个世纪,这一漫长的历史过程需要我们用更准确、更科学的方式去衡量。

当然,要对这个过程进行科学性分析是项十分艰巨的任务,因为涉及的翻译书目达1000多种。我清楚地认识到这个工作不能单靠个人能力去完成,而是需要一个研究团队共同去对翻译书目作统计以及对翻译质量作评估。这个由我发起的项目如今成为我们研究团队的共同项目,项目名称为"远东文学法文译版数据库",缩写为"ITLEO"。

该项目不仅限于中法文学翻译领域,也涉及亚洲其他国家在法国的翻译文献。进入该数据库的翻译文学除中国文学外,还有日本、印度(以印地语为源语言)、韩国、朝鲜、越南及泰国文学。涉及的国家如此之多是因为我们的研究团队组成人员是上面提到的各个国家的相关文学研究专家。我们的研究团队成立于2004年,当时的核心人员是中国文学研究学者,后来由于研究队伍不断壮大,吸收了来自其他亚洲语系的相关专家和学者,我们的研究队伍于2008年改名为"远东文学和翻译研究所",简称"LEO2T"。2012年年初,由原来的艾克斯马赛一大、二大、三大合并而成新艾克斯马赛大学(Aix-Marseille Université, AMU),我们的研究队伍与另一支亚洲研究队伍合并,成为法国国家科学研究中心(Centre national de la recherche scientifique, CNRS)队伍的一员,取名为"亚洲研究所"(IrAsia)。而"远东文学和翻译数据库"成为我们新研究所的重点研究项目之一,它将成为我们研究队伍未来几年共同完成的一个重要任务之一。在我们看来,我们应该取广义"文学"作研究范围,不论成书年代、内容、质量。如果我们以这个定义来寻找研究对象的话,能纳入数据库的文献不下2000种。

这个项目的研究意义在于,我们对中法两大文学体系之间相互影响的范围、规模尚未有定论。虽然过去几年,在该领域的研究有一些新的进展,特别是对特定时期、特定文体、特定作品都有相关的研究论文发表①,但是将这个领域视为整体研究项目是少之又少的。如果我们查找已经整理过的相关文献和资料,会发现其中有许多问题:不是没有收录新加的翻译文献就是缺少某个年代的翻译作品,或者缺少某种文体的译文录入。就算某些研究是从大处着手,但是作者因为无法估量整体的数量和质量而做出了不恰当的定论。

　　总之,中国文学在欧洲最古老的国家之一的翻译和传播史是个值得后人书写的题材。这个论题放在其他任何国家和语系中来研究都同样让人期待。

　　事实上,已存在的一些年代久远的对翻译书目的整理似乎已经非常详尽,但是如果我们仔细分析,就会发现其中有很多漏洞需要去补救。比如说王丽娜对古典小说与戏剧的翻译书目的整理②虽然非常详细,但是对法文翻译的整理做得不尽如人意:对原著的翻译版和改写版没有区分对待,而且对译文只有一些简单的评论,对原著的版本考察等资料有待补充。但是,必须承认的是,这本 1988 年出版的书目整理,与 35 年前马尔塔·大卫索恩(Martha Davidson)做过的类似的整理③相比,是个飞跃性的进步。

　　现存所有的翻译书目整理研究,虽然资料丰富详细,但是错误连篇。如果我们对此类资料信息不加以改正,这些资料会作为其他相关研究的重要依据继续流传。

　　要对已存的翻译作品做书目整理在法国汉学中属于一个新的尚未有定论的领域,困难重重。不仅很难对新出版的中国现代文学的法文翻译作品进行统计,中国古典文学的法文译本也很难统计。已存在的旧译版不会让新出现的翻译作品暗淡无光。《列子》就是这样一个典型例子:它的两个较早的法译版于 1961 年

---

① 这类的研究包括 2012 年出版的《十九世纪法文翻译史》中菲利普·博斯岱尔(Philippe Postel)所负责的关于中国文学法译文部分研究著述及伊万·丹尼尔(Yvan Daniel)所著的于 2010 年出版的《法国文学与中国文化》一书,还有李金佳于 2009 年在巴黎友丰出版社出版的《聊斋志异在法国》中对《聊斋志异》所有已存法译版的详细书目整理与研究,以及钱林森的《中国文学在法国》等。
② 王丽娜:《中国古典小说戏曲名著在国外》,上海:学林出版社,1988 年。
③ Martha Davidson, *A List of Published Translations from Chinese into English, French and German*. Ann Arbor (Mich.):Edwards,1952.

和1997年分别出版,2012年又增加了一个新的版本,译者为雷米·马蒂尼(Rémi Mathieu),2013年又出现一个由让·莱维(Jean Lévi)译成的第四版。《论语》的翻译也是每年不断,新版本层出不穷。《道德经》从1842年起到2010年为止,已经出现过不下36种法译本,《易经》也是翻译家热衷的典籍之一。在诗歌和小说的翻译上我们也能找到类似的例子:如《红楼梦》,在我指导下的博士生黎诗薇最近做的一项相关研究,证明这部巨作需要有更好的法文译本。《肉蒲团》虽然已有两个分别于1962年及1991年出版的翻译版本,但是至今还没有出现一个令人满意的"狄德罗母语"的翻译本。这些现象一点都不值得惊讶,因为每个译本的生命是有限的,而出版社也不会抗拒同一部作品源源不断的新译版本,因为新译版本总是更受读者的欢迎。

如今我们虽处在经济和文化不断变化的环境下,但是中国古代典籍的法文译本的出版却从未间断。通过一些新的中国丛书的翻译出版,博大精深的汉学研究在法国得以重获生命力。这个要归功于法国公立学院教授程艾兰(Anne Cheng)和社会科学高等学院教授马克·卡利诺斯基(Marc Kalinowski),在他们共同指导下出版了极具学术权威的"中国丛书"(巴黎雅文出版社)。丛书收入了中国古代思想家及文学家扬雄、王充、苏轼、朱熹等的作品,还有《盐铁论》《管子》《文子》的法译版。最近该丛书又将出版陆贾所著的《新语》的法译版[①]及《荀子》的法文重译版[②]。该丛书旨在收录"中国古典文学类书籍,包括哲学、历史、政治、军事、医学、天文学及数学等相关方面典籍"。

这些双语译本是针对文化水平较高的读者,因此更平易近人的休闲读物,比如中国古典小说和戏剧,并没有列入该丛书的出版范围。随着伽利玛出版社(Gallimard)的"认识东方丛书"宣告结束,中国古典小说翻译家谭侠客(Jacques Dars)的辞世及菲利普·皮基耶出版社(Philippe Picquier)对出版此类书籍失去兴趣,中国古典小说和戏剧的法译版在法国出版前途未明,即使某些作品能在其他规模较小的出版社出版,译文的质量也是参差不齐的。

如果我们对以上情况做个小结,我们能清楚地看到,现在是对以往中国古典

---

[①] 此书由Jean Lévi译出法文版。
[②] 《荀子》的法译版已进入法国著名的"七星文库"丛书。

文学在法国传播做个总结的最好时机。中国文学在法国的翻译出版从来没有任何确定的方案和计划,现在这种情况也没有什么改变。在现代文学翻译领域,法国出版社常常偏爱少数著名作家的作品,比如说诺贝尔文学奖获得者莫言的作品。与 20 世纪上半叶中国近现代文学在法国得以大量翻译的情况相比,如今的法文译者和出版社都倾向于翻译中国当代文学,以此机会来寻找明日的大家。

因此,综合考虑以上因素,我们决定建立一个互联网数据库系统,这个数据库对全世界开放。就目前为止,我们已在维基百科建立一个空间,但是现在仅限我们研究团队工作人员才能进入此空间,对该数据库进行资料查询以及补充。这个数据库的建立为团队的工作带来很大益处。我们研究团队的组成人员都是各个语种文学领域的专家,各自负责收集各自专项语种文学翻译的书目。

我们的研究任务不仅限于收集书目,我们所要建立的数据库,类似于荷兰的莱顿(Leiden)大学与香港中文大学合作的关于中国文学的数据库及针对法国文学在中国翻译与传播的"傅雷数据库"。但是这两种数据库也有一些局限,就是缺乏科学性。我们的要求是,对每个译本都要提供最齐全的信息,包括对原著的考察、译文的分析以及译者翻译策略的介绍等。

所有作品,特别是古典文学作品,都应该对原著出版的年代、作者及版本问题进行说明。对研究该著作的专家学者和他们对该作品的研究资料,也应该进行适当说明。如果作品还存在其他不同语种的重要译本,也应该加以介绍,因为这些译本有可能对法译版有一定的影响。总之,关于作品的资料介绍必须清晰明了,特别是对作品所属文学类别要有明确的说明。

对译文的考察自然也是我们研究的重点:对每部译文,我们都需要了解译者是谁,翻译的动机是什么,是个人选择、出版社要求,还是应文学或政治时事的需要。而且也需要了解译者是如何向读者介绍译文的,是否有序言,是否附有注解,以及是否介绍译文的传播。我们知道,自法国结构主义学者杰哈·简奈特(Gérard Genette)提出侧文本(paratexte)的概念后,许多研究都证明侧文本对译文有极其重要的作用,特别是在古典文学翻译方面。

当然,我们需要对译文进行严格分类:译文究竟是属于直译还是转译,是全译版还是删减版,忠实于原文还是有改写,是否对原文进行删减或擅改。最后,译文是否符合原文的文学风格,这点我认为是最难以判断的,因为对译文风格的判断避免不了主观因素的影响。

我们已可以对译文、对译入语文学的直接或间接影响等相关问题进行研究:如某作品的法译版是否对其他语种的译文或者对法国文学创作有影响。对我个人而言,最令我激动的一个经典实例是,中国古典小说家李渔的一个话本小说《合影楼》,竟然影响了法国19世纪最伟大的小说家之一特奥菲尔·戈蒂埃(Théophile Gautier,1811—1872)及他的作品《水上楼》(Le Pavillon sur l'eau, 1846)的创作。

当然,译者也是我们研究关注的重点。作为跨文化交际的重要使者,他们的工作、翻译能力和水平都是值得我们研究的问题,例如收集译者所有译过的作品,了解其擅长的领域。对用笔名的译者需要对他的身份进行考证。此外,译者对译文的影响也是我们研究的重点。收集这些资料和信息,将为我们以后做关于翻译学理论和翻译史研究打下重要的基础。

我们只有收集了以上资料和数据,才可能真正开始设想书写关于中国文学在法国的翻译和传播史,才可能对长达四个世纪的文化交流有一个宏观的判断,才有可能对每个阶段的具体情况进行评价。不仅在数量上有一个定论,在质量上也可以下判断。以翻译为研究对象的社会学科也会有一个真正可靠的数据库。对相关问题感兴趣的学者也可以在他们的研究当中运用这个数据库。研究翻译史、对比文学的学者等,经常会碰到不能很好评估译文质量的问题,数据库的建立也会方便他们的研究。出版社可以通过数据库来知道有哪些尚待翻译的作品。译者也可以明白哪些作品已经有质量上乘的译文,哪些作品还需要有更好的重译版。法国的中国文学教授能根据这个数据库更好地安排教学任务。还有,所有爱好中国文学的读者都可以从中得到启示,选择合适的译文去了解原著。

显而易见,这个项目受益者众多,因此这项工作有着极其重要的意义,对我们研究团体的工作人员也提出了很高的要求,有一个操作简便而且免费的平台是这个任务最好的解决方法。

我希望这项工作在不久的将来就能真正展开,因为在法国,某项工作从酝酿到开始的时间跨度是很长的;我还希望这项工作能选择有能力的负责人来完成。幸好,我们研究队伍里有很多年轻的研究者,而且我相信我们的中国同行也能在中国文学在法国的翻译书目这个领域给我们带来新的帮助。

## 预设与关怀

### ——1990 年以来西方《孟子》研究的问题意识[①]

北京外国语大学中国语言文学学院　韩振华

从 16 世纪末西方耶稣会士(Jesuits)登陆中国,发展出真理与谬见杂糅的传教士汉学,到 19、20 世纪之交西方专业汉学的正式形成,直到今天专业汉学的多维展开,西方汉学已经走过了四百多年的漫长历程。《孟子》的西译和研究伴随了这整个过程。1990 年以来,在前人成果的基础上,汉学家们带着各自的问题视角,又一次探入《孟子》文本,进行了比较深入的现代诠释,并且形成了几次较有影响的争论。《孟子》成为西方各种思潮、倾向相互碰撞和激荡的"战场",这在一定程度上重新激活了《孟子》,使它有可能成为西方自身思想建构的构成性力量。

本文择取西方汉学界关于"孟子与现代民主、人权""孟子人性论的文化性与生物性""孟子与德性伦理、角色伦理"的三次争论,分别梳理其历史脉络,揭示其现实关切,并尝试做出理论评判与回应。了解这些争论的来龙去脉,其实也是一项"揽镜自照"的工作,借此可以引起我们更多的理论反思与方法自觉。无疑,这项工作对于在当前全球化的学术语境中,中国思想如何面对东西方文化冲突、如何应对全球化与本土化挑战时,放言于心声,中的于现状,在世界格局中确立中华

---

[①] 本研究成果为 2010 年度教育部人文社会科学研究一般项目"他乡有夫子:欧美的《孟子》译介与诠释研究"(项目批准号 10YJC720013)之阶段性成果。本文的最后修订是 2012 年夏天在台湾大学人文社会高等研究院访学期间完成的,谨对台大高研院和黄俊杰教授表示衷心的谢忱。

民族的文化自觉、伦理原则、思想根基,更好地参与跨文化对话,显然具有重要的启示意义。

### 一、孟子与现代民主、人权

1990年之后,世界进入"后冷战"时代,但美、苏两大集团"冷战"时代的阴影仍然笼罩着国际关系,尤其是国际间的意识形态领域。而其焦点便集中于所谓的"文明的冲突"以及民主、人权等话题。同时,在西方经济增长变缓后,亚洲经济的持续快速增长、亚洲部分地区的民主实践也成为东西方文化和政治经济比较与对话的大背景。民主和人权是普遍性的还是特殊性的?包括孟子思想在内的传统儒学资源与现代自由民主、人权之间可否兼容?这些都成为国内政治学界和海外汉学界持续关注的问题。其间与《孟子》关联较密且较重要的著作包括:狄百瑞(William Theodore De Bary)与杜维明主编的《儒学与人权》(1998),郝大维(David L. Hall,1937—2001)与安乐哲(Roger T. Ames)的《先贤的民主:杜威、孔子与中国民主之希望》(1998),贝淡宁(Daniel A. Bell)的《超越自由民主:东亚语境中的政治思考》(2006),罗哲海(Heiner Roetz)、欧阳博(Wolfgang Ommerborn)和格雷戈尔·保罗(Gregor Paul)编著的《人权论域中的〈孟子〉:中国、日本和西方接受〈孟子〉的里程碑事件》(2011)。以下我们依次来探视一下这些著作各自的理论建构与思想倾向。

狄百瑞和杜维明主编的论文集《儒学与人权》[1]集中讨论儒学资源与现代人权观念的关系,其中专论孟子的是汉学家华霭仁(Irene Bloom,1939—2010)的论文《基本直觉和共识:孟子思想与人权》[2]。此文试图从两个方面说明孟子思想与现代人权观念的相关性:其一,孟子关于普遍道德潜能("性善")的观点相关于现代的平等观念;其二,孟子的"天爵"观相关于"人之尊严"的现代观念。作者指出,之所以聚焦于这两个方面,是因为它们同是孟子思想和当代人权思想的核心要素。而且,"关于人权的那些共识性看法在我们今日变动的现代文明中扮演了

---

[1] William Theodore De Bary, Tu Weiming, *Confucianism and Human Rights*. New York: Columbia University Press, 1998. William Theodore De Bary, *Asian Values and Human Rights: A Confucian Communitarian Perspective*, Cambridge (Mass.) and London: Harvard University Press, 1998, 2000.

[2] Irene Bloom, Fundamental Intuitions and Consensus Statements: Mencian Confucianism and Human Rights, in *Confucianism and Human Rights*, pp.94-116.

如此重要的角色,而(孟子思想的)基本直觉——对人之平等性、责任、关联性和尊严的肯定——不仅跟这些共识一致,也在道德和精神层面上拥护、支持着它们"(第111页;译文由本文作者译出)。中国的人权建设可以从《孟子》等古典著作中获得理论支撑,这是华霭仁一贯的看法。

郝大维与安乐哲《先贤的民主:杜威、孔子与中国民主之希望》[1]一书以实用主义(pragmatism)为中介,尝试为中国乃至美国寻找切合自身语境的民主模式。作者认为,"中国从来都是,而且将继续是一个社群社会(communitarian society)","实现中国人民的正当欲望需要提倡一种社群社会的民主形式,而这种社群社会的民主形式与当前支配西方各民主国家的自由主义民主模式是有抵触的"(中译本第9页),"这种社群社会的民主形式"就是儒家式的民主。他们在一定程度上把"儒学"视为中国古典思想资源的"总名",又以孔子作为儒学的总代言人,不过孟子的学说也常被引用。他们认为儒家式的先贤民主体现出强烈的实用主义色彩,迥异于西方以个体权利为基础的自由民主(liberal democracy);而杜威(John Dewey,1859—1952)的实用主义思想是土生土长的,也是适宜于美国本土的哲学传统的。孔子与杜威一中一西,可以"再睹钟情"(love at second sight),并且联起手来,为自身正当性积极呐喊。在他们看来,"儒家式的民主"的比较优势并非仅仅体现于亚洲:

> 发展一种儒家式的民主典范不仅会有益于亚洲的民主化倡导者,而且还会有益于西方社群主义民主的倡导者。正是这种彼此受益的可能性,提升着中国的民主的希望,使之从一种可能性变成一种有理由的预期。[2]

就其思想实质而言,贝淡宁《超越自由民主:东亚语境中的政治思考》(*Beyond Liberal Democracy: Political Thinking for an East Asia Context*)[3]一书只是对郝大维、安乐哲之理论的丰富。郝大维、安乐哲二人重视从哲学切入点的差异处谈儒家民

---

[1] David L. Hall, Roger T. Ames, *Democracy of the Dead: Dewey, Confucius, and the Hope for Democracy in China*, Open Court Publishing Company,1998.中译本由何刚强译出,刘东校,南京:江苏人民出版社,2005年。

[2] 见中译本第95页。此处译文依安乐哲:《自我的圆成:中西互镜下的古典儒学与道家》,彭国翔编译,石家庄:河北人民出版社,2006年,第535页。

[3] 贝淡宁:《超越自由民主:东亚语境中的政治思考》,普林斯顿:普林斯顿大学出版社,2006年;中译本《超越自由民主》,李万全译,上海:上海三联书店,2009年。

主与西方自由民主之别,贝淡宁其书则从当代中国及东亚的政治现实和日常生活入手来论证东亚传统价值的正当性。例如在人权问题上,作者尝试以孟子的思想为基础构建某种儒家的理论,认为"在孟子关于战争的思想与当代使用人权这一概念的正义战争理论之间有着一些相似之处"(中译本第10页)。作者自承其主要观点:

> 我认为在东亚地区有着与西方式的自由民主不同的、可以在道德上进行证明的不同理论,对东亚而言,正确的选择并不是在时机成熟的时候简单地实行西方式的政治模式,而是至少从东亚的政治现实与文化传统中吸取那些可以为东亚所接受的成分,它们同样可能为当代西方自由民主主义者所接受,而且后者还可以从中获益。(第8—9页)

笔者以为,这种壮人心志的观点在理论上当然是可以成立的,然而,从另一角度看,郝大维、安乐哲、贝淡宁诸人的观点实际却助长了某种中国或东亚"特殊论"立场,在描述性地提示中西差异并试图从哲学传统或现实习俗做出某种解释之后,并没有提出一套明晰可靠的替代自由民主的可行方案。他们的学说具有浓厚的语境决定论和文化保守主义色彩,难免文化相对主义和"学术偷懒"之讥[1]。

由德国波鸿鲁尔大学罗哲海、欧阳博和卡尔斯鲁厄大学格雷戈尔·保罗三位教授共同编著的《人权论域中的〈孟子〉:中国、日本和西方接受〈孟子〉的里程碑事件》[2]是一部内容丰富的著作(900多页)。这项研究成果是在德国蒂森基金会(Thyssen-Stiftung)和德国"惠光"日本文化中心资助下进行的(2003—2006)。尽管冠以"人权论域"之名,但此书基本可视为一部《孟子》在中国、日本和欧美的接受史,只不过其视角专注于政治学领域而已。作者强调,《孟子》一书中有很多与当下人权讨论具备相关性的因素,例如"人人有贵于己者"(《孟子·告子上》第17节)的个体价值观、对人的生命的高度看重、关于自我和道德自律的前设概念、仁政理念、对反抗暴政和弑暴君正当性的论证、国家以民为本的主张等。此书延

---

[1] 对贝淡宁的批评,可参考吴冠军《贝淡宁的"缩胸手术"》一文,载2009年12月20日《东方早报·上海书评》B09版。

[2] Heiner Roetz, Wolfgang Ommerborn、Gregor Paul, *Das Buch Mengzi im Kontext der Menschenrechtsfrage. Marksteine der Rezeption des Textes in China, Japan und im Westen.*

续了罗哲海在《轴心时期的儒家伦理》①等论著中的一贯思想,在历史观念上强调某种"重建的'调适诠释学'"(reconstructive 'hermeneutics of accommoda-tion')②,即在当下语境中通过理论重建,揭示《孟子》中已然包含的相关于现代人权论述的理论观点,说明《孟子》这一轴心时期文献在现代语境中的资源性价值。

罗哲海等人在很多理论上跟安乐哲代表的实用主义路向针锋相对。安乐哲为了论证儒家式社群民主,曾经借助过程哲学(process philosophy)的视角,否认古代儒家传统中具有西方本质主义意义上的个体自我观念,认为儒家只拥有"关系自我"的观念(可参考本文第二、三部分)。罗哲海等人在根本上不同意这一主张,他们转而以狄百瑞提出的"社会个体"(social individualism)概念来指称儒家式的自我观念。他们也反对安乐哲、罗思文(Henry Rosemont, Jr.)等人的文化(相对)主义、实用主义进路,转而倡导历史性地理解儒家尤其是孟子的伦理观,同时张扬一种人权话语的普遍主义视角。他们也引前文提到的华霭仁为同调。

自由民主和人权话题往往关涉思想史研究中的普遍主义与相对/特殊主义问题。普遍主义者倾向于"运用那些超越文化和语言差异的概念,透过所有表面的不同,去发现中国思想中对普遍问题的探索",而相对主义者则倾向于"透过所有的相同点,去揭示那些与受文化制约的概念系统相关的,以及与汉语和印欧语言结构差异相关的关键词汇的差别"③。尽管存在着简单化的风险,我们仍然可以大致将史华慈(Benjamin I. Schwartz, 1916—1999)、罗哲海、华霭仁列为普遍主义立场的代表,而葛瑞汉(Angus C. Graham, 1919—1991)、安乐哲、于连(François Jullien)则可视为相对主义视角的代表。对西方汉学世界中普遍主义、相对主义问题的关切散见于本文各处,这里笔者不拟将其单独拈出进行讨论。

---

① Heiner Roetz, *Confucian Ethics of the Axial Age: A Reconstruction under the Aspect of the Breakthrough Toward Postconventional Thinking*, Albany: SUNY Press, 1993 年。此书中文版由陈咏明、瞿德瑜译出,郑州:大象出版社,2009 年。

② Heiner Roetz, "The 'Dignity within Oneself': Chinese Tradition and Human Rights," in Karl-Heinz Pohl (卜松山) ed., *Chinese Thought in a Global Context: A Dialogue between Chinese and Western Philosophical Approaches*, Leiden: Brill, 1999, p.257. 值得注意的是,罗哲海使用的"调适"(accommodation)一词,会让人联想到早期耶稣会士(Jesuit)以"适应"为主的经典诠释策略。

③ 葛瑞汉在评论史华慈《古代中国的思想世界》时将后者的视角概括为普遍主义,并将自己的立场视为差异主义。引文见安乐哲、郝大维:《孔子哲学思微》,蒋弋为、李志林译,南京:江苏人民出版社,1996 年;同文发表于《读书》1996 年第 5 期,题为"可否通过孔子而思?"。

## 二、孟子人性论的文化性与生物性之争

1967年,葛瑞汉的长文《孟子人性理论的背景》[1]发表,受其启发,1991年,安乐哲发表了论文《孟子的"人性"概念指的是"人的本质"吗?》[2]。安乐哲认为,英文"nature"一词所包含的本质主义倾向并不适合表达汉语"性"字的"过程"含义[3];如果将"人性"译为"human nature",那么就将跟中国思想格格不入的意蕴强行纳入到中国思想中,从根本上说是疏离(而非接近)了中国思想。同时,安乐哲指出"性"主要是一种成就性的概念:

> "性"最重要的是修养和成长的结果。……对孟子来说,就任何重要的意义上而言,不曾发展的人(即缺乏教养的人)还不是"人"。"性"是参与文化社会并做出贡献的成员的标志。没有文化修养,就不是完全意义上的人,因为像动物那样行为的"人",确确实实就是禽兽。社会中的人,从质的角度可以区分为不同的类别,即从非人的"人",到用模范行为界定和提升人性本身的圣人。"性"这一概念表示有些人比其他人更加"人"化。(译文由本文作者译出)

安乐哲以上看法有文本支撑,可成一家之说;不过,过于敏感于"性"字与"nature"的中西方语境差别,乃至把这种差别绝对化,却又忽视了"性"与"nature"相

---

[1] 原题"The background of the Mencian theory of human nature",载《清华学报》(Tsing Hua Journal of Chinese Studies)1967年第6期(12月),第215—271页;收入葛瑞汉《中国哲学和哲学文献研究》(Studies in Chinese Philosophy and Philosophical Literature, Singapore: Institute of East Asian Philosophies, 1986;1990, Albany: SUNY Press)及刘秀生、艾文贺(Philip J. Evanhoe)主编《论孟子的道德哲学》(Essays on the Moral Philosophy of Mengzi, Indianapolis: Hackett Publishing Company, Inc., 2002)论文集。此文中译本收入江文思(James Behuniak, Jr.)、安乐哲编《孟子心性之学》(北京:社会科学文献出版社,2005年),译者为梁溪(王志跃)。

[2] 本文英文标题为"The Mencian Conception of Renxing: Does It Mean 'Human Nature'?",收入罗思文编《中国文献与哲学语境:葛瑞汉纪念文集》(Chinese Texts and Philosophical Contexts: Essays Dedicated to Angus C. Graham, La Salle, Ⅲ. Open Court, 1991; Carus Publishing, 1999)。此文中译见安乐哲《自我的圆成:中西互镜下的古典儒家与道家》(彭国翔编译,石家庄:河北人民出版社,2006年)第三章"自我"之第二部分。

[3] 安乐哲另有两文专论此题:(1)《孟子与人性的过程含义》(Mencius and a Process Notion of Human Nature),收录于陈金梁(Alan Kam-Leung Chan)编《孟子:语境与诠释》(Mencius: Contexts and Interpretations),火奴鲁鲁:夏威夷大学出版社,2002年,第72—90页;(2)《孟子与一个经过特殊加工的有关"人的本性"的概念》,收录于江文思、安乐哲《孟子心性之学》,梁溪译,北京:社会科学文献出版社,2005年,第305—331页。

通的一面。安乐哲将孟子的人性概念置于一种过程或"事件"(event)本体论范围内进行讨论,借助杜威的词汇来解释孟子思想,虽然他宣称"这既不是使孟子成为杜威,也不是对孟子提供一种'杜威式的'解读,而宁可是试图用杜威的词汇去激发我们从不同的方面思考孟子"(《孟子心性之学》第321页),但其排他性立场也使其盲视了孟子思想中的其他重要方面。而且,强调"性"之文化成就的一面,势必导向对精英主义乃至人之差等的肯定。事实上,安乐哲确实是一位对古典儒家思想和政治传统溢美的汉学家。受激于安乐哲在人性、人权等问题上的相对主义立场,华霭仁在《孟子的人性论》[①]《〈孟子〉中的人性与生物性》[②]《孟子人性学说中的生物性与文化性》[③]等文中倡论《孟子》中的"共同人性"(common humanity)思想,并援引西方社会生物学理论[④],有针对性地强调《孟子》所谓"性"是社会生物学意义上的普遍人性。华霭仁认为,孟子的人性观念是"孟子在一系列'被迫'参与的争论中孕育出来的",而华霭仁本人站出来跟安乐哲进行商榷和论争,约略也有这种味道。

华霭仁之所以会不同意安乐哲,当然跟二人在学术旨趣上的差异和对立[普遍主义立场、社会生物学倾向 vs 文化(相对)主义立场]有关,然而,他们的争论并不限于哲学内部,而是高度相关于上文刚刚论述过的人权与政治议题。身处西方的安乐哲是一位不满于自由民主模式的汉学家,他认为,中国应该发展出一种依循中国自身传统的社群主义民主模式。我们知道,人性观念是人权和政治建制的

---

① 本文原题"Mencian Arguments on Human Nature (jen-hsing)",载于《东西方哲学》(*Philosophy East and West*)第44卷第1期(1994年1月),第19—53页。收入刘秀生、艾文贺主编的论文集《论孟子的道德哲学》(*Essays on the Moral Philosophy of Mengzi*; Indianapolis: Hackett Publishing Company, Inc., 2002),第64—100页。此文中译本收入江文思、安乐哲编《孟子心性之学》(北京:社会科学文献出版社,2005年),译者为梁溪。
② Irene Bloom, Human Nature and Biological Nature in *Mencius*, in *Philosophy East and West*, Vol.47, No.1, pp.21—32.
③ Irene Bloom, Biology and Culture in the Mencian View of Human Nature, 见陈金梁编:《孟子:语境与诠释》,火努鲁鲁:夏威夷大学出版社,2002年,第91—102页。
④ 此处所言"生物性""生物学",并非一般所谓的那种研究生物的构造、功能、发生和发展规律的自然科学,而是社会生物学(sociobiology)意义上的一个概念。社会生物学是"关于所有社会行为的生物学基础的系统研究",是近50年来西方进化生物学和现代综合进化论领域的重要进展。社会生物学诞生的标志是美国哈佛大学教授威尔逊(Edward Osborne Wilson)于1975年发表的巨著《社会生物学:新的综合》(*Sociobiology: The New Synthesis*)一书;1985年四川人民出版社出版了该书的摘译本(李昆峰编译),2008年北京理工大学出版社出版了中文全译本(毛盛贤、孙港波、刘晓君等译)。威尔逊的著作对下文将要论述的华霭仁、孟旦的观点产生了重要影响。

一个重要基础。安乐哲认为,在人性问题上,与西方居统治地位的本质论式的、超验的本性观相比,包括孟子在内的中国古典儒家认为人性是一个发展过程,是一个个文化事件。在他看来,前者是西方自由民主的基础,而后者则可以预示一种不同于自由民主的社群主义民主模式——以此为前提,中国传统社会的精英治理模式也值得充分肯定。华霭仁与安乐哲的分歧始于1991年二人在亚洲研究年会上关于人权问题的一次对话①,与安乐哲不同,华霭仁更倾向于在普遍主义前提下挖掘孟子人性思想与西方当下人权话语之间的共同之处;而社会生物学内含的普遍主义视角,在华霭仁看来正是与孟子人性思想接榫之处。

在这场论争中,站在安乐哲这边并提供进一步详细论证的是安乐哲的学生江文思(James Behuniak, Jr.),他在《孟子论成人》②一书中丰富并系统地延展了安乐哲的思想,其论述表现出极强的过程哲学色彩。而跟华霭仁立场相同的则有汉学家孟旦(Donald J. Munro)。孟旦在《孟子与新世纪的伦理学》③《儒家伦理的生物学基础,或儒学何以绵延久远之原因》④等论文中,将威尔逊(Edward Osborne Wilson)的社会生物学说视为新世纪不容忽视的理论,而孟子的人性学说恰恰可以从社会生物学研究中获得支持。孟子对共同人性的论证,孟子所使用的经验性论证方法,孟子伦理体系中情感的重要性,孟子对亲属情感纽带和心之评估性的强调,在孟旦看来都可以视为社会生物学的题中应有之义;因此,只要扬弃掉孟子思想中论"天"的内容,并辅以社会生物学理论,孟子的伦理学思想就会在新世纪重新焕发光彩。

这场争论在海内外都引起了一些反响,见于汉语学界的,除《孟子心性之学》中刘述先、信广来的两篇论文外,另有两篇论文可以参考:杨泽波的《性的困惑:以

---

① 参考 Irene Bloom, *Human Nature and Biological Nature in Mencius*, 中译可参考梁溪译文,《孟子心性之学》第227页。
② James Behuniak, Jr., *Mencius on Becoming Human*, 夏威夷大学2002年度博士论文, 2005年出版(Albany: SUNY Press)。
③ 原题为"Mencius and an Ethics of the New Century", 初收入陈金梁(Alan K. L. Chan)所编的《孟子:语境与诠释》(*Mencius: Contexts and Interpretations*, 夏威夷大学出版社, 2002年), 第305—315页;后收入作者的《新世纪的中国伦理学》(*A Chinese Ethics for the New Century*, 香港中文大学出版社, 2005年), 第61—70页。
④ Donald J. Munro, *The Biological Basis of Confucian Ethics; Or, A Reason Why Confucianism Has Endured for so Long*, 收录于《新世纪的中国伦理学》, 第47—60页。

西方哲学研究儒学所遇困难的一个例证——〈孟子心性之学〉读后》①、黄勇的《评孟旦〈新世纪的中国伦理学〉》②。限于题旨,这里不做展开。

### 三、孟子与德性伦理、角色伦理

20世纪中叶以来,作为对义务论伦理学(deontological ethics)和后果论伦理学(consequentialism)的反拨,德性伦理学(virtue ethics,又译"德行伦理学""美德伦理学")的复兴成为西方伦理学研究版图上的突出现象。受到德性伦理学启发或影响的西方汉学家,开始借鉴德性伦理学视角,重新诠释儒家伦理学说,并展开中西伦理比较研究。其中较突出者,有李亦理(Lee Yearley)的《孟子与阿奎那:美德理论与勇敢概念》(1990),还有出版于2007年的三部著作:万白安(Bryan Van Norden)的《早期中国哲学中的德性伦理与后果论》③、西姆(May Sim)的《重塑道德:以亚里士多德和孔子为借镜》④、余纪元的《德性之镜:孔子与亚里士多德的伦理学》⑤,以及艾文贺(P. J. Ivanhoe)、威尔逊(Stephen A. Wilson)乃至斯洛特(Michael Slote)等学者的一些近期论文。这些学者并不否认自己受到德性伦理学的启发,但他们同时强调,他们这样做并非旨在以西律中,或者以今律古,而是以德性伦理学为基本视域,发掘中西古典伦理学的智慧资源,在中、西、古、今之间互相投射,在承认差异的前提下寻找它们之间会通与对话的可能性和当下伦理重建的有效路径。

万白安、西姆、余纪元等学者的研究成果发表后,不出意料地引来了一些学者的理论回应,其中既有补充性的商榷意见,也有批评性的纠错探讨。就万白安的著作而言,商榷意见如斯洛特(Michael Slote)的评论⑥,斯洛特认为,早期儒家(尤其是孟子)的伦理学其实更接近休谟式情感主义德性伦理而不是亚里士多德的德

---

① 见《中国学术》2007年第24辑。
② 见《中国文哲研究集刊》2006年第29期,第313—318页。
③ Bryan Van Norden, *Virtue Ethics and Consequentialism in Early Chinese Philosophy*, Cambridge University Press, 2007.
④ May Sim, *Remastering Morals with Aristotle and Confucius*, Cambridge University Press, 2007.
⑤ Yu Jiyuan, *The Ethics of Confucius and Aristotle:Mirrors of Virtue*, Routledge, 2007.中译本由林航译出,北京:中国人民大学出版社,2009年。
⑥ Michael Slote, Comments on Bryan Van Norden's Virtue Ethics and Consequentialism in Early Chinese Philosophy, in *Dao:A Journal of Comparative Philosophy* (2009) 8:289-295.

性伦理；修正意见则如安靖如(Stephen C. Angle)的批评①，安靖如认为万白安将德性伦理安之于早期儒家的做法，观点过于独断，对话性不够，因为他并未提供关于儒家伦理之"逻辑前设"的充分说明。万白安在回应文章中为自己的论断进行了辩护②。而安乐哲和罗思文在《早期儒家是德性论的吗？》③一文中力证儒家的自我观念是一种由角色决定的关系性自我。尽管他们也承认"亚里士多德和儒家之间多有相似之处"(第102页)，儒家伦理"与亚里士多德伦理之间，比它与康德或者功利主义伦理学之间，一定具有更多的相似性"④，但是他们的主张却与德性伦理论者大相径庭："我们不相信'德性伦理学'一并其个人主义的概念基础，还有其尽可能大地对脱离我们的态度和情感的理性的依赖，是对孔子及其门徒有关养成道德感的观点的恰当描绘。"(第104页)与德性伦理论者相对，安乐哲、罗思文主张早期儒家伦理是一种角色伦理(role ethics)，"儒家不寻求普遍，而是集中关注特殊性；他们没有看到抽象的自律个体，而是看中了处在多重互动关系中的具体人"(第94页"摘要")。他们将角色伦理学喻为"奥卡姆的剃刀"(Occam's razor)，意在将德性伦理论所暗含的、不属于早期儒学的"第一哲学"和"个体自我"观念从早期儒学中剔除出去。

应该如何看待这场美德伦理与角色伦理的争论呢？从儒学的历史承传来看，由孔子开启、思孟学派打造，及至宋明理学和现代新儒学的儒学心性论传统，向以丰富的人性探讨、德目论列、理想人格和修养功夫讨论著称。例如，《论语》中关于孝、忠、信、仁、智、勇等德目，乃至乐、好学、诸德关系、君子人格等包括德性品质与行为的论述在在皆是⑤；而从孔子到孟子，尽管思想路径有朝政治思想发展之面向，但与此同时，孟子关于"性善""四德"的讨论显示"传统的主要德目在孟子

---

① Stephen C. Angle, Defining "Virtue Ethics" and Exploring Virtue in a Comparative Context, in *Dao: A Journal of Comparative Philosophy* (2009) 8: 297-304.
② Bryan W. Van Norden, Response to Angle and Slote, in *Dao: A Journal of Comparative Philosophy* (2009) 8: 305-309.
③ 安乐哲、罗思文：《早期儒家是德性论的吗？》，谢阳举译，《国学学刊》2010年第1期。
④ 无独有偶，安靖如在评论万白安《早期中国哲学中的德性伦理与后果论》一书时曾说，"本书的读者很可能也会主张，比之于义务论和后果论，德性伦理学是理解儒学的一个可靠得多的框架"，第300页。
⑤ 参考陈来：《〈论语〉的德行伦理体系》，《清华大学学报》(哲学社会科学版)2011年第1期。

思想中已经从德行条目渐渐发展出德性的意义"①。故德性伦理是早期儒家伦理的题中应有之义。当然,德性伦理并非儒学全部教义,但是如果弃置这些内容,则儒学必然面目全非。

而安乐哲、罗思文则基于去本体化、反实体论的新实用主义主张,强调儒家的关系性自我完全不同于德性伦理所内寓的个体主义观念。然而,即便是美德伦理的主将、强调儒家与亚里士多德主义德性理论这两种立场之间"不可公度性(incommensurability)"②的麦金太尔(Alasdair Macintyre)本人,也主张亚里士多德有其对于个体关系性的强调,儒学之中也有其对于实质性自我的肯定,二者并非判然两截③。因此可以说,"角色伦理"是安乐哲、罗思文自我指涉(self-reference)的理论产物,或者说是"一种完全西方化的再定义(westernized reconceptualization)"④。另外,跟前文提示的观点一样,角色伦理也显示出安乐哲、罗思文二人的相对主义、差异化情感诉求;与角色伦理相关联的文化相对主义极度排斥普遍主义的价值诉求,对相对主义和普遍主义之间应有的张力视若不见。

当然,说孟子伦理学尽合于德性伦理学,恐怕也难以成立。孔孟之言"德",往往是合德性和德行而统言之,即兼顾道德品性和道德行为;而德性伦理学却偏言品性,故德性伦理学之 virtue(美德)在内涵上小于儒家之"德"。不过,考虑到德性伦理学与义务论伦理学、后果论伦理学之间相互吸取,已出现会通的倾向,可以预见的是,孟子伦理学仍将与西方德性伦理学进行细致而富有成效的比较与对话。

## 四、小结

400多年前借助传教士的努力,《孟子》开始徂西游历。400多年后的今天,

---

① 陈来:《孟子的德性论》,《哲学研究》2010 年第 5 期,第 38 页。
② 麦金太尔:《不可公度性、真理和儒家及亚里士多德主义者关于德性的对话》,彭国翔译,万俊人校,《孔子研究》1998 年第 4 期。
③ 安乐哲、罗思文对亚里士多德个体观念的关系品格也有认识,然而他认为这一点无足轻重:"尽管我们是被与我们存在相互作用的他人彻底塑造的社会动物的看法,处处无例外地获得承认,但是,那并没有被视为我们人性的本质,或者,在更加抽象的层次上讲,被视为有引人注目的价值的存在。"(第 99 页)
④ 葛瑞汉不认同安乐哲对早期儒学中"性"概念的过度诠释,认为安乐哲从"关系性"角度来解说"性"其实是"一种完全西方化的再定义"。见 Henry Rosemont, Jr. (ed.), *Chinese Texts and Philosophical Contexts: Essays Dedicated to Angus C. Graham*, Chicago: Open Court, 1991. p.288。

《孟子》游历的脚步仍未停止。《孟子》在西方的接受经历了传教士汉学和专业汉学两个阶段，本文所考察的内容属于其中的专业汉学阶段。虽然冠以"专业汉学"，但是经过考察，我们可以清晰地发现，汉学家们对于《孟子》的理解渗透着他们自身特定的问题意识，就此而言，晚近《孟子》的西传过程，就成了西方思想和学术发展的"晴雨表"，折射出西方的立场、视角和方法。

中国和西方虽地域有别，但思想并非截然二分，二者相同、相近、相通之处很多。西方接受《孟子》并不只是西方知识学的增益和拓展，或如赛义德所说是西方之"东方主义"投射的产物，它也是近世以降中西文化交流的产物。文化交流的发展，不仅使中、西地理空间归入同一版图，也让中、西思想不断走向融合；在这个过程中，中、西思想各自成为对方思想文化发展的建构性力量。几百年来的"西学东渐"是一例证；美国历史学家劳端纳（Donald F. Lach, 1917—2000）所言"亚洲在欧洲形成中的作用"（Asia in the Making of Europe）也是一例证。就此而言，法国汉学家于连所谓中、西（欧洲）之间的"无关性"（indifférence）①就是一个伪命题。学术的发展和进步迫切需要细致的对话和交流。了解《孟子》西传的文脉历程和各个阶段的问题意识，不仅能够丰富我们对于《孟子》、对于西学的认识，加强中国学人与国际学界交流、对话的针对性和有效性，也能促进我们自身的理论反思和方法自觉，对我们自身哲学、思想和学术的建构与创新发挥镜鉴和启示之功。

---

① 于连在《道德奠基：孟子与启蒙哲人的对话》（*Fonder la morale : dialogue de Mencius avec un philosophe des Lumières*, Paris : B. Grasset, 1995；1998 年以 *Dialogue sur la morale* 为题再版。中译本由宋刚译出，北京：北京大学出版社，2002 年）一书中说明，他采取的是一种"迂回"策略，即在中国和欧洲"无关性"（indifférence）的基础之上，将中国视为欧洲的文化"他者"，通过观察中国迂回地透析欧洲。

# 中国文化走向世界

北京大学　许渊冲

## （一）

21世纪中国要建设社会主义文化强国，而建设文化强国就要使中国文化走向世界。

20世纪第一个使中国古代文化走向世界的中国人是辜鸿铭（1857—1928），他曾将《论语》《中庸》翻译成英文，并用英文写了一本《中国人的精神》，于1915年出版，在国外影响很大，例如托尔斯泰就曾和他讨论如何抵制现代物质文明的问题。英国作家毛姆对他曾进行采访，说他是"声高望重"的哲学家。印度诗人泰戈尔和他交流思想，并且并坐合影，诗人徐志摩蹲在前面，清华大学曹校长站在后面。第一次世界大战前后的德国大学甚至成立了"辜鸿铭研究会"。日本大学也曾于1924—1927年请他去讲学，可见其影响之大。甚至李大钊也说过，辜鸿铭"已足以扬眉吐气于二十世纪之世界"。但是他的保守思想严重，主张保皇、留辫、缠足、纳妾，所以今天对他就要"取其精华，去其糟粕"了。

20世纪第二个使中国文化走向世界的中国人是双语作家熊式一（1902—1991），1934年，他的第一个英文剧本《王宝川》在英国出版，引起轰动，同年被搬上英国舞台，好评如潮，三年连演九百多场。第二年在美国上演，作者的名字用霓虹灯做广告，出现在纽约街头。后来熊式一又把《西厢记》翻译成英文，得到萧伯纳的好评。1943年,英文小说《天桥》在伦敦出版,是一部以辛亥革命为背景的社会小说,一年之内重印五次,并被翻译成多种欧洲文字,畅销欧美。英国桂冠诗人梅斯菲尔德(John Masfield)为《天桥》写了序诗:

> 大同这个少年人的希望
>
> 是在围墙中的绿草地上
>
> 种一棵李树或白玫瑰
>
> 给他带来乐趣和安慰。

"绿草地"指中国大陆,"李树或白玫瑰"指废除帝制,建立民主的共和国。史学家威尔逊(Woodrow Wilson)则说:"《天桥》是一本比任何关于目前中国趋势的论著式报告更有启发性的小说,是一幅完整的,动人心弦的呼之欲出的图画,描述一个大国家的革命过程。"可见这书多少纠正了一点辜鸿铭落后思想给外国人造成的错误印象。

20世纪第三个使中国文化走向世界的中国人是作家林语堂(1895—1976)。他1936年到美国后,出版了《孔子集语》《老子》等英译本。他认为孔子的人生观是积极的,老子的人生观是消极的;孔子学说的本质是都市哲学,老子学说的本质是田园哲学;孔子是中国思想的经典派,老子是中国思想的浪漫派;孔子的儒教是工作姿态,老子的道教是游戏姿态;中国人成功时是儒教,失败时是道教;儒家入世,道家出世;中国人心目中的幸福不是施展所长,而是享受简朴的田园生活,与世无争。这些思想也出现在林语堂的英文著作《吾国与吾民》《生活的艺术》等书中,在国外的影响很大。此外,他还把中国古典诗词译成英文,与美国诗人的译文截然不同。如李清照的《声声慢》:"寻寻觅觅,冷冷清清,凄凄惨惨戚戚",美国诗人王红公(Kenneth Rexroth)的译文是:

> Search. Search. Seek. Seek.
>
> Cold. Cold. Clear. Clear.
>
> Sorrow. Sorrow. Pain. Pain.

这个译文基本逐字翻译,没有传达诗意。林语堂改译如下:

> So dim, so dark,
>
> So dense, so dull,
>
> So damp, so dank, so dead.

原文用了七对叠字，林语堂用了七个 so 和七个以 d 开头的形容词，如以音美而论，胜过美国译文；但以意美而论，距离原文较远。中国文学评论家朱光潜和钱锺书都曾说过，译文最好能做到"从心所欲，不逾矩"。"从心所欲"就是发挥主观能动性，"不逾矩"就是不违反客观规律。看来林语堂译的有点"从心所欲"，但逾了矩；美国译文没有"逾矩"，但又不能"从心所欲"达意。怎样才能两全其美呢？下面试举一个译例说明：

  I look for what I miss,

  I know not what it is.

  I feel so sad, so drear,

  So lonely, without cheer.

这个译文不如林语堂译文"从心所欲"，但是没有逾矩，又比美国译文更"从心所欲"，更"不逾矩"，可以说是更好的译文。自然还可以好上加好，精益求精。这样才能使中国文化走向世界。因此，译文能从心所欲，不逾矩，是中国文化走向世界的重要原则。

20 世纪第四个使中国文化走向世界的中国人是翻译家杨宪益和他的英国夫人戴乃迭，他们二人合作翻译了大量的中国古典作品，主要的诗词有《诗经》《楚辞》，小说有《红楼梦》，戏剧有《长生殿》等。自然，在他们之前，《诗经》已有西方译本。他们的译本有什么不同呢？下面就来举例说明。《诗经》第一篇《关雎》第一段"关关雎鸠，在河之洲。窈窕淑女，君子好逑"，英国翻译家阿瑟·韦利（Arthur Waley）和杨宪益夫妇的译文分别是：

  "Fair, fair," cry the ospreys

  On the island in the river.

  Lovely is this noble lady,

  Fit bride for our lord. (韦利)

  Merrily the ospreys cry

  On the islet in the stream.

  Gentle and graceful is the girl,

  A fit wife for the gentleman. (杨宪益)

第一行的"雎鸠"两种译文都译成"鱼鹰",但是前人早已提出疑问,《关雎》是婚庆之歌,怎么会用鱼鹰吃鱼来比男婚女嫁?所以鱼鹰大有问题。其次,鱼鹰哪有"关关"叫的?第一种译文"Fair, fair"不知是翻译声音还是翻译意思。如果译音,相距太远;如果翻译意义,鱼鹰大叫"美呀美呀",仿佛要把新人像鱼一样吃掉,对于婚庆之歌似乎不大合适。第二行的"洲"是小沙洲,第一种译成"岛",不如第二种译成"小岛"。"淑女"和"君子"第一种译成贵族,不如第二种译成现代普通男女。但是最新的解释是男女都是劳动人民,所以才在河边采芹,第二种译文用gentleman(绅士)还是不妥。如是按照"从心所欲,不逾矩"的原则考虑,可以改译如下:

  By riverside are cooing

  A pair of turtle-doves.

  A good young man is wooing

  A fair maiden he loves.

新译把"雎鸠"改成"斑鸠",字面相同,也比鱼鹰更合婚庆之用,斑鸠的叫声"咕咕"加上韵母就是"关关",也和原文正合。把"洲"译成河边,免去了大岛、小岛的问题。"君子"和"淑女"也都可古可今。所以可以说是胜过了韦利和杨宪益夫妇的译文。

《诗经》中的千古丽句是《小雅·采薇》中写战后还乡的一段:"昔我往矣,杨柳依依。今我来思,雨雪霏霏。行道迟迟,载渴载饥。我心伤悲,莫知我哀。"英国人理雅各(James Legge)和杨宪益的译文分别是:

  At first, when we set out,

  The willows were fresh and green;

  Now, when we shall be returning,

  The snow will be falling in clouds.

  Long and tedious will be our marching,

  We shall hunger, we shall thirst.

  Our hearts are wounded with grief,

  And no one knows our sadness.(理雅各)

When we left home

The willows were softly swaying;

Now as we turn back

Snowflakes fly.

Our road is a long one

And we thirst and hunger,

Our hearts are filled with sorrow;

But who knows our misery?（杨宪益）

这八行诗是世界上最古老的诗集中最美丽的诗句,但是读了两种译文之后,你会认为这是三千年前最美丽的诗行吗? 恐怕不会吧! 因为原诗富有意美、音美、形美,而译文却相差甚远。这就是中国文化没有走向世界的重要原因。《采薇》写战士热爱和平生活(就是老子说的田园生活),现在却被迫去打仗,所以离家的时候,杨柳都依依不舍了。"依依"两字把杨柳都拟人化了,这是人与自然合而为一的写法,读后杨柳的感情也会渗透人心,引起人们的同情。但是读读两种译文,第一种只说杨柳清新,第二种则说杨柳轻轻飘荡,这怎么可能体现依依不舍之情呢? 接着写战后回家,雨雪"霏霏",说雪下得非常大,有多大呢? 行道迟迟,雪压得战士弯腰驼背,路都走不动了。"霏霏"和"依依"是对称的,不但指雪压弯了战士的腰,也压弯了树枝,这又是天人合一了。情景交融,多动人啊! 但第一种译文说雪会和云团一样落下,并且用了未来时态。第二种更只简单地说是雪花飞舞,怎能传情达意呢? 现在再看看英国企鹅出版集团出版的《不朽之歌》中本文作者的译文:

When I left here,

Willows shed tear.

I come back now,

Snow bends the bough.

Long, long the way;

Hard, hard the day.

My grief o'erflows.

Who knows? Who knows?

文中把"依依"译为流泪,这就把杨柳比作人,流露了依依不舍之情。又把"霏霏"译为压弯了树枝,这是把叠词具体化了,衬托出了士兵厌战的思想。"行道迟迟"译为道路很长很长,因为英文不能说"The way is late",所以就把"迟迟"改成"长长",这也写出了士兵艰苦的归程。"载渴载饥"只说日子艰苦,用重复"艰苦"来译原文"载"字的重复,如果要译"饥渴"二字,那可以加译两行:

  Hunger and thirst

  Both press me worst.

这样更能传达原文的意美,却改变了原诗的形美,有得有失,何去何从呢?我看可以将孔子在《论语》中说的"知之者不如好之者,好之者不如乐之者"应用到翻译上来。"知之"是说译文要使读者知道原文说了什么,这是低标准;"好之"是要读者喜欢译文,这是中标准;"乐之"是要读后感到乐趣,这是高标准。原译不能使人知道饥渴,没有达到低标准,新译却能使人好之,所以新译更好。新译更好,因为它合乎"从心所欲,不逾矩"的原则。原译说"日子艰苦",那是从心所欲,是"浅化",合乎低标准,但是没说"饥渴",就逾矩了。新译加了"饥渴",是"等化",合乎中标准,上面说到的"依依"和"霏霏"的译法是"深化",是高标准。由此可见,从心所欲可以深化,可以浅化,不逾矩一般指等化。等化指不违反客观规律,这是科学;从心所欲指发挥主观能动性,这是艺术,艺术巧妙各有不同,就以《采薇》而论,巴黎五洲出版社出版的作品中作者的法语译文是:

  A mon depart,

  Le saule en pleurs.

  Au retour tard,

  La neige en fleurs.

  Lents, lents mes pas,

  Lourd, Lourd mon coeur.

  J' ai faim, J' ai soif.

  Quelle douleur!

比较一下英法译文,"依依"都译杨柳流泪,异曲同工。"霏霏"却用"千树万树梨花开"的诗句,说雪压树枝有如梨花盛开,这可以理解为雪花盛开,欢迎士兵安全回家,以乐景写哀情,倍增其哀,更显得士兵孤苦伶仃。"行道迟迟"译为脚步迟缓,"载渴载饥"为了单双行押韵换成第七行,"我心伤悲"译成心情沉重,并且重复"重"字,合乎原诗风格,这和英译重复"莫知我哀"一样。总之,英法译文每行四音节,每行押韵,传达了原诗的意美、音美和形美。

译文要传达原诗的意美、音美和形美,三美之间如果没有矛盾,那就好译,如"昔我往矣"的英法译文。但是译者不同,译文不同,三美之间就可能有矛盾。《采薇》原文押韵,理雅各的译文和杨宪益的译文都没有韵,这就没有传达原诗的音美;原文每行四字,英法译文每行四个音节,传达了原诗的形美,而理雅各和杨宪益的翻译各行长短不齐,这又没有传达原诗的形美。所以在三美没有矛盾的时候,译文只要"不逾矩"就行,如有矛盾,那就要译者发挥主观能动性,要"从心所欲"。译者不同,译语不同,巧妙也就不同。如"霏霏"的英法译文。哪种译文更好?那就要看哪种能使人知之、好之、乐之了。但是各人所好不同,所以首先要求译者自得其乐,自然,好之、乐之的人多多益善。其次,译语不同,译法也就不同。英译"霏霏"用了 Snow bends the bough(雪压弯了树枝),因为"今我来思"英译是 I come back now,要和 now 押韵,"霏霏"就用 bough;法译"杨柳依依"是 Le saule en pleurs,要和 pleurs 押韵,"霏霏"就用 fleurs 了。"载渴载饥"法译可以等化,英译不能,就要浅化或深化,那就是随心所欲了。浅化成 Hard, hard the day,说日子艰苦,虽然可以包括饥渴在内,但是不如饥渴形象具体,那就是为了押韵的音美和四个音节的形美而使形象的意美受到损失。如果深化为 Hunger and thirst/Both press me worst,那就增加了音节和行数,使音美和形美受到损失。何去何从?就要看译者认为哪种译文能使读者知之、好之、乐之了。而法译为了押韵,把第六行改为第七行;英译重复"莫知我哀",都是"从心所欲,不逾矩"。这就是翻译使中国文化走向世界的方法。

(二)

以上谈的是诗词的翻译,至于散文和小说,上面提到杨宪益翻译的《红楼梦》,如何应用"从心所欲,不逾矩"的原则呢?《红楼梦》第九十八回的回目有"苦绛珠魂归离恨天",杨宪益的译文是:

Unhappy Vermillion Pearl's Spirit Returns in Sorrow to Heaven.

绛珠指林黛玉,这里直译,是"不逾矩";如果译成黛玉,不能说是逾矩,但却发挥了主观能动性,算是"从心所欲"了。但是哪种译文更好?恐怕意见就会不同。何去何从?还是要看读者是知之、好之,还是乐之。"魂归离恨天"说成灵魂在悲哀中回到了天上,有没有逾矩呢?恰好"离恨天"有熊式一在《西厢记》中的译文:

    A Heaven where no regrets reign

还原成中文是:没有遗憾的天堂。"恨"字译为遗憾,似乎不如杨宪益译的悲哀。但杨宪益的译文只说在悲哀中回到了天上,到了天上有没有悲哀呢?杨宪益没有说。但原文"离恨天"却是说:离开了恨事的天堂,那就是说,天堂是没有恨事的。这样看来,杨宪益的译文就逾矩了,而熊式一的译文遗憾又有所不足。怎样才能"从心所欲,不逾矩"呢?我们看看《大中华文库》中的《西厢记》的译文:

    A sorrowless (celestial) sphere

这样就取两种译文之长而避其短了。"魂归离恨天"指含恨而死,既然可以译成外文,外译汉时也可利用,如《红与黑》中市长夫人含恨而死,湖南译本就用了"魂归离恨天",这也使中国文化走向世界了。

《西厢记》英译本在英国出版,得到萧伯纳的好评,是不是符合"从心所欲,不逾矩"的原则呢?我们看看《酬韵》中张生和莺莺唱和的唱词:"他若是共小生,厮觑定,隔墙儿酬和到天明。方信道:'惺惺的自古惜惺惺。'"

  If you would but look at me without turning away,
  Then we could carry on our rhyming till daybreak with the wall between us,
  And there indeed would be a case of true understanding.

词曲是诗词的发展,也有三美。"惺惺的自古惜惺惺"大意是聪明人爱聪明人、才子爱佳人的意思。译文只说真正的了解,传达意美有所不足。词曲三行"定""明""惺"押韵,译文无韵,没有传达音美;词曲每行七八字,译文长短不一,缺少形美。试看《大中华文库·西厢记》的译文:

  If you but look at me without turning away,
  I would rhyme with you till the break of the day.
  The clever loves the clever
  For ever and ever.

译文每行大致十二个音节,每两行押韵,传达了词曲的音美和形美。第三行今译两行,这是从心所欲,有没有逾矩呢？没有。原文四个"惺",译文四个 ever (其中两个 clever),传达了原文的三美,虽然最后一行分译两行,那也只是不够形似,还是具有形美,并且恢复形似不难,只要把最后两行合成一行,就是形似的十二音节诗行了。

又如《闹简》中红娘责备莺莺的唱词:"你会云雨闹中取静,我寄音书忙里偷闲。"熊式一的译文是:

  Wishing to carry on your love-affair, you select a retired spot in the crowded monastery;

  And you want me to find time to take your letter, busy though I am.

"会云雨"指幽会,熊式一的译意似,但云雨指男欢女爱的形象没有译出来,传达原文意美有所不足。原文有韵,译文没有;原文这两行是七字的诗句,前面加了两个或三个衬字,译文却太长了,没有传达原文的音美和形美。我们再看看《大中华文库·西厢记》中的译文:

  You want the cloud to bring fresh showers

  For thirsting flowers,

  But order me to use my leisure

  To gratify your pleasure.

译文借用雪莱《云》中的名句来译"云雨",虽然雪莱原诗并没有男欢女爱的意思,译文却丰富了这个形象的内容,使两种文字都得到了提高,这就是"从心所欲"起到了创新的作用。而且下雨有声,"闹中取静",不言自明。"忙里偷闲"译为利用我的空闲时间,来满足你们幽会的乐趣,而且还押了韵,传达了原文的意美和音美。虽然把两个长行分成四个短行,不够形似,但从三美观点看来,还是得大于失的。这是用意美弥补形似的不足。下面再看一个用音美来弥补的译例,《酬简》中"露滴牡丹开"熊式一的译文是:The drops of dew make the peony open,《大中华文库·西厢记》译为:The dew-drop drips, / The peony sips / With open lips.音美弥补形美了,这都是用了"从心所欲"的原则。

《大中华文库·西厢记》得到国内外的好评,如英国智慧女神出版社编辑部评论说,许渊冲译《西厢记》在艺术性和吸引力方面,可以和莎士比亚的《罗密欧与朱丽叶》比美。这就是说,许渊冲译《西厢记》已经走向世界了。不止是《西厢记》，还有许渊冲译《诗经》《楚辞》，译唐诗、宋词等，都得到了好评。如美国加州大学伯克利分校东语系原主任奚如谷(Stephen H. West)教授说，许渊冲译《诗经》读来是一种乐趣。可见《诗经》英译已经能够使人乐之。澳大利亚新南威尔士大学中文系主任寇志明(Jon Kowallis)说，许渊冲译《楚辞》当算英美文学高峰。加拿大多伦多大学伊恩·兰开夏(Ian Lancashire)教授在电台广播许渊冲译唐诗，大受欢迎，当选为加拿大皇家学院院士。

（三）

中国文化走向世界，和中国学派的文学翻译理论大有关系，而中国学派的译论又源自中国传统文化，主要包括儒家思想和道家思想。儒家思想前面提到了"从心所欲，不逾矩"。这是文学翻译的本体论或矛盾论，因为"从心所欲"的目的是求"美"，"不逾矩"的目的是求"真"，求真与求美是文学翻译的主要矛盾，所以说这是文学翻译的矛盾论，解决了这一对矛盾就解决了文学翻译的主要问题，所以说这是翻译的本体论。上面谈到英美译文和熊式一、杨宪益的译文不足之处，正是因为他们求真而不求美。求真是科学的目的，是文学翻译的低标准，是必然王国的入场券；求美是文学艺术的目的，是文学翻译的高标准，是自由王国的入场券。等化、浅化、深化这三化是文学翻译的方法论。知之、好之、乐之这三之论是文学翻译的目的论。浅化使人知之，等化使人好之，深化使人乐之。这就是中国学派的基本译论。

儒家思想是中国学派译论（本体论、方法论、目的论）的根源，此外，还是实践论的源头活水。《论语》开章明义第一句就是："学而时习之，不亦说乎？""学"是取得知识，"习"是付诸实践，"说"就是"悦"或"乐"的意思，全句是说：得到了知识而且能实践，那不是很愉快的吗？译成英文就是：

  Is it not delight to acquire knowledge and put it into practice?

但是不同的理解就有不同的译文。如英国译者阿瑟·韦利就把这句译成：

  To learn and at due times to repeat what one has learnt, is that not after all a pleasure?

韦利把"学"译成 learn（学习），把"习"简单地理解为复习，把"说"理解为物质多于精神的快乐，这就没有理解这句话的精神实质。如果译者都是这种水平，中国文化如何能走向世界？无怪乎中国诗人徐志摩说，中国诗只有中国人译是好。中国文化也需要中国人来传播才能更好地走向世界。

道家思想是中国译论的另一根源。如《老子》第八十一章上说"信言不美，美言不信"。信言求真，美言主美。老子的话也提出了求真和求美的矛盾论，也就是本体论。不过更重要的是老子提出了文学翻译的认识论。《老子》第一章第一句话就说："道可道，非常道；名可名，非常名。"意思就是：道理是可以知道的，但不一定是你所知道的道理；实物可以有个名称，但是名称并不等于实物。应用到文学翻译理论上来，可以说：翻译之道是可以知道的，但并不是没有经过实践检验的空头理论。如上面提到的英法译文，熊、杨译文，主要是依靠"不逾矩"的原则，所以不利于走向世界，应该发挥译者的主观能动性，从心所欲，求真求美，才是文学翻译之道。至于"名可名，非常名"，第一个"名"是"实"或实物的意思，第二个"名"是动词，说"实"都可以有个"名"，但"名"并不等于"实"。应用到文学翻译上来，第一个"名"可以指原文，第二个指译文，那就是说，原文是可以有译文，可以翻译的，但是译文并不等于原文。这是第一层意思。还有第二层意思，其实，原文也是一个"名"，原文也不一定能等于它所写的"实"，例如前面提到《诗经》中的"雨雪霏霏"，"霏霏"也并不等于古代士兵回家途中的痛苦情况。再进一步，还有第三层意思，那就是译文虽然并不等于原文，但对原文所写的"实"，距离并不一定比原文更远。例如"霏霏"的译文说：大雪压弯了树枝，就像战争压弯了士兵的腰肢，这可能比"霏霏"还更能写出士兵的苦况。这三层意思就说明了文学翻译三化的必要性，为文学翻译的方法论提供了理论根据。由此也可以看出道家思想在中国文化中的重要作用。这么重要的道家思想如何译成英文呢？首先一个"道"字就难倒了中外翻译家。多数译者音译为 Tao，那等于没有翻译，有的意译为 way（道路），但也不能畅通无阻。结果《老子》在西方虽然有几十种译本，但并没有使道家思想走向世界。只有中国高等教育出版社把《道德经》译成 Laws Divine and Human（天道和人道，道和德）更能传达原意。

那么，"道可道"应该如何翻译呢？如果把"道"理解为"天道"，那"常道"就可以理解为"人道"或平常的道理。译成英文可以是：

  The divine law can be known, but it may not be the human law (or the common law, or the law you know).

如果把"道"理解为"道理"或"真理",那又可以译成:

> Truth can be known, but it may not be the well-known truth (or the truth you know).

第二种译法可以普遍应用,可以解决一些实际问题。如美国批评中国不民主,那就可以把这句话中的"道理"改为"民主之道",说民主之道是可以知道的,但不一定是你所知道的民主。根据美国前总统林肯的说法,民主包括民有、民治、民享(of the people, by the people, for the people)三部分。现在的美国政府批评中国政府的只是中国没有举行美国式的选举,那只是民治的一部分。但中国政府是为人民服务的,那是民享最重要的部分。中国政府为人民服务,又有自己的选举制度,所以美国不能批评中国政府不民主。这是具体应用"道可道,非常道"的例子。"名可名,非常名"则可以译成:

> Things may be named, but names are not the things.

这就是说,"实"可有"名",但"名"不等于"实","名"和"实"不一定相符。前文提到的"霏霏",在《诗经》中所写的现实是雪下得很大,大到什么程度呢?根据下文"行道迟迟"看来,大雪压得士兵走不动了,自然也就压弯了树枝。所以只译成雪花飞舞并没有译出原文所写的现实,这是"浅化"。如果译成雪压树弯,那译文距离原文所写的现实,可能比原文"霏霏"还更近了,这就是"深化"。但是根据不同的上下文,"霏霏"可以有不同的理解。如秦观《画堂春》中的"弄晴小雨霏霏",译成:

> In drizzling rain the sunrays swim.

译"小雨霏霏"为 drizzling rain(绵绵细雨)可以算是"等化",译"弄晴"为 the sunrays swim(阳光在微雨中游泳)就是"深化"了。

## (四)

中国文化走向世界是项长期的工作,而且不会是一帆风顺的。如南开大学外语学院马红军的博士论文就指出,有一位美国教师来南开大学访问,认为本文提到的《诗经·关雎》的中国学者的译文不如英美学者的译文(如韦利的译文)。但是上海外国语大学博士曹迎春在《独立学院外语界》第二期发表了一篇论文,比较《牡丹亭》的中外译本,其中还包括《诗经·关雎》的译文。他向上海外国语大学四十位外国教师和留学生征求意见,收回三十五份答案,全部认为本文提到的中国学者译的《诗经·关雎》胜过了英美学者的译文(如伯奇、韦利的译文)。

再举几个中国文化走向世界的例子。《牡丹亭》和《千家诗》的英译者许明(Frank Xu)在美国曾为奥巴马总统做过说服工作。奥巴马提出的医疗改革方案在参议院引起激烈辩论,民主党支持,共和党反对,势均力敌,难解难分。那时许明将柳宗元的《江雪》译成英文,用 E-mail 发给一位共和党参议员,并且转发给奥巴马总统。《江雪》:"千山鸟飞绝,万径人踪灭。孤舟蓑笠翁,独钓寒江雪。"译文如下:

> From hill to hill no bird in flight,
> From path to path no man in sight.
> A lonely fisherman, behold!
> Is fishing snow on river cold.

原文"独钓寒江雪"是说渔翁不顾冰天雪地,一个人在江上钓鱼,富有独立精神。译者却"从心所欲",说如果钓不到鱼,那就钓雪好了,那不是有更高的品质吗?参议员读后非常欣赏渔翁的独立精神。在国会投票表决中,他本来要随共和党投反对票,现在发扬独立精神,改投了赞成票,使医疗改革议案以七票的微弱多数通过。奥巴马总统知道后非常高兴,在信中开玩笑说许明是他的"厨房内阁成员",可见中国文化的影响。

美国第一夫人米歇尔积极参与奥巴马的总统连任竞选,许明就寄了一首关于汉武帝的李夫人的诗给他们夫妇。诗中赞美李夫人说:"一顾倾人城,再顾倾人国。宁不知倾城与倾国?佳人难再得。"英译文是:

> At her first glance soldiers would lose their town,
> At her second a monarch would his crown.
> How could monarch and soldiers neglect their duty?
> For crown and town are overshadowed by her beauty.

译文把"倾国倾城"译成玩忽职守,说佳人使城和国都黯然失色,都是"从心所欲,不逾矩"的译法。奥巴马夫人读了两千年前中国诗人描写美人的诗句,非常高兴。许明为了请前总统克林顿支持奥巴马连任,寄给他半首孟浩然的《临洞庭》:"八月湖水平,涵虚混太清。气蒸云梦泽,波撼岳阳城。"克林顿读了这首唐诗后也很高兴。英译文是：

> The lake in eighth month runs so high,
>
> Its water blends with azure sky.
>
> Cloud and dream fall into the river (lake),
>
> When its waves rise, the town walls shiver (shake).

上面两个例子让外国人了解了中国的美人和美景。这也是译者"从心所欲"造成的结果。有没有逾矩呢？我看只要是能使读者知之、好之、乐之的译文，就不会是逾矩的译文。孟浩然的诗，对克林顿也起了一点小作用，他也真像"波撼岳阳城"一样震撼了美国。"震撼"英文可用 shake 或 shiver，shake 的物质意义大于精神意义，shiver 的精神意义大于物质意义。如用 shake，"泽"就用 lake(湖)，如用 shiver，"泽"就用 river(河)，云梦泽原来就是由云水和梦水两条河组成的。由此可见，"从心所欲"的范围不小，如能灵活应用，有助于中国文化走向世界，使世界文化更加光辉灿烂。

# 第二章 中国典籍在域外的传播与影响

## 第一节　中国诗歌在域外的传播

## 20世纪《诗经》在国外的传播与研究

华东师范大学对外汉语学院　　顾伟列

　　《诗经》是中国最早的诗歌总集,也是认识中国早期历史文化的经典文献,因其真实反映了殷周文化,特别是对西周初至春秋中叶的政治、经济、宗教和民俗作了较全面的展示,历来受到国外学者关注,译著丰富,研究成果令人瞩目。国外学者对《诗经》多维度的探究和富有新意的经典阐释,体现了国际"诗经学"的意义和价值。本文拟概述20世纪《诗经》的国外传播,并选取三个研究个案,略述国外学者《诗经》研究的方法论意义。

### 一、《诗经》的东传与西播

　　《诗经》的东传当不晚于魏晋南北朝。韩国三国时代高句丽和百济两国的太学已将《诗经》列入基本教材。① 新罗王朝于 8 世纪把《诗经》等儒家经典列为官吏必读书,促成新罗儒学的形成。高丽王朝于 10 世纪实施科举制,《诗经》为考试内容之一,推动了《诗经》的民间传播。进入 20 世纪后半叶,李家源及金学玉主译的《诗经》全译本在韩国相继问世,金学玉译本多次重印。随着汉语热在韩国的兴起,韩国已有数十所大学开设"《诗经》选读""《诗经》研究"等课程。《诗经》于 6 世纪传入日本,据《日本书纪》载,百济曾先后派遣多名五经博士赴日传授五经,开《诗经》在日传播先声。7 世纪中叶起,《诗经》被列入太学寮必修课程,在日本文人中广泛流行。平安时代大量汉籍传入日本,据严绍璗先生查考,当时传入日本的唐人写本中,就有列入"日本国宝"的东洋文库藏《毛诗》卷 6,列入"日本重要文化财"的京都市藏《毛诗正义》卷 6 和东京国立博物馆藏《毛诗正义》卷 18。② 及至 20 世纪,日本已成为国外《诗经》译介和研究的重地。③ 目加田诚的《诗经》、松本雅明的《关于〈诗经〉诸篇形成的研究》、白川静的《诗经——中国的古代歌谣》、长泽规矩也的《毛诗注疏》、永岛荣一郎的《诗经韵释》、铃木修次的《中国古代文学论——诗经的文艺性》、吉川幸次郎的《诗经国风》和高田真治的《诗经》等,都是日本具有代表性的《诗经》译注本及研究论著。

《诗经》的西传史经历了三个阶段。其一,18 世纪为起始期,《诗经》被西方接受成为传教士汉学的组成部分。自耶稣会士金尼阁(Nicolas Trigault,1577—1628)用拉丁文译介《诗经》后,18 世纪法国传教士白晋(Joachim Bouvet,1656—1730)、马若瑟(Joseph de Prémare,1666—1735)、赫苍壁(Julien-Placide Hervieu,1671—1746)、宋君荣(Antoine Gaubil,1689—1759)、孙璋(Alexandre de la Charme,1695—1767)等相继选译《诗经》。其二,19 世纪为成熟期,《诗经》在西方的译介与研究摆脱传教士文化传统。刊印的《诗经》译本已有英、法、德、俄等多个语种,既有全译本,也有选译本。其三,20 世纪为发展期,《诗经》译介与研究基于东西方学界的对话与互动得到长足发展。较重要的译本如美国埃兹拉·庞德(Ezra Pound,1885—1972)的《诗经》英译(哈佛大学出版社,1955 年),译本虽未

---

① 安鼎福《东史纲目》第二:"小兽林王二年(372)六月,始立太学";《北史·高句丽传》:"书有五经";《梁书·百济传》载百济于梁武帝时曾遣使上表请派《毛诗》博士传授《诗经》。
② 蔡毅编译:《中国传统文化在日本》,北京:中华书局,2002 年,第 110—111 页。
③ 据统计,1868—1990 年,日本《诗经》译著及论著多达 764 种。

完全忠实于原文,但自成一格。庞德擅长诗歌创作,译文遵从意象主义诗派对形象性、音乐性的重视,力求再现《诗经》的意象美和韵律美。庞德深谙中国文化,《诗经》反映的风俗人情在译文中得到较好体现,译著问世后在西方产生较大影响。英国亚瑟·韦利(Arthur Waley,1889—1966)的《诗经》译本一反风、雅、颂的传统分类,而是根据诗歌内容重新编排,分为婚姻诗、农作诗等17个门类。韦利通晓日语,翻译时除参考中西注释外,还吸取日本学界的研究成果。他在序言中比较中日诗歌之异同,阐述中国古代与近代诗歌的内在关联,在附录中对《诗经》与欧洲文学做了横向比较。韦利译介和研究《诗经》自觉超越儒家成说,坚持纯文学立场。译本于1937年初版后,在欧美多次重印。瑞典汉学家高本汉(Bernhard Karlgren,1889—1978)20岁来华,其后潜心钻研中国语言、文物和先秦典籍。他治学严谨,依从"读经必先识字"的研究理念,采用文字、音韵、训诂等方法研讨《诗经》。他批评中国传统学者往往妄加美刺,穿凿附会,也批评西方学者不辨是非而袭用古人,以致注释或译文偏离诗歌原意。他既不把《诗经》奉为经书,也不轻言"一声之转",而是通过对《诗经》中不同作品及《诗经》与其他先秦古籍互为参照,先考订字义,再由字义推断句义和篇义。其研究特点有二:一是研究历代学者的《诗经》注释和评价,参照古人成果,对费解的词语和典故做明白晓畅的注解,对特殊句式做语法分析,力求为西方读者提供忠实于原作的译本。二是深入研究《诗经》的用韵规则,根据语言学学科规范,梳理上古汉语语音系统。他的《诗经》注释及其英译在西方获得好评,被誉为《诗经》西播史上的里程碑。[1]

《诗经》在东欧有多语种译本。《诗经》俄文全译本于1957年问世,由什图金(1904—1964)翻译,科学出版社出版。同年,国家文学出版社还出版了《〈诗经〉选译》。[2] 匈牙利杜克义(Ferenc Tokei)与贾纳弟、易叶士两诗人曾合译《诗经》,译著于1957年由欧罗巴出版社初版,1959年和1978年重印。罗马尼亚于1963年出版《中国古诗选集》,选译西周初至晚清的名篇佳作,基本反映了中国古诗概貌。捷克著名诗人和翻译家马铁修斯(Bohurnil Mathesius,1888—1952)于20世纪40年代编译《古代中国之歌》,选本以《诗经》和唐诗为重点,侧重介绍《诗经》反

---

[1] 详见中国诗经学会编:《第三届诗经国际学术研讨会论文集》,香港:天马图书有限公司,1998年。
[2] 参见马祖毅、任荣珍:《汉籍外译史》,武汉:湖北教育出版社,2003年,第425页。

映的中国人热爱和平和勇于自卫的精神。

## 二、《诗经》在国外的多维度研究

(一) 葛兰言:运用文化人类学方法解读《诗经》

以文化人类学视角探究《诗经》的原始意义,通过作品解读揭示先秦宗教、信仰、习俗等社会文化的真实,是国外《诗经》研究的重要特色。法国汉学家葛兰言(Marcel Granet,1884—1940)是西方学界运用文化人类学方法研究《诗经》的开创者。葛兰言、伯希和(Paul Pelliot)和马伯乐(Henri Maspéro)都是20世纪上半叶法国汉学大师沙畹(E. Chavannes,1865—1918)的学生。沙畹、伯希和、马伯乐及高本汉的汉学研究注重文献发现和考证,属语文学派或实证史学,与清代朴学相近。葛兰言为社会学派,重文本亦重社会调查和田野作业。他主张到中国农村,特别是到旧文化形态保存较完整的河南郑州一带调查,曾两次来华实地考察,历时逾三年。他在方法论上突破文学、社会学、宗教学、民俗学的学科界限,注重多学科综合,在周代文化的宏阔背景下发掘《诗经》文本的文化信息,再现中国上古时期民间鲜活的生活图景。葛兰言汉学研究论著被译成中文的有《古中国的跳舞与神秘故事》①和《古代中国的节庆与歌谣》②,两书为葛兰言《诗经》研究的代表性论著,后者分为"《诗经》的情歌"和"古代的节庆"两编,他在论著中提出下述基本观点:

第一,《诗经》是认识上古中国社会习俗与信仰的重要文本。葛兰言认为,宗教信仰的起源必须在正统宗教的浓缩形态之外追寻,官方宗教与原始宗教有着千丝万缕的关联,原始宗教起源于习俗与原始信仰,倘若承认《诗经》具有文献价值,那么不妨从揭示《诗经》文本的原始意义入手,进而了解中国古代祭礼,亦即以古老习俗为基础的宗教信仰与传统。基于这一认识,他运用社会学和人类学方法,试图"超越诸种注释书去努力揭示文本的原始意义",因为"歌谣透露了先于经典的道德教诲而存在的上古习俗"③。

---

① [法]葛兰言:《古中国的跳舞与神秘故事》,李璜译,上海:中华书局,1933年。
② 葛兰言:《古代中国的节庆与歌谣》,赵丙祥、张宏明译,桂林:广西师范大学出版社,2005年。原著的另一个中文译本题名为《中国古代的祭礼与歌谣》,张铭远译,上海:上海文艺出版社,1989年。
③ 葛兰言:《古代中国的节庆与歌谣》,赵丙祥、张宏明译,桂林:广西师范大学出版社,2005年,"导论"第6页。

第二,《诗经》具有民谣本质,研究《诗经》应探究其原始意义。葛兰言认为,《国风》和《小雅》中的部分篇章具有民谣性质,是民众在各类祭礼集会上的即兴歌唱,是在进行仪式舞蹈时围绕某一特定主题的即兴之作,是协同创造力的产物。口头仪式是古代农事祭礼的组成部分,它伴随着即兴歌唱。民间青年男女平日受到习俗制约和社交限制,很少有向异性袒露情感的机会,祭礼集会和舞蹈仪式为其提供了即兴歌唱的契机。

葛兰言认为,中国古代的农事祭礼如同农事安排,有固定的季节时点,举行祭礼的地点是山岳或河川,这类场所因被视为圣地而为民间崇拜。当青年男女在共同圣地参加祭礼仪式时,已从往日单调的生活中摆脱出来,他们尽情歌唱,即兴对歌,在对歌的竞争中袒露炽热的情感。圣地祭礼为青年男女结识、相爱和达成婚姻提供了契机。对歌中的反复应答,是形成《诗经》重章叠句之章法特点的重要因素。按葛氏观点,祭礼集会—仪式舞蹈—即兴歌唱—在共同圣地进行团体的婚配交换,在当时具有合理性和神圣性,这是产生《诗经》婚恋诗的文化背景之一。

葛兰言对比《毛传》和《郑笺》对《诗经》解说的异同,并参照朱熹《诗集传》的注释,对部分作品做出自己的解读。他把《诗经》情歌分为田园恋歌、村落恋歌、山川恋歌三种类型。他的作品分析既有创见,又不无主观推测。前者如对《关雎》的解析,"参差荇菜,左右流之"当指古代奠菜仪式,即婚礼后三月新婚夫妇不能同房,需在婚后三月举行奠菜仪式后,方能行房。所以诗中独居的男子只能"寤寐求之""辗转反侧"了。① 后者如对《七月》第三章"女心伤悲,殆及公子同归"的解释,"姑娘们心中无限伤悲,时间到了,她们要与公子们同归",认为两句是写春日婚嫁时期女子思嫁,就存在主观蠡测的成分。他同时指出,此诗"实际是用诗句连缀而成的历书,其中各句是一年四季的田园俚谣",这一看法与国内的解读基本一致。

第三,《诗经》是早期中国农民宗教生活的形象反映。葛兰言认为,上古时期的中国农民生息劳作于黄土高原的封闭村庄,同村男女为血亲同姓,而且男子自

---

① 葛兰言引清人刘寿曾《婚礼重别论对驳义》的记载(《皇清经解续编》卷1423)以证明己见,详见葛兰言:《古代中国的节庆与歌谣》,赵丙祥、张宏明译,桂林:广西师范大学出版社,2005年,第98页。

春播起即耕作于田野,与女性几乎隔绝,秋收后才回到村庄。当时禁止族内婚配,不同亲族集团有着婚姻交换的需要。对未婚男女而言,春日祭礼是难得的异性交往机遇。祭礼的时间在春、秋之始,祭礼的地点在共同圣地,异性交往的舞台是祭礼集会,交往的媒介是即兴歌唱。祭礼集会一依季节轮换的节律,春天万物复苏,生命力最为旺盛,是未婚男女性启蒙和性交往的时间节点。秋天是回报、丰收的季节,有了食物储存并分享劳动成果。中国古代祭礼反映了早期农民的生活节律,人们相信,遵从时令更替和生活节律举行祭礼,就不会遭受大自然惩罚,就能平安地生息繁衍。为印证其观点,葛兰言还列举古代希腊、日本和印度支那半岛以及中国西南地区少数民族的民俗资料作为旁证。

葛兰言认为,人类不能缺少节日与聚会,因为节日聚会聚合了分散的个体,起到强化群体意识、释放群体情感、增强群体凝聚力的功能。节日狂欢使人们从往日拘谨的生活中解脱出来,唤醒了生命力和创造力。圣地祭礼既有宗教意义,又具有激发青年男女勃发的生命力之功能。即兴歌唱在和平竞争中展开,竞争使往日心灵封闭的青年男女有了亲密的接触和交流。他们按节奏韵律跳舞歌唱,为表达感情而即兴吟唱的歌谣,内容或直露,或含蓄,诗中意象取自大自然和日常生活,虽似顺手拈来,却活泼灵动,激情四溢。这类民间恋歌一扫往日羞怯,因为宗教性狂欢赋予人们神秘力量和激情。诗中,现成的套语与即兴创造的新语一经组合,便出口成章,意趣盎然,而且章句均齐,琅琅可诵。葛兰言还推测,《诗经》情诗中出现的大量植物、河川等意象,或许就来自祭礼集会场所的那片圣土,对于圣地,人们总是怀有神圣而崇敬的感情。

总而言之,葛兰言的《诗经》研究在方法论上较多接受法国社会学派涂尔干(Durkheim)的影响。涂尔干关注仪式在社会生活实践中的意义,在其《宗教生活的基本形式》一书中列举澳大利亚土著的生活事实,认为神圣与世俗的二分使原始人产生对立观念,宗教的意义在于形成共同理想和追求,凝聚群体,化解对立。葛兰言旨在通过对《诗经》的文化人类学解读,说明人类在节日祭礼中形成并确立了共同情感,证明节庆与时间节律同步,具有促进人际和谐及人与自然和谐的功能,《诗经》中的爱情诗正是节庆祭礼的产物。尽管其部分见解存在"天才性假设"的局限,不无牵强附会,但他的研究方法及对中国典籍的阐释,在20世纪前期确有独到之处。

## (二) 白川静：民俗学与文学比较研究方法的综合运用

日本学者白川静(1910—2006)具有扎实的汉语言文字学功底,曾著《金文通释》9卷及《字统》《字训》《字通》等汉字研究论著。其《诗经》研究长于文字训诂和基于民俗视野的意义探源,围绕《诗经》所反映的原始宗教观和集体无意识,对《诗经》意象的文化意蕴有深入阐析。他早年钻研《万叶集》,其后又细读《皇清经解》中有关《诗经》的考证文献,为比较研究积累了丰富材料。他认为,《诗经》与《万叶集》"是具有民众基础的生活者的诗篇和歌集,这样的文学,西方和印度都没有"①。下文以白川静对《诗经》中"鱼"意象之阐析为例,一窥其研究方法的特色。

国内学者最早以民俗学视角研究《诗经》的是闻一多,所著《高唐神女传说之分析》《〈诗经〉的性欲观》《说鱼》等均为《诗经》研究力作。白川静借鉴闻一多的研究方法,对《诗经》中"鱼"意象的意蕴做了较系统的阐释。

首先,"鱼"意象与性关系及女性多孕形成异质同构的关联。古代祭祀以鱼献祭,有些部族还以鱼为本族图腾。《小雅·南有嘉鱼》及《鱼藻》等祭祀诗中,"鱼"意象蕴含后人对本族祖先的敬拜和家族繁衍的祝祷。《礼记·昏义》云:女子出嫁前三月,"教以妇德、妇言、妇容、妇功。教成祭之,牲用鱼,芼之以蘋藻,所以成妇顺也"。《毛传》中《诗经·国风·召南·采蘋》云:"古之将嫁女者,必先礼之于宗室,牲用鱼,芼之以蘋藻。"白川静认为,婚礼前行祭鱼仪式,意在借助类感符咒力使新婚女性多孕多子。《诗经·国风·陈风·衡门》中以"食鱼"为"娶妻"的象征。《诗经》婚恋诗中的"鱼"大多喻指性关系,古代诗人基于对鱼的繁殖能力的认识,将"鱼"意象固化为性与生殖符号,借以表达对种族延续的祈望。

其次,《诗经》中"鱼"意象不仅喻指两性关系,而且包含了先民对丰收的祈祷。如《诗经·周颂·臣工之什·潜》云:"猗与漆沮,潜有多鱼。有鳣有鲔,鲦鲿鰋鲤。以享以祀,以介景福。"白川静引朱熹释义:"月令,冬季,命渔师始渔,天子亲往,乃尝鱼,先荐寝庙,季春,荐鲔于寝庙,此其乐歌也。"认为《潜》是祈祷丰年的祭礼乐歌,人们出于鱼繁殖力旺盛的集体无意识,"荐鲔于寝庙,乃为麦祈实",意在祈望谷物丰饶。他阐析《诗经·小雅·鸿雁之什·无羊》"牧人乃梦,众维鱼

---

① [日]白川静:《诗经的世界》,杜正胜译,台湾:东大图书有限公司,2001年,第3页。

矣,旐维旟矣。大人占之:众维鱼矣,实维丰年;旐维旟矣,室家溱溱"诸句,指出诗中"鱼"意象即包含祈丰年和繁子孙的意蕴。

再次,"笱"本为捕鱼工具,《诗经》婚恋诗中"笱"意象多为"性的隐喻",或喻指女性性器官,或以"设笱捕鱼"象征男女性行为。《诗经·国风·卫风·竹竿》云:"籊籊竹竿,以钓于淇。岂不尔思,远莫致之。"即用"钓鱼"隐喻追求心仪的女性。白川静认为,类似的创作手法及意象也见于日本古代歌谣。如《万叶集》有诗云:"山溪清彻底,埋个筌笱等待你,不到八年不偷提。"①山溪中的"筌笱"和"游鱼",分别喻指女性和男性,鱼入"笱"中意谓男女交合。《诗经》和《万叶集》虽然创作年代不同,但都产生于氏族社会解体之后,因去古未远,远古习俗仍遗存于民间,意象原型反映了中日先民相近的联想和隐喻。

白川静是国外较早以民俗学视野研究《诗经》的学者,除《〈诗经〉的世界》外,他还著有《中国古代民俗》。他以民俗学视域解析《诗经》意象及其蕴含的上古风俗,并与日本古代民俗及歌谣加以比较,寻找相关性和相似点,从而得出上古时代不同民族的思维方式多有相同和相似处。②

(三)宇文所安:阐释学视野下的《诗经》研究

美国学者宇文所安(Stephen Owen)所撰《〈诗经〉的繁殖与再生》一文是国外学者运用阐释学研究《诗经》的新成果。③ 该文通过对《载芟》《生民》两首诗意义的阐释,围绕下述三个论题思考中国传统文化的某些特征:

第一,农业生产与仪式的简单重复和文字表现之间的关系。论文发端即提出问题:"人类文化为什么要以文字对现实进行表现,然后,又不断复制或者再生产那些同样的文字?是什么使得这些重复的精确性如此重要?在文字表现的内容和精确的文字复制过程之间,是否存在某种形式的相应?"④他的阐释是:其一,用文字记录文化是为后代生存繁衍提供依据。古人相信,前代留下的文字记录是后代文化传承的依据。其二,"仪式化表现"是为了避免后代遗忘或忽略祖先创造的文化,确保文化的一脉相承和传统的代代沿袭。他例举《载芟》结句"匪且有

---

① 转引自[日]白川静:《诗经的世界》,杜正胜译,台湾:东大图书有限公司,2001年,第21页。
② 详参[日]白川静:《中国古代民俗》,王巍译,沈阳:春风文艺出版社,1991年。
③ [美]宇文所安:《他山的石头记》,田晓菲译,南京:江苏人民出版社,2003年,第26—49页。
④ 同上书,第26页。

且,匪今斯今,振古如兹",指出三句意谓今年如此,年年如此,自古以来就是如此,表明古代中国人对文化传承的执着。关于"仪式化表现",他打比方说:"某人在地上挖了一个洞,在里面播下一粒种子,掩上土,除掉周围的杂草,然后把'种子生长吧'这句话念上三遍。"后人坚持不懈地在播种时把这句话念上三遍,显然,后人认为祖宗之法须得到精确而完美的传承。其三,用文字记录过往和未来如同"仪式化表现",具有再现历史和预知未来的功能。他以《生民》为例,指出本诗叙述了后稷的诞生、成长、劳动、收获和祭祀。后稷是周族始祖,对周族后人而言具有非凡的意义:

> 我们不能建构一个完整的故事,只有那些帮助仪式的生效的叙事片段存留在诗中。也许,曾经一度,每个人都知道开始的诗节所暗示的完整故事;也许从来就没有一个完整的故事,都是远古神化事件的残片,因为和仪式联系在一起而得到保留。对于仪式需要来说,谁遗弃了后稷或者为什么遗弃后稷不是那么重要,重要的是后稷平安地通过了他的考验。①

这种有意识的记录折射出人们的功用性期待,即人们"对完美的延续与传播的渴望、对变动与多元的厌弃"。它希望本族后代仿效先人,以保证"周文化的统一和延续"。于是,文字记录已不单纯是仪式的记录,更成为仪式的组成部分。

第二,阐释农业生产与仪式简单重复之间的关系。《载芟》描述一年中农业劳动周而复始的过程:除草、翻地、家庭劳作、庄稼生长、丰收、仪式化庆祝告慰以及祭祀祖先。在这张"清单"中,所有"农业生产技术与仪式技术"都被记录保存下来,从而达到"表现全部的系统,保证它的完整性"的目的,它体现了中国人追求"完美的重复与再生"的意志。从年初春播到年终祭祀以告慰先祖,农事与祭祀仪式周而复始,代复一代地重现于程式化的周期中。

宇文所安发现,《诗经》农事诗在描述生产活动后,会不约而同地描述祭祀仪式。他阐释《生民》说:

> 农业的贵族把时间理解为一系列不同的阶段,每一个阶段都和其他阶段同等重要,在任何一个阶段,失误都可能是灾难。……唯一不同的时刻发生

---

① [美]宇文所安:《他山的石头记》,田晓菲译,南京:江苏人民出版社,2003年,第32页。

在一个周期结束之后和下一个周期开始之前。①

宇文所安认为"唯一不同的时刻"就是祭祀,因为它具有沟通今人和先人的功能。今人因继承先人的生产传统,有了物质剩余,不仅能满足生存,还可用以酿酒,酒是祭奠祖先时人神沟通的媒介。《生民》解释姜嫄所以培育出周始族后稷,在于"克禋克祀"。"禋",洁祀也。姜嫄所以有幸踩中神之足迹而怀上后稷,正因为她能诚敬祭祀。宇文所安指出,这里没有西方"神圣强暴"的痕迹,整个过程与情欲无关,只有技术化色彩,这技术就是祭祀。后稷成人后致力于农耕,丰收后献上食物,食物香气袅袅上升,以此祭祀"上帝"。诗中说:"后稷肇祀,庶无罪悔,以迄于今。"意谓自后稷祭祀以来几无罪悔,那么后稷祭祀期盼什么?不言而喻,是后代的繁殖与再生。期盼终成事实,周人繁衍,日益强大,后稷因此被周族奉为始祖。诗歌犹如"清单",其作用就是保证文化传统完整而精确地延续,从而实现下一周期对上一周期的完美再现。就农业生产而言,它保证了生产步骤的有序;就祭祀仪式而言,它保证了程序的完整无误。后人坚信,传承文化是获得祖先神灵护佑的基础。

第三,对中国人循环往复的时间观的阐释。在分析《载芟》《生民》时,宇文所安强调了中国人的循环时间观:

> 正如我们常常在《诗经》和《书经》里面看到的那样,思谋、考虑、对未来作出计划,是周王朝十分重视的美德。人们的行为既不是出于不假思索的习惯,也没有荷马史诗中写到的头脑发热的冲动、鲁莽。正如姜嫄之准备受孕,行动因为技术和深谋远虑而变得有效。②

根据古代中国人循环的时间观,自然界有其生生不息、周而复始的运动规律,所有事务都会依照运行程序实现再生。按宇文所安的阐释,用文字列出清单,后人依据清单生产和生活,从而实现复制与再生。在中国人的意识中,它适用于循环时空中无数个"以后"和"下次"。宇文所安解读《生民》说,姜嫄生育后稷是因为祭祀,这是《生民》故事的开始;后稷在经历了成长、生产、丰收之后,最终又回到了祭祀;祭祀既是《生民》故事的结束,又是新周期的开始——"唯一不同的时

---

① [美]宇文所安:《他山的石头记》,田晓菲译,南京:江苏人民出版社,2003年,第32页。
② 同上书,第37页。

刻发生在一个周期结束之后和下一个周期开始之前。这时,应该怀着完美地重复过去的希望眺望未来。就在这个时刻,我们听到了《生民》"①。

宇文所安通过对《载芟》《生民》两首诗的阐释,揭示了古代中国尊祖、重祀、敬仰传统以及循环往复的时间观等民族文化特征,认为在古代中国人看来,人类的繁殖与再生、文化的传承与延续,有如自然界生生不息,周而复始。他的研究从大处着眼、细处入手,注重经典的意义阐释。伽达默尔(Gadamer)在《真理与方法》中提出,既然人类是历史的存在,被赋予追寻自身意义的使命,那么理解文本的过程亦即视野不断拓展和阐释不断丰富的过程;文本的意义经阐释而不断充实,文本因此成为经典。② 如何跨越中西方文化语境的差异,阐释和丰富中国古代经典的意义,宇文所安的体会是"真正去读作品"③,"不仅需要恢复或重构这些早期诗人和读者无声的形式,而且还需以某种方式栖居其中"④。他对中国传统经典多有独到的意义阐释,正在于"栖居"经典,细读文本,不拘于成说而自出己见,不囿于预设结论而"从心所欲,不逾矩"。

---

① [美]宇文所安:《他山的石头记》,田晓菲译,南京:江苏人民出版社,2003年,第35页。
② [德]伽达默尔:《真理与方法》,洪汉鼎译,上海:上海译文出版社,1992年,第393页。
③ 张宏生:《"对传统加以再创造,同时又不让它失真"——访哈佛大学东亚语言与文明系斯蒂芬·欧文教授》,《文学遗产》1998年第1期。
④ [美]宇文所安:《中国传统诗歌与诗学:世界的征兆》,转引自王晓路:《西方汉学界的中国文论研究》,成都:巴蜀书社,2003年,第220页。

# 楚辞在 20 世纪日本的传播与接受

复旦大学中文系　徐志啸

中国古代文学经典《楚辞》，在 20 世纪日本的传播与接受，首先是世纪之交的早期阶段，其时《楚辞》在日本的传播虽然主要是翻译介绍，但身处 19 世纪末至 20 世纪初的西村硕园(1865—1924)，却是不光作一般的翻译介绍，还在《楚辞》注本及注释的考证辨析和《楚辞》资料的收藏上成就突出。西村硕园名时彦，号天囚，曾任教于京都大学，他在为学生讲述《楚辞》时撰写了《屈原赋说》一书，这是一部概说楚辞的著作，涉及面甚广，几乎囊括了屈原与楚辞的方方面面，全书上下两卷共 20 篇，具体篇目是：上卷——名目、篇数、篇第、篇义、原赋、体制、乱辞、句法、韵例、辞采、风骚、道术；下卷——名字、放流、自沉、生卒、扬灵、骚传、宋玉、拟骚(另有两篇"骚学""注家"缺略)。如此全面地介绍和评说楚辞及屈原，对于日本的学生和一般读者来说，无疑是很有帮助的。除《屈原赋说》外，西村硕园还有《楚辞王注考异》(1 卷)、《楚辞纂说》(4 卷)、《楚辞集释》(不分卷)三部专著：《楚辞王注考异》以王逸《楚辞章句》为底本，取家藏诸多《楚辞》注本考其异同，纠其误脱，以补王注之不足；《楚辞纂说》广泛采录百多种经史子集中有关屈原与楚辞的资料，辑成条目 400 余条，每条均写下按语，辨析源流，论评价值，堪称屈原学之资料库；《楚辞集释》分"集释""存异""私案"三类，前两者着重注释文献的收集、条理与类化，后者("私案")系西村个人见解之体现——对前人诸说，或赞同，或证成、或批评、或扬弃、或在前人诸说基础上自创新说。此外，西村硕园还致力于楚辞文献的搜集与收藏，其数量高达百种以上，且所藏楚辞文献的质量均为上乘，至今日本汉学界乃至中国学术界的私人藏书也罕能匹比。西村硕园收藏的《楚辞》本子中，有明代刊本16册（它们均属中国"善本"之列），其中包括迄今传世最早的王逸《楚辞章句》本子，有清代刻本40多种（内属"善本"者10多种），有抄本20多种（其中不乏海内稀见本），还有民国的刻本、影本、印本15种，另有日本刻本12种，这些本子均甚富文献价值，其中不少为中国学者所罕见。①

西村硕园属于日本20世纪早期研究楚辞的突出个案。总体上看，楚辞在20世纪日本的传播与接受呈现以下几个特点：其一，接受研究涉及的范围广。学者们不仅研究《楚辞》本身，还包括了诗人屈原及其身世经历、楚国的历史与文化、屈原与楚辞对后代的影响、屈原同其之前之后文人与作品的比较和对中国历代主要《楚辞》注本的介绍评述等。值得注意的是，这些研究中还包括了楚辞对日本文学的影响，这是中国学者很少顾及的。其二，接受研究的成果形式和数量多，不仅有译本、注本，还有论文、专著，且译本中包括了日文训读与今译两种（训读是一种保持原作面貌的直译，是日本不同于世界其他国家译读中国古代文学作品的独特方式），专著中既有专题研究，也有论文集。成果的数量之多，则堪称世界范围楚辞研究的翘楚，稳居首席。其三，接受研究的视角独特。日本学者的不少研究课题具有研究者个人的独特风格特点，视野开阔，如《历代的屈原观与〈离骚〉》《美人语义考》《从秦法看〈离骚〉美》《楚辞中所显之时间面貌》《贤人失志之赋与道家思想》等，有些还颇有现代意识，如《鲁迅的屈原像》《〈天问〉与苗族创世歌》等，后者即便在中国，也属时新。其四，研究的选题注重实际，较少纯谈义理，即便一些比较抽象的题目，也重在分析作品的具体内容，比较其得失差异，极少空谈的。其五，在研究方法上，注重实证，以材料取胜，善于从细微中抉微发隐，不发或少发空论。其六，在从事楚辞研究的学者中，有相当一批是日本国内汉学界享有声誉并成就卓著的名家，如铃木虎雄、青木正儿、吉川幸次郎、藤野岩友、星川清孝、冈村繁、竹治贞夫等，其中尤以竹治贞夫的研究独树一帜，成果突出。

---

① 参见《西村时彦（硕园）对楚辞学的贡献》，载［日］《秋田大学教育文化学部实践研究纪要》第25号，2003年。

具体地看,楚辞在20世纪日本的传播与接受呈现了多方面的特色。首先,对屈原与《楚辞》做整体的概述与评介,这自然是必不可少的主要方面,这类论文与著作较多,涉及了多角度、多方位,如《诗经》与楚辞、屈原与司马迁、楚辞与《论语》、楚辞的传统等。对屈原其人的研究则包括了他的生涯、世系、立场、忧愁,他与时代的关系以及《史记·屈原列传》的记载等。对《楚辞》的具体研究,也涉及了多个方面,有对25篇作品的考证,如《离骚》错简提疑、《离骚》词义考、"摄提贞于孟陬兮"考辩、《九歌》考、《天问》与卜筮、《九辩》考、古书中所见《楚辞》引文考、《招魂》的作者等。从这些选题可以看出,日本学者接受、研究楚辞,比较偏重于具体细微的考证和切合作品实际的探讨。值得注意的还有将楚辞与文化相联系的课题,如"楚辞《招魂》中所见招魂礼仪""《九歌》与巫舞""《天问》与苗族创世歌""屈原文学与地形气候"等。这一类选题中最有代表性,也最突出的是藤野岩友的《巫系文学论》,此书可谓建立了作者自身楚辞研究(包括对中国早期文学研究与思考)的体系,它代表了作者对屈原与楚辞的总体看法——认为楚辞是起源于祭祀等仪式的宗教性文学,属于巫术宗教影响的产物,而其中屈原本人的独创性是毋庸置疑的。应该说,藤野岩友的巫系文学论,有他独创的一面,但也不可避免地带有了浓厚的偏见,这种偏见致使他的整个研究框架为巫系所笼盖,没能真正把握楚辞的实质内核,这就难免导致包括日本本国学者在内的楚学界对他的质疑。这里,还应特别提及御手洗胜的研究,他并不专研楚辞,但他的研究中所涉及的有关中国古代神话的诸多选题,却是对于解析和诠释楚辞作品中写到的神话传说甚有助益,如《昆仑传说的起源》《关于黄帝的传说》《关于昆仑四水说》《鲧禹传说的整理》《令尹子文的出生传说》,以及帝尧、帝舜的传说及考证等。中国先秦时代由于历史年代久远,保存资料较少,给研究带来很大的困难,御手洗胜能在这方面问世诸多研究成果,这在日本学者中实属少见。

对中国历代主要的《楚辞》注本作评介与介绍,是20世纪日本楚辞研究的内容之一。这方面的文章有《〈楚辞章句〉的编次与王逸的意图与构想》《洪兴祖与〈楚辞补注〉》《〈楚辞集注〉及其体现的思想》《〈楚辞集注〉实译与解说》《朱熹〈楚辞集注〉制作的动机》《王夫之的〈楚辞通释〉》等。这个工作,有利于对中国历代《楚辞》注本的熟悉了解与考察研究,这无疑对日本学者自己所作的注译本的出版提供了有利条件。日本学者的一系列注释翻译本,体现了融合贯通基础上的独特之处，值得中国学者借鉴。例如，几乎每本选注本前都有或详或略的题解或前言，分别介绍楚辞的产生、主要内容与艺术形式、屈原及其时代等，有些注本还专门介绍了中国和日本代表性的楚辞研究著作，包括作者、卷次、版本等，并略加评语，表明其特点，甚有助于阅读参考。有的注本还附有屈原年表，以及与作品相关的多幅插图，它们的注释不拘一格，有简注、详注、分段分句述意等。值得一提的是，为了满足日本读者阅读欣赏的需要，通常的注译本不少都有两种翻译——训读与今译，训读保持了楚辞诗体的原貌，是原汁原味的翻译，今译是完全现代化的日语翻译，两种翻译可互相对照，极利于读者的比较鉴赏。此外，一般的注译本，为了显示其学术性与经典性，都分别注明了参考引用的中国《楚辞》注本的书名、作者名等，包括古代与现代，这样做既便于读者了解，也可让读者按图索骥，而这些参考的本子，基本上都是中国学界公认的权威性、代表性著作。

从20世纪楚辞在日本传播与接受的具体形式看，大致包括文学史著作中的有关《楚辞》章节、《楚辞》的注译本、屈原传记及相关的研究论文与专题著作。相对来说，在文学史著作中涉及楚辞方面用力较多的学者，主要有铃木虎雄、青木正儿、吉川幸次郎等人，他们曾分别撰写了《支那文学史》或《中国文学史》等，这些著述中或多或少讲到了楚辞，不过因为是文学史著作，不是专题研究论著，故而难以涉及楚辞较深层次的问题。这些学者中，也有撰写专题论文涉及楚辞的，例如铃木虎雄，他的《论骚赋的生成》一文，从三大方面展开论述。首先，论骚赋为工诵的遗风。这一部分，作者详尽引述了先秦时期尤其战国之前殷商周朝史料记载中有关赋诵箴谏的实例，以及《诗经》的颂与繇的关系及区别，诵与赋的关系等，说明楚辞早期的诵读与诵和赋有着一定的关系。其次，论述骚赋的形式。这一部分，同楚辞的关系比较直接，在肯定骚赋是工诵遗风的事实基础上，作者分别论述了《诗经》的四言和三言体句式，并从《诗经》三言体句式联系到了楚辞的骚体句法，认为其间存在着内在联系。与此同时，作者还述及了楚地的歌谣（楚歌），指出它们与楚辞体式的关系，然后详论了骚体诗的形式类别：如《大招》的四三言体，《天问》《招魂》的四言体和四三言体并用，《离骚》与《九章》的特别句式及六字句，以及《九歌》的句法，《九歌》与《离骚》的句法之比较等。在这个基础上，作者专门论述了楚骚特有句法生成的路径以及楚骚诵读的各个不同场合。再次，着重论述赋的生成，内容涉及荀子的赋与隐语，屈原《卜居》《渔父》的赋体，赋的影响和宋玉的赋(及作为汉赋的先声)等。最后,作者作了楚骚与汉赋的专门比较,并列出了骚赋在文学史上位置的图表,作者认为,楚骚与汉赋相比,有明显的四方面差异:第一,句式差异,楚骚多三言和四三言,汉赋则不同;第二,比起楚骚,汉赋的虚字、助字显然减少,而以实字为多;第三,楚骚押韵严于汉赋;第四,楚骚偏于抒情,汉赋侧重记载(物或事)。至于骚赋在文学史上的位置,作者的图表显示,它位于周诗与汉赋之间,即周诗—楚骚—汉赋—辞(骈体文)—齐梁四六文,其中,汉赋与辞(骈体文)处于并列位置,两者同趋于齐梁四六文。应该说铃木虎雄这篇《论骚赋的生成》在骚与赋的产生与发展的论述方面,颇花了一番功夫,它较为全面地对骚与赋的来龙去脉做了系统阐述,是一篇很见功力的骚赋之论。

又如青木正儿,他撰写了《楚辞〈九歌〉的舞曲结构》一文,文章一开始先提出胡适的怀疑论(载《胡适文存·读楚辞》),然后就中国古代的民间歌舞祭祀谈自己的看法。作者在引述了中国历代多家《楚辞》注本的说法后,将《九歌》定位于祭神歌舞的主题,认为诗篇内容显示了祭者对神的至诚和有关神的事迹习性等。值得一提的是,作者对《九歌》各篇的旨意按上述两类内容做了区分:第一类,向神致以祭者的至诚者,其中,表现宗教至诚的,共3篇——《东皇太一》《云中君》《礼魂》;表现恋爱情感至诚寄托的,也是3篇——《湘君》《湘夫人》《少司命》。第二类,演示神的事迹习性者,其中,显示宗教教训目的者,是《大司命》《国殇》两篇;显示宗教的兴味与目的者,共3篇——《东君》《河伯》《山鬼》。作者的文章同时对《九歌》系受巫风影响的产物谈了看法,其所引证的材料,均为我们中国学者所熟悉的,说明在这方面他的认识见解与中国学者一致。继之,作者对《九歌》的具体祭祀歌舞表演,提出了看法,他认为,11篇歌舞表演样式可分为独唱独舞式、对唱对舞式、合唱合舞式三种,文章对这些样式做了系统排列和对照,便于读者参考。

再如吉川幸次郎,他曾撰写有《〈诗经〉与楚辞》一文,文章后半部分内容论述了楚辞。文中先谈到了先秦时代及其历史条件,特别涉及了"作为文学史史前时代的先秦时代",说这个时代与其后的时代有着很大的不同:其一,这还不是一个完全的历史时代,记载这个时代的历史文献中往往传说的成分较多;其二,这一时期的文献多无明确的作者;其三,这一时期政治权力分散,形成了许多文化圈;其四,这时的语言与写作尚未形成稳定的词汇和语法;其五,最重要的,这个时期文学的价值尚未被充分认识,文学在整个社会文明中尚未占据王座(到汉代之后的南北朝与唐朝,文学占了文明的王座,而宋以后则文学与哲学分享了王座),政治与哲学的著作占了压倒多数,文学仅《诗经》与楚辞,其时的人们对文学(包括艺术)的广泛兴趣尚未产生,故而这个时期乃是文学史的史前时代。吉川氏的这些对先秦时代的认识概括,点到了实处,鉴于他对时代条件的这一认识,因而他对楚辞所谈的观点,也就基本能到位。他认为,《诗经》与楚辞之间的时间差,在于战国的纷乱导致人们对诗歌兴趣冷漠,而楚辞在南方的崛起,在于不同文化圈的缘故;楚辞是被朗诵的,不像《诗经》是被歌唱的,这说明,其时的文学脱离了音乐,开始走上了独立发展的道路;在艺术表现上,楚辞远比《诗经》强烈多彩——"要制造强烈印象的精神膨胀,越过了比喻的界限,升华为幻想",这是因为楚辞作者的感情远比《诗经》作者强烈,他喷发出了对特异环境的反抗;楚辞的文学主题是个人与社会的矛盾冲突,它比《诗经》的怀疑与绝望更深沉,但它们两者都共同表现了中国式的古代精神——不甘心屈服于命运的支配;楚辞是强烈关心政治时代的文学;中国传统精神的基干,是人类的拯救不靠神而靠自己,正因此,道德圣人(孔子、孟子)成了人类在地上可找到的神——人类自己拯救自己,其手段则只能是政治,于是人们势必关心政治,也势必对人类具有善意的能力产生不倦的期待,强烈表现这一精神的,在先秦时代,便是《诗经》、楚辞文学;屈原的灵魂徘徊在神的世界里,但在那里它得不到拯救,因而它最后还是回归人间故乡。[①] 实事求是地说,吉川幸次郎的上述论见很有独创之处,不少说法点到了问题的实质,很值得中国学者借鉴与思考。

比较起来,藤野岩友、星川清孝、冈村繁、小南一郎、石川三佐男等的楚辞研究较之上述三位更专门化些,成果也更集中些,其中,藤野岩友在楚辞研究上用力甚多,出版了《楚辞》《巫系文学论》等著作,其《巫系文学论》一书,在日本引起不同的社会反响。星川清孝有《楚辞》《楚辞入门》《楚辞的研究》等著作,其中《楚辞的研究》问世后颇受好评,屡被称引,这部著作全面研究楚辞的时代背景、作者、思想内容与艺术表现特色,以及楚辞在文学史上的意义和地位,属于日本现代楚辞研究界一部较有代表性的著作。冈村繁研究先秦两汉文学功力深厚,其中有多篇

---

① 参见吉川幸次郎:《中国诗史》,章培恒等译,上海:复旦大学出版社,2001年。

论文涉及屈原与楚辞,它们是《楚辞与屈原——论屈原形象与作者的区别》《楚辞文学中〈抽思〉的位置》《〈橘颂〉的出现——关于楚辞骚体文学的分离现象》及论汉初辞赋文学的发展等,这些文章的侧重点大多在《离骚》《九章》上,其中尤其是他提出的"屈原形象与作者区别"的观点,不仅在日本学界产生影响,在中国学者中也引起一定反响。小南一郎有《楚辞》和《楚辞及其注释者研究》等著作问世,其中特别论述了楚辞的时间意识,并对三部中国主要的代表性《楚辞》注本——东汉王逸《楚辞章句》、南宋朱熹《楚辞集注》和明代汪瑗《楚辞集解》做了系统评述。石川三佐男有《楚辞新研究》一书问世,他的研究特点在于特别重视将考古资料与传统文献相结合,尤其善于利用出土文物资料作考证并提出大胆见解,其重点是《九歌》研究,他与中国楚辞学界有着较广泛的联系,为促进中日两国的楚辞研究和文化交流,做出了很大努力,博得了中国学者的好评。

当然,笔者以为,20世纪日本楚辞研究学者中成就最为突出的应该是竹治贞夫(1919—1995),竹治贞夫几乎将自己毕生的精力都倾注于楚辞研究之中,他在楚辞研究方面的学术成果令日中两国学界瞩目,其著作主要有:《楚辞索引》(日本中文出版社),这部索引为研究楚辞的学者提供了极大的方便,在运用工具书查阅专业资料方面,日本学者做得比中国学者要早且好;《忧国诗人屈原》(日本集英社),专述屈原生平经历,是一本较为系统的屈原传记;《楚辞研究》(日本风见书房),这是他的专题论文结集,与日本其他学者的楚辞研究论著不同,他的这部论著不包括《楚辞》本身及翻译注解的内容,近百万字的篇幅全部是按专题系统分类的研究论文集。

竹治贞夫对屈原与楚辞有他个人的总体看法。在《我的楚辞研究和见解》一文中,他对自己的研究做了简要系统的表述,该文可称作他毕生研究楚辞的小结,他说:"我以为屈原是通晓北方中原文化而且熟悉楚国巫风民俗的天生诗人;《楚辞》是以屈原所创作的诗赋为中心,附加他的门徒之模仿拟作之诗集;假如将《楚辞》与诸子百家比拟,它便应当称为《屈子》,它相似于《庄子》。"[①]为了说明他的观点,文章中他先引述《左传》中的材料以资证明——春秋时期的楚国君臣能自

---

① 引自《我的楚辞研究和见解》,载黄中模、王雍刚主编:《楚辞研究成功之路——海内外楚辞专家自述》,重庆:重庆出版社,2000年,第337页。

如地即席赋诗,这是楚人熟悉北方中原文化的明证;楚国史官能精读《三坟》《五典》《八索》《九丘》等古书,显示了楚王室的文化水平极高;周王室曾给楚国带来大量典籍,丰富了楚国文化,使楚国受到北方文化影响;屈原作为楚国三大望族之一的后代,曾受到良好教育,且又"博闻强志",毫无疑问会通晓北方文化。文章继而又引《国语·楚语》等材料说明楚国巫术风行,致使屈原得以创作出如《九歌》等能充分反映楚国巫风民俗盛行的作品。但竹治贞夫同时又指出,日本学者中有因此而称楚辞是"巫系文学"及屈原是"巫祝"的,这种看法不妥当,竹治贞夫认为,屈原的作品表现巫风,不过是借用楚民俗作比喻而已,而且这些模仿巫术的祭祀歌舞,并非屈原作品的主流,其主流作品乃是言情述志的《离骚》及《九章》等,《离骚》体式才是楚辞文学的主流体式,它们上承《诗经》,下启汉代辞赋与乐府古诗,在中国文学史上影响深远。竹治贞夫的这些论见切中客观事实,对澄清日本学界中有学者对屈原和楚辞的误解起了一定作用。代表竹治贞夫楚辞研究主要成就的著作,是他的近百万字的《楚辞研究》一书[①],该书是竹治贞夫全面阐述研究心得、系统梳理楚辞学脉络的精心之作,其涉及范围之广,论述方面之全,所花功夫之深,用作者自己的话来说,是属于"试图建立网罗诸多问题的有关楚辞研究体系"的专著。全书分为"序说""楚辞的书物""楚辞的文学——它的诗的形态的考察"三大部分,综观全书体例和包含的内容,我们可以很清楚地看到,竹治氏的研究涉及范围既广又细,且不少话题属独家之论。他高度肯定了楚辞在文学史上的重要意义:第一,《楚辞》是中国文学史上第一次出现的极具个性特征的诗人的作品集,其主要代表人物屈原足以进入后世专业诗人行列;第二,《楚辞》在内容和形式上都是自成体系的文学,它在诗歌的形态上开创了新体式;第三,《楚辞》作为诵读体的诗歌,是中国最初的文学作品,它同时具有最自由的表现形式,完全突破了之前的《诗经》体式;第四,楚辞以三音格律为主调,在中国诗史上是一种特别的存在。特别值得一提的是,竹治贞夫对《楚辞释文》的重视和考证,显示了他在楚辞研究上的深厚功力。《楚辞释文》一书在中国早佚,只在洪祖兴《楚辞补注》中可见引用的文字,中国学者游国恩、刘永济曾分别集录到其中的78条和93条,而竹治氏说他共收录到了138条,数量超过了他们两位。从《楚辞补注》

---

① [日]竹治贞夫:《楚辞研究》,日本风见书房,昭和五十三年三月。

所引用的《楚辞释文》条文看,竹治氏认为,其价值首先在于文字的异同和音注,它对校勘《楚辞》本文很有用,显示了它的文献学价值。其次,他认为《楚辞释文》在今日的最大价值,在于保存并流传了旧本《楚辞》的篇目次序,它完全不同于今日我们所见到的刘向编集、王逸作注的本子——《离骚》篇之下有宋玉的《九辩》,还有屈赋以外的先秦与汉代之作品。这个旧本次序体现了如同《庄子》内外杂篇的顺序:屈原自作的是内篇,其中心是《离骚》,宋玉所作的是外篇,汉代作者的作品是杂篇,外杂篇的典型是将《离骚》扩充的《九辩》,王逸等人对作品的评价则在这个顺序中得以很好的体现。竹治氏认为,《楚辞》一书因此也可称之为《屈子》。对《楚辞释文》的作者,历来均存疑(包括晁公武《郡斋读书志》和陈振孙《直斋书录解题》),中国现代学者余嘉锡考证认为,该书作者应是南唐王勉,今人姜亮夫、游国恩等均赞同此论断。但竹治贞夫却提出异议,他认为《楚辞释文》的作者应是唐代的陆善经,其依据是宋代钱杲之的《离骚集传》,以及日本流传的古写本《文选集注》和《日本国见在书目录》,他将这些材料做了严密的排比考证,专列了图表,对照《离骚》本文、《陆善经注》、《钱杲之传》三者,并附了"备考",他得出的结论是:《楚辞释文》的作者应为唐代陆善经,而非南唐王勉。他的这一考证结论,在他 1991 年 6 月到中国湖南岳阳参加国际屈原学术研讨会遇到中国学者汤炳正时,得到了肯定与赞同,这使他很高兴。汤炳正之前也有同样观点的论文《楚辞成书之探索》发表(后收入《屈赋新探》一书),竹治氏专门写了《围绕楚辞释文的问题》一文在日本发表,向日本学界介绍汤氏的观点,以说明中日两国学者一致认为《楚辞释文》一书作者应是唐代陆善经,该书的最大学术价值在于其所录《楚辞》的篇目次序与今本不同而保存了古本的篇次。这件事,既体现了竹治贞夫本人对学术研究实事求是的严谨态度,也成了中日学者之间共同研讨、友好交流的一段佳话。

综上所述,作为中国古代文学经典的《楚辞》,在 20 世纪的日本走过了一条清晰的传播、接受与影响研究的轨道,它为中日两国学者留下了值得借鉴思考的深刻印记。毫无疑问,作为东亚地区汉文化传播影响的重要国家,日本在接受中国古代文学样式楚辞方面,让我们清楚地看到了海外汉学的演化轨迹。

## 译坛姊妹合译先锋

——1921年美国出版的中诗英译集《松花笺》简介

北京外国语大学英语学院翻译系　吴文安

这部诗集题目很有意思,原有中文题目就是《松花笺》,英文题目 *Fir-Flower Tablets*[①]。这部诗集的翻译工作也很复杂,由两位女士完成。第一步由弗罗伦斯·埃斯库(Florence Ayscough)从中文直译为英文,然后由艾米·罗威尔(Amy Lowell)润色而成。1921年,该书在波士顿和纽约由洪顿·米弗林公司(Houghton Mifflin Company)出版。这部书的结构也较为复杂,艾米·罗威尔撰写了一个6页的前言,随后是埃斯库一篇罕见的引言,长达77页。

前言伊始,罗威尔道出了两个译者合作的缘由。她认为一个诗人学不好中文,而中文好的人也不一定会写诗,因此,她们合作译诗是合理选择。接下来,罗威尔介绍了埃斯库学中文的来历以及她们合作的缘起。埃斯库的父亲是加拿大人,母亲是美国人,生于上海,在中国生活到11岁时回美国读书,20多岁时回中国与一位英国人订婚并结婚,随后认真研读中文,并成为皇家亚洲学会(Royal Asiatic Society)中国北方分会(North China Branch)图书管理员。之后,埃斯库就到日本、美国、加拿大等地做有关中国的演讲。1917年,埃斯库到美国举办中国

---

① Florence Ayscough, Amy Lowell, *Fir-Flower Tablets*, Boston and New York: Houghton Mifflin Company, 1921.

画展,为一些所谓的"字画"(written pictures)提供译文,并要求罗威尔将这些译文润色为诗,由此展开了两人的合作序幕。她们合作翻译的诗歌本来不打算出版,但有人一直敦促此事。于是四年后,她们的成果面世了。

罗威尔在翻译过程中发现,要保留中文诗的节奏和韵律实在太难了,只能按照英文的节奏与韵脚重新安排,因为再现原诗的味道远比其格律重要。每首诗,埃斯库都要先写出每个中文字的读音,然后在旁边注明各种意思,再逐一分析。罗威尔按照原文的诗行进行翻译,主要包括四个方面:格律,每个字的词典意义,每个字的分析,埃斯库的解释与注释。译完后罗威尔把译文寄给埃斯库及其中文教师,认真与原文对照,加以点评。有些诗经过多次往返才完成翻译,有些是一次完工。最后,她们觉得这些译诗已经最大程度上接近原诗了,才决定付梓。

罗威尔和埃斯库这样合作翻译的例子虽然早已有之,但并不多。难得罗威尔详述她们合作的方式与过程,这对于合作式翻译有很大的启发意义。

埃斯库长达 77 页的引言是不能不提的。她认为,诗歌在中国历史上有举足轻重的地位。虽然阅读中国诗歌时典故是最大的障碍,如阿瑟·韦利(Arthur Waley)所言,但了解背景知识是欣赏中国古诗的第一步。埃斯库曾经参考了前人的译文,但她不想重复翻译一些诗歌,不过在她看来,除韦利的译文之外,很多已有的英文译诗都没有反映原诗的风貌。她之所以选择罗威尔作为合作者,是因为她发现罗威尔的诗与中国诗歌有诸多共通之处。埃斯库还举了罗威尔的一首诗《乡愁》(Nostalgia)作为例证,并详加分析。

为了让西方读者了解中国,埃斯库用了很大篇幅,详细介绍中国的地理风貌、山川人物、气候物产等,通过长江、黄河、江南、西域这类名词,点明诗人、诗歌与环境的互动关系。除此之外,埃斯库提到了中国的政治制度,君主为"君权神授"授命为王,是为"天子",这是中国的理想世界。由此,埃斯库总结出中国诗歌的三大主题:中原美丽的景物、西域荒原、神圣的"西方天国"。

埃斯库随后介绍了中国唐代以前的历史,其历代君主,经济、政治、文化与诗人的关系等,非常详尽。因为她编选的诗歌主要来自唐代,所以她对中国历史的介绍就到唐代为止。

埃斯库用很长的篇幅介绍有关中国的背景知识,读过以后才知道这简直称得上是中国的百科全书,难怪篇幅如此之长。凡是跟诗歌有点关联,诗歌里常见的事物几乎都描述到了：中国的科举制度，社会流动机制——秀才、举人、进士、翰林四个级别；中国的官阶制度，上至皇上，下至九品官，如何考取，如何承袭；皇上如何选拔妃嫔，妃嫔如何生活，有时也会参与政事；中国的社会阶层如何，士、农、工、商地位怎样；中国的文官负责家庭以外事务，官场上、酒肆里的朋友多于异性朋友，所以中国情诗比较少；酒宴的风俗与意义何在，酒如何生产，酒具怎样；家庭当中婆媳关系、夫妻关系一般如何；中国的院落如何布局，花园如何设计；中国的一些文化词语含义是什么，象征着什么，例如神仙、鬼怪、龙、凤、鹤、鸳鸯、牡丹等；中国的日历怎样，各段时间有什么意义等。

接下来埃斯库介绍中国诗歌创作方面的常识，其中有中国语言的特色，有几种方言，中文的音调、韵脚，中文里诗与散文的区别，中文的单音节特点，古诗、律诗、赋都是什么样的。随后，埃斯库着重介绍了李白的生平与诗艺，称李白为"世界上最伟大的抒情诗人之一"。当然，她对李白诗歌的缺点也了然于胸。李白之后是杜甫，也是长篇的生平和诗艺评论。埃斯库引用了很多中国古代学者对李白、杜甫的评论，说明她的确不仅是一个译者，还是一个中国诗歌的研究者。

埃斯库认为中国诗歌与其象形文字的特点密不可分，因此才有"字画"一说。她也重申了罗威尔的观点，即汉学家不一定擅长写诗，诗人不一定懂中文，所以她与罗威尔的合作算是理想的翻译方式。诗歌应该直译，应该"原原本本地"(in its entirety) 翻译。译诗如果不是诗，译文也就失去了存在的理由。诗难翻，但译文至少应该保留原诗的精华。她还举了一个例子，展示她们是如何译诗的。埃斯库提供材料给罗威尔，但她尽量不让自己的理解影响罗威尔，她提供丝线、银线、金线，而罗威尔拿出来的是织锦。埃斯库认为，由一个学中文的人与一位诗人合作翻译中文诗，她们俩是先行者，希望有人能延续她们的方法。

从罗威尔的前言，从埃斯库长达77页百科全书式的引言，以及书后详尽的注释，可以看出她们两位可谓不遗余力，把几乎一切能想到的办法都用上了，来让读者接近原汁原味的中国诗歌，让读者尽可能地了解中国文化。她们的努力理应获得赞美。

《松花笺》全书共收录译诗137首，其中李白诗83首，杜甫诗13首，白居易1首。埃斯库也在引言中说明，不选白居易更多诗歌并非他不重要，而是因为阿瑟·韦利的《中国诗歌一百七十首》当中有很多白居易的诗，而且译文很好。这

137首译诗里包括所谓的"字画"18首,放在最后。全书末尾还有两个附录,其一是中国院落布局图,其二是中国历史年代表。

李白诗占了《松花笺》一半以上的篇幅,我们理应选取李白的一首诗,看罗威尔和埃斯库的译文究竟如何。

月下独酌

李　白

花间一壶酒,独酌无相亲。

举杯邀明月,对影成三人。

月既不解饮,影徒随我身。

暂伴月将影,行乐须及春。

我歌月徘徊,我舞影零乱。

醒时同交欢,醉后各分散。

永结无情游,相期邈云汉。


Drinking Alone in the Moonlight

By Li T'ai-Po

A pot of wine among flowers.

I alone, drinking, without a companion.

I lift the cup and invite the bright moon.

My shadow opposite certainly makes us three.

But the moon cannot drink,

And my shadow follows the motions of my body in vain.

For the briefest time are the moon and my shadow my companions.

Oh, be joyful! One must make the most of Spring.

I sing—the moon walks forward rhythmically;

I dance, and my shadow shatters and becomes confused.

In my waking moments, we are happily blended.

When I am drunk, we are divided from one another and scattered.

For a long time, I shall be obliged to wander without intention;

But we will keep out appointment by the far-off Cloudy River.

正如罗威尔与埃斯库所言,译文体现出直译的特点,译文一行对应原文一行,甚至原文的语序也得以保留,例如"独酌无相亲"的译文是"I alone, drinking, without a companion",正常的语序可以是"I drink alone without a companion"。罗威尔在前言中说过,要保留中文诗歌的节奏与韵律很难,她只能让英语译文有自己的节奏与韵律,重点是传译原诗的意味。这种思想在《月下独酌》译文里也有所展现,例如"月既不解饮"译文是"But the moon cannot drink",句子很短,与其他诗句相比并不相称,例如下一句"影徒随我身"的译文就很长,"And my shadow follows the motions of my body in vain"。这两句译文中虽然 drink 和 vain 发音相近,但不算押韵。更明显的是,两句音节数目相差太多,节奏上极不均衡。这就是罗威尔说的英语译文追求自然的节奏韵律,不强求与原文一致。原诗理解方面两位问题不多,只有"永结无情游"一句不够精确。中文诗句的意思是"我愿与你共赴永远忘却世情的交游",但译文大意是"许久许久,我会被迫闲游,没什么意向"。也许"无情"不易理解,"忘却世情,远离世俗"离字面意义有点远,译者给出了意思模糊的译文。

埃斯库曾在引言中表示,已有的中国诗歌译文多数不能传译原诗的意味,但阿瑟·韦利的译文除外。1919 年,佛来遮(W. J. B. Fletcher)曾出版两本唐诗英译集——《英译唐诗选》[1]和《英译唐诗选续集》[2],出版时间在《松花笺》之前,由上海商务印书馆出版。而埃斯库长期定居上海,想必见过这两本译诗集,那么让她不满意的,也应该包括佛来遮的译文。我们不妨再对照一下佛来遮的《月下独酌》译文,看两者到底有什么不同。

We Three

By Li Po

One pot of wine amid the Flowers

Alone I pour, and none with me.

The cup I lift; the Moon invite;

---

[1] W. J. B. Fletcher, *Gems of Chinese Verse*, Shanghai: Commercial Press Limited, 1919.
[2] W. J. B. Fletcher, *More Gems of Chinese Poetry*, Shanghai: Commercial Press Limited, 1919.

Who with my shadow makes us three.

The Moon then drinks without a pause.

The shadow does what I begin.

The shadow, Moon and I in fere

Rejoice until the Spring come in.

I sing: and wavers time the Moon

I dance: the shadow antics too.

Our joys we share while sober still.

When drunk, we part and bid adieu.

Of loveless outing this the pact

Which we all swear to keep for aye.

The next time that we meet shall be

Beside you distant Milky Way.

很明显,佛来遮的译文在音韵和节奏方面远比埃斯库和罗威尔的译文整齐,节奏统一,韵律也相当严谨。细察内容,佛来遮的译文似乎有诸多不当之处。"月既不解饮"译为"The Moon then drinks without a pause"——"月亮饮酒没完没了",这与原文相去甚远。"行乐须及春"一句佛来遮译为"Rejoice until the Spring come in"——"及时行乐直到春天来临",也与原意不符。"花间一壶酒"是说春花开了,春天已经来了。正因为花前月下独酌,才会显得格外冷清。"永结无情游"译为"Of loveless outing this the pact"——"这两人一起远游却没有爱情"。佛来遮译出的是字面意思,不准确。和两位女译者的译文相比,佛来遮的译文另一大特点是用词古雅,具有古诗特点。例如下列词语:amid(在……中间)、in fere(在一起)、waver(犹豫)、antic(做出古怪的动作)、bid adieu(告别)、pact(同盟)、for aye(for ever 永远)等。两相比较,两位女士的译文强在使用近代英语,容易为一般读者接受,类似于近代英语诗歌,这也许就是她们说的诗意或原汁原味。当然,两位女士对原文的理解远胜佛来遮,这也许出于埃斯库多年研习中国文化与中国诗歌的结果。

至于埃斯库一再提及的"字画",含意大概是这些诗歌读起来会有画面联想,另外这些相关的字如果用书法作品形式表现也有画的意味。我们选取其中一幅

"字画",并欣赏其译文。

### 芙蓉楼送辛渐
王昌龄

寒雨连江夜入吴,

平明送客楚山孤。

洛阳亲友如相问,

一片冰心在玉壶。


The Hermit

Written by Li Hai-ku, 19th Century

Composed by Wang Ch'ang-Ling


A cold rain blurs the edges of the river.

Night enters Wu.

In the level brightness of dawn

I saw my friend start alone for the Ch'u Mountain.

He gave me this message for his friends and relations at Lo Yang:

My heart is a piece of ice in a jade cup.

原作本是一首形式整齐的诗,译文没有体现原文形式。非但如此,译文表达的意义与原文也有很大距离。"芙蓉楼送辛渐",语义明白的题目,为什么要翻译成"隐士"呢?辛渐是隐士,还是王昌龄是隐士?王昌龄离京到江宁赴任,并非隐士。他无非从江宁至润州,然后送别辛渐去洛阳。第一句原意是"昨夜秋雨连绵洒落长江",译文却中间断句,"Night enters Wu"——夜晚进入了吴地,主语理解有误。第二句的"平明"就是清晨,译文翻译了"平"字——"level brightness",实在没有必要。"楚山孤"本意为王昌龄看到了远处的楚山,想起朋友远行,自己顿感孤寂,译文却是"我见朋友一个人出发奔赴楚山",alone 修饰的是朋友却非作者,不妥。"洛阳亲友"本应是作者的亲友,译文是"his friends and relations",又错了。最后"一片冰心在玉壶"为直译,仅仅保留了原诗的意象,不能表达作者决心保持冰清玉洁、不与官场同流合污的信念。这短短一首所谓"字画",译文几乎全篇充斥理解不当,实在让人惊讶。毋庸讳言,对于"字画"的翻译,两位译者似乎误入了歧途,落入了穿凿附会的陷阱,很难向读者传达原诗的主旨与意境。这不能不让人感到遗憾。

一言以概之,罗威尔和埃斯库两位女士尝试的合作式翻译具有创新意义,即便在今天也值得学习。她们所译诗歌也大多理解精确、译文通俗优美,适合现代的读者。唯有"字画"一部分存在不少问题。

# 20世纪唐诗在法国的传播

## ——以李白为例

华东师范大学对外汉语学院　蒋向艳

20世纪上半叶,一批中国学者纷纷赴法留学。这批学者包括曾仲鸣(1896—1939,1911—1930在法留学)、梁宗岱(1903—1983,1924—1930在欧洲游学)、徐仲年(1904—1981,1921—1930在法留学)和罗大冈(1909—1998,1933—1947在法留学)等。他们留学的具体原因不一,留学的具体时间和背景也不完全一致,但他们都不约而同地在法国开始从事唐诗的法译工作,这一领域的工作甚至成为其中一些学者学成归国后学术生涯中比较重要的部分,比如曾仲鸣、徐仲年和罗大冈。他们关于唐诗翻译和唐诗研究的作品大都在欧洲(包括法国和瑞士)出版,也有回国后在中国出版的。这些诗歌选译集包括:曾仲鸣,《冬夜之梦:唐绝句百首》(*Rêve d'une nuit d'hiver：Cent quatrains de l'époque Thang*,1927);徐仲年,《子夜歌及其它爱情诗》(*Les Chants de Tseu-ye et autres poèmes d'amour*,1932)、《中国诗文选:自起源至今》(*Anthologie de la littérature chinoise des origines à nos jours*,1933);罗大冈,《唐代绝句百首》(*Cent quatrains des Thang*,1942)、《首先是人,然后是诗人》(*Homme d'abord, poète ensuite*,1948)。唐代个体诗人的研究专著包括:徐仲年,《中国古代诗人杜甫》(*Tou-Fou, poète classique chinois*,1929)、《李白研究》(*Essai sur Li Po*,1934,为徐仲年在里昂大学的博士论文)(或《李白的时代、经历和作品》,*Li Thai-po, son temps, sa vie et son œuvre*,1935);罗大冈,《诗人白居易的双重灵感》(La Double inspiration du poète Po Kiu-Yi,1939,为罗大冈在巴黎大学的博士论文);刘金陵,《诗人王维》(Wang Wei le poète,1941)。

20世纪20—40年代中国留法学者对李白、杜甫、白居易、王维等唐代个别诗人的研究专著为这些诗人在法国的传播之旅打下了基础。这几位诗人是20世纪下半叶法国译介和研究较多的唐代诗人。限于篇幅,本文仅以其中在法国诗名最盛、译介和翻译得最多的李白为例,说明李白诗歌在法国的传播。

20世纪以来法国出版的李白诗歌法译集和研究论著有:①Sung-Nien Hsu,*Essai sur Li Po*(《李白研究》),Beijing:Imprimerie de la Politique de Pékin,1934.②Dominique Hoizey,*Parmi les nuages et les pins*(《云松之间》),Paris:Arfuyen,1984.③Paul Jacob,*Florilège de Li Bai*(《李白诗选集》),Paris:Éditions Gallimard,1985.④Cheng Wing fun & Hervé Collet,*Li Po,l'immortel banni sur terre,buvant seul sous la lune*(《谪仙李白》),calligraphie de Cheng Wing fun,Paris:Moundarren,Hervé Collet,Mai 1988.⑤Daniel Giraud,*Ivre de Tao,Li Po,voyageur,poète et philosophe,en Chine,au VIIIe siècle*(《道之醉 李白:8世纪中国的旅行家、诗人和哲学家》),Paris:Éditions Albin Michel S. A.,1989.⑥Dominique Hoizey,*Sur Notre Terre Exilé*(《流放于大地上》),Paris:Orphée La Différence,1990.⑦Wang Françoise,*La Quête de l'immortalité chez Li Taibo*(701—762)(《李太白诗中对不朽的追求》),Paris:Éd.You-feng,1997.⑧Florence Hu-Sterk,*L'apogée de la Poésie Chinoise Li Bai et Du Fu*(《中国诗的高峰:李白和杜甫》),Paris:Éd.You-feng,2000.⑨*Poems de Li Bai*(*destines aux calligraphes*)《李白之诗》,traduits par Florence Hu-Sterk,Paris:Éd.You-feng,2003.⑩Ferdinand Stoces,*Le ciel pour couverture,la terre pour oreilier:la vie et l'œuvre de Li Po*(《天地为衾枕:李白的生平和作品》),Paris:Éditions Philippe Picquier,2003.⑪Daniel Giraud,*L'Exilé du Ciel*(《谪仙》),Paris:Le Serpent A Plumes,2004.

## 一、诗人形象

### (一)悲观主义诗人

徐仲年以李白研究为其在里昂大学博士论文的题目,1934年他的法语专著《李白研究》于北京出版。这也是徐仲年中国古典文学法国译介作品中最重要的一部。徐仲年认为,尽管李白的作品在法国译介得比较早,法国汉学家、文学评论家和小说家都研究或翻译过李白及其诗歌,但由于这些作者大都没有很好地掌握汉语尤其是作为文学语言的汉语,对中国文化的理解不够深入,致使他们的翻译和研究存在许多错误,李白的真实个性仍然不为人所知。"那些没有很好地掌握中国文学语言的人即使在中国生活了足够长久的时间,却依然隔离于中国人,因此歪曲了(中国)诗人的作品。"在徐仲年看来,李白就是这样一个被"歪曲"了的诗人,因此他撰写了此书,综合探讨李白的时代、生平、个性及诗歌艺术,打算"还他一个公道"。不同于此前法国人将李白认定为一名酒鬼诗人、伊壁鸠鲁主义者,徐仲年指出,李白是个悲观主义者,他喝酒是为了驱赶为时间、为青春和美好岁月的远逝、为人性的脆弱和最终不可避免的死亡伤怀的愁绪,他追求以诗歌创作臻于不朽。这个观点深化了对李白个性的认识,为后来西方汉学家研究李白(英国汉学家阿瑟·韦利1950年出版英文李白研究专著《李白的诗歌和生平》)提供了启示。

(二)美酒诗人

尽管徐仲年已经在其论著中指出"酒鬼诗人"是法国人对李白的错误认定,20世纪下半叶,一些法国汉学家仍然很自然地将李白与醉酒诗人联系起来。跟19世纪法国学者蒙太古相似,这些汉学家强调不同文化、文明和社会在深层次上的相似性,强调中国诗歌和欧洲诗歌传统的相似和共通之处。如克洛德·华(Claude Roy)在《窃中国诗者》(1991)[①]中指出,时间流逝和醉酒是中欧诗歌的共同主题。法国汉学家郭幽(Maurice Coyaud)在《中国古典诗双语集》(1997)[②]中谈到中国诗与拉丁诗,同样指出,这两种诗歌在主题上表现出了惊人的相似性。这在很大程度上是由于人类在情感的表达上存在着普遍的相似性。他列举了李白和波德莱尔(Baudelaire)的两首饮酒主题诗(分别是《月下独酌》和《醉酒的情侣》)为例来说明:

> Aujourd'hui l'espace est splendide!/Sans mors,sans éperons,sans bride,
> Partons à cheval sur le vin/ Pour un ciel féerique et divin!
> 今天,宇宙多么壮丽!

---

① Claude Roy, *Le Voleur de Poèmes*, *Chine*, Paris:Mercure de France,1991.
② Maurice Coyaud, *Anthologie Bilingue de la Poésie Chinoise Classique*, Paris:Les Belles Lettres,1997.

不用马衔,也不用马刺缰绳,

携酒上马

奔向那美妙而神圣的天空!

(三)"反古典主义"诗人

法国汉学家马古礼(Georges Margouliès)在《中国文学史:诗歌》(1951)①中,将李白刻画为一名"反古典主义"诗人。马古礼以法国文学的理论体系为中国古典诗歌构建体系,将中国的唐代描绘为如法国太阳王路易十四古典主义盛行的17世纪,唐代是中国诗歌的古典主义时代,杜甫是古典主义诗歌的代表诗人。即杜甫是"正统"、符合官方审美理想和标准的诗人代表,而将李白认定为反正统、反古典主义的代表诗人。

(四)双重性格的诗人

费迪南·斯多西斯(Ferdinand Seoces)《天地即衾枕:李白的生平和作品》(2003)。费迪南·斯多西斯试图全面展现李白,让西方读者了解李白的真实个性。他指出,让西方读者了解这位诗人的最佳方法是尽可能全面地向读者呈现关于李白的所有资料,包括李白的诗歌及注释,由读者自己阅读并做出恰当的评论;应该由诗人本人穿越时空,向读者讲述他自己,向读者倾诉,跟读者对话。费迪南·斯多西斯认为李白具有双重性格:他渴望荣誉,期待社会和文学圈子对他的认可,同时又有对孤独和退隐、精神提升的深层次渴求;他好斗,野心勃勃,同时无忧无虑,表面轻浮;他好表现,讲究服饰、穿戴,同时也很谦虚,能低调地生活。作为诗人,李白的诗才是天生的,他从来不受传统的沉重束缚,在永恒的大自然中汲取灵感;他的诗歌创作如有天助,自发而成,以美丽的意象、神秘的隐喻和迷人的异域风情,穿越遥远的时空,打动西方读者,激起他们的梦。

## 二、李白诗歌的艺术

(一)卓越的想象力

20世纪上半叶,继法国国家学术院前三任汉学教授,第四任汉学教授、20世纪法国汉学大师戴密微(Demeiéville)将法国汉学推至一个高峰。戴密微重视佛

---

① Georges Margouliès, *Histoire de la Littérature Chinoise: Poésie*, Paris: Payot, 1951.

教和佛教文化的研究,中国文学一开始尚未成为其关注和研究的重点。研究或者关注中国文学文化研究的法国学者依然零星、力量分散,很多并非职业汉学家。就李白研究而言,这批法国学者或汉学家虽然尚未像中国留法学者那样著有李白专论,但已经开始自觉而深入地探讨李白诗歌的艺术特征。被戴密微誉为"研究中国诗歌最优秀的西方专家之一"[1]的俄罗斯汉学家阿列克谢耶夫(Basile Alexéiev,1881—1951),1926年应法国汉学家马伯乐(Henri Maspero)之邀,在法兰西学院和吉美博物馆就中国文学问题用法文做了六次学术讲座。1937年,这六次讲座结集为《论中国文学》[2]在巴黎出版。在书中,阿列克谢耶夫指出李白诗歌的根本特征为"想象力"。无独有偶,法国学者拉卢瓦(Louis Laloy,1874—1944)在其出版于1944年的《中国诗选》[3]中也认为,李白的诗歌天才在于他那卓越的想象力,他的诗才超过了所有其他唐代诗人。

(二)道家思想

在20世纪下半叶出版的法语中国文学史和中国文明、文学词典中,法国汉学家对李白的思想倾向予以了更多的关注。比如汉学家班文干(Jacques Pimpaneau)在其1989年的《中国文学史》[4]中称李白为道家思想家;《中国文明词典》(1998)[5]认为李白代表中国人灵魂的两种趋向之一——道家的无政府主义,类似于西方的酒神狄奥尼索斯倾向,追寻在大自然中沉醉;雷威安(André Lévy)编《中国文学词典》(Dictionnaire de littérature chinoise,Paris：Quadrige/PUF,2000,本书是由倍阿特里丝·迪迪耶(Béatrice Didier)主编的《世界文学词典》[6]的一部分),称李白满足了对个人自由的渴望,因此被称为"诗仙"。这些中国文学史、中国文明和文学词典都强调了李白的道家思想倾向及对自由的渴望和追求,开始将诗人李白视为一个"人",透过他的诗歌创作,对其灵魂中的意识和个性特征予以

---

[1] Paul Demiéville,*Anthologie de la poésie chinoise classique*,Paris：Éditions Gallimard,1962,Introduction,p.34.
[2] Basile Alexéiev,*La littérature chinoise*,*Six conférences au collège de France et au Musée Guimet*,Paris：Librairie orientaliste Paul Geuthner,1937.
[3] Louis Laloy,*Choix de Poésies Chinoises*,Paris：Fernand Sorlot,1944.
[4] Jacques Pimpaneau,*Histoire de la Littérature Chinoise*,Paris：Éditions Philippe Picquier,1989.
[5] Jacques Pimpaneau,*Dictionnaire de la civilisation chinoise*,Paris：Albin Michel,Encyclopædia Universalis,1998.
[6] Béatrice Didier,*Dictionnaire universel des littératures*,Paris：Presses Universitaires de France,1994.

了关怀和探求。

20世纪下半叶尤其是20世纪晚期以来,法国出版了多部李白专论,包括:丹尼尔·吉罗(Daniel Giraud)《道之醉　李白:8世纪中国的旅行家、诗人和哲学家》(以下简称《道之醉》,1989)、罗钟皖(Wang Françoise)《李太白诗中对不朽的追求》(1997)、胡若诗(Florence Hu-Sterk)《中国诗的高峰:李白和杜甫》(2000)。丹尼尔·吉罗的《道之醉》结合了李白的宗教信仰——道教探讨他的诗歌艺术。作者紧扣书名"道之醉"之"道",即道教之"道",结合中国古典诗歌的语言探讨李白诗歌中不断出现的意象,认为月亮、酒、江、山等形象构成了李白诗歌的主导性主题:月落和酒之间存在着一种诗性联系;江、河则象征昙花一现的流动性存在——流水,这个形象经常与中国诗人的灵感相联系;山是"天地相遇"的地方,是神的居所,代表中国不朽者的优越性。这些主题均包含着"不朽"这层含义,体现了李白对不朽的迷恋和主动追求。罗钟皖在《李太白诗中对不朽的追求》一书引言中,从文学与宗教的关系出发,探讨诗人与神灵之间的关系——诗人出于跟上帝沟通的意愿,创作带有神话和宗教色彩的诗歌。同时强调中国诗歌的顶峰时期——盛唐,是儒家、道教和佛教等多种哲学和宗教思想混融(fusion)的时代。作者研究李白诗中对不朽的追求这个问题,是为了尽可能公正地重建李白的视像(une vision la plus juste possible)"不朽并非想象力的凭空创造,它突出了一套哲学和宗教思想的系统,并构成了其一生为之操心的事业"[①]。论著以李白的宗教——道教为中心,分述李白的宗教生活、他的道教朋友及他的诗中的女性,并在结论中归纳了李白追求不朽的三项根基:第一是为诗人提供思想理论基础的哲学根基(道家哲学);第二是李白实践各种仪式的宗教根基(道教);第三是李白的生平经历证明了"不朽"这一概念在其生活中具有重要性。

(三)道家诗歌美学

胡若诗的《中国诗的高峰:李白和杜甫》(2000)这部李杜研究专著从李白其人、其诗及其诗歌美学三方面,分析并综合地探讨了李白其人其诗的整体。胡若诗结合绘画艺术,对李白的诗歌美学做了饶有新意的分析。她注意到诗画结合的艺术对风景画和画家带来的影响,同时反映了唐代美学的变化。胡若诗发展了林

---

[①] Wang Françoise, *La Quête de l'immortalité chez Li Taibo*(701—762), Paris: Éd. You-feng, 1997, p.7.

庚在《唐诗综论》中对李白诗歌色彩词的研究,指出《诗经》中的诗色彩词贫乏,《楚辞》色彩丰富;唐代诗人更全面地探索风景和感情,色彩的运用才得到真正的发扬光大。根据胡若诗的统计,在唐代诗人中,李白诗中色彩词的运用是最多的,有 2346 个;在李白诗丰富的色彩中,最重要的颜色是白色:云、水、鸟、海鸥、浪、雨等都是白色的;"白日"更是李白诗中最经常出现的意象。胡若诗指出,"白"对于诗人而言不只是一种颜色,更是"纯洁""清澈""光芒"的同义词,直接与"清""明""光"联系在一起,也与一个具有浓烈道家色彩的精神世界密切联系在一起。李白对白色的喜爱并不仅仅是跟其对道家的兴趣有关,也跟他自己对一个纯净而清澈的理想世界的追求有关。胡若诗的统计表明,李白最经常用的第二个色彩词是"金"。同白色一样,金色也跟道家世界联系在一起。李白以诗歌创作道出了自己对色彩的认知,通过想象将现实生活中的真实色彩变成了精神的色彩,具有明显的象征意义。胡若诗虽然并未直接论及宗教主题,但已充分论述道家哲学在李白诗中的深深浸淫,和李白本人对这种哲学的体认及由这种哲学所映照的一个明净如水、金澄透明的理想世界。胡若诗对李白诗歌色彩词的探讨是本书最富创见性的一部分,对我国传统的古典文学研究不无启发。

## 三、李白诗歌在法国较多传播的原因探析:道家思想在法国

### (一)道家典籍在法国的翻译

从 16 至 18 世纪,相较于入华欧洲传教士对儒家思想的重视和儒家典籍的翻译而言,道家思想则受到他们长期的"冷落",道家典籍的翻译和研究相对"滞后"。当 19 世纪中叶德理文(Hervey de Saint-Denys)首开唐诗法译之路,18 世纪中国儒家思想在法国掀起的热潮已趋于平静,而道家典籍正好刚刚开始在法国的传播之旅。直至 1814 年法国国家学术院(Collège de France)设立汉语和鞑靼—满语语言和文学讲座,"正式"揭开法国汉学的序幕,道家典籍的西文译介才真正开始。第一任汉学主讲教授雷慕沙(Jean Pierre Abel Rémusat,1788—1832)1823 年节译《老子》数章(第一、二十五、四十一、四十二章),发表于《亚洲丛刊》(*Mélanges Asiatiques*);雷慕沙的弟子、法国国家学术院第二任汉学教授儒莲(Stanislas Julien,1797—1873)1842 年出版《道德经》(*Lao Tseu,Tao-Te King:le livre de la Voie et de la Vertu*)法文全译本。这是《道德经》的第一个西文全译本,离第一

部唐诗法译集——德理文的《唐诗》在法国的出版(1862)仅20年。李白的诗歌借德理文的《唐诗》进入法国读者的视野,此时18世纪法国对儒家思想的热潮已经成为过去,而对道家思想开始有了接触。因此,对李白而言,道家典籍译成法语、道家思想在法国的传播是与其诗歌在法国的翻译和传播同步的。这是李白及其诗歌在法国得到更多关注的一个重要契机。

(二)道家哲学与神秘主义

更关键的是,从哲学思潮考量,李白诗歌所浸染和体现的道家思想较之杜甫诗歌所体现的儒家思想与19世纪末以来法国趋向非理性主义的现代哲学思潮具有更多共同内涵。在19世纪以理性、科学和进步为口号的孔德实证主义之后,柏格森(Bergerson,1859—1941)的生命哲学论成为20世纪上半叶法国影响最大的哲学思潮。柏格森的绵延(durée)论、"生命冲动"论、神秘的直觉主义和弗洛伊德(Freud,1856—1939)的精神分析学等非理性主义学说开启了现代欧洲,在法国思想界和文艺界产生了震撼性的影响力。这些学说产生的根源无不与欧洲现代社会对工业和科学进步的反思密切相关,与道家崇尚自然的思想具有天然的亲缘关系。此外,道家思想也经常被西方人解读为神秘主义而与现代欧洲的非理性主义思潮结缘更深。

有一位法国现代诗人就是这样走向了道家思想。法国诗人、戏剧家保尔·克洛岱尔(Paul Claudel,1868—1955)1895年来华担任外交官,在中国工作长达15年。长期在中国工作和生活,克洛岱尔对中国的儒、释、道三家思想有了比较深入的接触和了解,在这三家思想中,他对道家情有独钟。他曾说老庄哲学是东方最有意思的哲学,老子思想打破了西方物质主义的窠臼,提供了一种人与自然和谐相处的新观念,"在精神上弥补了实(物质)与虚(精神)的矛盾,使人们的心灵得到平衡"[①]。他在散文作品《认识东方》和学术报告中多次引用《道德经》。余中先生早就指出,

(克洛岱尔)喜爱老庄……谈得最多的哲学是老庄思想,谈得最多的术语是"无"(或曰"空"),谈得最多的汉字是"道"。据此,我们可以毫不夸张

---

[①] 保尔·克洛岱尔:《认识东方》,徐知免译,上海:上海人民出版社,2007年,第10页。

地说,中国文化中最令他感兴趣的是道家思想。①

直到20世纪下半叶,李白的道家思想及其与神秘主义的关联依然被法国汉学家视为其诗歌的特色和魅力所在。丹尼尔·吉罗的《道之醉 李白:8世纪中国的旅行家、诗人和哲学家》这样论述李白"因'道'沉醉"的主旨:李白选择了由道教所启发的出世的生活方式,视早年在玄宗朝廷的文学侍从生涯为一场浮华,成为一名以"天地为衾枕"的旅行家,遵循道家的"无为"原则,道法自然,在精神上远离一切实际事物,以"自由诗人"(poète libre)追求不朽。西方现代的逻辑很难说服一个人走李白的这种生活道路,但这位由"道"启发了的东方诗人通过诗歌作品启示了现代西方人。丹尼尔·吉罗还将李白与法国的拉伯雷(Francois Rabelais)、波斯诗人莪默·伽亚谟(Omar Khayyam)联系起来,认为他们拥有一些共同特征,如好饮酒、好神仙方术、主张享乐主义、思想上倾向于神秘主义等。李白之"道"行于法国,原因之一在于法国本土亦有与之相似的思想脉络,法国汉学家抓住了两者异中之同,更容易使法国读者接受这种来自东方异土的思想。胡若诗考察李白的世界观和人生观,认为李白的基本哲学倾向是道家,他的世界观的主导因素是理想主义和自由精神。同时,儒家思想在李白的思想意识中同样占据十分重要的位置。李白的思想综合了各种学派,表现为各种不同影响的混合,是一个充满了矛盾和冲突的统一体。作者根据李白的诗歌为他描绘出了一幅自画像:从"大鹏"到"孤雁",到《临终诗》对大鹏形象的回归。作者指出,大鹏和道家思想(庄子的《逍遥游》)密不可分,代表自由,是李白世界观的主导因素之一。

(三)道家哲学与诗歌美学

克洛岱尔以道家思想来解读中国诗歌,认为中国诗歌的特色就在于它是道家思想的一种艺术表现形式,讲究气韵、空灵的道家美学是中国诗歌的独特魅力所在。克洛岱尔虽然不懂中文,但他研读由前人译成法文的中国古诗,主要是朱迪特·戈蒂耶(Judith Gautier)的《玉书》,以这些具有东方风味的诗为灵感的来源,创作出新的法文诗,收于《拟中国小诗》(Petits poèmes d' après le chinois,1935)和《拟中国诗补》(Autres poèmes d' après le chinois,首版于1952年)。这些译诗包括《玉阶怨》《送孟浩然之广陵》等李白的几首诗,由此在法国宣传了李白之诗和道

---

① 余中先:《巴黎四季风》,北京:九洲图书出版社,1997年。

家诗歌美学。

道家思想在法国的传扬离不开法籍华人学者、法兰西学院院士程抱一先生的大力推介。程抱一于20世纪70年代出版了两部汉学研究专著《中国诗语言研究》(François Cheng, *L' écriture poétique chinoise*, suivi d' une anthologie des poèmes des Tang, Paris: Éditions du Seuil, 1977) 和《虚与实: 中国绘画语言》(François Cheng, *Vide et plein*, *Le Langage Pictural Chinois*, Paris: Éditions du Seuil, 1979), 前者以西方结构主义和符号分析学方法、以唐诗为例分析中国诗歌语言的结构, 以《道德经》第42章为道家宇宙论的基本内容, 中国诗歌语言的内在结构以这一宇宙论思想为理论根基。后者从道家哲学的基本概念、道家美学思想的基本要素"虚"(le Vide) 出发考察中国绘画艺术, 对这个概念做了系统化的阐述。这两部汉学名著使程抱一在法国学术界崭露头角, 并分别于1985年和1994年被译成英文在美国出版。自20世纪90年代以来, 程抱一逐渐从学术研究转向文学创作, 创作诗歌、小说, 但他对道家思想的思考一直持续着, 也更深入了。2006年, 程抱一在法国出版《美的五次沉思》(François Cheng, *Cinq méditations sur la beauté*, Paris: Albin Michel, 2006), 将道家哲学对美的思考与西方哲学、美学传统结合起来思考。程抱一的文学创作多次获法国文学大奖, 2002年他更是当选为法兰西学院院士。随着程抱一在法国主流社会的地位和名声日隆, 他的学说及著述也受到更多法国读者的注意, 这自然极有利于道家思想在法国的持续性深入传播。

胡若诗(Florence Hu-Sterk)所译的《李白的诗》[*Poèmes de Li Bai* (*destines aux calligraphes*), Paris: You-feng, 2003] 前言记载了中法外交史上的一段佳话:

1997年5月, 希拉克收到了来自江泽民一卷两米长的书卷, 上面写着他亲手书写的李白的一首诗——《送孟浩然之广陵》:

故人西辞黄鹤楼, 烟花三月下扬州。

孤帆远影碧空尽, 唯见长江天际流。

选择李白的诗作为送给法国总统的礼物或许带有某种偶然性, 然而这段佳话无疑有利于促进李白在法国的诗名。在唐代诗人中, 李白的诗歌最频繁和深入地被翻译成法语, 并被研究, 原因是多方面的, 本文只是从两个方面给出了分析和探索的尝试, 望或能补益于我国的李白研究。

## 第二节　中国经典在东亚诸国

### 白坚其人及《唐写本说文残卷》流入日本考

北京语言大学　钱婉约

《唐写本说文残卷》是目前世界上现存《说文解字》的最古老版本，虽只有"木部"区区六页，但其文献与文物价值自不待言。这份稀世宝物，自唐经宋，曾长期秘藏于皇室内府，同治初年，现身世间，归文献学家莫友芝所有，莫氏曾请他的老师曾国藩鉴赏并题签"唐写本说文"五个大字于卷端，一年后曾氏又特撰长诗，咏叹此文献之价值与意义。莫氏、曾氏以下，又有杨守敬、陈宝琛、翁同龢等许多大学者亲见此卷而题跋之。入民国后，此卷流出莫家，经多人之手，而最终归日本汉学家内藤湖南(本名虎次郎)所有。前辈学者周祖谟、吾师严绍璗先生等，曾对此卷多所关注,并有专文记载①。近年又有梁光华的论文②,对《唐写本说文残卷》的流传、刊印、研究情况,做了梳理。根据这些研究,我们大致可以知道这件宝物在各家手中播迁流转的情况:莫友芝莫绳孙父子—徐致靖③—端方④—完颜景贤⑤—白坚—内藤虎次郎。

但是,相关研究论著中,对于最后一个环节——使宝卷由中国转入日本人内藤湖南之手的经过,包括转手给内藤湖南的主要人物——白坚,却都付诸阙如或言之不详。白坚何许人也？这稀世珍宝是如何归了内藤湖南的？本文追寻有关白坚的资料线索及相关研究成果⑥,通过白坚、内藤湖南等的相关记录,考证和揭示白坚其人以及《唐写本说文残卷》被内藤湖南购买收藏的真实情况。

## 一、白坚其人

关于白坚其人,从目前通用的相关人名辞典上,可查到的资料并不多。

最早的记录,见于日本桥川时雄1940年编印的《中国文化界人物总鉴》。原书日文版,有"白坚"一条,笔者汉译如下:

> 白坚,1883—?,字坚甫,四川西充人,留学日本,毕业于早稻田大学政治科。曾任"国务院"简任职存记、段执政府秘书厅编译主任,民国27年"临时政府"内政部秘书,兼任师范学院国文教习。热衷金石书画的鉴赏与收藏,藏有古石经残石。近有《读正气歌图史集》一卷印行问世,是师范学院授课之讲稿。与同好者结有"余园诗社"。著有《读汉魏石经记》《石居获古录》(民

---

① 参见严绍璗:《汉籍在日本的流布研究》,南京:江苏古籍出版社,1992年,第296—298页。又严绍璗:《日本藏汉籍珍本追踪纪实》,上海:上海古籍出版社,2005年,第330—339页。
② 梁光华:《〈唐写本说文木部〉残卷的考鉴、刊刻、流传与研究概观》,《黔南民族师范学院学报》2005年第5期。
③ 徐致靖(1844—1918),字子静,江苏宜兴人,光绪进士,翰林院编修,官至礼部右侍郎。著名戊戌维新派人士,戊戌政变后问斩要犯时,因与李鸿章有世交之谊,由李鸿章、荣禄说情,从斩立决改为斩监候。庚子事变后,赦免出狱。喜读书,善昆曲。
④ 端方(1861—1911),字午桥,号匋斋,出身满洲贵族。历任清末陕西、河南、湖北、湖广、两江等地封疆大吏,晚清开明政治家。从政之余,醉心于古玩收藏,为晚清中国最著名的收藏家。
⑤ 完颜景贤,字朴孙,满洲镶黄旗人,清末民初北京书画收藏大家,与端方往来甚频,精鉴赏,见识广。
⑥ 关于白坚之人的钩沉研究,有京都大学高田时雄先生《李滂と白坚——李盛铎旧藏敦煌写本日本流入の背景》及《李滂と白坚补遗》《李滂と白坚再补》三篇文章,先后载[日]《敦煌写本研究年刊》创刊号2007年、第二号2008年、第六号2012年。中文学界,则未见有关于白坚的介绍或研究的专门文章。

国26年上海图书馆学校出版)等。①

中文出版物中的人名辞典,特别是众多近代、现代人名辞典中,据笔者查询,只有陈玉堂编著《中国近现代人物名号大辞典》、张根全著《中国美术家人名词典增补本》等极少数几种,收有白坚词条,基本不出桥川书的内容。如陈书白坚条如下:

> 白坚(1883—?),四川西充人,字坚甫,别号石居,有《石居获古录》。日本早稻田大学政治科毕业。曾任北京"国务院"简任书记、段祺瑞政府秘书厅编译主任。1938年任"临时政府"内政部秘书,师范学院国文教习。好收藏金石书画,著有《读正气歌图史集》《读汉魏石经记》及上例等。散作见辛亥前《越报》《蜀报》。②

由辞书可知,白坚的主要经历有:①四川人,毕业于早稻田大学政治科。②曾任北洋政府及伪临时政府文职。伪临时政府即以侵华日军华北方面军为主导的傀儡政府,1937年年底于北京成立,统辖平津和华北等地区。③曾在沦陷时期北京的国立师范学院教授国文课,并组织诗社、收藏金石书画等。

据高田时雄先生的研究论文可知,白坚因留日背景和中日间的人脉关系,常往来中日两国之间。1935年夏,他曾受李盛铎父子相托,一是为李盛铎之子李滂到东京去寻找其失散多年的日本人生母,二是为晚年李盛铎转手敦煌卷子,寻找日本人买家。在完成第一任务之后,白坚来到京都,为李盛铎藏敦煌卷子售予羽田亨穿针引线,直接促成了1936年羽田亨买下李盛铎藏全部敦煌卷子432件。高田论文推论,从段祺瑞政府结束的1926年至1937年年底再次出仕"临时政府"这之间的十年时间,白坚主要从事以书画为中心的收集、鉴赏和转售活动,且售卖对象往往是日本人。这期间及其后,他多次往返中日之间,一再进行这类的活动。直到抗战胜利后、中华人民共和国成立后的20世纪50年代、60年代,白坚化名白隆平,仍与张伯驹、邓拓等人有过有关书画文物的活动事宜③。

---

① 桥川时雄编《中国文化界人物总鉴》,该书收录1912年至1940年间在世,从事文化教育、学术研究和文学艺术等有名于时的人物共4600人。白坚条见第48页。1940年满洲行政学会印刷,中华法令编印馆发行。
② 陈玉堂编著:《中国近现代人物名号大辞典》,杭州:浙江古籍出版社,1995年,第118页。
③ 参见高田时雄:《李滂と白坚——李盛铎旧藏敦煌写本日本流入の背景》,[日]《敦煌写本研究年刊》创刊号2007年。

广为中国文化界特别是书画收藏界所传诵的张伯驹购买《平复帖》后来献给国家之事,也可以作为高田推论的印证。1936 年,张伯驹为避免国宝流出海外,多方筹措,欲向溥心畬买下西晋陆机真迹《平复帖》,先因物主出价 20 万,不能买,后幸得傅增湘从中斡旋,逢物主遭母丧急需用钱,肯以 4 万元转让,遂得以妥善买入。"时白坚甫闻之,亦欲得此帖转售日人,则二十万价殊为易事。而帖已到余手。"①中途杀出来愿意为日本人 20 万元高价买下的正是白坚。多年后,张伯驹又回忆说:"后有掮客白坚甫谓余如愿出让日人,可得价三十万元,余以保护中国文物非为牟利,拒之。"②

另外,在《叶恭绰友朋尺牍》中,收有白坚致叶恭绰信三封。③ 叶恭绰(1881—1968),字裕甫,又字誉虎,号遐庵。民国著名书画家、收藏家、政治家。京师大学堂仕学馆毕业后,曾留学日本,加入同盟会。回国后,曾任北洋政府交通总长、孙中山广州国民政府财政部长、南京国民政府铁道部长。1927 年出任北京大学国学馆馆长。白坚与他的通信,内容均为品鉴古籍,讨论器玩,商量耆老之文,录如下:

其一:

昨得《乌台诗案》读过。其所根勘,皆东坡四十四岁以前所为诗,因以素居黄州也。其讯新慵不雨诗不涉李清臣。守徐时《沂山新词祈雨有应作》案内有之。

白坚顿首上

遐堪先生执事 三月十三日

其二:

比日秋清,伏维起居佳胜。时拟诣侯未果。近见荆门王某藏唐永泰写《护国仁王经》,此经之妙在当时尝讲之资圣、大明二寺,有却吐蕃之效,按之《旧唐书·代宗本纪》可见也,兹何幸得见之! 不可以不奉闻。《宋高僧传》或《续高僧传》道席有此书乎?《仁王经》卷末有不空、良贲以次十八尊大德,

---

① 张伯驹:《春游纪梦》,沈阳:辽宁教育出版社,1998 年,第 4 页。
② 转引自潘亦孚:《收藏者说》,上海:上海教育出版社,1998 年,第 153 页。
③ 舒晨整理《叶恭绰友朋尺牍二》"白坚三通",三信年代不详。载上海图书馆历史文献研究所编《历史文献》第 4 辑,上海:上海科学技术文献出版社,2001 年,第 189—190 页。另不知为何,书信抬头不作叶恭绰之号"遐庵",而是并不常见的"遐堪"。

思欲究其行迹,苦不审注纪何书,乞教之。此种灵迹,震旦何处庋之为适,投笔四顾,不胜慨然!

白坚顿首上

遐堪先生道席 十月四日

其三:

比日温和,江南桃杏方华,伏维玉体复元矣。近得一汉竟(镜),铭词绝妙,得未曾有。铭曰"心与心亦诚亲,终不去子从他人所舆,予言不可不信"。小篆极峻整,西汉器也。俟觅得精工,拓出奉上,先此奉闻。

白坚顿首上

遐堪先生侍史 廿六日

冒怀苏编著《冒鹤亭先生年谱》,有记白坚曾欲为日人出一万元购冒鹤亭拥有的王莽古镜一枚,遭拒①。又傅增湘《藏园群书题记》②《王国维全集·书信》③《湖南近现代藏书家题跋选》④和孙殿起《琉璃厂小志》⑤《吴虞日记》⑥等文献中,也均有因古器物及珍籍善本事涉及白坚的,均不一一例举详述。

要之,上述民国文献,也证实和补充了白坚进行古董收藏和买卖的一系列活动,他所往来结交的人物,均为当时一流的专家学者和大官僚,这一方面说明他在文物鉴赏方面确有学识和眼光,另一方面也体现了他以营利为目的的"商业行径",这与张伯驹那样以文化传承为己任的爱国情怀,是不可同日而语的。

## 二、内藤湖南购买《唐写本说文残卷》的真相

1926年,内藤湖南迎来六十花甲诞辰,从京都大学退休,随后入住新建成的晚年寓所——恭仁山庄⑦。正是这一年,《唐写本说文残卷》渡海东去,归内藤湖

---

① 冒怀苏:《冒鹤亭先生年谱》,上海:上海学林出版社,1998年,第587页。
② 傅增湘:《藏园群书题记》,上海:上海古籍出版社,1989年,第500页。
③ 吴泽主编,刘寅生、袁英光编:《王国维全集·书信》,北京:中华书局,1984年,第447页。
④ 叶德辉等撰,湖南图书馆编:《湖南近现代藏书家题跋选》第2册,长沙:岳麓书社,2011年,第666页。
⑤ 孙殿起:《琉璃厂小志》,上海:上海书店出版社,2010年,第284页。
⑥ 《吴虞日记》之1923、1924、1925、1927、1932年记事中,均有白坚相关记事。中国革命博物馆整理,四川人民出版社,1984年。
⑦ 钱婉约:《恭仁山庄的文化遗产》,《中华读书报·国际文化》2012年2月22日。

南所有，成为恭仁山庄"四宝"之一，后被日本文部省确认为"日本国宝级"重要文化财。

对于这稀世的珍宝如何归了内藤湖南所有，中国相关研究著作中，各家语焉不详，所说不一。周祖谟较早述及此卷，他在1948年的论文中只是说"原物后流入日本，近为日人内藤虎氏所得"①。到20世纪90年代，吾师严绍璗先生书中则有"（白坚）作为'礼物'，赠送内藤氏"之说，是白坚送给内藤湖南六十花甲的礼物②。而同年的《莫友芝评传》，则说"后被日本藏书家内藤虎购去，从此流落东瀛"③，明言购买。梁光华文最晚出，揭示了宝卷流转的全过程，而对最后这个环节，则说是"（白坚）转赠到日本学者内藤虎手中"④。"赠送（转赠）"乎？"购去"乎？两种说法均没有举出证据，故长久莫衷一是。笔者曾为之困惑，搜寻材料，想得到一个确实的说法。

最先引起我注意的是《唐写本说文残卷》后面的跋文，特别是白坚的跋文。《唐写本说文残卷》六页正文之后，附有长长的名人题跋，按时间先后，有曾国藩、吴云、陈宝琛、王树枏、翁同龢、杨守敬、沈曾植、陆树藩、樊增祥、刘师培、内藤虎次郎、市村瓚次郎、白坚、犬养毅、西园寺公望、张元济、铃木虎雄、傅增湘、独山敬、杨钟羲、董康、郑孝胥等中日名流的手迹，记载了莫友芝以来，此宝卷在收藏者手中先后被瞻仰和品评的情况。这其中，内藤虎次郎的跋语，是他1910年来北京访书，与同行的京都大学教授等人在端方府上初见此卷的记录。文如下，标点为笔者所加：

> 庚申十月初四，陶斋尚书见示唐写说文，真天下奇宝也。我邦亦曾有此书数行，今已不知落在？可惜。同观者狩野直喜、小川琢治、泷精一、富冈谦

---

① 周祖谟：《唐本说文与说文旧音》，作于1948年。载《问学集》下册，北京：中华书局，1966年，第723页。
② 严绍璗：《汉籍在日本的流布研究》，南京：江苏古籍出版社，1992年，第298页。
③ 黄万机：《莫友芝评传》，贵阳：贵州人民出版社，1992年，第307页。
④ 梁光华：《〈唐写本说文木部〉残卷的考鉴、刊刻、流传与研究概观》，《黔南民族师范学院学报》2005年第5期。

藏、滨田耕作也。日本内藤虎次郎拜识。①

白坚的跋文，写于1926年宝卷已入归内藤湖南手中之后，蝇头小字，密密麻麻，不易辨认。笔者颇费心力，在友人的帮助下，将全篇文字识读辨认一过②。因在此之前，并未有辨认全篇的文字发表，故此处不避冗长，抄录如下，标点为笔者所加：

去年秋八月，余得此卷于完颜景氏，以独山莫氏摹刻本相校，点画之误不一而足。莫氏刻书，号为极精，其刻此本尤殚竭心力，期无毫发遗憾，以传其真。然误仍不免，辗转翻刻，误滋益多，此善读书者所以贵得古本，为能得古人之真也。

马君衡爰亟谋归之北京大学，余美其缘，适内乱作而止。未几，江藤玄海谓余曰："内藤湖南博士十七年前曾观此卷于端陶斋所，至今思之不能忘。今闻在君所，已斥其所爱之物，思以相易，君其重斯意。"余感其言，遂以归之。盖余私淑炳卿先生于上虞罗雪堂翁者亦既久矣，然迄今半载，时时往来于胸臆，殆每饭不能忘也。

顷来平安之都，登炳卿先生之堂，观其藏书，读《宝左庵文集》，乃审先生学道爱人，得大内蔼蔼居士之传，而校书之富或有过于吾国钱竹汀宫詹者，为文章颇近欧阳永叔。又尝泛海至乎欧洲，探考历邦所藏西域出土之古籍，是炳卿先生兼数子之长而为数子所未逮。

先生今年六十有一，其方自视欿然，励精勤学，惟日不之焉。吾卷得归之先生也，可庆其遭，吾无后憾。登洛东之山，远望有光气烛天者，是先生之庐所在也。顾瞻我邦，群盗纵横，日寻干戈，未知所极。承学之子安居无地，典籍所在有遭焚裂毁弃之亟危，安得平安之都以藏古籍，又安得如炳卿先生其人者，读书其间以教后学，余将以此还语吾国勤学之子矣。

丙寅（1926年）夏五月廿九日　白坚识于宝许庵

---

① 《唐写本说文残卷》的影印本，最早见于内藤去世次年的1935年，大阪府立图书馆编印《恭仁山庄善本书影》。1938年，恭仁山庄主要国宝珍籍数十种售予武田家族杏雨书屋，1985年杏雨书屋编印《新修恭仁山庄善本书影》一书行世。此处所引，则据陶德民编《内藤湖南と清人书画》一书，关西大学出版部，2008年，第172页。

② 感谢同事朱天曙教授帮助破读若干难辨之字，使得全文可以通读。

读完全文,仍不甚了然。内藤是"已斥其所爱之物,思以相易";白坚是"余感其言,遂以归之",又自述仰慕、私淑内藤学术,所以"吾卷得归之先生也,可庆其遭,吾无后憾"。两个"归之",这种"模棱两可"的暧昧说辞,正是后世猜测"赠送"的根由。

后来,我才反过来回归到《内藤湖南全集》,发现答案自在其中。

其一,内藤湖南在获得宝卷的当年,就写下一篇《唐写本说文残卷》,叙述得此书的缘由和经历。大意是,从1910年在端方府上见到宝卷之后,一直记挂此宝卷的动向,端方去世后,宝卷转手到其亲属完颜景手中,而当完颜景又去世后,内藤湖南写道:

> 我恐此本归于散佚,托在北京的友人多方打探其下落,去年十月得知此本将要出售。正欲交涉商谈价格,先付定金之时,逢京津间战乱,我的书信晚了一个月才到达北京。而这期间,已经被另一个中国人先期买去。后经我的朋友再三交涉,才终于归于我手。而考虑到战乱时期邮寄会有危险,终于烦劳北京公使馆,由外务省,到达我手中时,已是今年二月。如此这般,六十余年来中国有名的古写本、我十七年来梦寐难忘的、世间无二的说文古本,终于归于我手。①

出售—商谈价格—预付定金,正是商业买卖行为。而"已经被另一个中国人先期买去"的人,正是白坚。

其二,是与此文相关的内藤湖南的两封信。第一封信明明白白地写道,用三千元金元可从白坚手中得到转让,第二封信明言宝卷已买下,内藤湖南托了日本驻北京公使馆官员用外交公文的方式寄到东京,又托原田悟朗从东京带回京都。大阪博文堂是经营汉籍的书店,店主人父子本与内藤湖南多有往来。信是用当时略带古文调的日语写成的,翻译如下。为了便于理解,标点及括号内文字为笔者所加:

第一信:1925年12月9日,内藤湖南从京都田中野神町写给大阪(博文堂主人)原田庄左卫门的信:

拜启,据北京菊池氏回信说,说文已为白坚氏先一步所得,但只要能决然

---

① 内藤湖南:《目睹书谭》之"唐写本说文残卷"文,《内藤湖南全集》第十二卷,第257页。笔者汉译。

送上三千元金元，则接受白氏转让的希望是有的。所以，无论如何，我愿意尽力按照上面所说的要求去妥善安排。……

十二月九日夜

虎次郎

原田大观老侍史①

北京菊池氏，还有白坚跋中提到的江藤玄海(即江藤涛雄)，便正是内藤湖南上文中所提到的"北京的友人"吧。

第二信：1926年2月3日，内藤湖南从京都田中野神町写给东京市外淀桥角筈879冈原时三转(博文堂主人原田庄左卫门之子)原田悟朗的信：

拜启，听闻您近日将西下(从东京到京都)，有下面一件事，想拜托您。

我去年冬天在北京买入唐写本说文，由北京公使馆岩村成允君，以公文信件的方式，寄给(东京)外务省文书课长白鸟敏夫君，现在我已得到岩村君通知(书已到)，想拜托贵兄作为我的代理人，与白鸟课长见面，接收上述书籍(卷子)并拿来(京都)，同信附上给白鸟君的信函，请带上，见面时可转交。

上述之事，无论如何，拜托您妥善办理，万分感谢，余不一一。

二月二日

内藤虎次郎顿首

原田悟朗样②

至此，内藤湖南以中国金元购买宝卷的真相，总算水落石出，尘埃落定。③

## 三、补记与余论

白坚的身上具有文士、政客、商人的种种因素。在《唐写本说文残卷》这件事上，他行倒卖文物之实，却在收受内藤湖南款项之后，一再暧昧地使用"归之"一词，"风雅"地故意避开"买卖"之真相，造成后世的认识不清。特别是他为了高利，将珍籍善本贩卖给具有更高购买力的日本人，致使国宝流失海外，应该遭到后

---

① 《内藤湖南全集·书信》第14卷，日本筑摩书房，1976年，第569页。
② 同上书，第571页。
③ 至于成交价到底是三千金元，还是更多，便不得而知。内藤湖南信上只说"送上三千元金元"，未知是定金抑或全款。因据前引《莫友芝评传》，在莫绳孙托缪荃孙代售宝卷时，就已开价"售价三千金，押价二千金"，实际行情后又有攀升之势。

人的指责。

去年11月,我在关西大学"内藤文库"查阅资料,发现一段白坚与京都大学汉学教授们的往来文字。借此文,补缀于下。

1930年3月间,长尾甲(雨山)、狩野直喜(君山)、小川琢治(如舟)到访恭仁山庄,退休后的内藤湖南正离索清寂中,遂即兴与友人组成同人社,酌酒论学吟诗,取名"乐群社"。内藤湖南有文记之:

乐群社诗草引　昭和五年

余自卜居恭仁数岁,与农夫虑水旱,与臧获某桑麻,离群索居,日已久矣。虽有来访者,亦鲜以艺业相磨励,问学之道,益就荒落。庚午春仲,雨山翁与君山、如舟二博士见访,谈论经史,讥评金石书画,自朝及昏,麈谈不罄,各赋五言四韵诗数首,以述其怀,相与欢然,有遗世之思。因相约春秋佳日,载酒携肴,访幽探奇,流连光景,庚兹盛会,庶不负斯生矣。名之曰乐群之社。呜呼,使余枯寂余生,油然有死灰复燃之怀者,非以斯乐欤？内藤虎①

这一年,长尾66岁,内藤64岁,狩野62岁,小川60岁,这些京都中国学研究赫赫有名的大家,不顾花甲年迈,风流雅集,其汉学情怀,可窥一斑。

乐群社的第三次雅集,在当年11月的京都东山山麓诗仙堂举行。这次雅集的另一个重要人物,正是白坚。白坚带来了"东坡颍州祷雨诗话"墨迹原件,四翁披览良久,叹为稀世秘珍,并即兴赋诗。四翁之诗的原件,是写在专门的彩色信笺上的,白坚的诗,是稍后几日补作后以信函方式邮寄给内藤湖南的。目前均收藏于"内藤文库"。这里略去四翁之诗,仅举出白坚诗一阅。

在给内藤湖南的信中,白坚自述"前月廿七日得陪清宴竟日,欣幸何可言喻。生平未曾作诗,而君山先生有诗,不可以不和。爰不揣其陋,敬步其韵,藉乞教正。12月2日"。原诗及附注是这样的:

西洛四君谁可群,

诗仙堂上共微醺。

青山有地容幽迹,

红叶无声下古坟。(堂侧有丈山高士墓)

---

① 《内藤湖南全集》第14卷,日本筑摩书房,1976年,第115页。

> 时向瓶原寻异字，(内藤博士居瓶原村，藏书甚富，中土所无之籍，往往而有)
>
> 还遇学院叩奇文。(狩野博士开东方文化学院，有泮宫璧水之规)
>
> 愿同鸭水为盟约，①
>
> 许我分邱看夕矄。

对这些汉学大家，白坚推崇其学问地位，欣然陪侍一侧，共襄雅举；同时，不失时机地带去"苏东坡墨迹"展示，因为这些汉学家正是他贩卖书画的买家或潜在的买家。

另外，具有历史讽刺意味的是，正是这样一位毕业于早稻田大学，在学问、职业上与日本多有关联，出任汉奸政府伪职的白坚，竟对文天祥的《正气歌》情有独钟。其《读正气歌图史集》是他在北京师范学院讲课时的材料，线装一卷，印行于1939年。白坚在书的自序中说，其游学日本时，见日本人读这首正气歌时，必是正襟危坐，如身临其境，以至感激涕流，不能自已。可是

> 反观之吾国学校，教此歌者盖寡焉。余每忆及此，愧与憾俱。今教师范学院诸生以此歌，爰就歌中所引史事，一一寻出，各举其史传之全，附以读史地图。又于其时代，计其距今为几何岁？各分注于其事迹之下。俾读者一览而详其史地。获论世知人之益，油然而生思齐之心，使正气各得其养，沛乎充满天地。则余平生之憾与愧，于此庶几雪乎。

其与同好者在北京结成的余园诗社，出版有《雅言》小刊，《雅言》社社长为傅增湘，在赞助者名单中，有汪兆铭、陈公博、周佛海、王揖唐、周作人、刘玉书等人，白坚和郭则澐、桥川时雄、夏仁虎则为此刊的"评议员"②。从这些名字可以看出，"同好"者一个共同的重要特征是都是汉奸政客和亲日文人学士，白坚可以说是这些人当中地位低、名气小的一个。他以贩卖国宝文物至日本的行径，写下"近现代中国文物流失海外史"之一页。

---

① "东方文化学院"用中国庚子赔款建成，1929年设立于京都大学。狩野直喜为首任院长。"鸭水"，京都大学西侧有"加茂川"，俗称"鸭川"。

② 参见白撞雨：《使正气各得其养：〈读正气歌图史集〉》，白撞雨：《翕居读书录》，北京：石油工业出版社，2009年，第664—665页。

# 韩国《史记》《汉书》翻译现状的概括与评价

韩国启明大学中国语文学系　诸海星

## 一、序言

　　《史记》是中国史学中一部继往开来的不朽巨著,作者司马迁创造的以人物为中心的纪传体,在汉代以后一直是历代王朝正史所沿用的体例。司马迁修《史记》,不仅尊重历史事实,秉笔直书,而且还注意语言文字的锤炼,文句优美。他将叙事、抒情、说理等不同文体有机地综合起来,达到思想上、艺术上的高度统一,为后代文史学者提供了范例。《史记》的人物传记,作者善于通过叙述细微情节来刻画人物的本质特性,使之成为一部历史实录,同时也成为一部脍炙人口的中国古代历史传记文学的开山之作。宋代史家郑樵在《通志·总序》中说:"使百代而下,史官不能易其法,学者不能舍其书,《六经》之后,惟有此作。"鲁迅亦誉为:"固不失为史家之绝唱,无韵之《离骚》矣。"[①]这些都说明《史记》不仅具有巨大的历史价值,同时也具有重要的文学价值。至于《史记》的学术价值与现代功用,我们可以概括地说:《史记》是先秦文化的总结,是研究西汉前期社会的第一手资料,同时它又是代表汉代最高艺术水准的文学作品,它不论在历史学还是在文学、哲学、经济学、军事学等各门学科发展的历史上,都具有至关重要的地位,对后世各

---

① 鲁迅:《汉文学史纲要》(《鲁迅全集》第九卷),北京:人民文学出版社,1981年。

门学科的发展都有着深刻的影响。掌握了它就可以触类旁通地理解历史学、文学,以及其他许多学科的许多问题①。

《汉书》是东汉时期的历史学家班固编撰的中国第一部纪传体断代史。《汉书》是继《史记》之后中国古代又一部重要史书,与《史记》《后汉书》《三国志》并称为"前四史"。《汉书》在中国史学上地位也很高,与《史记》并称"史汉",班固与司马迁并称"班马"。《汉书》是研究西汉历史和文学的重要典籍。班固因其才学得到汉明帝赏识,被召到京师任兰台令史,负责掌管皇家图书秘籍,不久升迁为郎官,任典校秘书。任职期间,班固充分利用皇家大量的图书资料,以司马迁的《史记》和父亲班彪所著的《后传》为主要依据,写成此书。因此,《汉书》保存的资料比较丰富。对于汉武帝中期以前的西汉历史记载,《汉书》虽然基本上移用了《史记》,但由于作者思想境界的差异和材料取舍标准不一,移用时也常常增补新的史料和内容。《汉书》不仅在编纂形式方面开创了纪传体断代史的先河,而且最突出的贡献还在于它的"十志"。《汉书》"十志"通过对政治、经济制度和社会文化的详尽记载,为后人留下了丰富的汉代典章制度史料,扩大了历史研究的范围。严格地说,《汉书》在思想倾向和写作技巧上不如《史记》,但历代学者们都承认它仍然有不可低估的成就。

《史记》《汉书》不仅是中国纪传体史书的开创与继承者,而且对于后世中国史学与中国文学(主要是散文、小说和戏曲文学)的发展都产生了深远的影响。同时它们也早已流传至国外,在汉文化圈国家中亦有不小的影响。其中,《史记》《汉书》传入古代韩国,特别受到古今韩国知识阶层人士的关心和推崇,为韩国学术界所重视。本文除简述《史记》《汉书》在韩国的流传背景与接收过程外,分别概括20世纪以来《史记》《汉书》在当代韩国的翻译现状,并对其成果上存在的一些不足和空缺做一番客观的评价。

## 二、《史记》《汉书》在韩国的流传背景与接受

韩中两国是一衣带水、唇齿相依的近邻,在几千年的历史长河中,两国间长期存在密切的友好交往,因而在两国人民中间形成了许多相似的文化特点和传统。

---

① 韩兆琦:《史记通论》(前言),北京:北京师范大学出版社,1990年。

韩中文化交流有着悠久的历史,也有着密切的相互影响。虽然现存高句丽(前37—668)、百济(前18—660)、新罗(前57—935)三国的历史文献所载均较疏略,但从中仍可看出古代韩国与中国在文化交流方面的关系是广泛而密切的。自三国时期以来经过高丽朝(918—1392)以至朝鲜朝(1392—1910),韩中两国之间的官方交往更加密切,民间的往来也频繁。尤其在经济贸易、科学技术、学术思想、典章制度、宗教礼俗、文学艺术等各方面的交流,日益增进。其中,特别是韩中学术思想与文学艺术的交流,得益于汉字在韩国的传入和使用。正是由于汉字在漫长的时间内一直作为韩国人民进行书面交际的工具,两国之间的文化交流很早就从物质生活与科学技术等文化的表面层次深入到学术思想与文学艺术等文化的核心层次。

汉字曾作为传播文化的书面符号,在韩国、日本和越南等国使用。韩语作为一种独立的语言,在相当的时间内借用了来自中国的汉字进行书面表达。韩国学者一般认为,至晚在中国战国时期,汉字就已传播到韩半岛[1]。这在韩国出土的各种中国战国时期钱币的铭文中也可得到证明。而韩国人使用汉字,从现存历史文献记载看,至晚在西汉初年就已开始了。从古代韩国三国时期使用汉字的实际情况来看,具有当时地理优势的高句丽的时间最早。由于汉字的使用和通行,中国的学术典籍随之传入古代韩国。随着高句丽国家的形成和发展及中国学术典籍在高句丽的进一步传播,儒家思想也随着传入并为统治阶级所接受,与高句丽原有的文化结合起来,成为高句丽统治阶级的精神支柱。百济由于其统治阶层来自高句丽,因此,百济的王公贵族也能使用汉字。4世纪前后,百济曾广泛吸收中国文化。此后,百济统治阶层对于中国的文、史、哲等方面的著作,已无所不读,从而使他们使用汉字的水准有了显著的提高。据《古事记》和《日本书纪》记载,百济的博士王仁[2]曾赴日本,献给日王《论语》10卷、《千字文》1卷。当时皇太子以王仁为师学习《论语》,表明百济不但广泛深入地吸收了中国古代文化,而且成了中日文化交流的桥梁。汉字传入新罗,略晚于高句丽和百济。新罗在建国初期一直"无文字,刻木为信,语言待百济而后通"。但正是通过百济人和高句丽人的传

---

[1] 韩中两国古代史均称"朝鲜半岛",而当今韩国人称之为"韩半岛"。
[2] 日本史书《古事记》将他叫作"和迩吉师",《日本书纪》叫作"王仁",而韩国古代史书里却无有关王仁生平事迹的详细记载。

播,新罗人也很快熟悉了汉字。6世纪前后,汉字和中国文化在新罗得到广泛传播,503年,新罗人根据汉字的字义,正式定国号为"新罗"。7世纪中叶新罗统一三国之后,由于采取了积极吸收唐文化的政策,大量表示文化、知识、概念等的汉字词源源不断地传入新罗,并融合到当时韩国语词汇之中。一些汉字词甚至代替了当时韩国原有的术语,从而形成了汉字词在古代韩国语词汇中的重要地位。自三国时期以来经过高丽朝以至朝鲜朝,韩国知识阶层也通过直接阅读汉文书籍,源源不断地吸收中国学术思想文化;而中国知识阶层也通过阅读韩国的汉文著作,从近邻那里获取很多学术信息与思想营养。[①]

至于《史记》《汉书》何时传入古代韩国,最初何人将这两部史书介绍给韩国读者,从现存韩中两国的历史文献中,难以查考明确的直接记载。迄今为止,对这些问题韩中两国学术界不仅没有明确的答案,而且尚未做全面的进一步的调查研究。然而,根据两国现存的历史文献上记载的中国典籍在古代韩国传播的大致情况,可以推断《史记》《汉书》传入古代韩国的时间不会晚于中国的东晋时期(317—420),即韩国的高句丽朝。据《三国史记》[②]卷20《高句丽本纪》记载,372年,高句丽在中央政府"立太学,教育子弟",太学是以传授儒家经典为主要内容,专门教育王公贵族子弟的国家最高教育机关。在太学里,除讲授以"五经"(《诗经》《书经》《易经》《礼记》《春秋》)为代表的儒家经典外,还讲授"三史"[③]。又据《旧唐书·东夷·高丽传》卷199上记载,高句丽人"俗爱书籍,至于衡门厮养之家,各于街衢造大屋,谓之扃堂。子弟未婚之前,昼夜于此读书习射。其书有'五经'及《史记》、《汉书》、范晔《后汉书》、《三国志》、孙盛《晋阳秋》、《玉篇》、《字统》、《字林》;又有《文选》(《昭明文选》),尤爱重之"[④]。由此可知,高句丽朝时,《史记》《汉书》早已传入了韩半岛,并在当时韩国的王公贵族和知识阶层中产生了相当广泛而深远的影响。虽然目前我们无法确认《史记》《汉书》的流传过程,但到了高丽朝时曾数次出现木板本的《史记》《汉书》,由此《史记》和《汉书》得到了更广泛的普及。

---

① 关于汉字在韩国的传入和使用方面的详细内容,可参看拙文《汉唐儒学在韩国的传播与发展概述》,《第二届两汉儒道国际学术研讨会论文集》,台湾:台湾师范大学国文研究所,2005年。
② 1145年,高丽朝仁宗命儒学家金富轼(1075—1151)编纂的古代韩国第一部纪传体史书。
③ "三史"原指《史记》《汉书》和《东观汉记》,而魏晋以后改指《史记》《汉书》和《后汉书》。
④ 《北史·高丽列传》卷94亦有类似记载。

特别是朝鲜朝时期,官方多次刊行以《史记》《汉书》为代表的中国古代史学著作。到了世宗年间(1425),朝廷铸字刊印《史记》《汉书》和《资治通鉴》,颁赠文臣。到了16世纪末17世纪初,朝鲜朝一些文人学者还对《史记》《汉书》展开了专门研究。明宗二十一年(1566),安玮(1491—1563)选编、安璋(1438—1502)跋文的《汉书传抄》刊行。此书模仿"史汉笔法",冲破了朝鲜朝传统科举文章的规范。光海君年间(刊行年不详),崔岦(1539—1612)编纂的《汉史列传抄》刊行;光海君四年(1612),李德馨(1561—1613)抄选、车天辂(1556—1615)注疏删定的《史纂抄选》和《史纂全选》刊行以后,明代学者凌稚隆(生卒年不详,凌濛初之父)辑校的《史记评林》130卷和《增订史记纂》24卷以及撰者不明的《史汉一统》陆续刊出。其中,《史记评林》是一部《史记》原文和注释①最为完整的版本,汇集了明万历四年(1576)以前历代学者研究《史记》的成果,对当时朝鲜朝文人学者钻研《史记》提供了有利的条件。到了18世纪初,英祖四十八年(1722),刊行《十九史略谚解》;正祖二十年(1796),正祖亲自编纂的《史记英选》和《汉书列传选》木板本又发行;纯祖十九年(1819),再次刊行《十九史略通考》,从此《史记》和《汉书》在韩国知识界的普及更为广泛了。

### 三、《史记》《汉书》在韩国的翻译现状与评价

如上所说,《史记》《汉书》传入古代韩国,特别受到古今韩国知识阶层人士的关心和推崇,为韩国学术界所重视。然而,正当近现代学术研究开始发展起来的时候,由于受日本帝国主义的侵略与殖民统治(1910—1945),韩国对中国学术文化的关心及研究几乎处于停滞状态。第二次世界大战结束后诞生的大韩民国(1945年8月15日光复、1948年8月15日建国),由于受韩国战争(1950—1953)②的影响,其经济恢复时期长达20年之久,当时对于中国学术文化的关心及研究几乎处于瘫痪状态。例如,20世纪60年代以前,韩国的出版事业十分落

---

① 《史记评林》主要采用"三家注"。《史记三家注》即指《史记集解》(刘宋·裴骃注)、《史记索隐》(唐·司马贞注)和《史记正义》(唐·张守节注)。《史记集解》兼采当时裴骃所能见到的前人有关《史记》诸书的研究成果,并一一注明作者名字。《史记索隐》进一步指出了《史记集解》中考证不当的错处,并对《史记》原文提出辨正,发语警辟。《史记正义》的作者长于舆地之学,对《史记》中地名的考证尤为精辟。

② 中国当代史称"朝鲜战争",而当今韩国人称之为"韩国战争"或"6·25战争"。

后,仅有出版社200多家,出版规模颇小,资金不足,图书发行数量极少。据《韩国出版年鉴》统计,1945年8月15日光复后的第一年,共出书202种,1948年至1960年间,平均每年出书约1300种,大多是教科书、文艺及普及类书,真正反映生活、传播科学的图书不多,尤其是人文科学、社会科学等高品位学术图书的增加缓慢。到20世纪60年代中期,随着国家经济的发展,韩国整个社会的发展进入了一个历史的新时期,不仅国家面貌发生了根本性变化,学术文化事业也步入正轨,同时韩国学术界对中国学术文化的关心及研究也重新得到了高度重视。正是在这样的基础上,韩国学者对于《史记》《汉书》的翻译和研究有了较大的发展,在传播、普及和通俗化方面做出了积极的贡献。

自20世纪60年代以来,韩国学者对中国学术文化更是投入了相当的研究精力,并取得了不少可观的研究成果。据《韩国中国语文学研究论著目录(1945—1990)》和《韩国中国学研究论著目录(1945—1999)》①提供的材料,20世纪70年代以前在韩国关于《史记》《汉书》的研究,除大学教材"中国通史""中国文学史"和"东方文化史"的一些简略介绍外,几乎找不到任何一篇专题论文和专著。从学术研究的角度考察,1971年以后,韩国学者对《史记》《汉书》的研究才起步。然而,今天韩国学术界对于《史记》《汉书》研究的发展速度可以说是相当快的,其在数量和内容上都有长足的发展。从研究内容的范围看,主要有司马迁和班固的生平与思想研究、《史记》和《汉书》的历史性质与历史人物研究、《史记》和《汉书》的语言与义法及考证研究、《史记》和《汉书》的文学性质与学术价值研究、《史记》和《汉书》全书的总体研究、《史记》与《汉书》比较研究等各个方面。这些多方面的研究成果,无论从学术研究的方法上,还是从内容和水准上都开创了一个新时代。②

至于《史记》《汉书》在韩国的翻译成果方面,自20世纪60年代中期至2012年,在韩国已出版发行的《史记》《汉书》韩文翻译本(包括全译本和节译本)共有数十种。今按出版时间顺序介绍一下《史记》《汉书》的主要韩译本的大致情况:

1965年,第一部《史记》韩文翻译本《史记列传》由韩国汉学家崔仁旭完成,并

---

① 徐敬浩编,正一出版社(首尔),1991年;金时俊、徐敬浩共编,SOL出版社(首尔),2001年。
② 关于《史记》在韩国的研究现状方面的详细内容,可参看拙文《近四十年来韩国〈史记〉研究综述(自1971年至2010年)》,《唐都学刊》(西安文理学院学报)2011年第5期。

由玄岩社(首尔)出版发行。此书既是第一部韩文翻译本,又有助于克服《史记列传》原文阅读理解上的障碍,为广大初学者提供了极大方便,是有一定作用的。十年后,此书译者在原韩译本的基础上,又与金莹洙合作重新做了修改和补充工作,并完成《史记列传》二册,1975 年由东西文化社(首尔)出版,在 2006 年由新苑文化社(首尔)再版。

此后,1973 年李英茂(建国大学历史系教授)根据日本学者丸山松幸等人编译的《史记》重译成韩文,共出《霸者的条件》《乱世的群像》《支配的力学》《权力的构造》《思想的命运》《历史的底流》等六册①,由新太阳社(首尔)出版发行,1985 年由小说文学社(首尔)再版。《不灭的人间学——〈史记〉》(共五册)在 2009 年由西海文集出版社(首尔)再版。这套书虽不是《史记》原文的全译本,但具有较浓的教育性和趣味性,既能使广大韩国读者了解《史记》的全貌,又有利于《史记》在韩国的普及和推广。

1973 年,另一部韩译本《史记列传》出于中国文学研究学者文璇奎(全南大学中文系教授)之手,全书共三册,第一册出版于 1973 年,第二册出版于 1974 年,第三册出版于 1979 年,均由韩国自由教育协会(首尔)出版发行。此书以具有中等以上文化程度的广大读者为对象,在强调通俗性的同时,也重视传播和普及中国古代优秀的传统文化,可以说是中国古籍韩译事业的一种新的尝试。几年后,此书译者在原韩译本的基础上,重新修订,并完成《史记列传》两册,作为"世界古典全集"之一种,1985 年由三更堂(首尔)出版发行。

不仅如此,1977 年,洪锡宝(汉阳大学历史系教授)也完成另一部韩译本《史记列传》,由三省出版社(首尔)发行,并将此书作为"世界思想全集"之一种,使《史记》在韩国国内已成为世界思想文化宝藏的重要部分。十几年后,此书的译者在原韩译本《史记列传》的基础上,又与小说家金并总携手合作,以小说形式完成韩文全译本《史记》,全书共十册,1994 年由集文堂(首尔)出版发行。广大韩国读者借助洪氏、金氏的译文,有机会比较全面地欣赏这部杰出的不朽的中国古典

---

① 原书译者和书名及出版社如下:市川宏、杉本达夫共译,《史记(1):霸者の条件》;奥平卓、久米旺生共译,《史记(2):乱世の群像》;丸山松幸、和田武司共译,《史记(3):支配の力学》(1988 年第 2 版译者和书名:丸山松幸、守屋洋共译,《史记(3):独裁の虚实》);和田武司、山谷弘之共译,《史记(4):逆转の力学》;大石智良、丹羽隼兵共译,《史记(5):权力の构造》;村山孚、竹内良雄共译,《史记(6):历史の底流》。全书共六册,1972 年均由德间书店德间文库(东京)出版发行。

巨著。

此后，1980年中国语言学研究学者成元庆（建国大学中文系教授）译注的《史记列传要解》，由曙光社（首尔）出版发行。12年后，此书编译者又以原文对译的形式重新整理，并编译成《史记列传精解》一册，由明文堂（首尔）出版发行。此书在篇目的取舍上，首先重点选取《史记》的"列传"部分中具有典型意义的50个历史人物，又兼及历史上脍炙人口、深入人心的英雄人物；既考虑到广大读者应该了解所选历史人物并以之为鉴，又顾及各篇是否能全部译成现代韩国语的实际情况。

到20世纪八九十年代，在韩国又问世一批《史记》的韩译本。1983年，南晚星译注的《史记列传》两册，由乙酉文化社（首尔）出版发行，并将此书作为"世界思想全集"的第三、四卷。1986年，李相玉译注的《史记列传》三册，由明文堂（首尔）出版发行。1988年，"史记列传讲读会"译注的《故事史记列传》三册，由清雅出版社（首尔）发行。1991年，姜英敏译注的《实录史记列传》，由昌佑出版社（首尔）发行。1991年，权五铉译注的《史记列传》，由一信书籍出版社（首尔）发行。1993年，崔大林译注的《史记本纪》和《史记世家》、苏俊燮编译的《史记》（三册）等书，陆续出版发行。1998年，严光勇编译的《以人物读史记》（三册），由新人类出版社（首尔）出版发行。1999年，金元中（建阳大学中文系教授）的译注的《史记列传》（两册），由乙酉文化社（首尔）出版发行。自2007年至2011年，此书编译者又完成了《列传》《本纪》《世家》《书》《表》等《史记》全文的韩文译注，均由民音社（首尔）出版发行。这是一套通俗的可读性较强的《史记》全译本，对于《史记》在韩国国内读书界的大众化有了一定的贡献。

值得注意的是，自1992年至1996年，在中国文学研究学者丁范镇（成均馆大学中文系教授）率领下，成均馆大学中文系以博士研究生为主的青年学者共同参与了《史记》全文的韩文译注工作。此书共七册，分为《本纪》一册、《表》《书》一册、《世家》二册、《列传》三册，由喜鹊出版社（首尔）出版发行。1994年3月首册《本纪》部分的韩译本已告完成，接着《世家》《列传》《表》《书》的韩译本也按原计划顺利完成，纷纷问世了。代表译者丁范镇在首册里的《解说》中，对于《史记》的名称、体例和成书经过，以及司马迁的时代、生平和思想等分别做了较全面的介绍和评价。《本纪》末还附有《自夏至前汉的历代世系表》以帮助一般读者理解《史记》内容所涉及的中国古代历史年代概念。

除此之外,自1993年至2004年,日本学者所著有关司马迁与《史记》的既有可读性又有学术性的著作,如李蒔轩译的《与司马迁共游历史纪行》①、李东燫译的《〈史记〉的世界》②、朴宰雨译的《随笔〈史记〉——燕雀安知鸿鹄之志》③、李东燫译的《史记》④、沈庆昊(高丽大学汉文系教授)译的《司马迁其人》⑤、朱惠兰译的《司马迁的旅行》⑥等韩译本纷纷问世,由此司马迁与《史记》更广泛地为韩国一般读者所认识了。

另外,2004年,李寅浩(汉阳大学中文系教授)译注的《史记本纪——从神话时代到人间历史》,由社会评论出版社(首尔)发行;他的另一部《史记本纪》在2009年由大房出版社(首尔)出版发行。2006年,中国延边大学古籍研究所译注的《史记列传》,由西海文集出版社(首尔)发行。2007年3月,笔者译注的《史记精选》,由启明大学出版部(大邱)出版发行,并将此书作为"启明大学教养丛书"之一种。此书共选录《项羽本纪》《孔子世家》《留侯世家》《伯夷列传》《伍子胥列传》《孟尝君列传》《屈原贾生列传》《刺客列传》等八篇,并对此原文做了韩文翻译与详细注释。在《解说》中,笔者对于司马迁的生平和思想、《史记》的编纂和成书经过以及体例、《史记》全书内容等分别做了较全面的论述。书末还附有《有关司马迁及〈史记〉的重要事件年谱》与《西周—春秋—战国—秦—西汉时期历史全图》,以帮助韩国大学生理解《史记》内容所涉及的中国古代历史地理背景。

总的说来,从《史记》在韩国的翻译介绍中,可以发现韩国翻译《史记》其实多以"列传"为主,而将全部《史记》翻译成册,则要到了20世纪90年代以后,即使要翻译《史记》全文也都还要借用小说的形式。这与韩国的读书市场有关系,因为基本上"列传"部分及小说形式的《史记》比较有趣味性和教育性。这种局面到了1996年丁范镇等人共同译注的《史记》全译本与2011年金元中译注的《史记》全译本先后问世以后,才有了新的突破。

---

① 武田泰淳:《司马迁:史记の世界》,东京:文艺春秋新社,1959年。
② 武田泰淳:《司马迁:史记の世界》,东京:讲谈社,1965年。
③ 贝塚茂树编译:《史记:中国古代の人びと》,东京:中央公论新社中公新书(12),1963年。
④ 贝塚茂树编译:《史记:中国古代の人びと》,东京:中央公论新社中公新书(12),1984年。
⑤ 林田慎之助:《司马迁:起死回生を期す》,东京:集英社,1984年。
⑥ 藤田胜久:《司马迁とその时代》,东京:东京大学出版会,2001年。

《汉书》在韩国的翻译与研究,比起《史记》,其成果极其薄弱。首先介绍一下《汉书》在当代韩国的翻译现状。

1973年,第一部《汉书》韩文翻译本由历史学者洪大杓(圆光大学历史系教授)完成,由文友出版社(首尔)出版发行,并将此书作为"世界古典文学大全集"第六卷。此书是第一部韩文翻译本,有助于克服《汉书》原文阅读理解上的障碍,为广大韩国读者提供了极大方便。1982年,此书由韩国出版社(首尔)再版,作为"世界代表古典文学全集"之一种。1997年,此书的"列传"部分独立成为《汉书列传》,由凡友出版社(首尔)出版发行。同年另一部韩译本《汉书列传》出于韩国汉文学研究学者安大会(成均馆大学汉文系教授)之手,由喜鹊出版社(首尔)出版发行。此书以具有中等以上文化程度的一般读者和大学生为对象,在强调可读性的同时,也重视中国古代历史知识的传播和普及。

此外,1995年至2009年,既有可读性又有学术性的《汉书·艺文志》[①]《汉书·食货志》[②]《汉书·地理志》和《汉书·沟洫志》[③]《汉书·外国传》[④]等韩译本陆续刊出,班固与《汉书》更为韩国一般读者所认识了。其中《汉书·艺文志》可说是在刘向的《别录》和刘歆的《七略》基础上写成的学术宝库,它辨别了中国古代学术思想的源流派别及各派的是非得失,载录了当时流传可见的典籍,为中国古代文化史研究保存了一批珍贵的史料。它既开创了中国传统目录学进入正史的先例,又保存了汉代以前全部重要典籍的目录。作为韩国第一部《汉书·艺文志》韩文译注本,它有助于韩国读者理解中国传统目录学和中国古代学术思想的源流派别以及各派的是非得失等专业知识。笔者也曾发表过一篇有关《汉书·艺文志》的中文论文[⑤],文中对于《汉书·艺文志》的体例及学术价值做了较全面的论述,将其学术价值总结为三项:一是保存了《别录》《七略》的基本内容;二是开创了中国古代正史"艺文志"的先例,又保存了汉以前全部重要典籍的目录,其叙录是西汉以前珍贵的文化史纲;三是现存最古老的图书目录,在叙录、分类、著录

---

① 李世烈解译,自由文库(首尔),1995年。
② 朴基洙译注,青于蓝出版社(首尔),2005年。
③ 李容远解译,自由文库(首尔),2007年。
④ 金浩东等译注(共二册),2009年由东北亚历史财团出版发行,并作为"东北亚历史资料丛书"第23卷。
⑤ 《〈汉书·艺文志〉的体例及学术价值》,《天中学刊》(驻马店师范学院学报)1997年第4期。

及理论和方法等方面为中国古典目录学奠定了良好的基础。①

至于韩国学者对《史记》与《汉书》的比较研究方面，也出现了一批值得关注的学术成果。1987年，郑起燉发表《〈史记〉与〈两汉书〉的对外观——〈东夷传〉〈朝鲜传〉的检讨》（韩文论文）②，1991年，朴宰雨发表《简论〈史记〉〈汉书〉著述精神之分歧》（中文论文）③，1999年，尹周弼发表《"二十六史"所表现的方外人传之展开样态——〈史记〉与〈汉书〉的先例》（韩文论文）④，2007年，洪承铉发表《由〈史记·乐书〉与〈汉书·礼乐志〉看汉代制乐的实际状况——兼分析司马迁与班固的制乐观》（韩文论文）⑤。

特别引人注目的是，1990年，朴宰雨撰写的《〈史记〉〈汉书〉传记文比较研究》（台湾大学中文研究所博士学位论文）尤为突出。他的博士论文又以《〈史记〉〈汉书〉比较研究》为题，1994年在中国大陆出版（中国文学出版社发行），作为"中外学者学术丛书"之一种。这不仅是迄今为止中国国内外出版的唯一一部《史记》《汉书》比较研究的论著⑥，而且是一部学术评价较高的专著。《史记》研究专家韩兆琦（北京师范大学中文系教授）对此书有颇高的评价，说："首先分析总结了历代研究'史汉异同'的状况，涉猎广博，条理清晰，使人一览之下，顿时将这一部分学术史了然于心。接着这本书便从'史汉总体''史汉传记文的编纂体例、形式、人物'与'史汉传记文的写作技巧'三方面将《史记》《汉书》的相关部分条分缕析地一一进行了详细勘比。其用功之勤，其思想之细，其所表达的观点之准确明晰，都是令人叹服的。例如朴先生将《史记》《汉书》所显示的各自作家思想倾向的区别概括为'《史记》通变古今与《汉书》尊显汉室'；'《史记》兼尊儒道与《汉书》独尊儒术'；'《史记》兼顾民间与《汉书》倾向上层'；'《史记》感情移入与《汉书》不失客观'四条，真是归纳得既全面，又扼要。"⑦由此可以说，这部专著对于《史记》研究、《汉书》研究，以及《史记》与《汉书》的比较研究有重要的参考

---

① 杨倩如:《〈汉书〉在东亚的传播与研究》，《中国史研究动态》2010年第1期。
② 载于《忠南史学》（国立忠南大学历史系），第2辑。
③ 载于《中国语文学研究论丛》（鲁城崔完植先生颂寿论文集）。
④ 载于《中国语文学论集》（韩国中国语文学研究会），第11号。
⑤ 载于《东方学志》（延世大学国学研究院），第140卷。
⑥ 杨倩如:《〈汉书〉在东亚的传播与研究》，《中国史研究动态》2010年第1期。
⑦ 朴宰雨:《〈史记〉〈汉书〉比较研究》（序言），北京：中国文学出版社，1994年。

价值。

总的说来,当代韩国学者对于《汉书》的翻译与研究态度是认真的,留下了较好的学术成果,为今后韩国对于《汉书》的翻译与研究奠定了良好的基础。《汉书》与《史记》同样,也对古代韩国正史(如《三国史记》《高丽史》等)的修撰具有重要的指导作用与典范意义。虽然当代韩国《汉书》的翻译与研究在内容和观点上均不可能超越《史记》的水准,但是短期内也在韩国取得不少可观的成果。

### 四、结语

本文仅是对自20世纪60年代中期至2012年来《史记》《汉书》在当代韩国的翻译现状做一次简略的概说与评价。综观近50年来《史记》《汉书》在当代韩国的翻译介绍现状,韩国学者对《史记》《汉书》的翻译有了较大的进展,在传播、普及和通俗化方面做出了积极的贡献。尤其在《史记》翻译方面,近30年来进步较快,逐步营造了相当良好的翻译环境,并取得了令人瞩目的成果。这不仅表现在韩译本的数量上,而且也表现在这些韩译本的内容较为翔实,有相当优秀的学术水准。特别是1995年以后出版发行的《史记》全译本,如1996年由丁范镇等人共同完成的译注本、2011年由金元中完成的译注本,不仅揭开了韩国《史记》翻译史上的新篇章,而且为后来学习和研究司马迁与《史记》打下了坚实的基础。

不过,平心而论,在韩国,《史记》《汉书》的翻译成果也存在不少问题,今后韩国学者非解决和突破这些问题不可。首先,从《史记》《汉书》在韩国的翻译现状中可以发现,韩国长期以来对于《史记》《汉书》的翻译以《列传》为大宗,而全书的翻译本就相对甚少。韩国学者应对作为中国最早的正史《史记》《汉书》进行进一步翻译(包括融学术性、知识性、通俗性为一体的《史记》《汉书》全书的译注工作)。其次,应在观念和方法上对《史记》《汉书》的翻译工作进行探索。最后,应共同努力收集古代韩国有关《史记》《汉书》的第一手资料加以分析整理,重新展开《史记》《汉书》接受及流传方面的专题研究,并对过去的翻译与研究工作做一番认真的检讨与客观的评价。

近年来,随着韩国学术界对《史记》《汉书》的高度重视与韩中两国民间学术交流的日益深化,《史记》《汉书》在韩国的传播和翻译及研究,必将在总结前人成果的基础上开拓前进,取得更大的成绩。笔者深信,翻译是文化传播的重要媒介,韩文《史记》《汉书》的大量翻译介绍，不仅为韩国人民全面了解和认识《史记》《汉书》提供了极为有利的条件，而且通过《史记》《汉书》的传播为韩国人民更进一步理解中国古代历史与传统文化的发展历程做出了巨大的贡献。

## 中国文学史在日本的缘起

### ——以儿岛献吉郎为中心

北京外国语大学中国语言文学学院　赵　苗

"中国文学史"起源于近代欧洲,但与此密切关联的是日本。由于近代日本在引进西学方面较中国先行一步,因此晚清借鉴西学主要通过日本,作为19世纪末新兴产物的"文学史"亦不例外。1898年,光绪帝下诏批准由梁启超起草《总理衙门筹议京师大学堂章程》,其中特别提到"略取日本学规,参以本国情形""今略依泰西日本通行学校功课之种类,参以中学",1902年,张百熙主持颁布《钦定京师大学堂章程》中亦提到"今略仿日本制,定为大纲"。两年后,清政府再次颁布《奏定学堂章程》,在其中的"历代文章流别"中提示教员"日本有中国文学史,可仿其意自行编纂讲授"[1]。从上述频频颁布的教育法规中可以感知晚清力图变革之迫切,而晚清之所以力主将日本作为中介引进西学,或考虑日本输入西学较中国为早,且日本与中国同属东亚,历来有所谓"同文同种"的说法,因此其经验较为容易借鉴。1910年,林传甲撰写了我国第一部《中国文学史》,传甲开篇便称:"传甲斯编,将仿日本笹川种郎中国文学史之意以成书焉。"[2]与林著几乎同时问世的是黄人的《中国文学史》,此书参考了日本太田善男的《文学概论》,黄人在书

---

[1] 舒新城:《中国近代教育史资料》中册,北京:人民教育出版社,1961年,第29页。
[2] 陈平原:《早期北大文学史讲义三种》,北京:北京大学出版社,2005年,第26页。

中阐明"在第四编分论的第一章第一节集中体现其新的文学观念系取自日本太田善男《文学概论》之解说"①。作为中国最早的两部中国文学史,林传甲与黄人对于日本刊行的中国文学史不约而同的关注,开启了近代中国文学史家仿效日本著述的先河,即使鲁迅这样的大家也难以跳出这样的窠臼。鲁迅1923年撰写的《中国小说史略》参考了盐谷温的《中国文学概论讲话》,对此鲁迅在《不是信》中解释道:"盐谷氏的书,确是我的参考书之一,我的《小说史略》二十八篇的第二篇,是根据它的,还有论《红楼梦》的几点和一张《贾氏系图》,也是根据它的。但不过是大意,次序和意见就很不同。"此后的文学史家像谢无量、葛尊礼、顾实、曾毅、童行白、康碧成等,可以说都不同程度地借鉴了日本的中国文学史著述。

论及日本早期刊行的中国文学史,则儿岛献吉郎是不能不详加阐述的,他也是明治时期(1868—1912)中国文学史著述最为丰富的一位学者。自1891年8月1日至1892年2月25日,日本同文社《中国文学》杂志连载儿岛献吉郎的《中国文学史》,这是自末松谦澄以后日本出现的第二部以中国文学史命名的著述。《中国文学》杂志由儿岛献吉郎与他古典讲习科的同门岛田钦一共同主办刊行,杂志策划为七个主题,即经书、诸子、历史、诗文、百家言、批评,以讲义录的形式进行连载,平均每月发行1—2册。在《中国文学》创刊号中,儿岛氏对于《中国文学史》所设想的中国文学史框架是:第一期是太古至秦代的文学,第二期是秦汉至唐代的文学,第三期是宋代至清代的文学,第四期是清代文学,共分为四期。这是目前可见的日本最早对中国文学进行的分期,尽管儿岛献吉郎在实际写作中只完成了第一期中的上古文学部分。此书已经完成的上古文学部分,共分为三章,其中第一章是文学发达之状况,第二章是文章发达之状况,第三章是诗歌的起源及发达。在第一章文学发达之状况中又细分为总论、夏商文学、周代文学、周末文学、周末文学第一期、周末文学第二期、周末文学第三期。由于儿岛氏此部著述没有完稿,论述的内容也过于简单,因此刊行后在日本并没有引起多大反响,以至于我国学界当时并不知晓儿岛献吉郎这部以讲义录形式连载的《中国文学史》。假使当初儿岛氏能够按照预订的计划完成此部著述,此书将比被称为"日本第一部中国文学史"的古城贞吉的著述还早六年。

---

① 陈广宏:《黄人的文学观念与19世纪英国文学批评资源》,《文学评论》2008年第6期。

相比末松谦澄的《中国古文学略史》,儿岛氏所著已经向前迈进了一大步。这种进步体现在两个方面,一是儿岛氏提出了中国文学史的分期,在其所构架的中国文学史框架中,将中国文学划分为四个时期,而末松谦澄的《中国古文学略史》还只是限于对诸子百家学说及其作者所进行的概括性介绍;二是儿岛氏注意到文学与社会的关系,比如提及夏商文学是回归主流的文学,周代文学是上下兼通、达及天下的文学,周末文学有回归民间的倾向,并且还注意到至少在周朝末年中国已经开始形成不同的文学流派。

当然相比西方近代意义上的文学史,儿岛献吉郎的著述还有一段距离,所述仍然受制于中国传统的国学体系,而在那个时代这样的局限是显而易见的。比如他在篇末"著者识语"中这样记载:"著者拟写文学史,在第一章中叙述中国文学盛衰变迁的全貌,第二章中叙述文章的变迁,第三章叙述诗歌的来历,第四章叙述文字的沿革,第五章叙述典籍的真伪。"[1]将并不属于近代意义上文学范畴的"文字""典籍"等内容也包罗进去。而这种情况并非儿岛献吉郎的《中国文学史》所独有,而是体现了那个时代的中国文学史共同的印记,其所折射的是中国传统思想体系与西方近代学术体系的碰撞。

随后,1894年儿岛氏又撰有《文学小史》一部,其中的内容最初在1894年汉文书院出版的《中国学》杂志上连载,共连载三期。此著篇幅更短,只分三篇:虞夏时代、殷周时代、春秋战国时代,基本上没有展开论述,是一部中国文学史的断代史。在此部小著中,儿岛氏将中国的上古文学分为虞夏时代、殷周时代、春秋战国时代分别进行论述。如前所述,相比末松谦澄的《中国古文学略史》以诸子和经学的篇名和作者为线索,儿岛氏的著述不断在进步,他始终在尝试如何对中国文学史进行更合理的叙述,只是这部《文学小史》仍然太过简短。

直至1909年儿岛献吉郎完成了一部相对较为详细的中国文学史——《中国大文学史古代篇》,由东京富山房出版社出版。此书虽名为"中国大文学史",但是仍然是一部断代史,只写到六朝时代的文学。全书共分为七个部分,首先是序论,其次依次是胚胎时代——羲黄时代的文学、发达时代——唐虞三代的文学、全盛时代——春秋战国文学、破坏时代——秦文学、弥缝时代——两汉文学、浮华时

---

[1] 儿岛献吉郎:《中国文学史》,《中国文学》杂志连载,第1—10号,日本同文社,1891年,第50页。

代——六朝文学。同前面两部小著相比,可以看出此书最突出的特点是明显受到泰纳文学史理论的影响。在序论部分,他开篇便谈到中国文学的特质,并试图从国民的特质、个人的特质、时代与地域的特质等方面阐述其与中国文学的关系,是泰纳提出的"三因素"理论在中国文学史作品中的具体体现。在此后的每一章中,同样是先从社会、人文环境与地域环境、时代特征等方面展开论述,尝试用泰纳所构建的"社会历史、文化精神、中心人物、艺术形式"的模式进行文学史的撰写。比如在论述孔子的章节中,用了相当的篇幅探讨孔子本人的性格,将孔子本人的性格概括成三个方面,即智者的性格、仁爱的性格、勇士的性格,这三种性格在孔子的身上兼而有之,因此在孔子的学说中交错体现了这种性格特征。其后从孔子所处的时代环境、人生境遇来阐述其与孔子学说的关系,认为孔子思想的形成离不开外在条件的影响,正是由于孔子家境贫寒,身处乱世,加之周游列国而不得志,政治主张没有施展的空间,才促使孔子教书立业,从而得以完善孔门学说。显而易见,儿岛氏试图通过挖掘孔子性格与心理的世界,来阐述孔子著述与学说与其性格与经历之间的关系,将"智者""仁者"与"仁爱"作为孔子学说的内部主源,而将孔子所处的激烈变动的春秋时代视为外部压力,孔子在仕途上的坎坷则成为其日后著书立说的动力,这种从外部因素探讨文学发展规律的方法明显受到泰纳的影响。又如谈及庄子,同样是将庄子的性格列为篇章之首,继而由其性格谈到庄子所处的时代背景,谈到庄子所生活的地域特色,并自觉地将上述因素归结为庄子学说产生的内在动因与外部压力。其他如谈孟子、贾谊、司马迁、刘向、阮籍等,都无一例外地由其性格与经历、时代环境谈起,诸如此类,在此书中随处可见。当然,泰纳的文学理论用于中国文学史的撰写,并不是始于儿岛献吉郎,在1897年刊行的古城贞吉的《中国文学史》中就已经初现端倪,而用泰纳的文学理论作为中国文学史的理论依据是明治时期刊行的中国文学史的一个共同特征。

值得一提的是儿岛氏的这部《中国大文学史古代篇》十分重视六朝时代的文学。他认为中国的六朝文学与儒教无关,与经学无关,因而是历史上最纯粹、最纯美的文学。六朝文学远离"经夫妇,成孝敬,厚人伦,美教化,移风俗"的传统,其文学作品大多"流连哀思,情灵摇荡",这种以忧伤凄美的情调为主的六朝文学,与日本文学强调唯美忧伤的传统十分契合。与此相对,我国的文学史中往往认为六朝文学脱离现实生活,对此较少给予过高的评价,而日本对于六朝文学却情有独钟,这也从一个侧面反映了中国与日本文学审美倾向的差异。此外,儿岛氏还注意到南北朝时期佛教思潮对中国文学产生的影响,论及佛教输入初期只是流行于民间,后来因南北朝皇帝好佛,使得佛教迅速传播开来。他认为佛教对于中国文学是一大变革,魏晋六朝的志人志怪、唐代的传奇、笔记小说等,在题材和内容方面都与佛教有关,这些观点在当时是颇为新鲜的。

在《中国大文学史古代篇》中儿岛氏继续了他对中国文学史分期的设想,在序论部分,儿岛氏根据他对于中国文学发展历史的思考,再次构想了中国文学史的分期。即将中国文学史分为九期,第一期是伏羲至帝尧时代,第二期是唐虞以后至周平王东迁,第三期是春秋战国时期,第四期是自秦始皇统一中国至子婴灭亡,第五期是西汉、东汉时期,第六期是魏晋以后至隋朝灭亡,第七期是唐宋时代,第八期是元明时代,第九期是清代。为了凸显不同时期文学的特色,他将每一时期文学加以醒目的标志,顺序依次为"胚胎时代""发达时代""全盛时代""破坏时代""弥缝时代""浮华时代""中兴时代""模仿时代""集成时代"。在其所划分的九个分期中,将第一期到第六期称为古代文学,第七期到第九期称为近世文学。儿岛氏此次写作只写到第六期,之后的第七、第八、第九期没有完成,我们因此不能得以窥见其文学史的全貌,而自第七期至第九期正是小说戏曲的兴盛期。

儿岛氏撰述的《中国大文学史古代篇》,基本上是在日本第五高等学校任教期间完成的,其间是以讲义录的形式完成了大部分书稿,之后在《龙南会杂志》第126号,明治四十一年六月刊载了其所著的《中国文学论》,这篇《中国文学论》体现了儿岛氏对于中国文学的基本看法,这与《中国大文学史古代篇》序言中所说是一致的。他认为:"研究中国文学史,可以了解我国文化之渊源,知晓今日日本文学兴盛之缘由,本书正是为此研究提供基础资料。"①此书的撰述是儿岛氏积数年研究成果而成,在此之前曾发表《近代文学与竹林七贤》《诗人屈原》《田园诗人陶渊明》《老子的学说及其时势》等诸文,显现了其在中国古代文学方面的功力。正如山田准为《中国大文学史古代篇》所写的序言中称:"当今文学史著作颇多,著者大多花费数月精力完成,因而颇有沽名钓誉之感。儿岛氏则不然,积十年之

---

① [日]儿岛献吉郎:《中国文学论》,日本:《龙南会杂志》第126号,1908年6月。

功而成此书。"①与同时代的中国文学史共有的特征或者说问题是,此书并没有完全体现近代西洋学术所设定的文学的范畴,序论中"关于文字之作""书体的变迁",以及在第二期中关于周朝大篆的介绍,都表明作者的泛文学观念,即认为一切与学术有关的内容均可以涵盖在文学之中。此书尤其重视对诸子百家学说的介绍,其中对孔子着墨尤多,仅对孔子及其学说的阐述就占据了六章,对老子的介绍有两章。这种对儒家学说的重视与江户时期儒学在日本的盛行有关,可见儒学的影响在明治时代仍然存在。

1912年,儿岛献吉郎的《中国文学史纲》由东京富山房出版社出版,此书与《中国大文学史古代篇》相隔三年,是儿岛氏所著第一部中国文学史通史,自上古文学一直写到清代文学。此书发行后在日本受到好评,16年时间重印了13次,几乎平均每年重印1次。全书分为五部分,第一部分是序论,第二部分是上古文学,第三部分是中古文学,第四部分是近古文学,第五部分是近世文学。与以往分期不同的是,此书不再对中国文学按照朝代进行琐细的分期,而是大致上区分为上古文学、中古文学、近古文学、近世文学。其中将秦以前的文学确定为上古文学,汉代至隋代的文学确立为中古文学,唐代至明代的文学确立为近古文学,清代文学为近世文学。经过对中国文学特色的反复思考,儿岛氏认为这种分期方法最适合中国文学史,因此在其以后的著述中,儿岛氏一直延续此种四分法,这种分期法是儿岛氏对中国文学史所做的贡献,也是儿岛氏所著中国文学史的特色之一。此书仍较为重视种族、地域环境对文学的影响,开篇由中国文学的时代特色与地方特色写起,将中国文学划分为贵族文学与平民文学并分别阐述,同时也注意到文学与儒教、佛教、道教之间密切的关系。儿岛氏据上述三方面的内容,即时代与地域特色、贵族与平民的区分、宗教对中国文学产生深刻的影响,认为中国文学始终受到这三种因素潜在的制约与影响,并在其所设定的框架中发生与演变。此外儿岛氏还尤为重视宗教与文学之间的关联,他认为就中国文学而言,儒教、佛教与道教几乎与中国文学密不可分,因此在他的多部著述中都谈到研究中国文学需要了解中国的宗教。尽管儿岛氏在《中国文学史纲》中已经自觉运用泰纳的文学理论,并将泰纳所构建的"三因素"学说运用于对中国文学的解析,然而其所著述的

---

① [日]儿岛献吉郎:《中国大文学史古代篇》,日本:东京富山房,1909年,第2页。

中国文学史却还不是西洋意义上的"literature"。儿岛氏所认为的"文学",与中国的文字、中国的私塾以及科举制度息息相关,他认为不了解上述内容就无从真正了解中国文学。因此此书也用了相当的篇幅来阐述中国文字的沿革、学校与科举制度的情况。

儿岛氏所著的最后一部中国文学史为《中国文学史》,由早稻田大学出版部发行,出版年月不明,大约在1921年至1931年之间。此书在文学史的分期上与《中国文学史纲》相同,也分为四个时期。自先秦文学一直写到清代文学,是一部中国文学史通史。此书序论题为"经史子集的文学价值",随后分设小标题为"群经文学""诸子文学""诸史文学",对经、史、子、集展开详细论述,共计八章,在全书中占有相当篇幅。将文学的含义重新回归到经、史、子、集的层面,体现了20世纪早期的文学史家对于"文学"概念的摇摆不定。一方面他们接受了西洋对于"文学"的定义,对于近代西方文学理论也有所了解,但是另一方面对于成长于明治时期的汉学家而言,中国传统学术仍然根深蒂固存在其头脑之中,直至江户末年日本所延续的仍是中国的国学体系。在中国的传统国学中,经、史、子、集是四个基本组成部分,经部包括易类、书类、诗类、礼类、春秋类、孝经类、五经总义类、四书类、乐类、小学类等10个大类;史部主要指各类史书,包括正史类、编年类、纪事本末类、杂史类、别史类、传记类、目录类、史评类等15个大类;子部是诸子百家著作和类书,包括儒家类、兵家类、法家类、艺术类、谱录类、杂家类、小说家类、释家类、道家类等14大类;集部是诗文词总集和专集等,包括楚辞、别集、总集、诗文评、词曲等5个大类,其中词曲类又分词集、词选、词话、词谱词韵、南北曲5种。儿岛氏的著述与国学内容基本一致,与其所述"群经文学"相对应的是"经部",与"诸子文学"相对应的是"子部",而与"诸史文学"所对应的则是"史部",此外文学史中所论及的诸如训诂、字书、韵书等内容则属于经部当中"小学类"的分支。在传统国学中,章回小说和戏剧著作被认为是不入流的学问,因此排除在传统国学的经、史、子、集之外,儿岛氏在此部《中国文学史》中回避了戏曲小说的论述,对当时在日本已经享有盛名的《水浒传》《三国演义》《红楼梦》等作品只是一笔带过。相比儿岛氏先前所著的《中国文学史纲》,这部《支那文学史》可以说更接近一部传统的国学史,其不但缩减了有关戏曲小说部分的篇幅,也看不到泰纳所构建的"三因素"文学理论的印记,开篇即将中国文学设定在经、史、子、集的框架之中,体现了对传统学术体系的一种回归。之所以做这样一些与"文学"无关的阐述,与其说是对于近代西洋舶来的"文学"概念的不甚清晰,不如说体现了明治时期汉学家对于"中国文学史"所做的思考,儿岛献吉郎晚年的这部著述代表了他对于中国文学史创作的考虑,即试图走一条传统国学与西学并举的学术之路。

## 第三节　中国经典在东南亚、中亚

### 中国文学作品在缅甸的传播和影响

北京外国语大学亚非学院　赵　瑾

**一、中国文学作品在缅甸的传播概况**

中缅两国是山水相连的邻邦,如果从缅甸的骠国时期算起,两国交往的历史已有一千多年。当缅族于1044年在缅甸建立第一个统一的封建王朝时,中国的封建社会已经进入极盛时期,文化已经高度发达。但是,在1885年之前的整个封建时期,中国文化并没有对缅甸产生什么影响。缅甸在文化方面主要受佛教文化的影响,文学形式主要是佛教文学和宫廷文学,从事文学创作的人群主要是王公贵族和僧侣。他们的创作一般都拘泥于经典著作、佛本生故事或神话传说,并且认为只有这样才能登大雅之堂。"缅甸古典文学就其内容而言,不外乎歌颂佛主神威,宣讲佛教哲理;记载帝王逸事,颂扬王朝威德;描写王孙爱情,抒忧思之感,发眷念之情。"①在整个封建时期,缅甸文人几乎没有关注过中国文化和文学作品,更谈不上翻译和研究。中国文化开始影响缅甸是在缅甸沦为英国殖民地之后才开始的。缅甸于1885年沦为了英国的殖民地,随着西方文化的进入和近代教育制度的建立,小乘佛教开始衰落,传统文化受到冲击。此外,由于殖民经济对资本、劳动力和技术工人的大量需求,华人大量进入缅甸。缅甸国内的变化和华人的大量进入为中国文化在缅甸的传播打下了一定基础。同时,缅甸一些具有国际眼光的知识分子也开始关注中国。在1948年缅甸独立以前,已经有少量的中文著作被翻译成缅文,如埃德加·斯诺的《红星照耀中国》。但这一时期还没有一部中国古典名著被翻译成缅文。

  1948年缅甸获得独立,1950年6月8日,中缅两国正式宣布建立外交关系,缅甸成为资本主义国家中第一个承认中华人民共和国的国家。随着中缅两国关系日渐密切,缅甸的官方和学者也更加关注中国这个庞大的邻国。缅甸抗日战争胜利后,在毛泽东《在延安文艺座谈会上的讲话》的影响下,缅甸文坛兴起了一场"新文学运动",部分文学家提出文学应该倾向于无产者、被压迫者一边,文学应该反映人民群众的生活等观点。缅甸著名作家吴登佩敏在1956年12月3日作家纪念大会上的讲话中讲道:"如果把继承过去的精华比喻为树苗扎根,那么联系当今社会、当今人民的生活,就等于给树浇水、吸取空气、晒太阳、施肥料一样。如果树木离开了水、空气、阳光就不能生存,脱离了人民的生活就产生不了文学。"②1950年2月出版的第一期《新文学》杂志指出:"新文学应该是站在劳动阶级一边,批判当今资产阶级社会,反映群众革命斗争和群众生活的,不满足于当前社会制度,而是向前看的、进步的。这就是新文学的主张。"③在这次新文学运动的影响下,缅甸兴起了一次翻译中文著作的高潮。鲁迅的《故乡》《阿Q正传》,曹禺的《雷雨》,老舍的《骆驼祥子》《茶馆》,茅盾的《子夜》,郭沫若的《屈原》,周立波的《暴风骤雨》,赵树理的《传家宝》,柳青的《创业史》,刘白羽的《火光在前》,孔厥、袁静的《新儿女英雄传》,以及《中国民间故事》《中国历代诗歌选》等作品先后被翻译出版,但还没有人翻译中国古典名著。1962年,军政府上台后,缅甸的文学

---

① 姚秉彦、李谋等:《缅甸文学史》,北京:北京大学出版社,1993年,第215页。
② 同上书,第245页。
③ 同上书,第215页。

发展陷入低谷，对中国文学作品的翻译也陷入停滞状态。直到20世纪80年代，缅甸作家妙丹丁才把中国的古典名著《红楼梦》翻译成缅文并出版。之后，《西游记》《孙子兵法》也被翻译成缅文。这些译著中，只有《红楼梦》是由缅甸著名的文学家翻译而成，有非常高的翻译水平和文学价值，《西游记》和《孙子兵法》则是由缅甸华人作为业余爱好翻译的，其影响和文学价值远不如前者。

相对于东南亚其他国家如马来西亚、印度尼西亚、新加坡、泰国等，缅甸离中国最近，两国有2000多千米的边境线，从面积上看，缅甸是东南亚第二大的国家。但是缅甸翻译出版的中文著作数量却远不及这些国家，仅仅和老挝、柬埔寨相当。中缅两国作为有着传统胞波友谊的友好邻邦，缅甸为什么对中国文学作品的关注和翻译如此之少？其中的原因值得我们深入探讨。笔者认为，缅甸华人华侨社会形成晚、成熟度低是原因之一；另一个原因则是缅甸近现代文学的特殊发展历程。

## 二、中国文学很少传入缅甸的原因

在中文著作的翻译和传播过程中，海外华人华侨是一股重要力量。但是相对于马来西亚、新加坡等海岛国家，缅甸的华人社会形成较晚、规模较小、经济实力较差、文化水平较低，因此在翻译和传播中国文学作品方面几乎没有发挥作用。

由于东南亚的海岛国家处在东西方海上交通要道——海上丝绸之路上，早在秦汉时期，就有中国商船到达东南亚。到唐宋以后，随着海上贸易的发展，开始有中国商人和船员长期居住在这些地区。北宋朱彧著的《萍洲可谈》一书写道："北人（华人）过海外，是岁不归者，谓之住蕃。"有的"住蕃十年不归"[①]。到了明朝，中国的海外贸易空前发达，移居东南亚的中国人数量有所增加。到明末时，侨居海外的华侨已达100万左右，仅在吕宋、爪哇两地就有六七万华侨[②]。到了清朝，尽管清政府实施了严厉的海禁政策，禁止中国人出海和移民海外，但仍有大量中国人移居东南亚。17—19世纪，由于西方殖民者占领了东南亚后，需要大批劳动力开发这一地区，因此出现了中国人移民东南亚的高潮。这期间，前往东南亚各海岛的华工最早、数量最多，据不完全统计，到1890年已达82万余人（其中菲律

---

[①] 张晔：《东南亚华人华侨历史与现状》，北京：旅游教育出版社，2001年，第8页。
[②] 同上书，第9页。

宾 5 万、新加坡 12.2 万、印度尼西亚 43 万)。[①]

相比于海岛国家,缅甸是一个传统的农业国家,海上贸易不是其主要经济活动,因此中国移民到达缅甸的时间较晚,数量也较少。中缅两国有 2000 多千米的边境线,两国从西汉时期就通过南方丝绸之路建立了贸易联系,但在 2000 多年的交往中,移居缅甸的华侨并不多。华人移居缅甸主要始于 19 世纪中叶。一方面是因为英国殖民者占领下缅甸之后,开发殖民地需要大量的劳力和中间商,英国人开始从中国东南沿海地区和其海峡殖民地大量吸引华人前往下缅甸。另一方面是鸦片战争后,中国局势动荡,战火连绵,东南沿海和云南边境地区的居民被迫向缅甸移民,移居缅甸的中国人迅速增加,到清朝末期,缅甸的华人社会基本形成。据 1891 年统计,缅甸的华人华侨有 3.7 万人。[②] 由此可见,与东南亚海岛地区相比,缅甸的华人社会形成的较晚,数量也较少。

进入 20 世纪后,缅甸华人华侨的人数不断增加,但与马来西亚、印度尼西亚、新加坡、泰国等国家相比,在人口数量、占所在国人口比例、经济实力、政治和文化影响等方面都还比较弱。

据 20 世纪 80 年代末的统计资料,亚洲约有华人华侨 2200 万,其中 80% 分布在东南亚,主要分布在以下几个国家:印度尼西亚 600 万,马来西亚 509 万,新加坡 210 万(占新加坡总人口的 76.5%),缅甸 71 万,菲律宾 125 万,越南 111.6 万,泰国 645 万。[③] 整个 20 世纪,缅甸的华人华侨占缅甸总人口比例从未超过 2%。

除人口少外,缅甸华人华侨的经济状况也比较差。由于受缅甸本国经济政策和民族政策的影响,缅甸几乎没有大型的华人企业,大部分华人主要经营杂货店、餐饮业和小型企业,目前东南亚著名的华人企业中,没有一家属于缅甸华人。

除上述这些客观条件外,缅甸华人华侨的特殊的教育状况也是造成他们没有能力翻译中国文学作品的主要原因之一。从古至今,移居海外的华人群体主要是以苦力和手艺谋生的社会底层民众,知识分子阶层移居海外的并不多。这些人移居海外的主要目的是赚钱、谋生,缅甸华人亦如此。而在一个社会中进行文化传播的主要人群是知识分子,尤其是精通中文和所在国语言文字的知识分子。早期

---

① 张晔:《东南亚华人华侨历史与现状》,北京:旅游教育出版社,2001 年,第 10 页。
② 林锡星:《中缅友好关系研究》,广州:暨南大学出版社,2000 年,第 23 页。
③ 张晔:《东南亚华人华侨历史与现状》,北京:旅游教育出版社,2001 年,第 14 页。

移居缅甸的华人华侨多是文盲,他们来缅甸的主要目的是赚钱,然后回国买房置地,娶妻生子。20世纪初,缅甸的华文教育开始发展起来,华人华侨的子女可以在缅甸接受华文教育。但当时的华文学校是一个特殊的教育机构,它只针对华人子弟,只开设华文课程,这使它具有很强的封闭性。缅甸政府曾如此评价当时的华文学校:"华侨并不希望政府承认他们的私立学校,而宁愿采取独立的民族特有的方针来管理这些学校。"该报告还称:"某些学校得到了中国教育协会的资助,而所有的学校都是由华侨各社团支持的……全部华校在缅甸构成了一种独立的学校制度——在这种制度下,由一个中国人的教育团体管理和监督教育事宜,并任命人员和供给经费,其课程是与公共教育无关的。"[1]此外缅甸政府还认为:"中国国语学校是一种绝无仅有的制度,它是以孙中山的三民主义为基础的,它不适合于融入到任何外国的国民教育体制中。"[2]在这种封闭的教育机构中,华人子弟完全脱离了缅文的系统教育,而在华文学校也只有一部分学生坚持上到高中。这种特殊的华文教育体系导致缅甸华人华侨的缅甸语和汉语水平都比较低,甚至有些华侨终身生活在缅甸,却不会讲缅甸语。1962年,奈温军政府上台后,缅甸的华文教育走向衰落。1964年,缅甸政府把所有私立中小学收归国有,1967年,又颁布了《私立学校登记条例》,该条例规定,除单科补习班外,不许开办任何形式的私立学校。后来,连开办家庭补习班也被禁止。这一举措导致缅甸华人华侨群体的汉语水平急剧下降。这种状况直到20世纪90年代才得到改善。由于失去了语言这一文化载体,相当一部分华人华侨,尤其是下缅甸的华人华侨迅速被缅化,连汉语都不会讲,更谈不上翻译中国文学作品。

可以说,华人社会的成熟度、人口数量、经济实力和文化水平是中国文学作品翻译和传播的基础,由于缅甸华人社会在这些方面一直没有形成优势,因此他们一直没有能力参与到中国文学作品的翻译和传播中来。

### 三、缅甸近现代文学的特殊发展历程导致中国文学作品很少受到缅甸文学界的关注

如前所述,在缅甸的整个封建时期,缅甸从事文学创作的人群是僧侣和王公

---

[1] 林锡星:《中缅友好关系研究》,广州:暨南大学出版社,2000年,第56页。
[2] 同上。

贵族,创作的内容主要是佛教文学和宫廷文学。随着缅甸封建王朝的结束,近代教育得以发展,接受过近代教育的知识分子成为文学创作的主体。缅甸的近代教育体系始于19世纪中叶,是由英国殖民政府建立的。英国殖民者占领缅甸后,逐步在缅甸建立了一些用英文、缅文授课的近代学校,这些学校培养出来的人才英语水平都很高,这为他们接受外国文学的影响打下了基础。

缅甸的近代文学是以近代教育为基础、在西方文学的启蒙下发展起来的。19世纪末20世纪初,缅甸学者开始把外国文学翻译介绍到缅甸。1855年,萨拉·贾德森就翻译出版了17世纪英国作家班扬(John Bunyan)的小说《天路历程》。在这以后,瑞图塞提翻译了《伊索寓言》(1880年出版),穆哈默德·项秀廷(又名貌波钦)翻译了阿拉伯小说《哈迪·代》(1889年出版),阿布杜拉·拉哈曼翻译了《天方夜谭》(1896年出版),1902年,吴波佐翻译出版了英国小说《鲁滨孙飘流记》。[1] 这些作品的翻译出版为缅甸近代文学的产生打下了基础。1904年,根据法国著名作家大仲马(Alexandre Dumas)的《基督山伯爵》改编而来的缅甸第一部近代小说《貌迎貌玛梅玛》(ma'yin ma'maun me maun)问世,在缅甸引起了巨大反响。以此为开端,缅甸的近代文学逐步发展起来。缅甸近代文学家大多都接受过良好的英文教育,能熟练应用英文,有些作家还在英国学习生活过,因此,他们的文学创作是在西方文学的影响下开始的。尽管他们的作品侧重于反映缅甸的社会现实,体现人民要求维护民族传统文化,反对帝国主义侵略,争取民族独立的愿望,但他们的创作形式却深受西方文学的影响,这种影响一直持续到独立前。因此在独立前,缅甸的文学家主要关注西方文学,而很少关注中国文学。此外,19世纪后半叶及20世纪前半叶,中缅两国都处于深重的民族灾难中,争取民族独立,反对帝国主义和殖民主义是两国人民的主要使命,两国在文化方面的交流很少。因此这一时期缅甸缺乏翻译研究中国文学作品的主观和客观条件。

1948年缅甸独立后,经过了短暂的民主化尝试后国家陷入了内战和分裂的危机中。1962年奈温军政府上台,开始在国内推行缅甸式社会主义政策,在政治上实行独裁专制,在经济上实行国有化,在文化上强调维护传统文化,在思想意识领域实行严格控制,对外则闭关锁国。奈温军政府的这些政策导致缅甸国内各个

---

[1] 姚秉彦、李谋等:《缅甸文学史》,北京:北京大学出版社,1993年,第187页。

方面的发展都陷入困境。同时,军政府的这些政策也严重束缚了文学家们的创作活动,缅甸的文学发展跌入低谷。在奈温政府统治期间,缅甸文学界的最高奖项——国家文学奖经常都陷入没有作品可评的尴尬境地。1964年,政府取消了小学校中的英文课,缅甸英文教育迅速衰落,这导致20世纪60年代以后成长起来的文学家们的英文水平和国际眼光都远不如前,对外国文学的关注和外国文学作品的翻译能力大大降低。因此,尽管这一时期缅中关系有了很大发展,但中国文学作品在缅甸的翻译和传播并没有取得相应的发展。

《红楼梦》的翻译者妙丹丁是独立前成长起来的最后一批文学家之一,他在英文方面有很高的造诣,有国际眼光,不但关注西方世界,也关注东方国家。他在诗歌和文学创作方面都取得了很大成就,因此他主观上有翻译中国文学作品的愿望,客观上也有这个能力,这成就了他的缅文版《红楼梦》的诞生。但是在妙丹丁的译著中,西方文学作品的比例远远大于中国文学作品。他的五部译著曾获得过"国家文学翻译奖",这五部作品是《红楼梦》(khan: hsuan ni eit met), War and Peace (Leo Tolstoy), Gone with the Wind (Margaret Mitchell), The City of Joy (Dominique Lapierre), Beyond Love (Dominique Lapierre)。其中四部都是西方文学作品。

除上述两个原因外,近几十年来中缅两国文化交流流于形式、缺乏深度也是造成中国文学作品很少被翻译成缅甸语的原因之一。缅甸独立后,中缅两国的文化交流不断加强,但交流的形式主要是互派文化代表团参观考察、举行文艺表演或展览等,两国政府没有有组织地资助和推动过对对方文化作品的翻译出版。

20世纪90年代后,由于缅甸政府放宽了相关政策,加上中国经济发展和两国经济交往的加强,缅甸的华文教育迅速发展起来。近几年,在中国政府的资助下,每年都有一些缅甸留学生到中国学习,有些还取得了硕士和博士学位。但这些人未来是否有能力翻译中国文学作品,还有待观察。在军政府执政的20多年里,由于大部分大学被关闭,缅甸的年轻人无法正常接受系统的高等教育,再加上外语热的影响,现在缅甸年轻人的缅甸语水平呈现下降的趋势,华人华侨的子女尤其如此。此外,文学创作和翻译是一项辛苦而清贫的工作,现在的年轻人很难静下心来从事这项工作,向来有经商传统的华人更是如此。因此未来一段时期内,中国文学作品,尤其是古典文学作品在缅甸的翻译和传播形势也不容乐观。

# 20世纪中国古代文化经典在越南的传播与影响

北京外国语大学亚非学院  钟　珊

中越两国山水相连，文化交流源远流长。早在秦朝时，汉文化就已传入越南。汉朝时，汉字在越南传播开来，在随后的2000多年间，汉字在越南始终占据着主导地位，直到20世纪初才逐渐被法国人创造的用拉丁字母拼写而成的国语字所替代。但据统计，现代越南语中仍有70%以上的词汇是汉语借词（汉越词）。伴随着汉字的传入，汉文学和以儒家学说为代表的中国传统文化也逐渐成为古代越南文化极其重要的组成部分。

近代，随着西方国家的殖民入侵，西方文化开始大举侵入越南。再加上汉语科举考试先后在南圻（1867）、北圻（1915）、中圻（1919）废除，越南以儒学为中心的传统文化的架构开始倒塌，中国古代文化经典在越南的传播受到一定程度的影响。尽管如此，与其他国家相比，20世纪以来中国古代文化经典在越南的传播和影响仍十分显著。下面将就这一问题做简要的分析和论述。

## 一、现代报刊、印刷业的创办与发展

随着西方文化的侵入，现代报刊、印刷业在越南逐渐兴起并迅速发展起来。1865年，越南南方出现了法国人创办的第一份国语字报《嘉定报》，此后又有多种国语字报刊问世。

20世纪中国古代文化经典，特别是文学作品在越南得以广泛传播与这一时期越南报刊、印刷业的兴起与发展有着密切的关系。许多中国古典小说都是先通过报纸刊登评介或连载，然后才出单行本的。1901年8月1日，西贡《农贾茗谈》报刊登了《三国演义》桃园三结义部分国语字的翻译版本以及对三国人物的评点文章，从此拉开了现当代越南翻译中国古典小说的序幕。此后，许多中国古典小说在《东洋杂志》《中北新闻》《南风杂志》《六省新闻》《星期六小说》等报纸杂志上连载，然后交由出版社出版发行。不少翻译中国古典小说的人士本身就是办报人，如曾经翻译过《三国演义》的越南南方著名翻译家阮文咏，就于1907年创办了《登古丛报》，此后，还主办多种报纸和杂志，发表大量文章。他还和法国人联合开办了越南北方第一个印书局，印刷他的译作和著作。

　　这一时期，译介并刊登过大量中国古典小说的报刊有《农贾茗谈》《六省新闻》《东洋杂志》《南风杂志》《妇女新闻》等。《农贾茗谈》顾名思义就是边喝茶边谈论农业、商业之事的报纸。该报是南圻最早把中国文学作品翻译成国语字的报纸之一，也是越南第一份国语字经济报，由法国人保罗·加纳瓦雅（Paul Canavaggio）在西贡创立。第一期发行于1901年8月1日，1921年11月4日停办，共发行100多期，每期8页。该报的主编和撰稿人都是当时越南一些著名的学者和作家，如梁克宁、陈政照、阮政瑟、黎文忠、阮安姜、潘国光、杜青锋等。该报的创办推动了包括南圻在内的整个越南报业和国语文学的发展，是越南第一份举办小说创作比赛的报纸。1913年，《东洋杂志》由在越南经营印刷业的德裔法国人施耐德（F. H. Schneider）在河内创办，由阮文咏担任主编。最初，该杂志是西贡《六省新闻》报在北圻、中圻的副刊。1913—1914年期间，《东洋杂志》和一般的刊物一样，常刊登一些社会政治时事新闻和学术性文章。但在1915年《中北新闻》报创办后，《东洋杂志》改为专门刊登介绍和翻译各种外国文学作品的杂志。当时越南许多著名学者、翻译家，如潘继柄、阮杜牧、范琼、陈重金、阮克孝等都在该杂志上发表了文章或译介作品。

　　这一时期，侨报和华文报刊的创办对于中国古代文化经典在越南的传播也起到了一定的推动作用。1918年，越南第一家侨报《南圻日报》在西堤创办，结束了越南华侨无报的历史。此后，又相继出现了《华侨报》《群报》《中国日报》《全民日报》《侨声报》《远东日报》《亚洲日报》等具有影响力的侨报。1938年创办的

《全民日报》是当时最具影响的侨报。该报不仅经常转载越南国内进步报刊及香港中国新闻社提供的文章,还辟有《选摘评介》,经常刊登当地华侨知识分子撰写的文学作品,深受广大侨胞的欢迎。除在越南南方拥有众多读者外,该报还销售到越南中、北部以及柬埔寨金边和老挝万象等地,日发行量达5000多份,成为当时印支最大的侨报①。

当时在国语字普遍应用于越南社会的文化背景下,越南各地华侨创办的报刊则为仍以华文为创作载体的华人作者提供了珍贵的创作园地,其作品也以侨胞为主要阅读对象。这些侨报的内容贴近华侨的现实生活,在弘扬中华传统文化、推动华侨社群建设、促进中越文化交流等方面均发挥了一定的作用。但可惜的是,1975年4月30日越南南方解放后,越南境内的侨报全部停办,仅有华文版的《西贡解放日报》发行至今,但它已不再是一份华侨报。

## 二、中国古典文学作品的传播及译介

20世纪以来,中国文学在越南传播的主要媒介是国语字译本。越南现代报刊、出版业的兴起与发展,为中国古典文学准备了良好的译介、出版园地。20世纪上半叶以来,除伞陀(阮克孝)与人合译的《诗经》、吴必素、陈重金各自翻译的《唐诗》,让宋摘译的《杜甫诗选》,段中刚译的《四书》,朱玉芝译的《明道家训》等中国经典作品外,被翻译最多的则是中国武侠和公案类小说。我国学者颜保先生在其撰写的《中国小说对越南的影响》一文后附有《中译越通俗小说书目对照一览表》②,对20世纪上半叶前后译成国语字的中国小说单行本进行了梳理。其中收录中国古典小说不同译本多达316种,包括《包公奇案》《北宋演义》《北游真武传》《残唐演义》《大红袍海瑞》《大明英烈》《荡寇志》《东汉演义》《东游八仙》《东周列国》《二度梅》《儿女造英雄》《反唐演义》《飞龙演义》《粉妆楼演义》《锋剑春秋》《封神演义》《合浦珠》《红楼梦》《后三国演义》《后西游》《今古奇观》《镜花缘》《聊斋志异》《岭南逸史》《龙凤再生缘》《龙图公案》《绿牡丹》《绿野仙踪》《罗通扫北》《明珠缘》《平山冷燕》《七国志演义》《七侠五义》《情史》《三国志演义》

---

① 徐善福、林明华:《越南华侨史》,广州:广东高等教育出版社,2011年,第240—241页。
② [法]克劳婷·苏尔梦编著:《中国传统小说在亚洲》,颜保等译,北京:国际文化出版公司,1989年,第208—236页。

《双凤奇缘》《水浒演义》《说唐演义》《隋唐演义》《万花楼演义》《五虎平辽》《五虎平南》《五虎平西》《吴越春秋》《西汉演义》《西游记》《小红袍海瑞》《小五义》《续水浒》《续小五义》《薛丁山征西》《薛仁贵征东》《杨文广平南》《岳飞演义》《钟无盐》等。小说译介作品较多的翻译家有阮政瑟、阮杜牧、陈丰稿等人。

这一时期，在越南被翻译、出版最多的古典小说要数《三国演义》了，有阮安居、潘继柄、阮莲锋、阮文咏、丁嘉欣、武甲、严春林、贤良、武熙苏、浪人、黎山、潘君、阮勋览等人的译本，出版地点除了河内、西贡、海防，还有越侨集中的巴黎等地，其中阮安居、潘继柄、阮文咏的译本多次重印。由于《三国演义》译本的热销，还引发了与三国故事有关的系列作品的翻译和出版，如：《新三国志》，阮政瑟翻译，1910年西贡出版；《后三国演义》，阮安姜翻译，1929年西贡出版；同年同地，还出现了署名为名儒的《后三国演义》译本，此译本1954年在西贡再版。① 《三国演义》早在18世纪就已流传到越南，几百年来，《三国演义》的故事内容、人物情节乃至其中的语言进入了越南的文学作品、文化生活、宗教信仰、语言文字等各个方面，影响十分深广。

除《三国演义》外，《聊斋志异》《红楼梦》等中国古典小说亦有译本流行。1916年，西贡出版了阮政瑟、阮文矫和阮祥云翻译的《聊斋志异》，这可能是最早的译本；1918年，阮有进译《红玉》，收聊斋故事14篇，由《南风杂志》社出版；1920年，阮有进又译聊斋故事38篇，结集成《霍女》，仍由《南风杂志》社出版；1933年，玄墨道人的全译本《聊斋志异》在西贡出版。1939年11月，著名诗人、汉学家伞陀选译了《任秀》《张成》《红玉》等18篇聊斋故事在河内出版，他不仅致力于翻译，还撰写文章高度评价蒲松龄及其作品（此译本1957年又经河内明德出版社再版）。1940年，河内新生活出版社出版了秋安的聊斋译本，当时书名为《薄情》。1950年，西贡四方出版社出版四卷本《聊斋志异》，这个版本曾多次印刷出版。此后，《聊斋志异》的译本依然不断出现，1958—1959年，西贡自由机关出版社出版了阮活的译本。1962年，西贡长江出版社出版梦仙的译本，西贡开智出版社出版黄竹篱的译本。1989年，河内文学出版社出版高春辉、阮惠之等的译本。1993

---

① 夏露：《略论20世纪上半叶中国古典小说在越南的翻译热》，《东南亚纵横》2007年第5期，第51页。

年，河内民族文化出版社出版范廷求、阮辉轼的儿童版改编本。①《红楼梦》一书传入越南的时间，相对其他古典名著而言不算太早，但它一经译成国语字后，就引起了广大读者和评论家的广泛注意。越译本《红楼梦》的前八十回由武培煌、陈允泽译出，后四十回由阮育文、阮文煌翻译，1962—1963 年由河内文化出版社出版，共 6 册。此译本是根据北京人民文学出版社 1957 年版翻译的。②

20 世纪后半叶，除中国古典小说的翻译与再版外，大量中国古代经典作品被译成国语字版，许多越南学者还编著了有关中国古代文化经典的著作。如：表琴的《宋儒》和《了解〈易经〉》，阮献黎的《中国文学史大纲》《儒教——政治哲理》《苏东坡》《列子与扬子》以及与简之合著的《司马迁〈史记〉》，简之的《王维诗选》，汝成的《史记》，阮辉勤的《〈庄子〉精华》，侯外庐、赵已斌、杜国翔合编的《孔墨显学》《论中国古代思想》《老庄思想》，杜鹏团、裴庆诞的《唐诗摘译》，黎武朗的《子思孟子学说》，张政、陈春题、阮克飞的《中国文学史教程》，南珍、华鹏、伞陀、陈重珊、姜有用等人译介的《唐诗》，竹溪的《李白诗词》，杨兴顺的《老子与〈道德经〉》，阮碧吴的《宋诗》，阮福海的《孙吴兵法》，谢光发的《诗经集传》，阮维精的《〈中庸〉说约》《〈周易〉本义》，陈春题的《杜甫诗词》，方榴的《中国古典文学理论精华》《道家与文化》，梦平山的《典籍选读》《温故知新》，重心的《三十六计》，潘玉的《韩非子》，秋江、阮维琴的《道德经》《周易玄解》《庄子精粹》《庄子〈南华经〉》，陈文海明的《诸子百家》，阮有进的《孟子国文解释》，吴德寿的《六祖坛经》，陈庭史的《中国古文学思想》，梁维次的《中国历史文化大纲》，胡士侠的《中国人的〈论语〉圣经》，阮善志的《荀子——世间警觉之书》，潘奇南的《左传——列国风云图》，阮文爱的《战国策——唇枪舌剑录》，甲文强的《老子——玄秘道德》，何叔明的《中国哲学史》，何明方的《唐宋八大家》，黎文漱的《阴阳五行学说》，潘文阁的《吕氏春秋》等。从以上列举出的作品可以看出，除古典小说外，现代越南人对于中国传统文化中的"四书五经"、诸子百家、诗词歌赋、古代哲学思想、宗教等内容也十分感兴趣，译介的作品大都围绕着以上这些方面的内容。

---

① 夏露：《略论 20 世纪上半叶中国古典小说在越南的翻译热》，《东南亚纵横》2007 年第 5 期，第 51 页。
② [越]黄达士：《〈三国演义〉与越南汉字历史小说》，华中师范大学硕士学位论文，2008 年 12 月，第 16—17 页。

中国古典文学作品能够在越南广泛传播还与华侨有关。19世纪末20世纪初,广东、福建等地大量中国人移居越南,中国古典小说译本的底本很可能有一部分为华侨带入。不仅如此,不少华侨还亲自参与翻译,比如李玉兴就曾于20世纪二三十年代翻译了《七国志演义》《飞仙天宝演义》《江湖义侠》《凌云剑客》《女霸王》《蓬莱仙客》《漂流侠士》《青天大侠》《仙剑》《小侠复仇》《烟花奇史》《云天岭》《终南血恨》等十几部小说。①

### 三、华人会馆、庙宇的发展

20世纪以前,已有众多的中国人到越南各地定居。他们通过自己的辛勤劳动,为越南的社会政治、经济和文化的发展做出了重要贡献。华人来到越南后,在各地纷纷建立了本帮②会馆、庙宇,作为本族群聚会、商讨大事、祭拜神灵先贤、举办各种重大活动的场所。这些华人会馆、庙宇本身就是汇聚中华传统文化精髓之所在,它们的发展为继承和弘扬中华传统文化做出了卓越贡献。

在越南各地的华人会馆、庙宇中,南方胡志明市(以前的西贡堤岸地区)的华人会馆、庙宇最为集中。据统计,目前胡志明市的华人会馆、庙宇仍保留有30座左右③,如明乡嘉盛会馆、穗城会馆天后庙、琼府会馆(海南天后庙)、二府会馆、霞漳会馆、温陵会馆、义安会馆、福海庙(玉皇庙)、崇正会馆等。此外,越南中部会安古城的广肇会馆、福建会馆、澄汉宫(翁寺)等华人会馆、庙宇也为世人所熟知。

上述这些华人会馆、庙宇的建筑极具中华古典建筑的特色,会馆、庙内的雕刻、装饰以及所供奉的神灵先贤也无不体现出中华传统文化的精髓。例如:坐落于胡志明市第5郡的穗城会馆天后庙(俗称阿婆庙)是胡志明市著名的广东帮华人庙宇,是该市古老、极具文化价值的建筑之一。每天前去参观、上香的国内外游客络绎不绝。穗城会馆天后庙与中国国内妈祖庙一样,"馆内所供奉的7位神之中,以最靠近我们世代,实有其人可考,最年轻,而又与第一代越南南方(以至海外)华人先辈,大多数是乘船出海,流落他乡的命运息息相关的'女海神''天后圣

---

① 夏露:《略论20世纪上半叶中国古典小说在越南的翻译热》,《东南亚纵横》2007年第5期,第54页。
② 早期越南的华人主要由广东帮、福建帮、潮州帮、海南帮和客家帮5个族群组成。
③ 潘安:《胡志明市华人庙宇》,胡志明市出版社,1990年,第9页。

母'——莆田县湄洲湾福建林默姑娘(960—989)为主"①。会安古城的澄汉宫被当地人叫作"翁寺",实际上是座关公庙。在其前堂和后宫之间有一片露天院子,当中有一口人造池子,内造假山,山上塑像反映三国演义中的"桃园三结义""关公护送二位嫂子""关公擒曹操"等故事。后宫是关公庙最神圣、最庄严的部分,正中摆放着关公的供台,供台前两侧分别是关公的坐骑赤兔马与白兔马,马身与实际等高,马鞍、踏板、缰辔齐全,形象逼真。后宫的左右两侧分别是关平和周仓像,像高2米有余。关公像置于后宫的最里处,像高近3米。其像骑在白虎身上,面如重枣,卧蚕眉,凤目,长髭髯,身披青色锦袍,袍上饰以盘龙,头盔上饰双龙戏珠。关公像后面的墙壁上挂着一件锦袍,此袍系17世纪明乡人从中国带到越南的,现已成为关公庙的一件珍贵文物。②

华人会馆、庙宇所体现出的中国古代文化经典中的儒、释、道信仰显而易见。就佛教而言,始建于1744年的西贡觉林寺是目前确知由华侨兴建的第一座佛教庙宇。旅越华侨主要信奉临济宗、曹洞宗和华严宗。在越南目前仍保留有这3大宗派的佛寺,如草堂寺、慈恩寺、龙华寺、宝林静苑、慈德寺、恩福寺、华严寺、福海寺等。近代,随着旅越华侨人数的增多,信奉道教者也与日俱增。庆云南院是越南南部一座著名的道观,起初坐落于现今胡志明市第5郡,1942年移至第11郡。该道观占地面积2000多平方米,内有太清宫,不仅供奉老子和庄子的塑像,还供奉观音、文昌、关公、华佗等塑像。③

**四、侨校、高校中文院系、专业的创办与发展**

越南各地侨校、高校中文院系无疑是传播中国古代文化经典的两大基地。

1907年以前,旅越华侨主要利用帮会会馆、庙宇或私人房舍,设立私塾,聘请旧时的读书人或晚清秀才为教师,给华侨子弟讲授《三字经》《千字文》《百家姓》等启蒙读物。启蒙教育完成后,再接受"四书五经"等儒家经典教育。1907年,福建帮华侨谢妈廷、曹允泽、林民英、颜庆富等有识之士在堤岸的霞漳会馆创办了越南第一所华侨学校——闽漳学校。此后,越南国内的侨校如雨后春笋般发展起

---

① [越]黎文景:《穗城会馆天后庙》,胡志明市:青年出版社,2000年,第9页。
② 谭志词:《越南会安"唐人街"与关公庙》,《八桂侨刊》2005年12月第5期,第46页。
③ 潘安:《越南南部华人》,河内:社会科学出版社,2005年,第219—238页。

来。除西贡堤岸地区的穗城、义安、崇正、乐善、坤德、育水、平善、三民、城志、广肇、薰南等侨校外,在南部湄公河平原地区、中部的会安、北方的河内、海防等省市也涌现了一大批侨校。

1930年以前,越南各侨校学制均沿用中国小学的六年制。1931年,堤岸侨界率先创办暨南中学和中国中学,标志着越南华侨教育向中学阶段发展。越南侨校的发展得到了中国的重视和指导,教育体制、课程设置、课程教材基本上与中国国内一致,有些学校还是抗日战争爆发后逃到越南的中国内地教育界人士协助兴办的,因此形成了一个有趣的特点,即许多侨校以中国国内大学或中学的校名作为自己的校名,如越南的暨南中学、中山中学、知用中学等。

如果说侨校是旅越华侨传承中华传统文化的基地的话,那么越南各高校中的中文院系无疑是向除华族外的其他越南人传播中华传统文化的另一大基地。

河内国家大学——社科人文大学中的文学系设有汉喃专业,1972年开始正式招生。该校东方学系中设有中国学专业。河内国家大学所属外国语大学的前身是河内外语师范大学,该校设有中国语言文化系。在中国语言文化系的发展过程中,曾选派10多名教师前往中国的高等院校或其他国家大学任教。该系曾与中国教育部合作,参与编写越南学生汉语学习的系列教材。此外,在越南南方和中部还有一些大学设有中文系、中文专业和中国研究中心。如:1998年,胡志明市国家大学——社科人文大学的中文教研室升级为中文系;胡志明师范大学设有中文系和中国语言文化中心;胡志明外国语信息大学外语系中设有中文专业;岘港大学直属外国语大学设有中文系;等等。目前越南的汉语教学非常盛行,几乎所有设立外语教学的高等院校都开设了汉语专业,并且发展势头迅猛,汉语成为继英语之后的第二大外语。越南大学将中国经典文学作品作为教科书,重视专门人才培养,加强研究工作,有力地促进了中国古代文化经典的传播向新的广度和深度发展。

### 五、中华传统艺术的传承

(一)书法、绘画

长期以来,许多越南华人在执业之余,喜欢欣赏和收藏中国书法、绘画作品,以此作为他们情系中华和丰富精神生活的一种方式。胡志明市潮州籍知名人士张汉明是当今越南具有代表性的岭南派中国国画家。他自幼酷爱绘画,拜当地岭南派中国国画家梁少航为师。他的中国国画作品既保持岭南派中国国画传统特色,又有所创新,在构思、布局、运笔以至落色上总是匠心独运,故其笔下的花、鸟、虫、鱼和人物都传神入化,栩栩如生,给人以情景交融的艺术美感。张汉明的不少中国国画作品,得到东南亚、欧美、澳洲等地美术爱好者的高度评价并被珍藏。

中国传统书法、绘画艺术不仅在越南华人圈内得以传承,而且也深受越南人的喜爱。若当地举办中国书法、国画展览,许多越南人都积极前往参观。越南人经常会把中国书法、绘画作品用来装饰自家的客厅。特别是到了春节前夕,许多不懂中文的越南人家庭会专门请擅长中国书法、德高望重的老先生(Thầy đồ)书写汉字春联悬挂在家中,以求阖家幸福安康。

(二)音乐、戏曲

中国音乐、戏曲很早以前就随着中国人移居越南而传入。早在三国时期,士燮所使用的乐器如钟、磬、鼓、喇叭,都是仿照中国的宫廷习惯而制作的,这是对中华乐器和乐曲的直接传播。到了宋代,常有中国艺人流寓越南,他们所带去的技艺和音乐,很受越人欢迎。明代和清代,越南华侨酬神赛会,经常聘请中国剧团到越南进行表演,促进两国之间的文化交流。法国殖民者入侵越南后,中越人民共同培育起来的越南民族曲艺和戏剧,虽横遭摧残,但直至20世纪中叶,这些音乐、戏曲仍然是越南广大城乡人民文化生活中的重要内容。越南戏剧的题材常引用中国经典文学著作中像《三国演义》《水浒传》《西游记》的故事。据不完全统计,仅1910年至1944年期间,越南就出版了有关三国故事的剧本21种。[1] 可以说这些传统剧目受到越南人民的无比喜爱。[2]

由于旅越华侨大都来自广东、潮州、海南等地区,因此越南接受中国的音乐、戏剧以民间音乐、戏剧为主,传统潮戏、粤戏和琼戏影响较大。当时,越南西堤已有东方、以云、新艺、阳明轩、玉雪等业余潮乐社,并有潮群、师竹轩、潮州、同德等潮州大锣鼓班。许多爱好潮剧潮乐的潮人,分别参加这些业余潮乐社或大锣鼓班,积极排练潮剧、潮乐节目,参加各项演出活动。1976年,上述5个业余潮乐社

---

[1] 夏露:《略论20世纪上半叶中国古典小说在越南的翻译热》,《东南亚纵横》2007年第5期,第53页。
[2] 林金枝:《近代华侨在东南亚传播中华文化中的作用》,《南洋问题研究》1990年第2期,第11页。

合并组成胡志明市"统一潮剧团"。每年农历正月十四晚,统一潮剧团都参加在胡志明市潮州义安会馆广场举行的胡志明市潮籍乡亲庆祝元宵文化盛会,一连领衔演出十多个晚上,演出古装或现代潮剧,至农历正月底才结束演出。统一潮剧团还时常应越南南方各省市潮人社团的邀请,前往公演潮剧节目。除胡志明市统一潮剧团外,越南南部蓄臻省朱洋市珠光业余潮剧团和芹苴省芹苴市天和业余潮剧团等在越南也颇为著名。

在越南,不仅一些大、中城市的潮人建立潮剧、潮乐团体,一些潮人聚居人数较多的镇、坊,也建有潮剧、潮乐团体。如芹苴市丐冷镇的潮人,在20世纪40年代建立了丐冷镇潮州音乐社。迪石市迪吹镇的潮人,于20世纪70年代建立了迪吹镇华声乐社。这些镇、坊的潮剧、潮乐社团,聚集当地喜爱潮剧、潮乐的同乡,自娱自乐,对中华传统音乐、戏曲在越南的传播起着非常重要的作用。[1]

(三) 武术

20世纪,中华传统武术在越南,特别是在越南华人中得以广泛地传播。

华人会馆中的精武会、武馆、拳社大都由移居越南的华侨武术家创立,他们开馆收徒、传授武技、开展武术表演和交流。会馆是越南华侨华人进行武术活动的重要阵地,除了在同乡、同宗和同行间加强团结与协作、相互支持与帮助、调节矛盾与纠纷等方面发挥巨大作用,还把发展和推广体育运动作为办馆的宗旨和要务之一,中华武术等传统体育项目在其中占有非常重要的位置。每逢过年过节或重大日子,越南华人的各种武术团体都会举行武术套路、舞狮舞龙、气功和太极拳的表演活动,并向其他族群宣传和推广武术。

中华传统武术除在华人族群中深受追捧外,也受到越南其他各族人民的喜爱。许多越南人把太极拳作为日常强身健体的体育运动。此外,越南政府非常重视对武术项目的投入。自1993年开始,越南国家武术协会每年都邀请中国武协派武术援外教练到越南帮助当地运动员进行训练。许多中国专家也曾受邀到越南讲学。

---

[1] 杨群熙:《越南潮人的中华和乡邦文化情缘》,《第五届潮学国际研讨会论文集》,香港:公元出版有限公司,2005年,第357—367页。

## 六、传统中医的继承与发扬

传统中医药学是在中越两国的长期交往中,随着贸易和华侨的移居传入越南的。从秦汉时期开始,就已有一些简单的药材、药物传入交趾地区。宋元时期,越南与中国的朝贡贸易和民间贸易都很发达,药材、药物成为中越两国贸易的重要商品。一些医药界人士南渡越南,带去了中国先进的诊断和治疗技术。此外,中国宋元政府实行的医师制度也传到了越南,受中国影响,越南出现了本土医生。明末清初,随着大批华人移居越南,有不少华侨中医师在越南行医、开设药材店或杂货店销售中药材。这一时期,中越中医药交流发展到了中医学理论上的高层交流,大量中医药书籍传入越南,越南本土医生对中医药加以研究和发挥,写出了不少医药著作并传入中国。

进入20世纪,传统中医药学在越南得到进一步的传承。据统计,20世纪初中医药材输入越南每年达2万担之多。许多旅越华侨开设了药材店,如:河内有郭成记的安和堂、朱三记的祥春堂、黄万的普生堂、关杰卿的广生堂、关意记的德生堂,海防有广东人程孔之的永萃泰等。越南华侨还创办了许多家医院,进一步推动了中医的传承与发展。如:1915年,旅居河内的华侨创办了寿康医院;在海防有普济医院;在南方西贡有广肇医院(1907)、福善医院(1909)、六邑医院(1916)、崇正医院(1926)、海南医院、中正医院(1946)等。在华侨开办的这些医院中,以广肇医院、六邑医院两家规模最大,都设有中医部,用中医药给患者治病。

这一时期,在越南还出现了不少涉及中医内容的医书,如武平府的《医书略抄》(1906)专论针灸,御医潘文泰等编的《中越药性合编》(1907)、范百福的《仙传痘疹医书》(1911)、黄志医的《唐药材备考》等。

20世纪下半叶,为了促进传统医学的发展,吸取他国的经验,越南卫生部东医司、东医研究院、东医协会曾于1958年和1971年两次组织中医中药考察团到中国访问考察。1962—1975年间,越南还从中国多次引种了许多中药材,如党参、丹参、泽泻、乌头、牛膝、玄参、三七、杜仲、黄柏、白术、黄芪、川芎等重要品种。中国有关部门曾多次派专家对越南的中成药生产和药材生产给予具体的指导和帮助。同时还帮助发掘地产药材,如千年健、重楼等30多种。越南技术人员也曾多次来华学习中药生产技术。如1958年到北京同仁堂药厂学习中药炮制、411个处方及 13 个剂型的生产方法。①

中越两国在中医药领域的交流,不仅有利于传统中医在越南的传承,也推动了越南传统医学的发展,增进了中越两国人民的友谊。

**七、中国研究的大发展**

随着中国经济的高速发展以及中国在国际舞台上地位的不断提升,世界各国越来越重视对中国各领域问题的研究。由于历史和地理等因素,中国和越南可以说是"同种""同文"的一对邻邦。中国研究对于越南学者来说尤为重要,因为他们研究中国不仅是为了了解中国,更重要的是想更加深入地了解那些与中国文化有着密切关系的越南传统文化。

进入 20 世纪,特别是世纪之初和中越关系正常化以来,越南的中国研究收获颇丰。如前所述,20 世纪初的头几十年,在越南兴起了一个翻译中国古典文学作品的热潮。其中,阮有进、阮杜牡和潘继秉等人用拉丁化国语字译介了中国的《三国演义》《水浒传》《西游记》《封神榜》《再生缘》和《岳飞传》等。现在,中国的古典名著在越南可以说是家喻户晓、人尽皆知。

从 20 世纪 40 年代中期到 70 年代中期,尤其是越南北方解放后,在以首都河内为代表的北部地区,越南的中国研究取得了很大的发展。在 20 世纪五六十年代,越南数千人在中国接受了培训。他们从中国留学回国后,有的分配到大学里教书,有的专门从事中国问题的研究,从而为越南的中国学研究补充了力量。在大学和研究所里,有关中国的课程和研究课题非常受重视,大量关于中国的出版物在越南得以翻译和出版。

尽管从 20 世纪 70 年代中期至 80 年代末,中越关系一度破裂,越南的中国研究受到严重的影响,但自 1991 年中越关系正常化以来,各所大学、研究机构与中国相关的课程和研究迅速恢复并发展起来。1993 年 9 月 13 日,直属于越南社科院的中国研究中心(后更名为中国研究院)成立。该院的《中国研究》杂志也于 1995 年 6 月首次发行。越南的许多大学恢复了汉语专业并开设了中文系。中越两国学者在许多研究领域开展合作,并举办多场学术研讨会。

---

① 蔡捷恩:《中医药学在越南》,《北京中医杂志》1993 年第 2 期,第 60—62 页。

## 八、结语

现代报刊、出版业的兴起与发展，为中国古典文学准备了良好的译介、出版园地，大量作品被翻译成国语字版本，深受越南人喜爱。旅居越南的华侨，通过兴建会馆、庙宇，创办华校、侨报和医院，不仅在华人后代中传承了中华古代文化经典，而且向当地其他各民族人民展示了包括文学、建筑、宗教、书法、绘画、戏曲、武术、中医等方面在内的中华传统文化的博大精深。

中国古代文化经典以其深厚的文化底蕴、独特的文化魅力，在今后的日子里必将会继续在越南这片土地上绚烂绽放。

笔者深知，20世纪百年来的中国古代文化经典在越南的传播与影响，仅靠这1万多字的文章是不可能说清的。笔者只是想通过自己的微薄之力，将前辈学者们的研究成果与自己的点滴心得进行粗浅的概述与总结，以此表达自己对越南华人先贤及前辈学者们的崇高敬意。

# 中亚东干文学对中国古典文学的传承与变异

## ——以阿尔布都《惊恐》与白行简《三梦记》为例

上海政法学院文学院　常立霓

中亚东干文学是世界华语文学一个独特的分支。1877年陕西、甘肃回族起义军失败后,自中国西北迁入中亚(今吉尔吉斯斯坦、哈萨克斯坦、乌兹别克斯坦境内),苏联称其为"东干"民族。东干移民几乎都是农民,汉字失传,只有口传文学。20世纪30年代东干人创制了拼音文字,这是世界上独一无二的汉语文字——东干文,东干书面文学随之诞生。

东干文学,在汉字失传、完全脱离母语的情况下,竟奇迹般地将中国传统文化传承了130多年,这在华语文学史上是十分罕见的。本文拟以东干小说的代表作家阿尔布都的短篇小说《惊恐》为个案,分析东干文学如何传承中国古代文化,中国古代文化在特殊的语境中又发生了怎样的变异?

阿尔布都出生于1917年,与第一代移民迁入时间整整相隔40年,可以说是地地道道的华裔,这就意味着他的创作是在与母体文化时空完全割裂的情况下完成的。《惊恐》无论从主要情节、人物、结构设置等方面都与唐代白行简的小说《三梦记》中第一梦极为相似。先将第一梦实录如下:

> 天后时,刘幽求为朝邑丞。尝奉使,夜归。未及家十余里,适有佛堂院,路出其侧。闻寺中歌笑欢洽。寺垣短缺,尽得睹其中。刘俯身窥之,见十数人,儿女杂坐,罗列盘馔,环绕之而共食。见其妻在坐中语笑。刘初愕然,不

测其故。久之思之,且思其不当至此,复不能舍之。又熟视容止言笑,无异。将就察之,寺门闭不得入。刘掷瓦击之,中其罍洗,破迸走散,因忽不见。刘逾垣直入,与从者同视,殿庑皆无人,寺扃如故,刘讶益甚,遂驰归。比至其家,妻方寝。闻刘至,乃叙寒暄讫,妻笑曰:"向梦中与数十人游一寺,皆不相识,会食于殿庭。有人自外以瓦砾投之,杯盘狼藉,因而遂觉。"刘亦具陈其见。盖所谓彼梦有所往而此遇之也。

第一梦大意为:一个名叫李娃的农民,背着自产的笤帚和辣面子到集市上去卖,回家时遇上暴雨,耽误了行程,只得赶夜路,路过荒废已久的金月寺,看到十几个阿訇和乡老在调戏他的老婆——麦婕儿,一怒之下向寺中投掷石块,顿时人影全无。谁料回到家麦婕儿向他讲述了自己刚做的一个梦,与李娃在寺中所见情形别无二致。

中国古典小说中关于梦的故事很多,而这个"彼梦有所往而此遇之"的梦的模式自白行简之后不断被重写,从薛渔思的《河东记·独孤遐叔》、李玫的《纂异记·张生》到冯梦龙的《醒世恒言·独孤生归途闹梦》,虽在枝节上有所添减,但故事的基本情节没有变。通过文本比对,《惊恐》依然遵循着《三梦记》的基本情节结构模式:夫妻二人分离,丈夫在僻静的寺中看到妻子被众人调笑,盛怒之下扔掷石块,一切归于平静,回到家中听妻所述,才知看到了妻子梦中之事,正所谓"彼梦有所往而此遇之"。《惊恐》简直可以说是《三梦记》第一梦(以下《三梦记》指第一梦)的当代中亚版。

本文暂把以《三梦记》为核心故事的中国传统小说称为"三梦记模式"。如果说"三梦记模式"在中国反映的是历史的重写史的话,那么《惊恐》所提供的完全是"三梦记模式"在中亚华裔文学中的传承与变异。

## 一、记录梦境——现实批判

时间在小说叙事中是一个关键的要素。中国传统小说的叙事时间基本按照故事的开端、发展、高潮、结局的顺序依次展开,即文本的叙事时间与故事进展的时间相重合。小说选择何种时态开头在很大程度上决定了小说将以什么样的方式来表达,比如鲁迅的《伤逝》:"如果我能够,我要写下我的悔恨和悲哀,为子君,为自己。"仅仅一个假设句,已经奠定了小说回忆伤感的基调。再来看"三梦记模式"的小说,均开门见山,直接交代时间、地点,也注定了小说顺时序的表达方式。

　　天后时,刘幽求为朝邑丞。尝奉使,夜归。(白行简《三梦记》)

　　贞元中,进士独孤遐叔,家于长安崇贤里,新娶白氏女。家贫下第,将游剑南。(薛渔思《河东记·独孤遐叔》)

　　有张生者,家在汴州中牟县东北赤城坂。以饥寒,一旦别妻子,游河朔,五年方还。(李玫《纂异记·张生》)

　　昔有夫妻二人,各在芳年,新婚燕尔,如胶似漆,如鱼似水。(冯梦龙《醒世恒言·独孤生归途闹梦》)

阿尔布都的小说叙事时间同样延续了中国传统小说的叙述方式。小说一落笔就从介绍时间、人物开始,依照故事发生的时间依次写下去,甚至于连倒叙、插叙也没有。

值得注意的是,《惊恐》与"三梦记模式"的过去时态不同,它选择的是现在时态。过去时态一方面可以使叙述者与故事发生的时间产生很大的距离,另一方面也造成读者与故事的距离,增强故事的虚假性、叙述人的不可靠性。由此我们可以理解中国的"三梦记模式"为什么无一例外会选择过去时态。首先讲述的故事不仅不是真事,而且还是个梦,不仅是个梦,而且还是个奇怪的梦。中国每篇"三梦记模式"的小说题目都点明了这一点,《三梦记》中"梦"便直接点明故事子虚乌有,《纂异记》中一"异"字表现故事的不真实性,《独孤生归途闹梦》同样表明这是一场荒诞的梦;"惊恐",只表示人物的心理状态,但故事的真实性却难以判断,这是其一。其二,小说将过去时态置换为现在时态——"昨儿后晌",这意味着故事更具有当下的意味。其三,《惊恐》中故事高潮发生的地点产生了变化,《三梦记》等故事均发生在寺院中,而《惊恐》却发生在"金月寺",很明显,故事被赋予了伊斯兰教的文化气息,反映了东干人在传承中国的民间故事、传说的同时,依据回族的信仰对其进行了变异。比如《西游记》中唐僧去西天取佛经的故事在东干人这里却变成了去阿拉伯取《古兰经》;另外,故事还将调戏媳妇的众人置换为阿訇与乡老。作者受到当时苏联主流文化的影响,对极少数贪赃枉法、胡作非为的阿訇进行了批评,不过作者有意借助梦幻的形式来进行现实的批判,也反映了阿尔布都在特定的历史条件下的矛盾与困惑。一个阿訇对麦婕儿说"你光听阿訇的念,覅看阿訇的干,我们是'杂忙阿后儿'(末世光阴)的阿訇,经上的一句话也不懂,一天光等地叫人乔(请)我们呢,吃哩,喝哩,还不够,我们还要些儿养家肥己的钱呢,我们还是嫌穷爱富的阿訇,把乔(请)哩我们的穷人的门弯过去,走富汉家里去呢,富汉家里的吃的旺实,钱也给得多"。而《三梦记》中只提到"儿女杂坐",这些人只有性别区分,却无身份之别。《独孤遐叔》中"有公子女郎共十数辈,青衣黄头亦十数人",有了主仆身份的区别,却没有特指的群体。《张生》中记录"宾客五六人,方宴饮次",有长须者、绿衣少年、紫衣胡人、黑衣胡人,有了民族身份的区别;再到《独孤生归途闹梦》中众人皆为"洛阳少年,轻薄浪子"。与之相比,《惊恐》中的阿訇、乡老的形象要具体丰富很多。比如其中"一个铁青胡子、挫墩墩儿阿訇",挺着肥肚子"到哩我跟前来,把个家的肚子搓哩几下,说的:'这是我的新近上哩膘的肚子,这都是众人的吃的涨起来的'",语言简练、形象生动,又极具现实批判性。阿尔布都几乎所有的作品都采用了现实主义的创作方法,但《惊恐》有些特别,它借用"梦"的形式造成荒诞无稽的风格,但实质上它仍是面向现实的,颇有魔幻现实主义的风格。

### 二、叙事人:旁观者——当事人

《惊恐》在叙述人的安排上也有所不同。中国古典小说几乎全部使用第三人称全知叙述的方式,不过有时在叙述中经常会嵌入人物旁观的限知叙述。"三梦记模式"也不例外,同样以第三者的视角向大家传递这个关于梦的故事。整个故事的核心情节是寺中众人调笑女性。但这个情节如何向读者交代,阿尔布都却做出与中国"三梦记模式"不尽相同的安排。后者都把核心情节通过丈夫偶然路过寺院亲眼所见传达出来,文末均以妻子简述梦中之事,所见与所梦完全吻合结束。也就是说,它的主要叙述人是丈夫。但在《惊恐》中,作者把主要情节交给妻子叙述,丈夫所见与妻子所述相互补充,而不是中国"三梦记模式"中情节的前后重复,而且寺中之事由妻子亲口娓娓道来,更加强了故事的真实性与层次性。主人公李娃路过金月寺,月色朦胧中只能窥见模糊的场景,却听不到他们在说什么、在干什么,因此读者同李娃一样满腹狐疑:"阿訇乡老给他得道说啥地呢。过哩一时儿,都把酒盅子端起来哩,可不喝,脖子抻的手拃的,给麦婕儿得道说啥的呢。"这种安排也为后面女主人公的叙述留下了很大的表述空间。这不单单是形式上的变化,它有益于充分展示女主人公的性格特征。因为中国"三梦记模式"中作者都是通过旁观者——丈夫来转述所见所闻,丈夫作为叙述人,更多地体现的是他的性格与内心的情感起伏,妻子作为事件的当事人却始终处于被丈夫观看与揣测的处境,妻子的性格与形象都是模糊不清的,甚至是次要的。白行简的《三梦记》言简意赅,只有故事梗概,"见其妻在坐中语笑",妻子是否情愿与众人饮酒欢谈不得而知;《独孤遐叔》"中有一女郎,忧伤摧悴,侧身下坐","其妻冤抑悲愁,若无所控诉,而强置于坐也"。《张生》中人物的言语、神态较前者要丰富许多,妻子的形象也更为饱满。张生先是"见其妻亦在坐中,与宾客语笑方洽",后在宾客的一再纠缠下不悦,沉吟良久,不愿意继续唱歌。《独孤生归途闹梦》更是铺陈渲染,把来龙去脉介绍得详详细细。妻子与丈夫失去联络,思君心切踏上寻夫路,不想路遇洛阳游玩少年强行挟持到古华寺。"那女郎侧身西坐,攒眉蹙额,有不胜怨恨的意思。"在众恶少的强逼下,妻子只得忍气吞声,涕泪交零。《惊恐》中的女性形象却不同。女主人公直接站出来成为故事的讲述主体,因此就拥有了表现性格的机会。麦婕儿表现出少有的正直勇敢,她不仅严厉斥责:"你们是阿訇吗?咋喝酒呢?咋糟蹋女人呢?"面对阿訇的金钱诱惑,"把一沓沓子红帖子(钱)往手里硬塞",麦婕儿却断然拒绝,"把金子摆下,我也不拿",而且面对无理举动还敢于还击,"一个阿訇手抻地去,捏麦婕儿的慷子(胸脯)来哩,叫麦婕儿架(朝)手上狠狠地做给哩一捶(拳)"。可以说麦婕儿的形象完全突破了中国"三梦记模式"中逆来顺受的女性形象,增强了小说的现实感与强烈的批判性。

### 三、文人书写——民间表达

中国"三梦记模式"基本都由文人、士大夫书写,带有典型的书面化、高雅化的风格。白行简作为著名的文学家,小说写得词约语丰,典雅考究。在《三梦记》的纵向传承中,这种风格又不断地得到强化,集中体现在妻子与众人的对话上,并通过一系列的歌咏来完成。"今夕何夕,存耶没耶?良人去兮天之涯,园树伤心兮三见花。""叹衰草,络纬声切切。良人一去不复还,今夕坐愁鬓如雪。""劝君酒,君莫辞。落花徒绕枝,流水无返期。莫恃少年时,少年能几时?""怨空闺,秋日亦难暮。夫婿断音书,遥天雁空度。""切切夕风急,露滋庭草湿。良人去不回,焉知掩闺泣。""夜已久,恐不得从容。即当瞑索,无辞一曲,便望歌之。""萤火穿白杨,悲风入荒草。疑是梦中游,愁迷故园道。"这些曲辞都传达着一个主题:闺中思夫。

大量诗词入文,使小说更显清丽文雅。

《惊恐》从语体风格到人物题材完全突破了中国传统"三梦记模式"的士大夫书写形式,体现出民间文学的特点来。

首先,东干小说语言具有鲜明的特点。从晚清到"五四",中国一直提倡言文合一的白话文,但能做到的却凤毛麟角。没有想到的是,东干文学却做到了真正的言文一致。由于第一代东干人都是农民,没有中国书面语言的重负;由于汉字失传,东干人的书面语言同口语是一回事。东干小说的语言,其主体是西北农民的口语,又因为生活在中亚这样一个多元文化语境中,因此,它的语言既有晚清的语言化石,又有俄语借词,还有阿拉伯语、波斯语及中亚哈萨克、吉尔吉斯乃至维吾尔族中的某些词语。

东干小说的叙述语言与农民口语一致。在中国小说中,许多作家运用知识分子的书面语言作为叙述语言,也有接近农民口语的叙述语言。而东干小说,找不到类似中国现代小说中的知识分子叙述语言,完全用农民方言口语来叙述。《惊恐》中"昨儿后响,热头落空哩,西半个烧得红朗朗的。李娃扎哩几个笤帚,拓哩些辣面子,都设虑停当,睡下哩,睡哩一觉,眼睛一睁啥,东方动哩,把婆姨搞给哩两胳肘子,自己翻起来,走哩外头哩",把太阳叫"热头",不说准备好了而说"设虑停当",不说破晓而说"东方动哩",把妻子称作"婆姨",不说制作而说"拓哩些辣面子",这些都是东干农民口语。

东干小说中语气词运用得很多。比如东干人中常常使用"呢"等语气词增强作品的生动性。即便在东干书面文学创始人之一的雅斯尔·十娃子的诗作中,也不乏使用这样的语气词来传情达意。"儿子站的笑的呢,太阳照上,脸上血脉发的呢,连泉一样。"《惊恐》中也是一样。"他的婆姨麦婕儿,在一把子阿訇连乡老中间坐地呢""麦婕儿……叽儿咕儿地坐地呢,听地呢,阿訇乡老给他得道说啥地呢。"语气词的使用增强了表达的口语化。

西北方言中的许多词汇在《惊恐》中也大量地运用。比如一些时间副词很有特点,"已经"用"可价"(如"热头一竿子高,他可价到哩街上哩"),"当窝儿"就是"当下、立刻"的意思(如"李娃当窝儿不害怕哩";"寺里当窝儿黑掉哩"),还有把"伸手、扬手"叫"抃手",把"差不多"叫作"傍间","边……边"用"旋……旋"(如"李娃把口袋里的馍馍掰哩一块子,旋吃旋往前走脱哩"),"不要"用"夔"(如"这是咱们头上遇过的一宗惊恐,你耍害怕哩")等,不一而足。

还有西北人喜欢用叠词,东干语也是这样。小说中有的是后一个音节重叠,如"西半个烧得红朗朗的""氽喷喷的滚茶""挫墩墩",前一个音节重叠的有"往前再一走,有个不高的梁梁子呢""空空儿""猛猛地对着金月儿寺望哩下""李娃看哩个显,当当儿就是麦婕儿"。这些词汇至今依然被陕甘地区的农民广泛使用着。

东干语中还有一些语汇具有相当的语言学、文化学价值,因为它还保留了我国130多年前晚清的民间口语,比如东干人把"钱"叫作"帖子"(如"把一沓沓子红帖子往手里硬塞")。

东干人还在西北方言与晚清口语的基础上有所创造,比如把男教师称为"师父",把女教师称为"师娘"。戏曲中称"一出戏"为"一折子",《惊恐》中东干人对电影中一个场景创造性地进行了搭配——"一折儿电影"。

另外,东干语在语序排列上也与当今的陕甘方言相似。比如宾语前置的现象就很普遍。兰州方言中"把"字句非常突出,如"我去看看你",兰州人经常会说"我把你看一下"。《惊恐》中这样的例子也不少,如:"把'卡拉穆举克'走过,到哩'阿克别特塔拉'滩道呢哩。""打这儿,把个家的古龙乡的灯亮也看见哩。""今儿,李娃把寺里的亮看见,打哩个冷颤,就像是谁给他的身上浇哩一缸子凉水。""我的脸往过一转,把外头窗子跟里站的你看见哩。"短短2000多字的短篇,却有39个"把"字句。

其次,《惊恐》中还体现出许多西北的民俗。比如"炕",是中国北方农村常见的取暖与休息的场所。东干人家家都有炕。炕传递出许多丰富的文化内涵。东干人非常讲究坐炕的位置。炕中央、上炕、下炕、炕沿都与人的长幼、尊卑紧密联系。《惊恐》中把争权夺势的人叫作"想占上炕子呢"。若不知晓有关东干的"炕"民俗文化,就难以理解。

阿尔布都的小说被誉为东干人生活的写实画,从他的作品入手探讨东干文学对中国古代文化的传承与变异,较有代表性。中国古代文化对东干人的生活从日常生活到民间风俗,从口传文学到书面文学,影响至深。继续研究东干作家的作品,将会得到更多的惊喜。

## 第四节　中国经典在欧美

### 英语国家的汤显祖翻译和文学研究述评

苏州大学外国语学院　张　玲

本文主要介绍汤显祖作品在英语国家的翻译和文学研究情况,尤其是 2000 年以后美国、英国和加拿大学者的研究情况。

最早将汤显祖研究引入英语国家学界的是美籍华裔学者夏志清(C.T.Hsia)和美国学者伯奇(Cyril Birch)。夏志清在 1970 年发表了论文《汤显祖戏剧中的时间与人物情况》。伯奇在 1974 年和 1980 年先后发表论文《牡丹亭》或《还魂记》和《〈牡丹亭〉结构》。

1980 年,伯奇出版的《牡丹亭》英译本引起了英语国家学者的关注。在 20 世纪 80 年代和 90 年代,华玮(Hua Wei)、陈佳梅(Chen Jingmei)和史凯蒂(Catherine Swatek)等学者陆续在国外以英语发表或出版了论文或专著。其中包括《从冥府到人间:〈牡丹亭〉结构分析》《〈邯郸记〉评析》《〈邯郸梦记〉的讽刺艺术》《寻求"和":汤显祖戏剧艺术研究》《犯相思病的少女的梦幻世界:妇女对〈牡丹亭〉的反应(1598—1795)研究》《冯梦龙的"浪漫之梦":〈牡丹亭〉的改编中抑遏的策略》。

2000年以来,越来越多的学者对汤显祖研究表现出浓厚的兴趣,研究成果的数量比以往大大增加。这个时期的研究特点是采用更多样的视角和方法,引入现代西方文学批评和各个学科的研究成果,综合文本细读与学理性较强的解读,在各个层面展开不拘一格的研究,观点新颖、思路开阔,提出了很多富有价值的新命题。

2000年以后,以汤显祖作品为主题的专著包括陆蒂娜(Tina Lu)的 *Persons, Roles, and Minds: Identity in "Peony Pavilion" and "Peach Blossom Fan"*(《人物、角色与思想:〈牡丹亭〉与〈桃花扇〉中的身份》),该书从比较的角度讨论了《牡丹亭》反映的人的身份问题;史凯蒂的 *"Peony Pavilion" Onstage: Four Centuries in the Career of a Chinese Drama*(《场上〈牡丹亭〉:一部中国戏剧四个世纪的生涯》),该书详细地梳理和分析了《牡丹亭》问世以后400年来的舞台表演情况,交织了关于翻译、文学、文学评论和昆曲的讨论。

以汤显祖为主题的论文多发表在学术期刊和论文集上,发表最多的期刊包括 *Asian Theatre Journal*(《亚洲戏剧》)、*Harvard Journal of Asiatic Studies*(《哈佛大学亚洲戏剧学报》)、*Asiatic Studies*(《亚洲研究》)、*World Literature Today*(《当代文学》)。这些期刊在戏剧和亚洲文化研究方面具有很大的影响力,登载覆盖面广,关注新的学术动向。这也从侧面反映出国外汤显祖研究成果的学术价值,以及汤显祖作品在英语国家学界所受到的关注。

有些论著虽然不是以汤显祖为主题,但专辟了章节讨论汤显祖作品,如周祖炎(Zuyan Zhou)的 *Androgyny in Late Ming and Early Qing Literature*(《晚明清初文学中的双性同体》)中第四章"*The Peony Pavilion: A Paean to the Androgynous World*"("《牡丹亭》:双性同体世界的凯歌")、袁苏菲(Sophie Vilpp)的 *Worldly Stage: Theatricality in Seventeenth-Century China*(《世俗的状态:十七世纪中国的戏剧风格》)中第三章"*Pedagogy and Pedants in Tang Xianzu's Mudan ting*"("汤显祖的《牡丹亭》中的教育和学究")

此外,一些戏剧百科全书、文学词典、文学导读中都有专门关于汤显祖的介绍和评价,如 *McGraw-Hill Encyclopedia of World Drama*(《麦格劳·希尔戏剧大百科辞典》)、*Reference Guide to World Literature*(3rd edition)[《世界文学指南》(第三版)]、*The Cambridge guide to Asian theatre*(《剑桥亚洲戏剧导读》)等。在 *The Drama 100:A Ranking of the Greatest Plays of All Time*(《最伟大的 100 部戏剧》)中,作者伯特(Daniel S.Burt)将《牡丹亭》排在第 32 位。

很多关于中国文学、戏剧及明清时期的社会、文学、文化、戏剧表演、哲学和思想的研究都不可避免地涉及汤显祖及其作品,如:*Chinese Roundabout*(《中国纵横》)、*Desire and Fictional Narrative in Late Imperial China*(《晚明时期的欲望与叙事小说》)、*The Phantom Heroine:Ghosts and Gender in Seventeenth-century Chinese Literature*(《女鬼:十七世纪中国文学作品中的鬼魂与性别》)、*Sentiments of Desire: Thoughts on the Cult of Qing in Ming-Qing Literature*(《情感和欲望:明清文学的主情思想》)、*Androgyny in Late Ming and Early Qing Literature*(《晚明与清初文学中的双性同体》)等。

在英语国家研究汤显祖的学者中,有些是汉学家,如伯奇、史景迁(Jonathan D.Spence)、伊维德(Wilt Idema)、杜威廉(William Dolby)等,其他很多都是在大学的"中国研究中心"进行研究。其中有些学者对汤显祖研究保持持续的兴趣和关注,已经发表多篇研究论文,如史凯蒂、蔡九迪(Judith Zeitlin)、芮效卫(David T. Roy)、奚若谷(Stephen H.West)、袁苏菲等。

英语国家的汤显祖研究主要从三个方面展开:翻译、文学和表演。

## 一、汤显祖作品的翻译研究

伯奇于 1980 年出版《牡丹亭》全译本后,立即引起了关注和讨论。20 世纪 90 年代末国外导演执导了《牡丹亭》演出,其字幕翻译再一次引起了翻译界学者的兴趣和探讨。

伯奇是专门研究中国古代文学的汉学家。他撰写了一系列中国古代小说和戏剧的文章和专著。除《牡丹亭》外,他还翻译了其他一些明代戏剧。伯奇对中国文学的研究使他特别关注和欣赏《牡丹亭》的文学、文化和审美价值,从而选定《牡丹亭》作为翻译的文本。通过伯奇的翻译,汤显祖作品超越了民族、国家及语言的疆界,开始进入世界文学研究的视野。

芮效卫、李德瑞(Dore J.Levy)、宣立敦(Richard Strassberg)、奚若谷等学者对伯奇的译本给予肯定的评价。他们主要从以下几个方面详细考察译本对原著的再现：语言的不同层次和语体的变化；变化多样的风格、博学新颖的词句、戏剧情节的顺序问题、原著丰富的情感和内容，以及译作的艺术完整性等。这些学者普遍认为译者凭借很高的研究水平和非凡的耐心，再现了原著的情感魅力和文学体验。同时，他们也提出了一些与伯奇的翻译处理不一致的看法，包括：译文在形式上与原文不够一致，如对分行的处理与原文不对应；译本的前言没有提供足够的指导以帮助读者更好地了解汤显祖的成就；省略参考书目使得译著附录的曲牌索引失去了价值；关于一些具体词句的翻译处理还需要商榷；等等。这些翻译界学者的译本评论都是建立在对原著的文学研究基础上的，非常重视文献考证。比如芮效卫查阅了严可均的"全上古三代秦汉三国六朝文"，详细探究《牡丹亭》中"长剑倚崆峒"的出处和意义，提出了与伯奇不同的译文。

除关注译著的前言和索引外，一些讨论还特别提到了译著的格式、印刷、纸质、插图与译著质量的关系，具有"跨文本性"的批评特点。

翻译研究对原著的文学研究起到了很大的推动作用，或者可以说对这些译本研究的同时也是对《牡丹亭》的文学评论，其中不乏关于作品的深刻独到的见解。遗憾的是，国外学者仅研究伯奇在1980年出版的译本，并且这些评论文章也多发表在1982年左右。而对于我们国内已经出版的所有汤显祖戏剧的英译本，国外学者却并不了解，目前尚未有关于我们国内译本的翻译评论。

关于字幕翻译方面的研究，史凯蒂特别关注了赛勒斯（Peter Sellers）和陈士稹执导的《牡丹亭》演出的字幕翻译。她通过比较和对照分析指出，前者保留了源语言的华丽和回旋的特色，后者则是简化的翻译，力求传达幽默的信息，这种策略主要是面向不了解中国文化的外国观众，使难以理解的文本语言变得吸引人、易懂，但同时破坏了原本优美和朦胧的语言。[1]

杨慧仪（Yeung Jessica）通过详细讨论"惊梦"一出中杜丽娘照镜子时的唱词翻译这个典型的例子，研究了昆曲剧本翻译中语言的组成成分与表演的其他元素之间不可分割的关系。她分析道，杜丽娘从两个不同角度照镜子时看到的是半边脸，所以表现出镜子"菱花偷人半面"的诗化的意象。英语字幕用了伯奇的翻译

---

[1] Catherine Swatek, "Boundary Crossings: Peter Sellars's Production of *Peony Pavilion*," *Asian Theatre Journal* 1(Spring,2002), p.43.

"…perplexed to find that my mirror stealing its half-glance at my hair"。把"半面"译为"half-glance"是地道的英语表达,但不符合台上的表演。如果把伯奇的翻译仅当作文学文本来阅读的话,那么这个译文是可以理解的,它绕过了演员的因素,使读者联想古代生活,而非现今演员表演的现实的舞台。①

## 二、汤显祖作品的文学研究

除《〈邯郸梦记〉的讽刺艺术》和《〈邯郸记〉评析》等研究论文外,国外汤显祖作品研究基本都是围绕《牡丹亭》这部戏剧进行的,大致可以分为专门评论作品本身和评论英语国家的其他学者关于汤显祖的研究成果这两类。这些研究的特点主要表现在以下几个方面:对文本新颖的解读、提出新的命题、跨学科的多重研究视角、跨文化比较的研究方法。

(一)国外学者对汤显祖戏剧的内容提出了很多新颖的解读和阐释,读来耳目一新又感觉合乎情理和逻辑

例如,不同的文化体验和审美情趣使国外学者对《牡丹亭》中的一些意象具有独到的理解。其中比较典型的表现是"以物喻人"的审美眼光。沈广仁(Grant Shen)认为镜子的意象代表着杜丽娘想象中的男子,杜丽娘把镜子当作情人在窥视她,这证明了她需要浪漫的爱情,从而为下文的性梦埋下伏笔。② 伊维德认为,当杜丽娘无论如何都无法说服父亲相信她是人而不是鬼的时候有一段唱词,其中的象征用法含义丰富。杜鹃的叫声意思为"不如归",这里的"归"应理解为嫁人。杜鹃可以理解为代表父亲,杜丽娘借此谴责父亲以后将会终生后悔坚持不同意她与柳梦梅相认的罪过。汤显祖用杜鹃花和杜鹃使读者注意这两个意象之间的关联以及相关的传说。另外,关于杜丽娘的唱词"遍青山啼红了杜鹃,那荼蘼外烟丝醉软。那牡丹虽好,他春归怎占的先"中的杜鹃、荼蘼和牡丹,伊维德的解读是杜丽娘用不同的花比喻出身不同的女子。她生于富贵家庭而受到约束,不能像平常

---

① Yeung Jessica,"The Cultural Politics of Translating Kunqu, the National Heritage," *Translating China*, edited by Luo Xuanmin & He Yuanjian, Bristol: MPG Books Group Ltd, 2009, p.100.
② Grant Shen, "Acting in the Private Theatre of the Ming Dynasty," *Asian Theatre Journal*, Vol. 15, 1 (1998), p.71.

人家的女子那样享受生活,表达了向往爱情婚姻却又无法满足的痛苦。①

对于《牡丹亭》中的人物,西方学者力求把他们作为立体的形象从多层面剖析,挖掘对人物新的认识和理解空间,既有从宏观的人性的角度出发阐释,也有探幽索微地考察细节的方面。例如,关于杜宝,伯奇认为这是一个值得尊重的中国式的父亲,他代表了儒家的理性或"礼"。如果我们用罗马喜剧或莫里哀戏剧中的那些少女的傻老头父亲形象取代他,那么《牡丹亭》这部戏剧就失去了它的全部意义。② 伊维德认为汤显祖笔下的杜宝没有意识到自己作为父亲对女儿的溺爱。杜丽娘晕死过去才使杜宝极为震惊地意识到这一点。正是因为父亲拒绝让成人的女儿离开自己才会导致他的溺爱之情变为不正常的固执。③ 文以诚(Richard Vinograd)细致地考察了杜丽娘作自画像的心理,表明她想使自画像保留自己梦中的模样,而非镜中的模样。④

(二)国外学者对汤显祖戏剧的研究挖掘了很多值得深入探讨的新话题。

国外学者通过文本细读、详细梳理史料和逐一论析提出的新命题,使汤显祖研究具有更大的开放性和包容性。例如,陆蒂娜提出,汤显祖运用传奇戏剧的文学世界探索了在中国历史上的一个转折时期中个人和身份的主题,以及在信奉儒家学说的家庭环境中人的主题的含义。同时,汤显祖对家庭关系的描述表明了这些关系是如何地脆弱。因为那些角色可以脱离自己原来的身份,并对自己所爱的人抱有怀疑和疑惑不解的想法。人的身份只能在最后关头由皇帝出面才得以确认。⑤

伊维德提出,《牡丹亭》中传说的成分是个值得讨论的话题,能对《牡丹亭》的复杂性和在海内外持久的魅力提供一些不同的解读元素。⑥ 史凯蒂提出,即使同

---

① Wilt L. Idema,"What Eyes May Light upon My Sleeping Form?:Tang Xianzu's Transformation of His Sources,"*Asia Major*,Vol.16,1(2003),p.71.
② Cyril Birch,*The Peony Pavilion*,*Mudan ting* Second Edition,Indiana University Press,2002,p.ix.
③ Wilt L. Idema.,"What Eyes May Light upon My Sleeping Form?:Tang Xianzu's Transformation of His Sources,"*Asia Major*,Vol.16,1(2003),p.7.
④ Richard Vinograd,*Boundaries of the Self:Chinese Portraits,1600-1900*,Cambridge:Cambridge University Press,1992,p.17.
⑤ Tina Lu,*Persons,Roles,and Minds:Identity in "Peony Pavilion" and "Peach Blossom Fan"*,Stanford University Press,2001,p.527.
⑥ Wilt L. Idema,"What Eyes May Light upon My Sleeping Form?:Tang Xianzu's Transformation of His Sources,"*Asia Major*,Vol.16,1(2003),p.130.

一部中国戏剧的不同版本都会涉及大量不同的语域和观众群体。① 黄卫总（Martin W.Huang）认为，《牡丹亭》提出了男性和女性对"情"的不同理解这个论题。对女性来说，"情"和浪漫的性爱联系在一起，就如杜丽娘表现出的纯洁的、完全发自内心的、热烈的爱。对男性来说，"情"必须服从儒教和佛教的教义，"情""欲"及政治领域中的"情"这三者之间存在区别。②

国外学者还探讨和论述了其他一些主题，如夏志清和李葳仪（Wai-yee Li）都深入分析了汤显祖的几部戏剧之间的逻辑连贯性问题。蔡九迪指出，《牡丹亭》作为中国戏剧史上的一个里程碑，其细致的舞台指导是我们应该关注的一个方面。

芮效卫、莫伦（Edward Moran）、王德威（David Der-wei Wang）等学者特别研究了《牡丹亭》对蓝本的改编，对汤显祖的改编给予了很高的评价。伯奇评价说："杜丽娘的故事在蓝本中精彩但粗糙，在汤显祖的笔下却熠熠生辉。"③杜威廉评价说："《牡丹亭》部分取材于以前的故事，但它比那些故事中的任何一个都更丰富更精致……这部杰作充满了创造性的天才。"④奚若谷评价说："尽管汤显祖借鉴了很多作品，但他的创作具有系统的完整性。"⑤

值得一提的是，国外学者将眼光拓展到大量与《牡丹亭》相关、而非仅仅局限于《牡丹亭》本身的研究，包括《牡丹亭》与类似作品的比较、《牡丹亭》的改编中原型与改编本的关系、《牡丹亭》的序、关于《牡丹亭》的评论与《牡丹亭》原著的关系、《牡丹亭》引起的读者反应等，将《牡丹亭》的文本置于广阔的文化背景中加以审视，体现了当今西方文学评论注重互文性、元文本性、类文本性的"跨文本性"特点，开阔了汤显祖文学研究的范围和视野。

其中，互文性的解读方式使文本在相互参照之中彰显了汤显祖戏剧的特点和

---

① Patricia Sieber, "Review of ' *Peony Pavilion Onstage: Four Centuries in the Career of a Chinese Drama* by Catherine C.Swatek ," *Harvard Journal of Asiatic Studies*, Vol.65, 1 ( Jun, 2005 ), p.262.
② Martin W.Huang, "Sentiments of Desire: Thoughts on the Cult of Qing in Ming-Qing Literature ," *Chinese Literature: Essays, Articles, Review*, Vol.20 ( Dec., 1998 ), p.188.
③ Cyril Birch, *The Peony Pavilion*, *Mudan ting* Second Edition, Indiana University Press, 2002, p.x.
④ William Dolby, "Tang Xianzu," *McGraw-Hill Encyclopedia of World Drama*, edited by Stanley Hochman, McGraw-Hill, Inc, 1984, p.202.
⑤ Stephen H.West, "Review of *The Peony Pavilion* Translated by Cyril Birch," *The Journal of Asian Studies*, Vol.42, 4 ( Aug., 1983 ), pp.9-44.

价值,提升了对中国文学的全面领悟。例如,黄卫总通过比较《牡丹亭》和《红楼梦》中的"情"和"欲"来讨论两部作品的关联,指出《牡丹亭》中"情"的自恋本质和表现及"欲""情"的自主性、幻象的本质这些问题在《红楼梦》中又得以探究;在林黛玉这个忧郁情结代表的身上我们可以找到很多杜丽娘的影子。[1] 李葳仪认为《西厢记》探索了具有革命性的"情"的力量,与《牡丹亭》形成一定的呼应。与《西厢记》相比,《牡丹亭》在更为自觉的基础上表现了穿越时空的爱。汤显祖使用不在场甚至死亡来强化"情"的力量。[2] 陆蒂娜将《桃花扇》和《牡丹亭》作了互文性的阅读,把孔尚任的历史小说视为对汤显祖浪漫喜剧的回应。她认为《牡丹亭》第一次明确提出身份困境的问题,《桃花扇》的作者对此又作了深刻的反思。陆蒂娜还在"是什么使人成其为人(而不是鬼或画像)"的问题上,将《牡丹亭》和蒲松龄笔下的鬼故事比较,指出后者通过使用文字游戏和掩饰性的语言形成认识论意义上的不确定性。[3] 史凯蒂专门研究了《牡丹亭》的舞台表演剧本和一些戏剧杂集对《牡丹亭》原著的改编问题,指出臧懋循和冯梦龙对《牡丹亭》的改编削弱了汤显祖对文学性和粗俗性的极致发挥,把原本极富效果的雅俗并置所产生的讽刺意味变得平淡无奇。她还指出汤显祖不同于臧懋循和冯梦龙,前者深入探究了杜丽娘的主观状态,后两者着重关注汤显祖戏剧中非传统的情感因素。[4] 魏爱莲(Ellen Widmer)认为汤显祖的《牡丹亭》具备了晚明文学的反思和戏剧性特点。《镜花缘》正是延续了这种晚明文学的传统。它对晚明小说的参照性再现起到了某种伪装的作用,使《镜花缘》的作者李汝珍能表达关于缠足和妇女地位等问题的观点。虽然李汝珍不是极端的主张改革者,但他富有想象力地改写了晚明的主要文学作品,这预示了晚清文本的现代性。[5] 伊维德发现《牡丹亭》的蓝本《杜丽

---

[1] Martin Huang, *Desire and fictional narrative in late Imperial China* Harvard University Press,2001,p.77.
[2] Waiyee Li,"Languages of Love and Parameters of Culture in *Peony Pavilion* and *The Story of the Stone*," *Love and Emotions in Traditional Chinese Literature*,edited by Halvor Eifring,Brill,Leiden,2005,p.104.
[3] Tina Lu,*Persons,Roles,and Minds:Identity in "Peony Pavilion" and "Peach Blossom Fan"*,Stanford University Press,2001,p.530.
[4] Patricia Sieber,"Review of '*Peony Pavilion Onstage:Four Centuries in the Career of a Chinese Drama* by Catherine C.Swatek,"*Harvard Journal of Asiatic Studies*,Vol.65,1(Jun.,2005),p.263.
[5] Ellen Widmer,"*Jinghua Yuan*:Where the Late Late Ming Meets the Early Late Qing," In *Dynastic crisis and cultural innovation:from the late Ming to the late Qing and beyond*,edited by David Der-wei &Wang, Shang Wei Harvard University Press,2005,p.14.

娘慕色还魂》的新颖别致之处在于其处理引向女主角死亡的情节发展时带有一定程度的心理现实主义;黄卫总和芮效卫等通过将汤显祖的思想和作品与《金瓶梅》的思想内容对照,并联系当时的社会文化环境,详细罗列了若干理由证明汤显祖是《金瓶梅》的作者。

在关于《牡丹亭》的元文本性和类文本性的研究中,蔡九迪剖析了那些与《牡丹亭》有关的读者、评论者和演员的死亡神话不断出现的深层次原因,认为这部戏剧传播着女子在很年轻时就死去的诱惑及思考这些死亡时的快感与痛苦。这部戏剧中"情"的力量能够导致女性致命的反应,而被这些死亡引起的痛苦所感动成为细腻情感的标志。她还通过《吴吴山三妇合评牡丹亭》研究了17世纪中国女性读者对《牡丹亭》的反应,认为男性和女性对关于冯小青的故事有着不同的解读,反映了男女两性对纳妾制度和妒忌心理的不同态度。[1] 周祖炎认为妇女对《牡丹亭》的评论使杜丽娘的形象广为流传,这代表了妇女对文化的影响。[2] 黄卫总用《牡丹亭》前言中那段著名的话来阐释《弁而钗》中跨越性别规定的爱,指出汤显祖关于"情""理"的观点可以被用来阐释同性间的爱。[3] 华玮则对《牡丹亭》作了详细分析和评述。[4]

(三)国外的汤显祖研究大量引入其他学科的研究方法和理论

汤显祖的作品内容丰富,包罗万象,使相关的文学评论能够涵盖各种理论途径。国外的汤显祖研究在立足于中国文学根基、文化传统和原著风格的基础上,吸收各门学科的丰富资源,融合直观感受和理性分析,条分缕析、论述得当,提供了一系列颇有先锋性的现代性诠释,促进了汤显祖研究的跨学科视野。

在语言学视角方面,袁苏菲从社会语言学的角度阐释《牡丹亭》的语言效果和角色刻画。认为语域相互解释是作品最明显的一个特征,即通过高雅语域和粗

---

[1] Judith T. Zeitlin,"Shared Dreams:The Story of The Three Wives' Commentary on The *Peony Pavilion*," *Harvard Journal of Asiatic Studies*,Vol.54,1(Jun.,1994),p.224.
[2] Zuyan Zhou,*Androgyny in Late Ming and Early Qing Literature*,University of Hawai'i Press,2003,p.226.
[3] Martin W. Huang,"Sentiments of Desire:Thoughts on the Cult of Qing in Ming-Qing Literature," *Chinese Literature:Essays,Articles,Review*,Vol.20(Dec.,1998),p.177.
[4] Wei Hua,*Drama and drama criticism by women in the Ming and Qing*,Taipei:Institute of Chinese Literature and Philosophy. Academia Sinica,2003.

俗语域的平行使用,使白话文更具有真实性。① 李庆军(Qingjun Li)认为《牡丹亭》对句法的灵活运用毫不亚于《坎特伯雷故事集》,从句法的角度研究这部作品能使我们更好地欣赏作家的语言技巧及作品的含义。②

在社会学视角方面,袁苏菲借用文化政治学解释汤显祖对复古思想的批判。她认为杜宝的书不是代表了他的学问而是他的文化资本的积累(借用布迪厄的说法)。这些书作为统治阶层的道具表明了杜宝的社会地位和统治的权利。柳梦梅在落魄时试图把他的文化资本变成经济资本但没有成功。可见引经据典的学识只是官场上的"通币",在此之外毫无价值。③ 史凯蒂则通过分析《牡丹亭》说明传奇作为一种体裁从本质上说既不是保守的也不是革新的。她认为从广义的理论上讲,这种体裁修正了布迪厄的观点,即戏剧代表了以保守主义为本质特点的中产阶级的普遍看法。④

在心理学视角方面,黄卫总剖析了杜丽娘的"情"和"欲"。他认为"情"和"欲"的主体性先于其对象而存在;"情"有自恋的本质,有自我反射性,杜丽娘就是自恋和自怜的代表,她为自己画肖像就是一个典型的表现,是自我永生的一个实实在在的努力。⑤ 伊维德指出,杜宝的形象刻画中带有心理的现实主义。他自己也是和女儿一样有感情的人。但他却一直没有意识到自己作为父亲对女儿的溺爱。杜宝拒绝适时地把女儿嫁出去,这暗示了弗洛伊德的"家庭情结"。⑥

在性别学视角方面,周祖炎认为杜丽娘追求爱情,她在梦中以及做鬼时的性经历是对正统的处女身份的偏离,这个角色反映了汤显祖自己作为边缘人物对待

---

① Sophie Volpp, "Texts, Tutors, and Fathers Pedagogy and Pedants in Tang Xianzu's *Mudan ting*," In *Dynastic crisis and cultural innovation: from the late Ming to the late Qing and beyond*, edited by David Derwei Wang & Shang Wei, Harvard University Press, 2005, p.28.

② Qingjun Li, "Sentence and solas in the writer's craft of *The Canterbury Tales* and *The Peony Pavilion*," *Literature Resource Center*, Vol.6.1(2006), p.53.

③ Sophie Volpp, "Texts, Tutors, and Fathers Pedagogy and Pedants in Tang Xianzu's *Mudan ting*," In *Dynastic crisis and cultural innovation: from the late Ming to the late Qing and beyond*, edited by David Derwei Wang & Shang Wei, Harvard University Press, 2005, p.54.

④ Catherine C. Swatek, *Peony Pavilion Onstage: Four Centuries in the Career of a Chinese Drama*, Michigan Monographs in Chinese Studies, 2002, p.263.

⑤ Martin W. Huang. "Sentiments of Desire: Thoughts on the Cult of Qing in Ming-Qing Literature," *Chinese Literature: Essays, Articles, Review*, Vol.20(Dec., 1998), p.186.

⑥ Wilt L. Idema, "What Eyes May Light upon My Sleeping Form?: Tang Xianzu's Transformation of His Sources," *Asia Major*, Vol.16, 1(2003), p.143.

政治和意识形态冲突的明确立场。他还讨论了《牡丹亭》表现的双性同体世界和汤显祖借此表达的理想,认为杜丽娘游玩花园以及后来她的鬼魂对柳梦梅现身是违反准则的主要行为。这种行为代表了"阳"性气质。同时,柳梦梅的行为则随剧情的发展而从女性化转变为男性化。这些是作者汤显祖自身双性同体的表达和反映。周祖炎引用汤显祖拒绝张居正的恩惠时所说的话"吾不敢从处女子失身也"来论证这一点,因为"处女子"同时象征着政治地位的边缘化以及精神上的阳刚之气。[1] 蔡九迪认为《牡丹亭》的读者印象最深刻的是杜丽娘这个受过教育的年轻女子战胜了死亡对女性才华的诅咒。蔡九迪还专门研究了以杜丽娘为代表的中国文学史上关于女鬼的主题。她发现文学中的鬼魂都是有性欲望的女性,这种对鬼魂性别上的处理值得关注。[2]

此外,陆蒂娜用笛卡儿关于梦的理论和休姆关于奇迹的理论解读《牡丹亭》中梦的经历与现实世界的经历同样真实。

(四)国外学者将汤显祖及其作品置于跨文化的视域中进行研究

国外的学者借鉴西方文学、文化和审美、价值的观念,但并非以此为标准衡量中国的文学,而是揭示汤显祖戏剧和中国戏剧特有的艺术思维方式和呈现形式。同时,跨文化的比较并非仅突出现象的"特色",而是力求从宏观的层面出发,比较不同文学和文化各自的特质。

例如,莱斯(Wendy Lesser)认为《牡丹亭》中的幽媾情节类似于莎士比亚作品中的新柏拉图主义和基督教神秘主义的变形表现。它融入了佛教和道教中变形和重生的形象,奇妙地混合了神秘的超自然的传统以及当时讲述故事的流行方式。[3]

赛勒斯在他导演的《牡丹亭》中选择了意大利歌剧的表现形式,因为意大利歌剧创作的先驱者威尔第(Claudio Monteverdi)的音乐风格在有些方面类似于昆曲。他创作的歌剧《奥菲欧》(Orfeo)表现了一个鬼魂还阳的故事,当时是西方歌剧创作的初期,正是汤显祖创作《牡丹亭》的时候,而此前不久昆曲已成为卓越的

---

[1] Zuyan Zhou, *Androgyny in Late Ming and Early Qing Literature*, University of Hawai'i Press, 2003, p.215.

[2] Judith T. Zeitlin, "Shared Dreams: The Story of The Three Wives' Commentary on The *Peony Pavilion*," *Harvard Journal of Asiatic Studies*, Vol.54, 1(Jun., 1994), p.225.

[3] Wendy Lesser, "A Symposium on Peony Pavilion", *The Three penny Review*, 78(Summer, 1999), p.31.

中国戏曲形式。因此汤显祖和威尔第的作品之间有一种奇异的呼应。①

李德瑞比较了《牡丹亭》和莎士比亚剧作的剧情节奏和形式。他认为在传奇中，所有事情都发生在舞台上，这会使对剧情抱"有序"期待的西方观众迷惑。尽管汤显祖的喜剧不同于当时伊丽莎白时代的莎士比亚的风格，但他们对人性的视角的广度具有显著的相似性。他们的作品中浪漫爱情的主题——陌生化与障碍、调和与重聚——对于无论是地域还是文化都相隔甚远的读者观众有相同的吸引力。② 陆蒂娜认为在16、17世纪的中国和欧洲都渗透着对个人身份的思考和新思想，因此可以把明清时期的中国文本与英国16世纪的文本联系起来。《牡丹亭》和莎士比亚的《冬天的故事》这两部作品是"同源"的、具有可比性的作品。陆蒂娜还引用弥尔顿的诗来讨论剧末的杜宝。米尔顿的诗歌颂真心相爱的婚姻。杜宝坚持作为父亲的特权，不承认女儿和柳梦梅的婚姻。陆蒂娜认为通过汤显祖戏剧和米尔顿诗歌形成"对话"，对于思考人与人之间的联盟问题很有启发意义。③

莫伦认为，汤显祖对社会各阶层人物的生动再现使他的作品和同时期出现在欧洲的巴洛克风格的戏剧具有可比性。④

简苏珊(Susan Pertel Jain)比较了《牡丹亭》和《罗密欧与朱丽叶》中两位女主人公的死亡与最后的结局。⑤

曾佩琳(Paola Zamperini)发现《牡丹亭》与美国作家爱伦·坡的作品《椭圆形画像》有相似之处。在《椭圆形画像》中，连续长时间给自己丈夫做模特的妻子被丈夫漠视，她仅仅被当作没有情感和言语的物体，这导致她在生命耗尽后绝望地死去。在《牡丹亭》中，女主人公自画肖像，以此表明她是一个具有自我意志和愿望的"人"。⑥

---

① Wendy Lesser, "A Symposium on Peony Pavilion", *The Three penny Review*, 78 (Summer, 1999), p.34.
② Dore J. Levy, "Review of *The Peony Pavilion* translated by Cyril Birch," *The Hudson Review*, Vol.35.2 (Summer, 1982), p.316.
③ Catherine Swatek, "Review of *Persons, Roles, and Minds: Identity in Peony Pavilion and Peach Blossom Fan by* Tina Lu," *Harvard Journal of Asiatic Studies*, Vol.63.2 (Dec., 2003), p.527.
④ Edward Moran, "Tang Xianzu," In *Reference Guide to World Literature* (3rd edition), 2003, p.987.
⑤ Susan Pertel Jain, "Contemplating Peonies: A Symposium on Three Productions of Tang Xianzu's *Peony Pavilion*," *Asian Theatre Journal*, Vol.19.1 (Spring, 2002), p.122.
⑥ Paola Zamperini, "Untamed Hearts: Eros and Suicide in Late Imperial Chinese Fiction," *NAN Nü*, Vol.3.1 (2001), p.112.

史景迁将汤显祖在《牡丹亭》中对小人物的刻画与莎士比亚喜剧的风格比较。①

梅尔文(Sheila Melvin)评论说,"就作品问世以来的命运而言,《牡丹亭》与《麦克白》有相似之处"。她还将人们对杜丽娘的狂热与英国人对戴安娜王妃的狂热崇拜相比。②

值得一提的是,国外学者对汤显祖作品的研究从尊重文化差异的立场出发,对作品用心体验和感受,从而被其巨大魅力深深吸引,报以由衷的赞美。例如,伯特评价《牡丹亭》说:"在世界戏剧中,没有比汤显祖的《牡丹亭》更广泛和美好地探索爱情了。《牡丹亭》55场戏演出时间超过18个小时,称得上是一部史诗。剧本的主角少女杜丽娘在情欲的发现之旅中,勇敢地面对人间和阴间的生死考验,表现出一种文化的全部价值和传统。用西方的话语来说,《牡丹亭》融合了荷马(Homer)《奥德赛》、维吉尔(Virgilias)《埃涅伊德》、但丁(Dante)《神曲》和密尔顿(Milton)《失乐园》的种种成分。此外,它也许是第一部以复杂而可信的女性为主人公的伟大史诗。《牡丹亭》的规模宏大,却既有心理深度,又有现实意义。《牡丹亭》时而抒情、时而哲理、时而讽刺、时而荒诞、时而逗乐,把情感和幽默交织在一起,是理解中国文化和中国古典戏剧传统的一个重要的切入点……汤显祖不愧是一位表达爱的感情、情人的本质及情人们和我们所有人所生活的现实和想象世界的大师。"③梅尔文(Sheila Melvin)对《牡丹亭》的评价是:"这部明代的作品完全可以与西方文化的伟大作品媲美。"④夏颂(Patricia Sieber)说"杜丽娘的形象是所有中国文学作品的女主人公中最具复杂性的"⑤。李德瑞认为《牡丹亭》堪称世界最杰出的喜剧之一……是一部代表着中国戏剧和文学艺术最高成就的作

---

① Jonathan D Spence, *Chinese Roundabout*, Manhattan: W.W.Norton & Co Inc, 1992, p.129.
② Sheila Melvin, "'The Peony Pavilion', Finally Coming to America," *Wall Street Journal* (New York) '3 (June 1999): A24.
③ Daniel S.Burt, *The Drama 100: A Ranking of the Greatest Plays of All Time*, New York: Infobase Publishing, 2008, p.184.
④ Sheila Melvin, "'The Peony Pavilion',' Finally Coming to America, *Wall Street Journal* (New York) 3 (June, 1999): A24.
⑤ Patricia Sieber, "Review of '*Peony Pavilion Onstage: Four Centuries in the Career of a Chinese Drama* by Catherine C.Swatek," *Harvard Journal of Asiatic Studies*, Vol.65.1 (Jun., 2005), p.261.

品"①。宣立敦指出:"《牡丹亭》值得所有研究中国文学和热衷于中国文学的人拥有。"②伊维德认为:"戏剧化情节是对主题的极佳表达。此中最好的例子是汤显祖的《牡丹亭》……《牡丹亭》是一部颂扬爱情为人类本性的天才喜剧,如果不说它是中国最伟大的戏剧的话,那么完全可谓这一时期最优秀的戏剧。"③芮效卫指出:"汤显祖是他那个时代的精英文学的主要人物。他的一生有着详细的记载。我们对他的熟悉胜过对他的同时代人莎士比亚一千倍。但人们比较他们两人的时候,对他的评价总是很不公正。"④李德瑞说:"《牡丹亭》堪称世界最杰出的喜剧之一,是一部代表着中国戏剧和文学艺术最高成就的作品。"⑤奚若谷说:"汤显祖的《牡丹亭》是传奇戏剧桂冠上的一颗宝石。"⑥他评价陆蒂娜关于《牡丹亭》的专著(《人物、角色与思想:〈牡丹亭〉与〈桃花扇〉中的身份》)时说,这"是一部关于中国戏剧文学最具有重要意义的英语专著"。这个评价也反映了汤显祖作品在中国戏剧文学上的地位。⑦ 类似地,宣立敦在讨论《牡丹亭》的翻译时从侧面评价了这部作品:"即使一个不那么优秀的译者来翻译汤显祖作品,译文的不足也无法掩盖汤显祖作品的伟大。"⑧杜威廉则说:"一部完整的传奇以英文全文翻译是一件重要的大事。汤显祖的戏剧《牡丹亭》的翻译弥补了英语读者无法读到中国戏剧珍品的一个遗憾。"⑨

在英语国家学者对汤显祖作品的文学研究中,虽然没有关于汤显祖研究的专

---

① Dore J. Levy, "Review of *The Peony Pavilion* translated by Cyril Birch," *The Hudson Review*, Vol.35.2 (Summer,1982), p.315.
② Richard Strassberg, "Review of *The Peony Pavilion* translated by Cyril Birch," *Chinese Literature: Essays, Articles, Reviews*, Vol.4.2(Jul.,1982), p.42.
③ Wilt L. Idema, "中国的传统戏剧文学", http://www.douban.com/note/134614819/.
④ David T. Roy, "Review of *The Peony Pavilion* (*Mudan Ting*) translated by Cyril Birch," *Harvard Journal of Asiatic Studies*, Vol.42.2(Dec,1982), p.696.
⑤ Dore J. Levy, "Review of *The Peony Pavilion* translated by Cyril Birch," *The Hudson Review*, Vol.35.2 (Summer,1982), p.315.
⑥ Stephen H. West, "Review of *The Peony Pavilion* Translated by Cyril Birch," *The Journal of Asian Studies*, Vol.42.4(Aug,1983), p.944.
⑦ Stephen H. West, Remarks on the back cover of Tina Lu's *Persons Roles and Minds Identity in Peony Pavilion*, Stanford University Press, 2001.
⑧ Richard Strassberg, "Review of *The Peony Pavilion* translated by Cyril Birch," *Chinese Literature: Essays, Articles, Reviews*, Vol.4.2(Jul,1982), p.43.
⑨ William Dolby, "Review of *The Peony Pavilion* (*Mudan Ting*) translated by Cyril Birch," *Bulletin of the School of Oriental and African Studies University of London*, Vol.45.1(1982), p.202.

门文章或论著,但所有的研究都是基于对汤显祖的生平、创作思想和创作背景的深入了解,并将其融入相关的讨论。这些研究中也没有专门的文章或论著讨论相关的学术史,但都具有学术史的视野,往往能对中国文化历史以及明清时期社会现实有透彻了解,在研究中表现出很好的历史关联意识,能在文学、历史、社会的宏观语境中考察作品的因袭与变异的关系。

例如,史凯蒂关于《牡丹亭》的专著不是为了研究戏剧的社会历史,但她的研究确实突出了戏剧的创作表演和观众接受的内在文脉。在书中她重新审视了传奇是否影响了明清时期中国社会的阶层分化或阶层统一。伊维德在分析杜宝的形象时,联系了当时"中国文学历史所处的一个特别时期",即男性文人对少女的纯洁问题开始产生浓厚的兴趣。他指出当时色情文学兴盛,再加上人们高度关注"情"和"欲"的哲学讨论,使人们能理解在这样的背景下父亲拒绝适时地将女儿嫁出去的心理。[①]艾梅兰(Maram Epstein)将杜宝和颜元等清代文人这些现实中人物的情感生活联系起来进行比较分析,认为清代文人精英主张将"情"融入"礼"的身份构建,与《牡丹亭》中所刻画的正统的父权代表杜宝是完全不同的。这种比较揭示了一个悖论,即杜宝代表了所谓正统的男性气质。[②]李葳仪将《牡丹亭》对"情"的主题的表现置于晚明文人热衷于戏剧中的梦幻这个背景之下。黄卫总等学者引用汤显祖写给屠龙的诗来证明晚明时期人们对待"欲"的放纵态度,及这种态度催生了《金瓶梅》这样的经典作品的文化环境。他们认为晚明小说是晚明时期关于"欲"的文本的最重要的形式,因为它具有独特的叙述力和代表性,能最有深度地探索"欲望"的复杂性、矛盾性和冲突性。晚明文人在"欲"的问题上的态度与晚明白话小说的兴起具有一定的关联。白话小说作为一种叙述文体的兴起和成熟一定要在晚明文化关于"欲"的复杂地位这个语境中研究。[③]

从文章或专著的参考文献、引述、注释来看,国外的学者对国外同行的汤显祖研究成果似乎更为熟悉,在文章或专著中经常大量引用和相互参考。对我国汤学

---

① Idema, Wilt L, "What Eyes May Light upon My Sleeping Form?: Tang Xianzu's Transformation of His Sources", *Asia Major*, Vol.16, 1(2003), p.133.

② Maram Epstein, "Writing Emotions: Ritual Innovation as Emotional Expression," *Nan Nü: men, women, and gender in early and Imperial China* 11.2009, pp.160.

③ Martin W. Huang. "Sentiments of Desire: Thoughts on the Cult of Qing in Ming-Qing Literature," *Chinese Literature: Essays, Articles, Review*, Vol.20(Dec1998), p.21.

研究者，国外学者了解的比较多的是徐朔放、徐扶明、毛效同、王永健、江巨荣和郑培凯等学者，引用最多的资料包括《徐朔放集》《〈牡丹亭〉研究资料考释》《汤显祖研究资料汇编》等。

国外学者研究的一个特点是注重大量搜集、细密梳理、严谨考证原始文献和相关史料，秉持科学的学术态度，将论证建立在扎实的材料的基础上，而非凭空臆想推断。比如，沈广仁在以《牡丹亭》为主要例子分析明代戏剧演出情况的文章中，运用了大量从中文一手材料翻译过来的例子。他指出："本文几乎所有的原始资料都是第一次翻译为英语。这些材料中大半在以前的研究中尚未被引用。"[1] 国外学者的很多文章中还经常大量直接引述中文和出处以便更直观、直接、有效地说明问题。比如，袁苏菲在分析《牡丹亭》中迂腐的学究如何引用古人诗句时，逐一查阅与引述了这些诗句的出处、意思及其与她所讨论的主题的关联，其中涉及《中国文学批评史》《唐宋八大家精华》《柳宗元全集》《韩昌黎全集》《〈诗经〉注析》等。伊维德在《谁会发现我的睡姿？：汤显祖对蓝本的改编》(*What Eyes May Light upon My Sleeping Form?：Tang Xianzu's Transformation of His Sources*) 一文中，用56个注释给出了翔实的中文资料考证和文献引用，详细列出了相关页码、出处或原文，涵盖范围极广，包括不同朝代和不同文体的文学作品原著、不同时期的中文专著和中文期刊上发表的研究论文、文学和表演等史学资料，还引述了若干日本学者，如岩城秀夫、根山彻的研究著作。

值得指出的另外一点是，国外学者虽然广泛采用了西方文学理论的批评方法和跨学科的思路，但同时仍然重视精读原著、深研文本，始终以文本细读为基础、从具体的细节分析入手提出和解决问题。在不少国内研究者看来，文本细读是中国传统的经验感悟式文学评论的特点，西方文学批评则是从逻辑性和理性进行分析的。但从国外学者的汤显祖研究成果来看，文本细读与学理性强的研究并没有冲突，反而是相辅相成的。

例如，陆蒂娜细致地探究了《牡丹亭》中关于杜丽娘作自画像和"梦"的情节。她认为在作自画像的时候，杜丽娘从一个女子变成了三个（作画者、镜子中的人

---

[1] Grant Shen, "Acting in the Private Theatre of the Ming Dynasty," *Asian Theatre Journal*, Vol. 15.1 (Spring, 1998), p.73.

像、肖像），而第二十出中，这"三个人"在杜丽娘死后继续分化。其中一个是女子/肖像/鬼，另一个是肖像/墓碑/尸体。在前者的情况下，柳梦梅面临着一个问题，即他爱上的女子究竟是肖像画中的美女，还是来到他住处的鬼，或是第三十五出中从坟墓中出现的女子。而杜宝必须决定第五十五出中出现在朝堂上的女子究竟是不是第二十出中他亲眼看见其死去的女儿。肖像画、墓碑和尸体之间的关系比肖像画、鬼魂和活着的女子之间的关系容易确定，同时也证明了第十四出中，当杜丽娘第二次照镜子时，她的身份开始被打破。在第五十五出中，当她第三次照镜子时，她才将自己的不同遭遇联系起来并向皇帝宣称女儿、鬼魂和妻子是同一个人。关于"梦"的问题，陆蒂娜认为梦的迷惑是作者刻意为之，并与确定身份的问题相关。杜丽娘和柳梦梅都记不得自己出现在对方的梦中。男主人公描述了自己如何因为梦中的一个女子叫他柳梦梅而更改了名字。但第二十七出之前，杜丽娘对自己叫柳梦梅这个名字一无所知。作为鬼魂，她立刻把自己画像上的名字与自己生前在第十出里的梦中的年轻男子联系了起来。柳梦梅在第二出中讲述了自己的梦，我们在第十出中看到了杜丽娘的梦，但这部戏从未将这两个梦联系起来，我们不知道它们的实际顺序。这两个梦之间有神秘的关系，但哪个是因、哪个是果不得而知。所有这些使得我们无法清楚地看到他们两人作为独立主体的个人的、有顺序的历史。杜丽娘和柳梦梅两人很难互相辨明对方身份，因此，说服别人相信已经发生的事情需要第三方来接受和判断那些无法核实的经历是否真实。当杜丽娘复活的时候，他们说服包括皇帝在内的所有人相信这一切是真的。[1]

基于以上细致的文本细读，陆蒂娜提出了令人信服的、具有一定深度的论点：汤显祖运用传奇戏剧和文学世界探索了在中国历史上的一个转折时期中个人和身份的主题，以及在信奉儒家学说的家庭环境中人的主题的含义。

### 三、关于《牡丹亭》的表演研究

国外评论者大多抱着浓厚的兴趣，从学术研究的视角观摩了国外《牡丹亭》

---

[1] Tina Lu. *Persons, Roles, and Minds: Identity in "Peony Pavilion" and "Peach Blossom Fan"*, Stanford University Press, 2001, p.543.

的演出。有些学者还观摩了多场我们国内的演出。他们讨论的内容主要涉及1999年前后国外导演执导的现代版《牡丹亭》和国内昆曲《牡丹亭》的演出,及与此相关的昆曲表演传统。比较活跃的评论者包括史凯蒂、庞赛莉(Cecilia J. Pang)、简苏珊、蔡九迪、梅尔文等。从1999年国外的现代版《牡丹亭》上演至2002年期间,相关的评论文章大约有11篇,多发表在报纸(如《华尔街日报》)、文学评论杂志(如《三便士评论》)和戏剧评论杂志(如《亚洲戏剧》)上。《华尔街日报》和《亚洲戏剧》采用了系列评论的方式。史凯蒂出版了专著《场上〈牡丹亭〉:一部中国戏剧四个世纪的生涯》,细致地梳理了明代至今400多年中《牡丹亭》的表演情况及接受史。陆蒂娜在专著《人物、角色与思想:〈牡丹亭〉与〈桃花扇〉中的身份》中,将《牡丹亭》中人的身份、思想和角色的主题与《牡丹亭》的表演交织起来讨论,并专辟章节评论了赛勒斯执导的《牡丹亭》表演。

国外评论者基本都是从演出的音乐、演员、戏剧化策略、舞台效果、对传统的沿袭和现代化的革新、完整性及各地的观众反应等角度来考察国外导演的现代版《牡丹亭》演出。他们普遍对赛勒斯版的《牡丹亭》表现出欣赏的态度,认同对传统戏剧的革新。比如谈到让演员躺在有机玻璃水缸里表演杜丽娘复活的片段时,蔡九迪认为赛勒斯将水的"阴"性与中国宇宙哲学中的女性及鬼的概念联系了起来,这样的表演不仅充满智慧也充满感情。这个水缸既是表演杜丽娘死亡也是表演她幽媾及复活的地方,因此汤显祖的一个关键思想借此得到了透彻的表达,即人类的性欲能使人再生。[①] 同时,这些评论也普遍认为,赛勒斯的版本太前卫,舞台元素和技术装备太多,让人目不暇接,而昆曲的成分明显不足。另外,汤显祖原著中的幽默和讽刺意味没有很好地表现出来。

在全面考察了赛勒斯版《牡丹亭》演出的基础上,蔡九迪思考了"《牡丹亭》是否真的适合那些豪华的、场面宏大的表演"这个问题。她抱着极大的兴趣观赏了江苏省昆剧院的《牡丹亭》表演并给予了很高的评价。她描述道:"表演是在一个很小的剧场进行的。有一个小型的乐队,没有用麦克风,也没有宏大的场景可言。其气氛恰到好处,两位主角不错,总体效果很好。当我听着笛子声伴随着他们的

---

[①] Judith T. Zeitlin, "My Year of Peonies," *Asian Theatre Journal* Vol.19, No.1, Spring, 2002, p.126.

演唱,看着他们轻轻地摆动互相牵着的袖子,我感觉自己终于在那一片刻领悟了一切。"①

国外学者对《牡丹亭》演出的评论往往交织着对昆曲表演传统的讨论,或以此为视角出发,反映出他们对昆曲艺术的理解、领悟与深入的思考。赛勒斯称自己导演《牡丹亭》的灵感来自昆曲艺术。他说:"昆曲的音乐最能表达内心的情感……昆曲能表达生活中最细微的一面,以及最温柔最脆弱的情感……昆曲演员具有让人惊叹的说、唱和动作的综合表演力。"②

田明(Min Tian)从汤显祖对戏剧表演的观点和对演员的评价出发,驳斥了布莱希特认为中国戏剧演员不能完全投入角色的说法,并以梅兰芳成功演绎杜丽娘及商小玲在表演时因过度悲伤而死为例证。③

一些学者探讨了昆曲艺术对《牡丹亭》的表现力。伊维德认为在新郎家中举行的隆重的婚庆场面是最值得表演的,因为《牡丹亭》要赞颂爱情和浪漫。但用昆曲的形式表演这个场面与作品原来的精神相离甚远,因为昆曲强调美化的效果。而原著关于婚礼的场面中既有细腻的抒情,又有中国闹洞房习俗中低俗的幽默、关于性的影射和淫秽的语言。④ 林萃青(Joseph S.C.Lam)则认为昆曲在舞台上搬演色情成分这个传统在很大程度上根植于晚明的审美品位和现实情况。昆曲以浪漫的故事情节和优雅的舞蹈、歌唱表演著称,其中也有轻微掩饰的色情成分。比如,《牡丹亭》中的"惊梦"一出充满了性的暗示,但又巧妙地暗含在富有美感的文学用词和典故之中。在舞台上演唱时,色情意味就更明显一些。了解晚明社会的色情文化能帮助我们更好地欣赏传统的昆曲表演。⑤

沈广仁的文章"Acting in the Private Theatre of the Ming Dynasty"(《明代私人剧场的演出》)通篇以杜丽娘的表演为主要的例子讨论明代的传奇表演情况和对

---

① Judith T.Zeitlin,"My Year of Peonies,"*Asian Theatre Journal* Vol.19,No.1,Spring,2002,p.13.
② Susan Pertel Jain,"Contemplating Peonies:A Symposium on Three Productions of Tang Xianzu's *Peony Pavilion*,"*Asian Theatre Journal*,Vol.19.1(Spring,2002),p.33.
③ Min Tian,"Alienation-Effect for Whom? Brecht's (Mis)interpretation of the Classical Chinese Theatre,"*Asian Theatre Journal*,Vol.14.2(Autumn,1997),p.210.
④ Idema,Wilt L,"What Eyes May Light upon My Sleeping Form?:Tang Xianzu's Transformation of His Sources.,"*Asia Major*,Vol.16.1(2003),p.140.
⑤ Joseph S.C.Lam,"Reading Music and Eroticism in Late Ming Texts,"*Nan Nu* 12.2010,p.253.

演员的要求,其中涉及角色演绎、剧本阐释和心理准备三方面。他指出,在晚明的昆曲表演中,演员一定要理解文本,文本看上去似乎隐晦,但具有现实性。作为接受严格儒家思想教育的富家小姐,杜丽娘只能模糊其词地表达自己对爱的渴望。如果演员不能充分理解文本含义,就无法使观众领悟杜丽娘所传达的信息,也就阻碍了观众欣赏这部伟大的戏剧的美。[1]

李德瑞从西方观众的角度讨论了昆曲,指出"西方人对这种音乐非常吃惊,固定的印象是既像小歌剧,又像马戏表演"[2]。

对于在西方舞台演出《牡丹亭》的现实意义,及这部作品独特的美学特质在当代的延续,很多评论者进行了深刻的思考。美国导演赛勒斯站在东西方比较的角度评论道:"晚明文化有全套描写细腻感情的词汇,而我们(美国人)不能明察自己的情感……明代的人知道怎样以最细腻的方式表达一个16岁少女的情感,而在当今的美国,虽然 MTV 试图不断地展现人的自我,我们却仍不知为何我们的国家是有史以来青少年自杀率最高的国家。年轻人因无法清楚地言说自己的情感和体验而自杀。"[3]纪一新(Robert Chi)评价说:"晚明与我们的时代相似,这表现在人们对社会经济动荡的担忧、政治的衰落和社会生活的戏剧性。赛勒斯导演的《牡丹亭》是当前社会的真实写照,是为了当前社会的情感而改写的古典戏剧。"[4]伊维德也评论了《牡丹亭》带给现代西方读者和观众的影响力:"对于《牡丹亭》这部关于爱情、死亡和复活的戏剧,读者即使不太了解晚明时期的文人文化,也会极其喜爱它。美国的大学生热衷于它就是一个例子。"[5]

总的来说,国外《牡丹亭》的表演评论一般都是从汤显祖原著、昆曲传统和表演艺术出发,表现出明显的跨学科性和文化人类学的特点。评论者注重田野考察,亲身体验、用心感受,提出了颇多富有启发性的见解。如果说剧本的生命在于

---

[1] Grant Shen,"Acting in the Private Theatre of the Ming Dynasty," *Asian Theatre Journal*, Vol.15.1 (Spring,1998),p.65.
[2] Dore J.Levy,"Review of *The Peony Pavilion* translated by Cyril Birch," *The Hudson Review*,Vol.35.2 (Summer,1982),p.316.
[3] Susan Pertel Jain,"Contemplating Peonies:A Symposium on Three Productions of Tang Xianzu's *Peony Pavilion*," *Asian Theatre Journal*,Vol.19.1(Spring,2002),p.33.
[4] Robert Chi,"A Symposium on Peony Pavilion," *The Three penny Review* 78,(Summer,1999),p.33.
[5] Idema,Wilt L."What Eyes May Light upon My Sleeping Form?:Tang Xianzu's Transformation of His Sources," *Asia Major*,Vol.16,1(2003),p.144.

演出,那么这些关于演出的评论无疑进一步促进了国外学者对《牡丹亭》的文学研究,使这部文学杰作得以在世界文学的舞台上焕发生命力和光彩。

国外汤显祖研究在翻译、文学和表演这三个领域是交叉、渗透、融合和相互促进的。可以看出,国外学者洋溢着对中国传统文化和汤显祖戏剧的热情和兴趣。他们采用西方学术的眼光和方法,却又不囿于西方的价值判断和思维习惯,充分尊重中国戏剧和西方戏剧分属不同文化体系的事实。他们的研究丰富了汤显祖研究领域的成果,对我们国内的研究起着很大的补充和启发意义。同时,跨文化、跨学科的研究方法和视野更推动了汤显祖研究走向世界文学艺术研究和交流的前沿。

# 英美汉学界的《论语》英译

海军装备研究院 王 琰

《论语》自中西文化交流之始就成为西方世界最为关注的中国经典之一,从利玛窦的"四书"翻译算起,西方对它的翻译至今约有400多年的历史,译本层出不穷,是除《道德经》外在西方重译本最多的中国典籍。[①] 其中英译史约200年,历代英美汉学家对翻译、研究《论语》的热情不减,当代更是有哲学家、史学家和宗教学家介入,产生的英译本有20多部。

《论语》200年的英译历史与英美汉学的创始、发展有着密切的关系,大致可分为三个阶段,即汉学创立阶段、汉学现代转型阶段和汉学当代发展阶段。

## 一、汉学创立阶段的《论语》英译

最早的《论语》英译始于19世纪初,主要由当时英国来华传教士所译。在19世纪,英国受到贸易、外交和传教三重动机的影响[②],由传教士、商人和外交官组成的业余汉学家队伍在中国本土展开了各方面的研究。其中,新教传教士扮演了

---

① Stephen W Durrant, "On Translating Lun yu," *Chinese Literature: Essays, Articles, Reviews*（*CLEAR*）31（1981）, p.109.
② [德]傅海波:《欧洲汉学史简评》,胡志宏译,张西平编《欧美汉学研究的历史和现状》,郑州:大象出版社,2006年,第110页。

重要的角色,他们最初的动机是要使中国人信仰基督教,而充分了解中国就成为实现其目的的先决条件。为了了解中国的思想和文化,传教士们着手翻译典籍,主要集中在儒家经典上。

这个阶段《论语》一共出现了五个英译本,除当时居住在英国的海外华人辜鸿铭的译本 The Discourses and Sayings of Confucius 外,其余都是在华新教传教士所译,包括马士曼(Joshua Marshman)的《孔子的著作》(The Works of Confucius: The Original Texts with a Translation, 1809)、柯大卫(David Collie)的《四书译注》(The Chinese Classical Work Commonly Called The Four Books; Translated, And Illustrated With Notes, 1828)、理雅各(James Legge)的《论语》(The Analects of Confucius, 1861)和苏慧廉(William Edward Soothill)的《论语》(Confucius: The Analects, 1910)。鉴于辜鸿铭的译本在西方汉学史上影响甚微,下面将主要介绍其余四个译本。这些译本虽然都是新教传教士的研究成果,却存在着一定的差异,理雅各译本是明显的转折点。理雅各和苏慧廉的译本有大量的注释和长篇的副文本,是他们对儒家典籍、孔子、中国诠释传统深入研究后的成果,是一种学术性译本。而马士曼和柯大卫译本是用作汉语学习或教科书的工具性译本,其研究性内容较少,多是对文本的字面翻译。

(一)工具性译本

1.马士曼的汉语初探译本(1809)

马士曼隶属英国浸礼会,于1799年被派往印度的塞兰坡(Serampore)传教。他翻译《论语》的最初动机是为了掌握中文,以尽快完成《圣经》的中译。当时英国浸礼会和新成立的英印学院(College of Fort William)有一项《圣经》翻译计划,准备将《圣经》翻译为所有东方语言及印度的土著语言。马士曼1805年开始随英印学院聘请的中文教授乔·拉沙(Joannes Lassar)学习中文,并和乔·拉沙一起翻译《圣经》[①]。同时,他还在乔·拉沙的帮助下开始了儒家典籍的英译工作,并于1809年出版了《论语》译本,包括"学而"到"子罕"共九篇的译文。

马士曼的译本包括三部分:孔子生平、译文和语法附录(包括30个助词)。译文主要由四部分构成:中文原文、译文、注释(主要是朱熹的注疏)和每个汉字的

---

① 详见马敏:《马希曼、拉沙与早期的〈圣经〉中译》,《历史研究》1998年第4期,第45—55页。

解释。马士曼选择了字字对译的方法，以给出每个汉字的确切意思，这样就可以当作一本汉语入门书。① 注释的翻译则采用了意译，大部分基于朱熹的注疏，不过在朱注晦涩难懂的时候，他就选择其他意义较为明了的注释。② 汉字解释部分是译文中最为庞大的部分，马士曼参照的是中国学者专门用来解释《论语》单字的注疏本。

可以看出，马士曼是将该译本作为汉语入门书来编写的，目的是要帮助使用者掌握汉字字形和读音。而由于马士曼将重心放在了单个汉字的研究上，因此多是做字面意义的翻译，并未深入探究文本整体的意义。也是由于这个原因，他并未在译本中显示对中国文化蔑视的态度，而这在同时代的其他传教士中间却比比皆是，柯大卫便是其中一例。

2. 柯大卫的教科书译本(1828)

柯大卫是英国伦敦会在马六甲设立的英华学院(Anglo-Chinese College)第三任院长，其翻译属于该学院教学活动的一部分。柯大卫翻译"四书"的最初目的和马士曼相似：获得有关汉语的一些知识。③ 但在翻译结束时，他认为该译本还应有更大的作用，可以帮助学校的中国学生认识到他们先哲思想的一些重大谬论。因此，他增加了一些注释和评论，认为这对那些"迷途的异教徒们"有所帮助，他相信异教徒们读后会推翻自己不需要神启的观点，而基督教徒则会庆幸自己受到的是"更好的"教育④，这种观点是来华基督教传教士优越感的一种体现。但除去这些评论，柯大卫的译文还是较为忠实原文的。与马士曼相比，柯大卫在翻译时已经有了一些参考资料，如"四书"的一些注疏本，耶稣会士的译本，马士曼的《论语》《大学》译本以及马礼逊的《大学》译本，这是他理解原文的基础。

总的来说，柯大卫的翻译是为了获取《论语》的文本大意。与马士曼相比，他更注重传达文本的深层意义，将《论语》翻译推进了一步。理雅各便深受其译文的影响，甚至借鉴了他的许多译文。

---

① Joshua Marshman, *The Works of Confucius: Containing the Original Text, with a Translation*, Serampore: Mission Press, 1809, pp.xxxiv-xxxv.

② Ibid., p.xxxvii.

③ David Collie, *The Chinese Classical Work Commonly Called the Four Books*, Gainesville, Fl.: Scholars' Facsimiles & Reprints, 1970/1828, p.3.

④ Ibid., p.5.

以上两位传教士都是在中国境外完成了《论语》的翻译,他们没有字典或语法书这样的翻译工具,《论语》的注疏参考资料也有限,种种原因使得这些译本只能算作开拓性的尝试。另外,他们的主要工作是传教,在翻译上并没有投入太多的精力,柯大卫甚至认为翻译花了过多的时间而耽误了其正常的传教工作。此时的《论语》翻译只是传教的副产品而已,是一种工具性的译本,或是为了获得有关汉语的知识、掌握汉语规律,或是为了编辑教科书,这种情况到理雅各的典籍翻译才有了真正的突破。

(二) 学术性译本

1. 理雅各译本(1861)

理雅各一生经历了多种转折:由翻译《圣经》到翻译儒家典籍,从伦敦会传教士到牛津大学汉学家,最终成为当时英国汉学乃至欧洲汉学的标志性人物。在他身上最明显地体现了英国汉学由业余到专业的转变过程。在这个过程中,典籍翻译起到了最为重要的作用。

理雅各为英国伦敦会传教士,1939 年被派往马六甲英华学院。除日常的传教活动外,理雅各还担任了英华学院教学任务,同时学习汉语和中国典籍。在其典籍翻译著作《中国经典》前言中,理雅各提到他从 1840 年便开始研习《论语》,继而阅读其他典籍,他认为只有完全掌握了中国典籍,才能胜任目前的工作。[1] 在阅读了英华学院图书馆中所有的典籍译本后,他发现现有的资料已远远不够,他急需更多的翻译资料。他在 1858 年写给伦敦会负责人的信中提到了最初的翻译计划:六到七年内翻译出版十到十二卷中国典籍。[2]

理雅各将他的翻译项目命名为《中国经典》(Chinese Classics),1861 年《中国经典》第一卷和第二卷由英华学院印刷所刊印,在香港出版。第一卷包括《论语》《大学》《中庸》译文,第二卷为《孟子》的译文。译文体例完备,既包括中文原文和译文,又有详细的注释,涉及字词训诂、名物考证、语法分析等。除译文外,每卷都有长篇序言和附录。《论语》部分的前言包括中国典籍的整体介绍、《论语》文本

---

[1] James Legge, "The Chinese Classics, with a Translation, Critical and Exegetical Notes, Prolegomena, and Copious Indexes," Vol.I: Confucian Analects, the Great Learning, and the Doctrine of the Mean (Revised Second Edition), Hong Kong: Hong Kong University Press, 1960/1893, p.vii.

[2] Lauren Pfister, Striving for "The Whole Duty of Man," James Legge and the Scottish Protestant Encounter with China, Vol.2, Frnakfurt am Main : Peter Lang GmbH, 2004, p.99.

的介绍、孔子及其主要弟子的介绍以及译者参考的汉语文献和西语译本目录。附录是文中出现的主题、地名、人名、事件的索引及"汉语字词表"。该译本的体例一经确立,就成为理雅各后来典籍翻译的统一体例,甚至成为当时欧洲汉学界典籍翻译的标准模式,苏慧廉的译本就基本上采用了该翻译模式。

理雅各翻译总策略是"忠实地翻译而不是释义",他试图通过这种方式准确地展示儒家典籍。在具体的诠释中,理雅各主要依从中国传统经学方法来诠释文本,选择了经学权威朱熹的注疏作为诠释的根据,采用了诂训体诠释体例。在翻译上,由于这一时期对于汉语的研究还处于初步探索阶段,理雅各采取了直译的方法,译文尽量再现原文的词汇、句法和修辞。通过这样的诠释他试图给出"透明"的文本,这也体现了最初研究中国的一种素朴形态。

在《中国经典》第一卷出版之后,理雅各逐渐在欧洲汉学界确立了一定的地位。1867年,当时欧洲汉学界的权威儒莲(Stanislas Julien,1797—1873)在其编著的汉语语法书扉页上称理雅各为"我们时代最伟大的汉学家之一"①。

2.苏慧廉译本(1910)

苏慧廉是本笃道会(Benedietine)教士,1878年开始在温州传教,1906年完成了《论语》的英译,但由于种种原因推迟到1910年才得以出版。虽然苏慧廉也是传教士,但他的翻译有更明确的学术目的。他在序言中提到其译本主要是为从事中国研究的欧洲学生编写的,而且他表示自己欣赏理雅各译本中渊博的学识和精益求精的研究方法,同时否定了辜鸿铭译本的学术性,认为这不是孔子的《论语》,而是一种个人诠释。② 这表明苏慧廉更推崇基于学术研究的翻译,或者说更愿意将翻译作为一种学术研究。

对理雅各诠释理念的认同使他选择了相似的诠释模式和方法,如序言提供了大量与典籍相关的信息,译文中包含更详备的注释,除对单字的解释、语法说明外,还采用了朱熹的义理阐释来解释难点,可以称得上理雅各译本的补充本或完备本。另外,他在前言中单列一部分详细解释了《论语》中的十八个核心概念词:仁、义、礼、乐、文、学、道、命、德、忠、信、孝、敬、士、君子、贤、圣、夫子,这种做法突

---

① 转引自 Lauren Pfister, *Striving for "The Whole Duty of Man"*, *James Legge and the Scottish Protestant Encounter with China*, Vol.2, Frnakfurt am Main : Peter Lang GmbH, 2004, p.198.

② William Edward Soothill, *Confucius : The Analects*, Edinburgh: Oliphant, Anderson& Ferrier, 1910, p.iii.

显了儒家哲学思想的核心范畴,也保证了这些词在译文中的前后统一,此后许多译本都沿用了这一样式。但整体而言,苏慧廉译本只能算是理雅各研究模式的延续和继承,仍以中国传统的文献学方法来诠释《论语》,没有新的突破。

从上面的分析可以看出,马士曼和柯大卫的译本是以翻译作为工具,目的是为了学习汉语或编写教科书。而理雅各和苏慧廉的译本则倾向于学术研究,注重对原始文献的挖掘,遵循了中国传统学术方法,强调中国知识的客观性和准确性,并具有一定的体系化特征,体现了近代欧洲大学学科建立时"为知识而知识"(knowledge for knowledge's sake)的取向。这使得传教士的翻译活动具备了较为鲜明的学术性,进而和同时期其他汉学成果一道奠定了汉学的初始形态,促成了英国汉学的建立。不过,理雅各的翻译主要统摄在中国传统学术之下,其研究方法和具体诠释都遵从了当时中国的学术传统,没有自身独立的观念和方法,这是英国汉学乃至整个西方汉学创立时期的共同形态,发生在下一阶段的《论语》英译才对中国学术传统有所突破。

### 二、汉学现代转型阶段的《论语》英译

到 19 世纪末期,欧洲大部分国家都设立了汉学研究机构。进入 20 世纪,西方汉学发生了现代化转折。随着理雅各汉学时代的结束,英国失去了在欧洲汉学的权威地位,法国几位卓越的汉学家的出现使得汉学主战场重新回到巴黎。汉学家们尝试在研究中运用新的方法,如考古学、人类学等现代学科方法,突破了理雅各时期遵从中国传统学术的局面,使得西方汉学逐渐具有了不同于中国学术传统的研究思路和方法,进入了现代时期。在这一时期,对中国古典文献的研究仍然是重心所在,翻译也是汉学家们的主要工作之一,但与汉学创立时的翻译活动已经有了显著的不同。汉学家不再遵从中国传统的诠释方法,他们只将翻译作为文献研究的基础步骤,最终是结合碑铭学、考古学、人类学、音韵学等学科的研究手段得出关于中国某个领域的新观点。受到这些新的研究进路的影响,汉学家们对《论语》也开展了新的研究,并重新进行了翻译,出现了一些新特点。

这一阶段《论语》的英译本陆续有五部出版,大英博物馆的翟林奈(Lionel Giles, 1875—1958)和韦利(Arthur Waley, 1889—1966)分别于 1907 年和 1938 年出版了译本《孔子语录》(*The Sayings of Confucius: a New Translation of the Greater Part* of the Confucian Analects）和《论语》（The Analects）。此外,还有在中国海关任职的兰雅（Leonard A. Lyall,1867—?）的译本《孔子语录》（The Sayings of Confucius）（1909）,海外华人林语堂（1895—1976）的节译本和牛津大学修中诚（Ernest Richard Hughes）的节译本①。

与上一阶段的译本相比,本阶段译本具有新的特点:按照西方现代学科的思路进行研究,抛去了汉学初创时期译本中厚重的注释,注重大众读者的接受度。翟林奈、林语堂和修中诚甚至将《论语》原有的篇章顺序打乱,按不同的主题分类,以符合英语读者的阅读和思维习惯。不过这些译本又各有其不同的特点,翟林奈、韦利和修中诚的译本更具学术性,下面将做主要介绍。韦利的译本最能代表本阶段西方汉学的主要学术形态。他翻译的法国几位汉学巨匠的主要著作已经发表,新的汉学学术标准基本确立。而韦利的研究思路也与当时西方汉学界主流一致,他在《通报》及其他东方学期刊上发表的大量学术文章便是有力的证明。另外,在中国,"五四"后有关中国哲学、历史的几部重要著作都已出版,如顾颉刚的《古史辨》、胡适的《中国哲学史大纲》、冯友兰的《中国哲学史》,这都为韦利提供了新的研究视角和材料。

（一）翟林奈译本（1907）

翟林奈是英国汉学家翟理思（Herbert A. Giles,1845—1935）之子,于1900年进入大英博物馆东方图书与写本部管理中文图书。他翻译的《论语》和前辈已经有一些区别。

首先,他对孔子的评价较为客观。在序言中,翟林奈系统地回顾了西方对孔子的评价和对《论语》的翻译,批判了其中存在的偏见和误读,态度比较公允。其次,他将《论语》原有的章节重新分类进行翻译,以便于西方读者阅读。其译文按照不同主题分为八个部分:政治、个人德行、孔子对他人的评价、孔子对自己的评价、孔子个人特点、他人眼中的孔子、弟子言论、其他零碎言论。最后,翟林奈在翻译时比较审慎,尤其是对关键词的翻译。他注意到了汉语语义丰富的特点,在翻

---

① 林语堂的《论语》翻译收于他编译的著作《孔子的智慧》（The Wisdom of Confucius）（1938）中,标题为"孔子的格言"（Aphorisms of Confucius）;修中诚《论语》翻译收于他编译的《中国古代哲学》（Chinese Philosophy in Classical Times）（1942）一书中,题为"孔子和自我道德意识的发现"（Confucius and the Discovery of the Sefl-concious Moral Individual）。

译重要范畴时不局限于固定的一种译法,而是依据上下文语境来确定用词,以符合语境和篇章整体的精神。①

瞿林奈译本打破了权威译本厚重注释的模式,开始面向大众读者,他还批判了以往译者对孔子和中国思想的偏见,给出了相对中允的看法。不过他的研究进路并没有创见性,这留待西方汉学发生重大转折之后,由韦利迈出了第一步。

(二)韦利译本(1938)

韦利是英国著名的东方学家,从事汉学活动始于20世纪初。在颠覆经典、怀疑传统、崇尚科学理性的西方近现代思潮尤其是实证主义的影响下,韦利将《论语》视为反映中国远古人类面貌的历史文献资料,而他的翻译理念就是要进行一种考古式的翻译,辨别文本的真伪,展现《论语》最初编纂时的形态,揭示出文本背后的历史事实来。

为了达到这种"求真"的学术目的,他采取了由历史视角进入典籍的实证诠释进路,遵循"客观求本"的诠释原则,要求《论语》每句话的理解有据可依,落到实处。他采用了科学的研究方法,包括有考古学、人类学、语言学等西方现代学科的研究方法,并借鉴了欧洲汉学家在考古学、古文字学、语源学和考据学上的发现。② 他也采纳了中国清代与科学主义较为接近的考据法,也是由于清代儒家客观、科学的诠释方法,韦利选择了他们的《论语》注疏作为其诠释基础。此外,韦利特别关注中国学界的动向,在翻译《论语》的过程中,韦利受到顾颉刚《古史辨》的影响。

经由研究,韦利判定《论语》文本形成于不同的历史时期,有不同的思想来源,该观点体现了当时"怀疑"的学术精神。在表达上,由于这个时期出版的商业化和读者的大众化,学术突破了精英的范围,韦利比较注重大众的需求,因此并未采用当时主流汉学家厚重评注的翻译模式,其译文尽量符合英语的表达习惯,用词简洁、行文流畅。也是因为这个原因,中国作品才在英语世界里得到了一定的普及。

---

① Lionel Giles, *The Sayings of Confucius:A New Translation of the Greater Part of the Confucian Analects*, London:John Murray,1907,p.4.

② David Hawkes, "From the Chinese, "Ivan Morris ed.*Madly Singing in the Mountains:An Appreciation and Anthology of Arthur Waley*,London:George Allen & Unwin Ltd,1970,p.50.

与理雅各等老一代汉学家相比,韦利的翻译理念和诠释方法都有创新。他怀疑经典、怀疑权威,采用实证史学、人类学等现代学科的视角,运用多个学科的实证研究方法进行文本诠释,得出了关于《论语》文本的新观点。韦利的翻译脱离了中国传统学术以及西方古典学术的窠臼,具有现代学术的特点,体现了英国汉学研究向现代学术的转型。

(三)修中诚译本(1954)

修中诚是英国伦敦会传教士,回国后自1934年开始在牛津大学任中国宗教和哲学高级讲师。修中诚译本是二战前最晚出现的译本,是其著作《中国古代哲学》(Chinese Philosophy in Classical Times)中的一部分。编写这部著作时他受到胡适《中国哲学史大纲》的影响较大,试图将中国古代哲学思想按西方的知识论思路体系化,包括对儒、墨、法、道、阴阳等思想流派著作的介绍和节译。此外,他也借鉴了冯友兰的《中国哲学史》。在序言中,他强调中西哲学的相似性,认为其发展都是人类自我意识发展的结果,是理性发展的结果[1],其各章的标题都突出了理性发展的阶段性。

《论语》部分的标题为"孔子和自觉道德的发现"(Confucius and the Discovery of the Self-conscious Moral Individual),在这部分中修中诚将孔子思想视为中国由迷信走向哲学的开始,而理性是促成这种转变的原因。《论语》节选的部分又分别置于八个标题之下,与翟林奈、林语堂做法相似,谭卓垣(Cheuk-Woon Taam)甚至认为修中诚是效仿了翟、林的做法。[2]

以韦利为代表的新一代汉学家的典籍翻译和研究活动与新教传教士的汉学研究相比,已经有一些明显的差别,最主要的是引入了现代学科的思路和研究方法,初步实现了英国汉学家欧德理(Ernest John Eitel,1838—1905)提出的"以西方哲学思维历史地、思辨地检验和批评原始文献"的状态。[3] 韦利与当时西方其他重要的汉学家一起使得汉学研究突破了以中国传统经学方法为主的局面,开创了新的研究局面。不过,也要注意到这一阶段汉学著作具有的转型期特点,如翻译还是占有比较重要的地位,且研究方法也是新旧结合,所以该阶段汉学活动更多

---

[1] E.R Hughes, *Chinese Philosophy in Classical Times*, London: J.M.DENT& SONS LTD, 1954, p.xxiii.

[2] Taam, Cheuk-Woon, "On Studies of Confucius," *Philosophy East and West* 3.2(1953), p.154.

[3] E.J.Eitel, "The She King," *The China Review* 1.1(1872), pp.5-6.

地表现出承上启下的作用,既保留了一些传统微观汉学的特点,又开启了新的研究方向。这些新方向在二战后的汉学研究中得到了进一步的发展,有的甚至完全脱离了传统汉学的轨道,促生了全新的研究路径。

### 三、汉学当代发展阶段的《论语》英译

欧洲以法国和英国汉学确立的核心地位在两次世界大战,尤其是二战后产生了动摇,美国开始成为西方汉学的领军者。美国由于远离战场,汉学研究未曾中断,战后又由于政治原因大力推进对于中国的研究,在资金的投入和机构的建立上远远超过了欧洲各国,成为西方汉学新的研究中心。而由于研究目的的转变,美国汉学研究的内容、重心和方法都与之前的欧洲汉学有了较大分别,这对儒家典籍的研究和翻译也产生了一定的影响。

战后初期的美国汉学研究着眼于现实,偏重对近现代中国的研究,倾向于将历史研究与现实政治、经济有机联系起来。在这种趋向近现代现实研究的潮流中,有关儒家思想内涵的研究不再占据主导,更多是将以前的标准译本(如理雅各、韦利译本)作为资料用于其他历史、社会的分析、研究。这使得该阶段儒家典籍内部研究几乎空白,《论语》在该时期也没有新译本出产。

20世纪60年代中期到70年代是美国汉学发生转折的标志性时代,战后进行中国研究的学者们倡导"中国中心观"(China-centered approach),即"以中国为出发点,深入精密地探索中国社会内部的变化动力与形态结构,并力主进行多科性协作研究"[1]。随着研究的深化,许多学者逐渐认识到,中国近现代思想和近代以前的思想是分不开的,想要绕过传统是不可能真正了解近现代中国的,由此美国汉学界开始转移到对中国思想本身的研究上来,开始注重儒家思想内涵和概念的分析,这种内向型的研究进路引发了学者们对儒家经典的重新研究和诠释。《论语》作为儒家的核心经典也受到了广泛关注,陆续有十部新译本出版。

该阶段出现的译本按时间顺序排列如下:刘殿爵(Din Cheuk Lau)的

---

[1] 林同奇:《"中国中心观":特点、思潮与内在张力》,[美]柯文:《在中国发现历史——中国中心观在美国的兴起》,林同奇译,北京:中华书局,2002年,第5页。

Confucius: The Analects (1979,1983,1992)①,托马斯·克里利(Thomas Cleary)的 The Essential Confucius (1992),雷蒙·道森(Raymond Dawson,1923—2002)的 Confucius: The Analects (1993),黄继中(Chichung Huang)的 The Analects of Confucius (1997),西蒙·利斯(Simon Leys)的 The Analects of Confucius (1997),大卫·亨顿(David Hinton)的 Confucius: The Analects (1998),安乐哲(Roger T. Ames)和罗思文(Henry Rosemont)的合译本 The Analects of Confucius: A Philosophical Translation (1998),白氏夫妇(E. Bruce Brooks & A. Taeko Brooks)的合译本 The Original Analects (1998),森舸澜(Edward Slingerland)的 Confucius: Analects, with Selections from Traditional Commentaries (2003)及华兹生(Burton Watson)的 The Analects of Confucius (2007)。②

和以往的译本相比,本阶段大部分译本有个共同的新特点:有意识地避免西方文化前见对诠释的影响,尽量还原儒家特有的思想,这与该阶段西方汉学"中国中心观"的研究趋向有关。不过,译本具体采取的诠释方法却各有不同,其诠释进路大体上可以归为两种:面向文本和历史的定向、面向理论和现实的定向。③

(一)面向理论和现实的译本

安乐哲、罗思文的合译本和利斯的译本属于面向理论和现实的诠释,这种诠释着眼于经典中超越时空情境的那部分特质,强调对于当下乃至未来的意义。诠释者并不满足于文本意义理解,其最终目的是要挖掘出经典富含真理性的一面,以期为现实问题给出指导,回应当下的困惑和需要。

1.安乐哲、罗思文译本——面向理论的诠释

安乐哲为夏威夷大学哲学系教授,早期曾在香港和台湾师从劳思光(Sze-Kwang Lao)和东方美学习中文及中国哲学,具有汉学和哲学双重学术背景。罗思文则有着深厚的哲学、语言学背景,他在伊利诺伊大学攻读了哲学博士学位,后又在麻省理工大学师从著名的语言学家乔姆斯基(Noam Chomsky)进行了博士后阶

---

① 该译本于 1979 年由企鹅出版社出版,后于 1983 年由香港中文大学重新修订后出版,就附录和注释做了少许改动,1992 年重做修订后再版。
② 目前作者无法获得华兹生的译本,因此略去对该译本的介绍,待之后补充完善。
③ 这里借用了刘笑敢提出的诠释的"两种定向"概念,详见刘笑敢:《从注释到创构:两种定向两个标准——以朱熹〈论语集注〉为例》,《南京大学学报》(哲学·人文科学·社会科学)2007 年第 2 期,第 90—102 页。

段的研究。两位译者的哲学背景使得其在翻译《论语》时采取了一种特殊的诠释进路,即哲学性诠释进路。他们将《论语》视为与西方哲学思维方式不同的哲学文本,且蕴含着现代价值,翻译《论语》的目的是提供一种和西方哲学不同的思维方式,从而丰富和改造西方的文化资源,以便更好地认识自身和世界。

其译本名为 The Analects of Confucius:A Philosophical Translation,这里"哲学性翻译"不仅指翻译文本所蕴含的哲学观念,而且指用哲学的方式来研究、诠释和翻译《论语》。其"哲学的方式"具体来说就是建构《论语》的哲学语境,再在该语境中进行文本的诠释和翻译。因此他们的翻译并不是传统的从文本诠释到翻译的线性过程,而是先从文本出发构建出理论体系,再返回文本结合已构建的体系进行诠释和翻译。该译本除译文外,还包括长篇的绪论和附录,论述中国古代哲学和语言的特点,这一方面是为了说明译者如此诠释和翻译的理由,更重要的是为读者构建出《论语》的哲学文化语境,引导他们朝设定的方向阅读。

和以往的《论语》翻译相比,他们的诠释最大的不同就在于不仅是一种认知性的纯学术活动,而且还包括了创造性的哲学建构,既是在西方学术语境中对中国哲学的重构,也是对西方哲学的重新认识和建构。其目的不仅限于为读者提供《论语》的文本意义,还要呈现孔子思维的方法,特别是孔子不同于西方的哲学观念,从而打破西方哲学中二元论的统治地位,提供看待世界的多元视角。

2.利斯译本——面向现实的诠释

利斯是法国的汉学家,他早在1987年便用法文翻译了《论语》(Les Entretiens de Confucius),而英译本主要提供给现代大众读者。利斯译本更偏重体现《论语》对于现实的意义,他认为《论语》可以视为"现代书籍"[1],孔子思想具有超越时空的普遍意义,"能穿越2500年而直接指向我们现代社会所面临的问题"[2]。在他看来,经典有一种永恒性,但需要通过新的诠释才能在现代获得生命。[3] 在这种理念的指导下,利斯在翻译中倾向于以现代观念来重新诠释经典,着眼于对当下、现实问题的思考,确实更富有现代意义,但不免消除了孔子思想的文化特质,属于个人创造性的诠释。这种诠释特色在译本的注释中表现得更为明显,利斯的注释

---

[1] Simon Leys,*The Analects of Confucius*,New York and London:W.W.Norton & Company,1997,p.xxi.

[2] Ibid.,p.xvii.

[3] Ibid.,pp.xvii-xviii.

全部归于尾注,其中有译者联系当今时事引申的观点,也有比附西方学者的观点。另外,与其他译本比较而言,利斯译文更注重文字的优美,在前言中他提到自己是以作家的身份来翻译《论语》的,因此更突出文学性。

(二)面向文本和历史的译本

采取面向文本和历史诠释定向的译本强调经典是特定时空情境的产物,译者力图从源头上求得文本编纂者本来的意图。除安乐哲、罗思文合译本和利斯译本外,上述译本都属于该进路,不过具体采取的诠释方法有所不同。

1.白氏译本——历史性诠释

白牧之(E. Bruce Brooks)、白妙子(A. Taeko Brooks)现于马萨诸塞大学(University of Massachussetts)阿默斯特(Amherst)分校亚洲语言与文学系任教,主要研究领域是先秦思想史,《论语》研究是其战国经典研究计划中的一部分。该计划欲以史学纵贯的眼光来分析先秦经典的成书过程,以解释经典结构与内容前后不一致的问题。白氏夫妇经过20多年的探索,提出了《论语》成书"层累"说,即该原典是经历多个年代、集多人之力才得以形成,只有第四篇的前二十章为孔子真实言论的记录,其余的都是由后人附会的,从而解释《论语》在内容、风格、句法、结构等方面前后不一致的原因。而他们翻译《论语》的目的就是展示其研究的发现,证实他们提出的战国典籍成书的"层累理论"。

这种"以经示史"的翻译目的促成了译者"以史释经"的历史化诠释理念。在具体诠释中他们先结合历史、语言,运用考证、辩伪的方法确定文本的作者和年代,重构《论语》成书的历史语境,再将文本以篇为单位放回其重建的历史语境中进行诠释,并加有背景描述、引导性注释和总结。在表达上,他们采取了字字对译和文外解释相结合的策略,其译文倾向于直译,尽量重现原文的语言、文体、结构特点,以反映原文各篇因时代、编著者不同导致的风格、形式的差异,突出文本的历史层次性。通过这样的翻译,他们试图求得文本生成的原貌,这也就是译本之所以命名为 *The Original Analects* 的原因。

实际上,白氏的《论语》翻译是以新文化史的思路对经典进行的诠释,突出了《论语》文本的复杂性、无固定结构性,是对现代理性主义思维的反驳,具有后现代主义的特点。

2.回归原典的诠释

除白氏夫妇的译本外,其余译本都可划归为回归原典的诠释,重点放在对文本意义的诠释上。虽然研究者也都意识到了《论语》成书于不同年代,但普遍认为文本基本上反映了较为统一、融通的孔子思想,因此将其作为整体进行诠释。

这类译者中刘殿爵和黄继忠是华裔学者,其译本对于《论语》的诠释属于较为传统的路子。刘译文所用词汇简单,多为盎格鲁—萨克逊(Anglo-Saxon)时期词汇,其学生安乐哲认为这类词汇蕴含着前拉丁化、前基督化的世界观,可以排除希腊、罗马词汇带有的西方哲学和宗教的前见影响,能更准确地体现孔子思想。[①] 该译本的副文本有一定的学术价值,包括有对《论语》思想、孔子生平、其弟子和《论语》文本成书过程的分析。

黄继忠起先在国内任教,后到美国担任中文教授,其翻译趋向直译,注意保留原有的句法和词序,对关键词的解释主要依据《说文解字》和《辞海》。该译本比较特别的一点是对于《论语》中存在歧义的句子的处理,译者除给出译文外,还在注释中给出了历史上其他注疏者的诠释。

雷蒙·道森译本的诠释方法也较为传统,这与他的欧洲汉学背景有关。道森是英国汉学家,其研究进路属于欧洲传统微观汉学,这影响到了他对《论语》的诠释和翻译。虽然他承认《论语》成书于不同年代,也指出文本有杂合性的特点,不可能得出一套融通的哲学思想[②],但他强调《论语》代表的是典型的中国思想。[③] 该译本简洁、明了,又不乏学术严谨性。

大卫·亨顿以另外一种方法来诠释《论语》所体现的孔子哲学,他强调文本内容的融通性,认为"礼"是孔子哲学的核心。在序言中,他提到孔子所处的社会正经历由神文化到人文化的转变,因此孔子注重人与人、人与社会的关系,试图通过重新阐释一些词语来建立自己的哲学思想。如孔子重新定义了"礼",使其由一种祭祀文化转为人的日常行为规范[④],又进而通过"礼"来定义其他关键词,如将"仁"视为"礼"的践行。译者的这种诠释从具体的翻译中也可以体现出来,如

---

[①] Roger T. Ames, "Introduction," Roger T. Ames, Chan Sin-Wait, ed. *Interpreting Culture through Translation*, Mau-sang Ng, 1991, p.xix.

[②] Raymond Dawson, *Confucius: The Analects*, Oxford: Oxford University Press, 1993, p.xv.

[③] Ibid., p.xiii.

[④] David Hinton, *Confucius: The Analects*, Washington, D.C.: Counterpoint, 1998, p.xxii.

将"克己复礼为仁"译为"giving oneself over to Ritual"[①],强调了"礼"的中心地位。在表达上,其译文注重体现原文的口语风格,句子结构短小、词汇简单。

托马斯·克里利的诠释方法较之上面的几位译者更富有创新性,但仍是为了突出孔子思想的本来面貌。译者考虑到历代《论语》注疏思想繁杂,不利于把握《论语》本意,便采用了一种特别的诠释方法:以孔子对《易经》卦象所作的注释为主题,将《论语》原有结构打乱,按这些主题重组,再进行具体的翻译和诠释。这样做的另外一个原因就是便于西方读者接受,因为《易经》在西方广为接受,该方法有助于西方读者理解孔子思想的哲学根源,而且主题归类可以解决《论语》文本思想体系性、逻辑性不强的问题,符合西方读者思维习惯。[②] 此外,克里利在翻译上有简化的趋向,削减了《论语》本身丰富的意蕴。可能正是由于这两方面的不足,该译本在汉学界并没有什么影响。

森舸澜的 Confucius: Analects, with Selections from Traditional Commentaries (2003)则是侧重翻译《论语》的历代注疏,这是《论语》翻译出现的一个新趋向,与近年来西方汉学界注重中国典籍注疏研究的新方向有关。

当代《论语》英译在研究进路和方法上有多样的创新,不仅丰富了汉学本身,还促成了汉学学科与其他相关学科的交叉,增加了汉学研究的现代意义。首先,当代《论语》英译的后现代主义研究思路开拓了典籍研究的视野,对典籍作出的新诠释和形成的新观点丰富了西方汉学。其次,安乐哲、罗思文及白氏夫妇的翻译都采取了跨学科的研究方法,使得《论语》翻译既是汉学学术问题,也是哲学、史学学术问题,这样的研究促成了汉学和西方其他相关学科发生交叉和渗透。最后,安乐哲、罗思文的翻译突显了中国哲学的特点,为西方提供了另外一种思维的方式,利斯的翻译则是将《论语》中的价值进行现代转换,这样的创新性研究使得中国哲学对西方也产生了实际意义,汉学研究因而具有了现实性意义。

## 四、结语

通观《论语》两百年的英译历史,可以发现它贯穿了西方汉学创立、转型、发

---

[①] David Hinton, *Confucius: The Analects*, Washington, D.C.: Counterpoint, 1998, p.127.
[②] Thomas Cleary, *The Essential Confucius: The Heart of Confucius' Teachings in Authentic I Ching Order*, New Jersey: Castle Books, 1992, p.xi.

展的全过程,是西方汉学重要的组成部分。《论语》英译在汉学发展的不同阶段呈现出不同的学术形态,在诠释上经历了遵从中国学术传统到运用西方现代学术思路,直至当今受到后现代学术思潮的影响,具体的研究方法也由最初的语文学微观研究发展到实证研究,再到现在的跨学科研究,反映了西方学者对《论语》、对中国典籍、对中国文化的学术探索过程。而之所以会有这样的学术形态变更,是与西方汉学的发展,或者更进一步,是与西方整个学术发展趋势息息相关的。同时,《论语》英译在汉学的各个阶段发挥了重要的作用,或是参与了该学科的创立,或是参与完成了学科研究范式的转型,在当代又以自己多元的学术形态促使汉学与西方其他学科进行对话和交流,使其朝新的方向开拓。

# 中国道教经籍在20世纪的英译与传播[①]

西南交通大学外国语学院　俞森林

20世纪是中国道教经籍在海外的译介与传播由发展走向全面繁荣的世纪。与19世纪相比,从事道教经籍译介与研究的汉学家明显增多、译介与研究的角度和视野明显扩大,译本数量与所译道教经籍的种类明显增多,20世纪的美国已取代英国,成为世界的道教研究中心。本文拟在19世纪道教经籍译介与传播的起步阶段进行回顾的基础上,对中国道教经籍在20世纪的英译与传播进行系统梳理,勾勒出道教经籍在20世纪英译的总体脉络,并对其特色进行分析。

## 一、历史回顾：19世纪的道教经籍英译

民族文化的传播离不开凝聚民族文化之结晶的典籍译介。西方对中国道教文化的了解与接受也是从道教经籍的译本开始的。然而,相较于儒家经籍,中国道教经籍在西方的译介至少要晚100年。19世纪以前,西方人眼里的中国是"孔夫子的中国",儒家经籍首先成为他们译介与研究的主要对象。直到19世纪初,中国道教在西方一直被贬为迷信,被认为是与基督教不相容的偶像崇拜而加以

---

[①] 本文为国家社科基金西部项目"中国道教经籍的译介与传播研究"阶段性研究成果,项目编号11XZJ008。

排斥。

  1807年,新教传教士马礼逊(Robert Morrison)来华,开始了新教在华的传教活动。他于1812年选译了《三教源流搜神大全》中的"道教源流",是为英语世界中国道教经籍译介之滥觞。1868年,湛约翰(John Chalmers)的《"老哲学家"老子关于玄学、政治及道德的思考》出版。这是《道德经》在英语世界的首个译本。此后,道教经籍译介的数量与种类不断增加。1881年,巴尔福(Frederic H.Balfour)的首个《南华真经》英文译本出版。理雅各(James Legge)英译的《道教经典》(*Texts of Taoism*)于1891年问世。19世纪下半叶,《道德经》的英文译本更是以几乎每两年一个新译本的频率在英语世界推出。至1899年金斯密(Kingsmill W.)翻译的《道德经》发表,英语世界的道教经籍译本数量已达39个,涉及《道德经》、《南华真经》(《庄子》)、《太上感应篇》、《阴符经》、《长春真人西游记》等20种道经。其中,源于先秦道家的《道德经》和《庄子》成为此时期道教经籍译介的热点,译本多达15种,占英语世界所译介的全部道教经籍的40%,并有理雅各、翟理斯(Herbert Giles)等的传世经典译作问世。

  《道德经》和《庄子》之所以受到英语世界如此多的关注,主要是因为,在《道德经》中可以找到西方基督教的"三位一体"的蛛丝马迹,在他们看来,《道德经》的道与西方的上帝都是对世界本源的一种神秘化、宗教性的解释。他们认为,庄子是老子的传人,与道家一脉相承,因此也值得关注。

  19世纪英语世界译介的另一类道教经籍为流行于中国民间,诸如《太上感应篇》《阴骘文》《阴符经》等的道教劝善书及修养方法的道经。尤其是《太上感应篇》在明清时期广泛流行于民间,有"民间道教圣经"①之称。从性质而言,道教劝善书宣扬天人感应,抑恶扬善,与西方传教士所熟悉的《圣经》律法书相近,因此会成为此时期译介者关注的对象。

  与此同时,《搜神记》《三教源流搜神大全》《神仙通鉴》《长春真人西游记》等道教神仙传记亦进入19世纪英语世界的关注视野。这类经籍内容涉及道教仙真,译介此类道经,对于英语世界了解中国的神仙信仰意义重大。

---

① 张思齐:《德国道教学的历史发展及其特点》,《西南民族大学学报》(人文社科版)2007年第12期,第88页。

与西方其他国家一样,在19世纪的英语世界,传教士充当了道教经籍译介与传播的主要角色。但与此前不同的是,19世纪译介道教经籍的队伍明显扩大,除传教士外,还有外交官、商人及其他行业人员,但仍然没有专门从事汉学研究的学者。

虽然,相较于法国,英语世界较为有系统的道教经籍译介起步稍晚[1],但发展迅速,大有后来居上之势。自19世纪下半叶开始译介《道德经》及《南华真经》等道教经籍以来,19世纪英语世界涌现出湛约翰(John Chalmers)、巴尔福、理雅各、翟理斯、卡鲁斯(Paul Carus)等一批有世界影响的道教经籍译介专家,他们很快就占据了西方汉学界,尤其是在道教经籍译介领域的制高点,使得英国成为继法国之后西方道教及道教经籍译介的又一中心。

## 二、20世纪的时代背景分析

以理雅各为代表的来华传教士和以翟理斯为代表的驻华外交官除从事道教经籍译介外,他们退休回国之后,还挑起培养汉学人才之大任,成为欧洲汉学研究的先驱,并培养出诸如阿瑟·韦利(Arthur David Waley)等伟大的汉学家。理雅各返英后于1875年担任牛津大学中国学讲座第一任中文教授。也正是在他担任汉学教授期间,他英译的《道教经典》(Texts of Taoism)于1891年作为由马克斯·缪勒(F.Max Müller)主编的《东方圣典》第39卷、第40卷由牛津大学出版社出版。庄延龄(Edward H.Parker)曾任英驻华公使馆翻译生、领事等职,1895年退休返英,先后担任利物浦大学学院汉文讲师、曼彻斯特维多利亚大学汉语教授。他所著《中国宗教研究》(1910)对西方19世纪前的道教研究状况进行了较为详细的梳理,书中所附1788年至1903年的道教研究文献目录对于了解和研究19世纪前西方道教及道教经籍的译介与研究具有重要的参考价值。弃商从文的巴尔福,曾在华担任过《通闻西报》《华洋通闻》《字林西报》等报刊杂志主笔,同时从事道教经籍的翻译。他将《太上感应篇》《阴符经》《清静经》等道教经籍译成英文在《中国评论》杂志发表,所翻译的《南华真经》(1881)是英语世界首个英文全译

---

[1] 法国法兰西学院首任汉学教授雷慕沙(Jean Pierre Abel Rémusat)于1814年选译了《道德经》的部分章节,1842年,儒莲(Stanislas Julien)的首个《道德经》法文全译本问世。

本。正是通过这一代"业余"道教学者的努力,20世纪以后的道教学术化研究才有了基础,20世纪以后的道教学者们才有可能站在巨人的肩膀上继续推进中国道教研究。

伴随着19世纪道教经籍的译介,西方对中国道教由不知到知,由轻视到逐渐重视,由误解到逐步深入。在此过程中,道教经籍的译介充当着开路先锋。20世纪西方道教学术研究由起步到繁荣与19世纪道教经籍的译介与传播所打下的基础密不可分。

19世纪英语世界对中国道教经籍的译介也为20世纪西方道教研究做了文献上的准备。自1868年湛约翰的首个《道德经》英文译本问世以来,几乎每两年就有一个新的英文译本出版或发表,其中亦不乏经典之作。理雅各的《道德经》《庄子》译本成为20世纪,甚至今天研究道教经籍的必备参考文献。伟烈亚力(Alexander Wylie)的《中国文献纪略》是西方学者研究包括中国道教经籍在内的中国经籍的必备之书。此外,一些中国民间流行的道教经籍也被翻译成多种西方语言,为20世纪以后的西方道教研究打下了坚实的文献基础。

同时,19世纪的道教经籍译介也为20世纪的道教学术研究做了人才上的准备。正是在理雅各、翟理斯的影响与培养下,英语世界才有了翟林奈(Lionel Giles)、阿瑟·韦利、葛瑞汉(Angus C. Graham)等新一代杰出汉学家。

20世纪初,敦煌文献被发现了。斯坦因(Sir Mark Aurel Stein)、伯希和(Paul Pelliot)等掠取中国道教文献的同时,西方正式开始了对中国道教及其经籍的研究。20世纪20年代,《道藏》走出宫观,使得西方对中国道教,尤其是对中国道教经籍的内涵有了更为全面的认知,为道教经籍在西方的译介准备了更为丰富的原材料。1973年湖南长沙马王堆汉墓帛书的出土,1993年湖北省荆门郭店楚简的出土,在中外道教学界掀起一个又一个道教研究高潮。而这些高潮的出现,正是以经籍的发现和出土为前提的。

道教在西方逐步受到关注的过程中,尽管有诸如理雅各、卫礼贤(Richard Wilhelm)等早期传教士所作的汉学研究方面的努力,还有高延(J. J. M. de Groot)的人类学著作问世,西方主要是通过文本,而非作为一种鲜活的宗教对道教进行了解的。西方对于道教这个古老宗教的近距离体验是在20世纪下半叶方才开始的。20世纪70年代末中国的改革开放使得中国正式进入国际大舞台,国力的强盛和世界影响力的增加亦吸引了更多的国际关注。对中国的研究成为世界的重要课题。加之在改革开放前的几十年里,英语世界的中国道教研究学者由于条件所限,只能与台湾、香港等地区进行交流。随着改革开放的深入,一批批海外道教研究学者得以进入中国对道教进行实地研究与考察,这就为海外中国道教研究提供了良好的条件。

西方对中国道教的兴趣在 20 世纪迅速增强有其深刻的社会背景。19 世纪末 20 世纪初,人们越来越为西方文明因工业与科学的发展而导致的道德与精神上的真空而担忧。许多人开始转向非正统的教派以寻求救赎。这种精神与文化上的觉醒也激发了西方对于东方的兴趣,他们将目光转向东方,希望在东方宗教中找到一种新的普世观。20 世纪上半叶所爆发的两次世界大战,标志着西方理性文化的终结和机器文明的崩溃①,西方人对其工业文明愈加感到绝望。而中国道教所倡导的那种植根于自然,追求和谐的普世价值,使其成为医治欧洲信仰危机的良药。老子哲学中反对战争、主张和谐的观点,引起了意图抛弃西方中心主义的文化学者之共鸣。在他们看来,中国的道教思想对于消弭人类占有的冲动、缓和人类社会冲突具有时代性意义,成为拯救西方危机的良药。② 正如卫礼贤所言,第一次世界大战是西方文明终结及机器文明崩溃的标志,来自中国的道教文化是拯救西方文明的良药,他认为老子的微言大义已经开始被引入欧洲文化的肌理。③

19 世纪也是西方在海外大肆扩张的时代。1878 年的柏林会议(the Congress of Berlin)批准欧洲人在世界上进行殖民活动的权利。这种对外侵略,助长了欧洲至上主义,同时亦使得西方人对非欧洲宗教传统持一种开放的态度。此时的中国道教,与亚洲其他宗教相比,其吸引力虽然仍然较为落后,但是,关于中国道教的著述越来越多。通过这些著述,道教的教义已经开始引起越来越多人的注意。道教因其缺乏教条性的内容而被认为是世界普遍宗教的可能模板。美国哲学家保罗·卡鲁斯(Paul Carus)极力倡导宗教宽容,提倡西方与亚洲宗教间的对话。他

---

① 辛红娟:《〈道德经〉在英语世界:文本行旅与世界想像》,上海:上海译文出版社,2008 年,第 21 页。
② 同上。
③ H.G.Ostwald, *Tao Te Ching: The Book of Meaning and Life*. London: Routledge & Kegan Paul, 1985. p.10; 转引自辛红娟:《〈道德经〉在英语世界:文本行旅与世界想像》,上海:上海译文出版社,2008 年,第 11 页。

在出版于 1913 年的《道德经》译本中宣称他发现了《道德经》与基督教教义的诸多相似之处。G. G. 亚历山大（G. G. Alexander）的《道德经》译本亦认为其中体现出一种宗教的普遍智慧。

对于道教的态度转变，不仅仅局限于学者及东方学家。此时期的一些文学家对中国道教亦感兴趣，他们的作品对于西方了解中国产生了重大作用。这些作家包括德国作家赫尔曼·黑塞（Herman Hesse）、奥地利小说家卡夫卡（Kafka）、美国作家赛珍珠（Pearl Buck）、埃德加·斯诺（Edgar Snow）等。托尔斯泰（Tolstoy）、马丁·布伯（Martin Buber）、海德格尔（Heidegger）以及荣格（Jung）等都对中国道教有过不同程度的兴趣。托尔斯泰、布伯及海德格尔都曾计划着手翻译道教经典，布伯于 1910 年翻译的《庄子》对当时的德国思想界产生过重大影响。20 世纪 20 年代，卫礼贤翻译的《易经》和《太乙金华宗旨》进一步引起欧洲人对道教的兴趣。

另一位使中国道教在西方人心目中的形象产生重大转变的人物是马伯乐（Henri Maspero）。他一改高延、佛尔克（Alfred Forke）及葛兰言（Marcel Granet）等仅仅把道教研究局限于道教文本的不足，将道教研究范围进行拓展，首次对中国道教进行了更为全面的研究。马伯乐也改变了西方过去简单地将道教视为道家蜕化变质后的产物，对道教进行负面评价的传统，力图勾勒出作为哲学的道家与作为宗教的道教之间的传承与互动关系。这使得中国道教在西方人的眼中发生了重要改变，并从此改变了西方长期以来所形成的中国是儒家文化占统治地位的观念。马伯乐的观点被越来越多的欧洲、美国、亚洲及澳大利亚学者们发扬光大。自 1968 年起，欧洲有了定期召开的道教学术会议。在首次欧洲道教大会上，以施舟人（Kristofer Schipper）教授为首的欧洲学者们决定编辑并翻译《道藏》，开始了长达近 30 年的欧洲"道藏工程"。

在此期间，陈荣捷（Wing-tsit Chan）、冯友兰等海外华裔学者，及许多中国、日本学者开始对中国道教进行更为严格意义上的学术研究。正是他们的学术成果使得中国道教首次融入世界比较宗教史研究。在康德谟（Kaltenmark）、顾立雅（Creel）、韦尔奇（Welch）等学者的带动下，道教亦以各种方式进入更加广泛的学术及文化领域。也正是他们，将研究成果应用于普通大众，并注意到道教在道德、精神、治疗等方面对西方的潜在作用。此后，越来越多的道教经籍被西方人翻译并阅读，人们从多角度对道教进行全面考察。他们不再视道教为愚昧原始的迷信或不可言喻的神秘主义,而是将其视为可以在从相对主义到生态哲学等一系列方面进行对话的伙伴。

### 三、《道德经》英译

20世纪的英语世界对《道德经》的译介充满了热情。据美籍华裔学者、哲学史家陈荣捷先生在其1963年出版的《老子之道》中统计,《道德经》在1943年至1963年的20年间,几乎每隔一年就有一种新的《道德经》译本问世,其中半数是在美国出版。① 台湾学者严灵峰《周秦汉魏诸子知见书目》罗列了从1868年到1970年间的有关《道德经》翻译及研究的英文书目90种,其中有78种为20世纪所译。② 1989年,荷兰学者克努特·沃尔夫(Knut Walf)教授对《道德经》西文译本进行统计发现,自1816年至1988年,共有252种西文译本问世,涉及17种欧洲语言,其中英文译本83种,译介数量居西文译本之首。根据丁巍《老子典籍考:三千五百年来世界老学文献总目》的统计,《道德经》西文译本中,英文译本多达182种。③ 阿奇·巴姆(Archie J.Bahm)教授在其《道德经》译本中列举了新墨西哥大学兹摩曼图书馆(Zimmerman Library)管理员克拉克·默林(Clark Melling)整理的1868—1992年间的94种《道德经》英文译本。其中,20世纪以后的译本多达85种。④ 迈克尔·拉法革(Michael LaFargue)和朱利安·帕斯(Julian Pas)所列举的1993年以前的45种重要《道德经》译本中,有36种出自20世纪。⑤ 对于《道德经》究竟有多少译本,无人能够说出其准确数字。但从上述学者的统计数据至少可以窥见《道德经》在20世纪英语世界译介之盛况。⑥

《道德经》何以有如此大的吸引力? J. J. 克拉克⑦认为有以下原因:

---

① 转引自辛红娟:《〈道德经〉在英语世界:文本行旅与世界想像》,上海:上海译文出版社,2008年,第16页。
② 参见严灵峰编著:《周秦汉魏诸子知见书目》(第一卷),台湾:中正书局,1978年,第503—510页。
③ 转引自辛红娟:《〈道德经〉在英语世界:文本行旅与世界想像》,上海:上海译文出版社,2008年,第11页。
④ Archie J. Bahm, *Tao Teh King by Lao Tzu*: *Interpreted As Nature and Intelligence*, California: Jain Publishing Company, 1996, pp.121—129.
⑤ Michael LaFargue & Julian Pas, "On Translating the Tao-te-ching," in Kohn, Livia & LaFargue, Michael, eds. *Lao-tzu and the Tao-te-ching*. Albany: State University Press, 1998, pp.299—301.
⑥ 《道德经》译本数量众多,因篇幅所限,本文不一一列举。详请参见相应文献。
⑦ J. J. Clarke, *The Tao of the West*. London & New York: Routledge, 2000, pp.56—57.

一是因其文本的千变万化。它是一部允许有多种解读的经典,可以满足任何一位读者之所需。它可以是一部道德指南,一部神秘哲学书籍,一部关于政治、军事策略的书籍,一部关于理想社会的小册子,一部提倡科学的自然主义著作[1],梅维恒(Victor H. Mair)甚至认为《道德经》中有马克思唯物主义的原型[2]。这就"使得《道德经》拥有与那些写得清清楚楚,只可以有一种解读的书籍不可比拟的优势"[3]。

　　《道德经》中那些精辟、富于暗示性、看似矛盾的说法会立刻引起我们的注意,它倡导一种更为简朴自然的生活,对于那些过着焦虑、缺乏成就感生活的现代人来说,富有吸引力。也有人认为,《道德经》没有言及具体神话、历史及具体人物,从中看不出明显的文化、神话和神学上的陈迹。这使得《道德经》超越所有时空局限,成为一种被普遍接受的著作。早在1855年,新教传教士艾约瑟(Joseph Edkins)就已经注意到《道德经》中缺乏神话及传说这一特点,并因此得出结论说,《道德经》"属于哲学史而非迷信史"[4]。

　　翟林奈(Lionel Giles)在初大告(Chu's Ta-kao)的《道德经》译本序言中,将其比作哲学文献中的"白矮星",其形体虽小,但密度极高,散发着极为耀眼的智慧之光。[5]

　　与其在西方类似,《道德经》在英语世界的译介与阐释常常带有明显的时代特色,译文大多迥异,有时甚至不像是依据同一原本译出的。译本之所以产生差异,有的是因为译者对原文理解的差异所致,有的则是由于译者有意无意的误解甚至曲解。译者所依据的《道德经》原文的底本不同,是造成《道德经》译文差异的另一重要原因。比如,有的译者依据河上公本,有的依据王弼本,郭店楚简和汉墓帛书出土之后,又有译者依据楚简或帛书进行翻译。由于历史原因,译者翻译《道德经》的意图和运用的阐释方法不同,亦是造成译本千差万别的原因之一。

---

[1] B. J. Schwartz, *The World of Thoughts in Ancient China*, Cambridge, MA: Harvard University Press, 1985, p.192.

[2] V. H. Mair( trans.), *The Tao Te Ching: The Classic Book of Integrity and the Way*, New York: Bantam, 1990, p.128.

[3] H. Welch, *Taoism: The Parting of the Way*, Boston: Beacon Press, 1957, p.13.

[4] J. Edkins, "Tauism," in *Pamphlets of Chinese Missionaries*, conference held at The School of Oriental and African Studies, London, 1855, p.83.

[5] Lionel Giles, "Forword," in Ch'u Ta-kao.*Tao Te Ching*. London: Unwin Paperbacks, 1982, p.10.转引自辛红娟:《〈道德经〉在英语世界:文本行旅与世界想像》,上海:上海译文出版社, 2008年,第18页。

当然,《道德经》本身"明晰不足,暗示有余"的特点①,既是吸引众多译者进行翻译的原因,也是导致译本迥异的重要因素。可以说,这些各异的译本都是英语世界一代又一代译者们冲破文化障碍,穿越时空距离对《道德经》全面理解所作的努力的具体体现。

### 四、《庄子》英译

20世纪以来新的《道德经》译本层出不穷,《庄子》的各种译本也不断涌现。

1933年,冯友兰选译了《庄子·内篇》(Chuang Tzu: A New Selected Translation with an Exposition of the Philosophy of Kuo Hsiang),由上海商务印书馆出版。此译本于1964年又在纽约出版,1989年由北京外文出版社第三次出版。冯友兰译本翻译了《庄子·内篇》的全部内容,还选了郭象注的部分内容,在英语世界曾产生较大影响。1939年,阿瑟·韦利的《古代中国的三种思维方式》(Three Ways of Thought in Ancient China)一书在伦敦出版。书中选译了《庄子》中的部分故事,以此来说明庄子的思想。同年,胡泽灵(Hu Tse-Ling)将《庄子》的《天下篇》(The World)翻译成英文在成都出版。

1942年,林语堂在其《中国和印度之智慧》(Wisdom of China and India)一书第二部分《中国之智慧》中选译了《庄子·内篇》中的《逍遥游》《齐物论》《养生主》《人间世》《德充符》《大宗师》等六篇,及《庄子·外篇》中的《骈拇》《马蹄》《胠箧》《在宥》《秋水》等五篇。同年,休斯(E. R. Hughes)以《庄周:自由诗人》(Chuang Chou, the Poet of Freedom)为题翻译了《庄子》的部分篇目收入伦敦出版的《古代中国哲学》一书,该书于1973年再版。

1960年,美籍华裔学者陈荣捷翻译了《庄子》中的四篇,收入狄百瑞(William Theodore De Bary)等编的《中国文化传统资料汇编》(Sources of Chinese Tradition)。1963年,魏鲁男(James R. Ware)以《庄周的格言》(The Sayings of Chuang Chou)为题在纽约出版其《庄子》译本,是为20世纪英语世界的首个《庄子》全译本。华兹生(Burton Watson)认为此译本用词生涩,其解释亦缺乏说服力,他于1964年在纽

---

① Lionel Giles, "Forword," in Ch'u Ta-kao. *Tao Te Ching*. London: Unwin Paperbacks, 1982, p.10. 转引自辛红娟:《〈道德经〉在英语世界:文本行旅与世界想像》,上海:上海译文出版社,2008年,第26页。

约翻译出版了《庄子·内篇》(Chuang Tzu, Basic Writings)。四年后,华兹生翻译出版了《庄子全集》(The Complete Works of Chuang Tzu)。1968 年,阿基利斯·冯(Achilles Fang)翻译了《庄子·秋水》,发表于《起源》(Origins)杂志。

1974 年,冯家富(Feng Gia-fu)与简·英格里希(Jane English)合作翻译了《庄子·内篇》(Chuang Tsu, Inner Chapters)。1981 年,葛瑞汉出版了《庄子》选译本。译者根据自己的理解,对《庄子》中的篇目及段落的顺序进行了重新编排,并对其中部分内容进行了删减。葛瑞汉认为,此译本包含了《庄子》原书近五分之四的内容,可以算作《庄子》的全译本。该译本尤其注重分析和呈现《庄子》的哲学思想,后常常被英语世界的中国哲学研究者征引。[1]

20 世纪 90 年代有两个代表性的《庄子》译本问世。1994 年,美国汉学家梅维恒的《逍遥于道:庄子的早期道家故事与寓言》(Wandering on the Way: Early Taoist Tales and Parables of Chuang Tzu)出版。梅维恒本人及该译本的出版商称其为"唯一富有诗意"的"权威版本"。1997 年,汪榕培与任秀桦合作翻译了《庄子》的全译本在中国国内出版。此外,戴维·亨顿(David Hinton)于 1997 年翻译了《庄子·内篇》(Chuang Tzu: The Inner Chapters),克利里(Thomas Cleary)翻译的《庄子·内篇》,收于 1999 年在波士顿出版的《道教经典》(The Taoist Classics)第一卷。

华兹生(Burton Watson)在其英译《庄子全集》(The Complete Works of Chuang Tzu)序言有云"《庄子》可以让其译者充当多种角色:他可以是严肃的,亦可以是轻松的,可以是狂想的,亦可以是反常的,可以一会儿以疯疯癫癫的语气讲话,一会儿变成一只千足虫,一会儿是一位絮絮叨叨的海神,一会是一位深思默想的人物"[2]。《庄子》在英语世界亦有过多种诠释:曾被作为一部神秘主义著作、哲学著作,主张无政府自由放任主义,是认识论上的怀疑主义,一部严肃的文学著作,或者仅仅是一部纯纯粹粹的嬉戏之作。对于一些西方评论家来说,《庄子》具有很大的哲学上的意义。罗伯特·艾利逊(Robert Allinson)将《庄子》描绘成"一部顶

---

[1] 徐来:《〈庄子〉英译研究》,复旦大学博士论文,2005 年,第 11 页。
[2] B. Watson, The Complete Works of Chuang Tzu, New York: Columbia University Press, 1968, p.xi.

级的哲学杰作"①,汉森(C. Hansen)则认为《庄子》看似疯疯癫癫,实似"哲学花蜜"②。还有人认为,《庄子》是一部充满讽刺与智慧的著作,亦有人视其为文字游戏。③ 葛瑞汉采用一种学术化的方法研究《庄子》,他试图用现代分析哲学的语言来翻译《庄子》。他的这种做法曾受到诟病。乔纳森·赫尔曼(J. R. Herman)认为,《庄子》的各种英文译本之间的差别如此之大,以至于有时会认为它们不是译自同一原作。④

**五、其他道教经籍的译介**

20世纪的英语世界,就道教经籍的译介数量和种类而言,相较于19世纪,除《道德经》和《庄子》(《南华真经》)这两部在19世纪被视为所谓"纯正"的源于先秦道家的道教经籍仍为20世纪英语世界译介的主流外,呈现出三个重要特点:一是所关注和译介的道教经籍种类明显增多;二是《道藏》本身进入研究视野;三是从总体上对道教经籍进行研究。

除《道德经》和《庄子》之外,还有其他道教经籍被翻译成英文。这其中,《列子》(《冲虚至德真经》)最为引人注目。《列子》的首个西文译本为出版于1877年的德国汉学家花之安(Ernst Faber)的译本。《列子》以其轻松的方式呈现了道教思想,可读性亦很强,但在西方一直以来受到忽视。1960年,葛瑞汉出版了该经的英文译本,在该译本的序言中,葛瑞汉评论道:"(《列子》)是迄今最明白易懂的道教经籍。对西方人而言,《列子》可能是对这种奇特而又难以捉摸的生活哲学的最好介绍。"⑤

据笔者不完全统计,除《道德经》和《庄子》外,在20世纪英语世界所译介的其他道经种类多达141种,译本数量达224种。这些经籍中,译本超过两种的有

---

① R. E. Allinson, *Chuang-Tzu for Spiritual Transformation*, Albany: State University of New York Press, 1989.
② C. Hansen, *A Daoist Theory of Chinese Thought*, New York: Oxford University Press, 1992, p.265.
③ Wu Kuang-ming. *The Butterfly as Companion: Meditations on the First Three Chapters of the Chuang Tzu*, Albany, NY: State University of New York Press, 1990.
④ J. R. Herman, *I and Tao: Martin Buber's Encounter with Chuang Tzu*, Albany, NY: State University of New York, 1996, p.3.
⑤ A.C.Graham (trans.), *The Book of Lieh Tzu*, London: John Murray, 1960, p.1.

《抱朴子·内篇》《重阳立教十五论》《洞玄灵宝三洞奉道科戒营始》《管子》《淮南子》《黄帝阴符经》《老君说一百八十戒》《三天内解经》《神仙传》《太平经》《太上感应篇》《太上黄庭内景玉经》《太上黄庭外景玉经》《太上老君经律》《太上老君开天经》《太上老君内日用妙经》《太上老君说常清静妙经》《悟真篇》《因是子静坐法》《真诰》《周氏冥通记》《周易参同契》《坐忘论》等23种。

20世纪所翻译的道教经籍几乎涉及中国道教的方方面面,其中有的为全译,有的为选译;有的译文发表于研究期刊,有的收录于文集,另有一些为单行本。

### 六、特色分析

20世纪是中国道教经籍在英语世界的译介与传播由发展走向全面繁荣的世纪。与19世纪相比,具有如下特色:

第一,从事道教经籍译介与研究的汉学家队伍明显扩大。这支队伍不再局限于传教士、外交官及商人等业余汉学家,更涌现出诸如阿瑟·韦利、孔丽维(Livia Kohn)、鲍菊隐(Judith Boltz)、柏夷(Stephen Bokenkamp)等一批专门从事道教研究及道教经籍译介的汉学家;林语堂、陈荣捷、冯友兰、刘殿爵等华裔汉学家也加入其中。他们所翻译的道教经籍,在英语世界乃至整个西方均有重大影响,从而打破了19世纪西方垄断道教经籍译介与阐释的现状,成为中国道教经籍在英语世界译介的一支重要力量。在东西方文明交流融通的20世纪,"出现了中外译者、不同学科学者合作翻译中国道教经籍的景观,从而使得道教经籍译者的身份构成、国籍构成、性别构成和主体意识具有了多元化色彩"①。

第二,道教经籍译介与研究的角度和视野明显扩大。随着敦煌文献的发现,《道藏》走出宫观,马王堆汉墓帛书及郭店楚简等道教文献的出土,道教经籍译者不再像19世纪那样将道教经籍与西方的《圣经》及古希腊哲学进行比附,不再局限于将道教经籍视为宗教典籍,他们从哲学、文学、社会学、文化人类学及科学等视角对道教经籍进行诠释。

第三,道教经籍译介与研究的成果更加丰富,译本数量与所译道教经籍的种类明显增多。进入20世纪,《道德经》的译介热情一直未减,《庄子》(《南华真

---

① 辛红娟:《〈道德经〉在英语世界:文本行旅与世界想像》,上海:上海译文出版社,2008年,第23页。

经》)的精品译本不断推出。同时,对道教其他经籍的译介数量及种类也明显增加。尤其是20世纪70年代汉墓帛书的出土及90年代郭店楚简的发现,不仅带来中国国内老学研究的繁荣,而且在英语世界亦掀起了道教经籍译介与研究的高潮。20世纪70年代以后的近30年时间里,道教经籍的译介以一种史无前例的速度增加,《道德经》的译本数量显著增加,其他道经的译介与研究的专著亦如雨后春笋般地涌现,不仅仅以传统的或民间的道教经籍或其他西文译本为蓝本译介道教各教派的经籍,许多译者在翻译时要参考多种中文原本及其注疏。尤其值得一提的是,随着《道藏》走出宫观,英语世界对于道教经籍的理解已不再局限于《道德经》及《庄子》等,其译介的范围明显增加,除这些源于先秦道家的经籍译介继续升温外,其他道教经籍的译介亦显著增加,呈现出百花齐放的态势。不仅有对于道教文献的总体研究,如鲍菊隐的《公元十至十七世纪的道教文献》,而且以欧洲的"《道藏》工程"为代表的对于道经总集《道藏》的研究已经于20世纪下半期轰轰烈烈地开展起来。时任教于英国的荷兰汉学家龙彼得(Piet van de Loon)的《宋代收藏道书考》就是此工程的重要研究成果之一。经过近30年的努力,"《道藏》工程"的最终研究成果——《道藏通考》于2005年在美国芝加哥出版。

第四,20世纪的美国已取代英国,成为英语世界的道教研究中心。如果说19世纪是英国的世纪,那么20世纪便是美国的世纪。进入20世纪以后,英国在世界的影响力逐渐衰退,代之而起的是美国这个英语世界的后起之秀,经过两次世界大战以后,美国逐渐成为世界超级大国,拥有政治、经济及文化等领域至高无上的国际影响力。与此同时,美国加强了对中国的研究,关于中国研究的机构层出不穷。道教研究中心亦随之从英语世界的英国移至美国。在中国道教研究及道教经籍译介方面形成美国、法国、日本三足鼎立的格局。在这种背景下,培养或吸引了大批道教研究学者进入美国,产出一大批重要的道教经籍译介与研究成果。

第五,20世纪的道教经籍译介明显呈现出翻译与研究相结合的特色。我国著名翻译家曹靖华有云:

> 要透彻、深入地掌握原作的思想内容,可靠的办法是走翻译与研究相结合的道路。翻译什么,研究什么,或者说研究什么,翻译什么。最好翻译应是研究的结果。广采百花,搜集关于原作品和原作者的一切材料,把研究心得写在"前言""后记""序""跋"里。这不仅是指引读者们的钥匙,而且也是译

者提高水平的切实途径。①

此时期问世的大多数译本均通过序、跋及前言以及注释的方式对所译道教经籍进行诠释与研究。阿瑟·韦利的《道德经》译本便是很好的证明。该译本的前言部分就占了该译本的三分之二。

20 世纪的英语世界,道教经籍的译本越来越丰富,西方读者可以很方便地找到可供阅读的道教经籍。这些道教经籍译本许多出自《道藏》。但是,《道德经》与《庄子》仍然最吸引西方读者及研究学者们的注意,对西方人对中国道教的态度影响最为深远。

### 七、结语

20 世纪是中国道教经籍在海外的译介与传播由发展走向全面繁荣的世纪。回眸 20 世纪,我们欣喜地看到,随着中国经济实力的增强,国际影响力的提高,中国与世界各国的文化交流的频繁与深入,中国道教及其经籍引起越来越多的西方学者的注意,中国道教及其经籍的研究与译介成果可谓层出不穷。一种全方位、多视角的道教研究态势已然形成,与我国国内的道教研究相互呼应。

以中国道教为根柢的中华文化既是中国的,亦是世界的。我们既要主动走出去,向世界传播我们中华民族的优秀文化,同时更应该积极创造条件,提升中华文化的品质,增强中华文化自身的吸引力,从而激发他国他民族接受中华民族优秀文化的内在需求及内在动力。21 世纪的中国道教研究需要世界眼光,需要我们置身于世界历史大潮之中来考察中国道教及其经籍。加强彼此对话是海内外道教学者们的共同需要,亦是中国道教研究与发展的重要门径。综观当代汉学家们所取得的研究成果,我们可以充分体会海外道教在专业化、国际化进程中所体现出来的新的速度与水平。

今天,我们研究道教经籍在海外的译介与传播,不是为了对已经成为过去的历史史实进行重新建构,而是为了从中总结经验,寻找规律,为今后的海外道教研究提供新思路,并最终为中国文化的对外传播,为中国文化软实力的提升提供可鉴之镜。

---

① 林天煌主编:《中国翻译词典》,武汉:湖北教育出版社,1997 年,第 1006 页。转引自辛红娟:《〈道德经〉在英语世界:文本行旅与世界想像》,上海:上海译文出版社,2008 年,第 23 页。

# 东方智者的话语

## ——19 世纪初期第一部英译《论语》之历史研究

对外经济贸易大学　康太一

## 引　言

在最初很长的一段时间里,以基督教文化为背景的西方对于东方的了解趋于贫乏而消极,偶有闪现的正面看法,则或可源自《马太福音》第二章中有关东方智者(the Magi from the East)的描述,将其想象成智者的国土,并认为那里拥有博学的哲学家和星象学家。[①] 而西方对于中国,基督教文化对于儒家文化的了解一直都没有得到实际意义上的推进和深化,直到 16、17 世纪耶稣会士来华传教时才得以改变。彼时的西方好奇求知且极具扩张性,而传教士们则将这些特质融入到他们对宗教的热忱之中,远渡重洋,来到中国,开始了他们对于中国本土哲学与宗教传统的探知与发掘;而翻译儒家经典则成为他们为建立中西方对话语境而采取的重要举措。毫无疑问,耶稣会士是最早将儒家经典译介到西方的,而处于明末清初的他们,当时所面对的翻译挑战之巨大,可想而知。1687 年,在经过几十年的共同努力后,耶稣会士们终于出版了他们里程碑式的力作——《中国哲学家孔

---

① Julia Ching, *Confucianism and Christianity：A Comparative Study*, Tokyo, New York & San Francisco：Kodansha International Ltd., 1977, p.13.

子》(Confucius, Sinarum Philosophus)①,其间包含了"四书"中三书(《大学》《中庸》和《论语》)的拉丁文全译本。这部作品在欧洲反响甚佳,故随后便于 1688 年和 1691 年被分别转译并节译成法文版②和英文版③。

不过,真正意义上为英语读者而生的第一部儒家经典英译本所指并非 1691 年出版的源自拉丁文版的转译本,而是由身在印度塞兰坡(Serampore)的英国浸信会传教士马士曼(Joshua Marshman,1768—1837)及其团队于 1809 年完成出版的《论语》(上半卷)英文直译本,题为 The Works of Confucius④。这是 19 世纪初期,继耶稣会士之后,新教传教士对于中国文化有所涉足的新开端;换句话说,亦是在 17、18 世纪"术语与礼仪之争"(Terms and Rites controversies)之后,新教传教士对于耶稣会士之遗憾的弥补,对于中西方文化差异,以及基督教文化与儒家文化的分歧,所做出的第二次架联、交流之尝试。在这次尝试之中,英国的新教传教士们通过译介儒家经典,做出了卓越的贡献:1812 年出版的《大学》⑤英译本因其译者马礼逊(Robert Morrison,1782—1834)——第一位来华新教传教士而荣耀;1828 年出版的由柯大卫(David Collie,?—1828)英译之"四书"⑥是公认的最早的英译"四书"全集;而大名鼎鼎的英国汉学奠基人理雅各(James Legge,1815—1897)则于 1861 年至 1872 年间陆续出版了他的《中国经典》(The Chinese Classics)⑦,献给全世界一个儒家经典之"经典"英文译本。而或许正是因为同仁与后辈的作品之荣耀光环太过璀璨,才使马士曼这位先驱者及其作品所走出的第一步被遗忘在暗影之中,至今鲜为人察。

---

① Philippi Couplet ed., *Confucius Sinarum Philosophus*, Parisiis: Horthenials, 1687.
② *La Morale de Confucius*, *Philosophe de la Chine*, Amsterdam, 1688.
③ *The Morals of Confucius*, *a Chinese Philosopher*, London: Randal Taylor, 1691. 此书再版于 1818 年,题为 *The Life and Morals of Confucius*, *A Chinese Philosopher*, 详见 David Mungello, *Curious land*, *Jesuit Accommodation and the Origins of Sinology*, Wiesbaden: Franz Steiner, 1985。
④ Joshua Marshman, trans. *The Works of Confucius*: Contained the Original Text, with a Translation, Serampore: Mission Press, 1809.
⑤ Robert Morrison, trans., "Translation of Ta-hio: the First of the Four Books," in *Horae Sinicae*: *Translation from the Popular Literature of the Chinese*, London, 1812.
⑥ David Collie, trans., *The Chinese Classical Work Commonly Called the Four Books*, 2 vols., Malacca: Mission Press, 1828.
⑦ James Legge, trans., *The Chinese Classics*: with a Translation, Critical and Exegetical Notes, Prolegomena, and Copious Indexes, 5 vols., Hong Kong: Legge; London: Trubner, 1861–1872.

故本文旨在以历史研究的视角,重新审读马士曼的英译本《论语》(上半卷),依托一手档案资料,探究其完成的历史背景,进而考察其翻译策略及独有创新,最终追溯其译本影响,分析其在中西跨文化交流史上的贡献,以期可为今人所借鉴。

## 一、缘起何处:历史背景概述

第一部《论语》英文直译本由缺乏语言环境和对话语境的英国浸信会传教士马士曼及其团队在印度塞兰坡翻译完成并出版,似乎有些出人意料。尽管,最早来到印度传教的浸信会之核心人物——塞兰坡三杰(Serampore Trio):凯瑞(William Carey)、沃德(William Ward)和马士曼——早在1800年①时就展示出他们要将《圣经》翻译成所有主要的南亚语言并予以刊印的雄大野心,但对中文的涉猎仍非他们当时在印度传教的首选。然而,一些巧合的发生和潜在的意图最终引发了马士曼对于学习中文并将《圣经》翻译成中文的兴趣,而英译《论语》便是其第一份学习成果;自此,马士曼对于中文的热忱整整持续了15年。

### (一)潜在的意图与野心

埃尔默·H.卡茨(Elmer H.Cutts)教授在他1942年发表的文章中表示,没有明显证据可证明"孟加拉地区对中文的学习是为英国继1792年马戛尔尼使团失败之后,对中国采取的新一轮外交攻势做准备"②。即便如此,潜在的政治需要和宗教企图仍不可完全排除,不然确实难以解释1805年至1806年③间,中文学习与工作在加尔各答和塞兰坡两地浸信会士之日程表上的突然出现。

福特威廉学院④的教务长布坎南(Claudius Buchanan,1766—1815)是最早发现并雇请塞兰坡后来的中文老师乔·拉沙(Joannes Lassar,1781—1853?)的;他本

---

① 1800年塞兰坡传道出版社(Serampore Mission Press)由William Carey建于丹麦属地塞兰坡。
② 笔者译自:Elmer H.Cutts,"Chinese Studies in Bengal," *Journal of the American Oriental Society*,62.3 (Sep.1942),p.172。
③ 当马士曼向浸信总会(BMS)秘书长瑞兰德(Dr.Ryland)解释在塞兰坡学习中文的必要性时,表示这是一项从1803年便定好的工作:"在我们1803年1月的译备备忘录上写明:'同意凯瑞负责马拉塔语(Mahratt)的学习,沃德负责波斯语(Persian),马士曼负责中文,并以将《圣经》译成以上语言为己任。'"[笔者转写翻译自:Joshua Marshman's Letter to Dr.Ryland(BMS),25 May,1806.]
④ Fort William College 始建于1800年,旨在为东印度公司培养未来骨干力量。(Abhijit Gupta,"Note on the Chinese Printing in Serampore," in Swapan Chakravorty and Abhijit Gupta ed., *New World Order: Translational Themes in Book History*,Delhi:Worldview Publications,2011)

人也因此伯乐之举而为后人所知。而正是在他1811年出版的《剑桥大学前的两次演说》①中，首次明确提出了推动塞兰坡中文学习与工作的宗教企图：

> 每当谈论到颁布基督教的问题，一些作者就会将他们的眼光局限在印度。印度仅仅是等待神的启示之国度中的一小部分……中国拥有更为广阔的领土和众多的人口，在某些方面，要重要得多。罗马教廷曾经与这个帝国进行了长久而无效的抗争，归其原因，他们没有给那里的人民带去"美善而完备的赏赐"——《圣经》……完成一本中文的《圣经》是福特威廉学院多年来的夙愿，如果能有一本这样的《圣经》传至中国，福音就可能传至这个庞大帝国的每个角落……②

此外，他还暗示出了在印度学习中文的政治、外交需要：

> 另外一个可见的目标是向我们内部的人员介绍中文。中国的堡垒可在西藏边境俯瞰我公司在孟加拉的领土，而我公司在印度任职的人员中竟没有一个能够读懂普通的中文信件。③

由此可见，孟加拉地区的浸信会士将中文学习和工作提到日程上，是出于对宗教企图和政治需要的综合考虑，绝非对中国文化的一时兴起。

此外，马士曼也在寄往浸信会总会的多封信件中，从各个方面陈述了在塞兰坡学习中文的必要性。在他看来，在马嘎尔尼使团失败后，清政府对于英国传教士的态度很难预测：

> 此时的帝国（中国）会否允许我们进入还很难说；更不用说在华传教，办报出版或者建立教会学校了……④

而塞兰坡距离中国不远，当地亦有中国人居住，是便于沟通交流的大城市；就当地教会条件而言，在得到中文老师拉沙的协助之后，亦可谓天时地利人和皆具。⑤ 当获知伦敦会将派两名教友（马礼逊等）前往中国的消息之后，马士曼在表

---

① Claudius Buchanan, *Two Discourses Preached before the University of Cambridge*, Cambridge: University Press, 1811.
② 笔者译自：Elmer H. Cutts, "Chinese Studies in Bengal," *Journal of the American Oriental Society*, 62.3 (Sep.1942), p.96.
③ Ibid.
④ 笔者转写翻译自：Marshman's Letter to Dr. Ryland (BMS), 20 Aug. 1806.
⑤ 笔者转写翻译自：Marshman's Letter to Dr. Ryland (BMS), 20 Aug. 1806.

示祝福的同时依旧坚持捍卫塞兰坡中文学习与工作的优势:

  ……(塞兰坡)这样一个便宜之所,远离烦扰,却不至荒凉以限制了语言本身的传播与影响。在这里,可以汉译并出版《圣经》,同时教友们也可以研习语言,为有一天(中国的)传教之门完全打开而做准备……①

  此间已隐约可察马士曼与马礼逊之间的"硝烟味",或者说是两个教会为了各自对于中国或明或隐的宗教意图与野心所形成的竞争态势。这也为之后"二马"的争论与竞争埋下了伏笔。②

  综上所述,作为英国浸信会日后进入中国传教的铺垫,在塞兰坡学习中文并为汉译《圣经》做准备,也不再是如此"意外"的决定和举措了。

(二)天赐的中文老师:拉沙

  在塞兰坡中文工作的蓝图上,中文老师拉沙无疑起着至关重要的作用。最初布坎南雇请他纯属偶然③,但最终他却以自己杰出的能力和贡献成就了一份必然。不过,尽管他是马士曼唯一④公开承认的中文老师兼得力助手(合作译者),浸信会档案中对于他个人的生平介绍依旧寥寥无几,甚至无法确认他离世的具体年份。⑤ 现有据可查的信息大致如下:

  拉沙,1781年出生于澳门一个信奉基督教的亚美尼亚家庭(Armenian Christian),家中有一男一女两名中国佣人,且均为基督徒,故其对于中文最初的了解和学习来自于他们。后来其父从广州请来一位中文老师⑥,教他中

---

① 笔者转写翻译自:Marshman's Letter to Dr.Ryland (BMS),25 May 1806.
② 有关两个教会及"二马"之间的竞争原委,可见 Jost Oliver Zetzsche's 的著作:*The Bible in China:the History of the Union Version or the Culmination of Protestant Missionary Bible Translation in China*,Sankt Augustin:Monumenta Serica Institute,1999.pp.51-53。
③ 在布坎南发现拉沙之前,马士曼一直向加尔各答寻求一名可以助其阅读中文书籍的帮手,却始终无果。(Marshman's Letter to Dr.Ryland (BMS),25 May 1806.)
④ 事实上,马士曼身边至少还有两名中国助手,但均无清晰介绍。我们仅可从马士曼的信件内容中寻得只言片语,证明他们曾最多雇用过 8 名中国人,其间大多是参加过科考的读书人。(Marshman's Letter to Dr.Ryland (BMS),20 Aug. 1806.)
⑤ 拉沙应该死于1835年之前,因那一年的《中国丛报》上记录道:"我们不知在某处看到了拉沙先生的讣告,但记不起确切发生的地点和时间了。"(*The Chinese Repository*,1835,p.252)
⑥ 拉沙有过两名导师,一位教其中文,另一位授其官话,薪金分别为 30 和 35 美金。"四天之内,拉沙就解雇了他的中文老师,因其总是强迫他记忆大量汉字,却不区分释义。在其官话老师的教导下,拉沙夜以继日的学习,在幼年时便已读过 40 卷中文书籍。(Marshman's Letter to Dr.Ryland (BMS),20 Aug. 1806;Elmer H.Cutts,quoting the *Baptist Periodical Accounts*)

文阅读与写作。十三岁时，其父将其送往广州，盼其中文更有精进。此七年间，他师从不同的老师，读书四十卷有余，且粤语与官话流利。此后，拉沙曾被在澳门的葡萄牙人雇佣，负责翻译处理与京廷之间的信件。① 1804 年他乘着一艘满载茶叶的货轮离开澳门，并于 1805 年到达印度加尔各答，却恰逢茶叶大跌价，陷入窘境，直至他遇到布坎南。②

尽管从这些只言片语中我们很难判断拉沙的实际中文水平，但马士曼及整个塞兰坡翻译团队的中文水平及其译作水平或可从侧面补充证明；而本文主角《孔子的著作》(The Works of Confucius)恰可为例。

在布坎南的资助下，拉萨尔从 1806 年初开始教授马士曼中文，一同上课的还有马士曼之子约翰(John Clark Marshman)及凯瑞之子雅比斯(Jabez Carey)。③ 最初，马士曼对其水平与能力尚存疑虑，然八个月的教学之后，拉沙的勤奋与认真使马士曼的疑虑转为对其能力和资质的认可与敬佩。④ 拉沙独特的中文教学方式⑤一方面缔造了马士曼的中文学习观，另一方面也影响了他对于儒家经典的理解。显然，《论语》是被当作中文学习"教材"由拉沙介绍给马士曼的，而朱熹所注《论语集注》也是他为马士曼选择的"教辅材料"⑥；这些都直接反映在后来马士曼英译《论语》的翻译策略与形式特点之中。

无论拉沙对于儒家经典的解读是对是错，也不管他教授马士曼的《论语》精准与否，我们都必须承认的是，马士曼对于《论语》乃至整个儒家经典的认知得益于他的引导，而这开启了塞兰坡中文工作的新篇章。

(三)译儒典以学中文

自从耶稣会士来华，罗明坚(Michele Ruggieri, 1543—1607)第一次为学习中文而准备翻译"四书"开始，"译儒典以学中文"便好似儒学与基督教相遇的"传

---

① Marshman's Letter to John Ryland (BMS), 20 Aug. 1806.; Claudius Buchanan, *Two Discourses Preached before the University of Cambridge*, Cambridge: University Press, 1811, p.96.
② Marshman's Letter to Dr. Ryland (BMS), 25 May 1806; Jost Oliver Zetzsche's book *The Bible in China*, Sankt Augustin: Monumenta Serica Institute, 1999, pp.45.
③ 笔者转写翻译自：Marshman's Letter to Dr. Ryland (BMS), 25 May 1806.
④ 笔者转写翻译自：Marshman's Letter to Dr. Ryland (BMS), 20 Aug. 1806.
⑤ 马士曼自述拉沙使用的教学计划是，"把重点放在汉字学习上，同时辨析甚至可以讨论字词含义"。(笔者转写翻译自：Marshman's Letter to Dr. Ryland (BMS), 25 May 1806.
⑥ 笔者转写翻译自：Marshman's Letter to BMS of Oct. 23, 1807.

统"桥段。① 相比于耶稣会士们所赋予这一"传统"的意义②,19世纪初由马士曼所英译的这部《论语》肩负的使命和承载的意义要简单得多。时空所限,塞兰坡的浸信会士们既没有经历过"礼仪之争"的洗礼,亦没有实际处理传教中儒家文化与基督教文化间冲突与分歧的经验,更来不及为他们在欧洲乃至西方世界的宣传而形成独有的"浸信会解读版"的儒家经典之译本;看起来,那些马士曼眼中在塞兰坡学中文可远离的"烦扰",在另一方面却影响了他对于儒家及中国文化的理解深度。不过,两百年时光荏苒,从17世纪到19世纪,"学中文"的最初意图仍旧是"译儒典"的最终依托。③

鉴于马士曼及塞兰坡浸信会士的实际情境,笔者认为《孔子的著作》(*The Works of Confucius*)所经历程可分为以下三个阶段:

第一阶段,此译本为马士曼自身学习中文的笔记和手册:他通过《论语》学习中文,英译其篇章作为范例,再对照朱熹的《论语集注》检验译本质量。④

第二阶段,此译本为塞兰坡中文教育系统中的双语教材,适用对象为下一代的传教士,包括马士曼等人之子。⑤

第三阶段,当此译本的语境转至欧洲乃至美国,其被视为《论语》的第一个英译本,并向西方其他新教修会及知识阶层介绍了中国这个庞大帝国的语言、文学以及哲学。

---

① Thierry Meynard S.J., ed., *Confucius Sinarum Philosophus* (1687): *The First Translation of the Confucian Classics*. (Rome: Institutum Historicum Societatis Iesu, 2011), p.4.
② 依据梅谦立的分析,耶稣会士所开启的这一传统其所经历程可分为三个阶段:"一开始,传教士们将儒家经典(Confucian classics)翻译成学习手册(教材)来帮助他们了解和学习中文;后来,当传教士们开始争论对于中国礼仪的正解时,耶稣会士的儒家经典译本成为了向教士们灌输'耶稣会解读'版的儒家经典('the Jesuit reading' of the Confucius classics)的工具;再后来,当译本从中国传回欧洲,便超越了来华传教士的小圈子,而逐渐演变成向欧洲学术界、政治集团和教会权威宣传某种特定的中国形象的工具。"(笔者翻译)
③ 根据马士曼的自述,通过翻译儒家经典学习中文是其独立创新的想法,并非复制天主教传教士之前的作品,因其直到有天主教士们做过类似工作时,自己的翻译已经进行大半,所以并没有参照。故而只能说,这种传统的再现,是"英雄所见略同"的选择。(笔者转写翻译自:Marshman's Letter to BMS of Oct.23, 1807.; Joshua Marshman, trans., The Works of Confucius: *Contained the Original Text, with a Translation*, Serampore: Mission Press, 1809, p.xxxviii.)
④ 笔者转写翻译自:Marshman's Letter to BMS of Oct.23, 1807.
⑤ 马士曼之子约翰(John Clark Marshman),凯瑞之子雅比斯(Jabez Carey)及后来加入的马士曼的小儿子本杰明(Benjamin Marshman)。

值得注意的是,《论语》的哲学层面从始至终都不是这个译本的重点。考虑到资助人的立场,马士曼致函印度总督明多勋爵(Lord Minto)时,只着重强调了此译本的语言和文学价值。① 此外,基于马士曼自己的判断及其翻译计划,他仅从文学方面比较了《论语》在中国的重要性与《伊索寓言》在英国的普及性②;尽管他也将孔子与古希腊先哲相提并论,对人类早期文明的思想智慧表示敬仰③,但却始终没有表明过他对于《论语》哲学层面的理解。此之于当时的英语读者及如今的研究学者不可不谓可惜,而之于马士曼个人的汉学造诣及此译本的解读深度不可不谓遗憾。

### 二、缘兮为何:《孔子的著作》

在保罗·利科(Paul Ricoeur,1913—2005)④眼中,神学家都是阐释者;因其将沉于"传统"(tradition)基底之符号库中多元丰富的隐喻解读出来,使它们可能再次对我们所存在的现实说话。⑤ 而依此看来,传教士或可被当作跨文化的阐释者,肩负了将沉于一种"传统"基底之符号库中多元丰富的隐喻解读融入另一种"传统"的使命,而语言是他们拥有的唯一媒介。因此,无论是耶稣会士,还是浸信会士,都选择了翻译作为他们跨文化解读的方式;而《孔子的著作》就是马士曼及其塞兰坡团队所做跨文化阐释的作品。

梅谦立(Thierry Meynard)在分析耶稣会士的杰作《中国哲学家孔子》时说,"当两种知识传统相遇时,它们将在两个层面上对话:形而上学层面(metaphysical level)和隐喻层面(metaphorical level)";前者一般涉及哲学作品或者抽象概念的

---

① 明多勋爵于1807年至1813年间任印度总督,并为马士曼《论语》英译本的资助人。(笔者转写翻译自:Marshman's Letter to Lord Minto,21 April 1806.)
② 笔者转写翻译自:Marshman's Letter to BMS of Oct.23,1807.
③ Joshua Marshman,trans., *The Works of Confucius:Contained the Original Text,with a Translation* (Serampore:Mission Press,1809,pp.xxii-xxiii).
④ 保罗·利科(Paul Ricoeur,1913—2005),法国著名哲学家,当代最重要的解释学家之一。他将现象学描述和阐释学解读结合在一起。
⑤ 笔者译自:Anne Hunt Overzee, *The body divine:the symbol of the body in the works of Teilhard de Chardin and Rāmānuja*.Issue 2 of *Cambridge Studies in Religious Traditions*,Cambridge:Cambridge University Press,1992.

翻译,而后者则常出现于文学和宗教作品的翻译。① 这一推论同样适用于对《孔子的著作》的分析。只不过与耶稣会士有所不同的是,马士曼将向西方阐释中国文化的主平台选在了隐喻层面,而非形而上学层面;而这亦影响到译者所选择的解读策略及译本的形式。

(一) 释义原则和翻译手段

直译(literal translation),是《孔子的著作》贯穿始终的翻译策略,也是马士曼有意选择的翻译风格。在他看来,这或许是他实现对此译本设想的最合理的方式。自1807年起,马士曼对于《论语》的学习便已超出认字的阶段,随着他自身中文水平的提高,此译本的原型也逐渐清晰起来,如他所述,目的明确,理由充分:

> 我有时在想,保留原文的汉字,然后把英文直译(literal translation)放在右边页面上,再把评注②以注释的形式加入。这样,一方面可以原汁原味地向文学世界介绍这位中国圣人,并保留它简练的语言风格,同时呈现一个完整清晰的汉字样本,以解释中文的语言结构与性质;另一方面可以为读者提供一本带有汉字的基础性读物,要知道,这些书③中的字句在中国人中的流传度比《伊索寓言》在英国还高得多……④

马士曼的直译一方面旨在配合汉字再现文本的原味,同时也体现出他对于孔子及其作品的一种理解。马士曼眼中的孔子,是一位优秀的作者,"言简意赅,情绪公正,具有温和的智慧与仁慈,了解人性,并始终坚持内心的修养"。此外,尽管马士曼认为相较于古希腊先哲,中国圣人(孔子及其弟子)的追求太过局限于道德和礼仪,不够灿烂夺目;但他仍旧承认中国圣人的思想在实际效用上的优越性,"毕竟世界上三分之一的人类受其惠泽已约两千年"⑤。因此,"简练"和"实效"也成为马士曼对儒家文学和思想之理解的核心词,直接反映在他的译本风格之中。另一方面,为了如其所愿地完成"一本带有汉字的基础性读物","严格的直译"亦

---

① 笔者译自:Thierry Meynard S. J., ed., *Confucius Sinarum Philosophus (1687): The First Translation of the Confucian Classics*, Rome: Institutum Historicum Societatis Iesu, 2011, p.24.
② 此处指朱熹所作《四书章句集注》之《论语集注》宋刻本。
③ 此处指《论语》及《论语集注》。
④ 笔者转写翻译自:Marshman's Letter to BMS of Oct.23, 1807.
⑤ Joshua Marshman, trans., *The Works of Confucius: Contained the Original Text, with a Translation*, Serampore: Mission Press, 1809, p.xxiii.

是马士曼所创之中英字字对照词汇表①的基础。对他来说,意译比直译要容易得多,但他之所以坚持后者,是为了"尽可能地呈现给读者每一个汉字的确切含义"②。从某种意义上说,"直译"确实帮助马士曼完成了一本有关中文和汉字的基础性读物;然而有得必有失,有时"过度"的直译不可避免地伤及了原文的含义,导致误译或错解,亦阻碍了马士曼向世界介绍一个真实的孔子及其思想的准度。例如,《论语·学而一》之第一段第三句"人不知,而不愠,不亦君子乎?"被马士曼误译为"A Man without knowledge and (yet) without envy, is he not the honourable man?"③这样的错误在马士曼的译本中偶有出现,虽然比例很小,但仍说明其将儒家经典译本和中文汉字教科书融为一体的创意尚有缺失,不甚完善。"译儒典以学中文"确是传教士们久经考验的优良传统,但并不表示,儒家经典仅为学习中文的教材;换言之,马士曼的误译或源于他对儒家经典之功用的过度看重,而对于文本本身的解读与阐释偶有偏离。

(二)"朱子集注"和马氏解读

尽管马士曼的侧重点在于译儒典以揭示中文的语言性质,但其对于"朱子集注"英译及引入④无疑向英语读者展现了中国传统阐释学的样貌。保罗·利科曾言,当一种注释涵盖了整套理论所需的符号和意义(如圣奥古斯丁所著之《基督教义》,Saint Augustine's *De Doctrina Christiana*.),或一个文本具备多重意义(历史意义、精神意义等)时,它便有关于哲学。⑤依此衡量,"朱子集注"应属此列,故它的加入为马士曼译本在跨文化阐释的形而上学层面开启了一扇窗。虽然马士曼自选的跨文化阐释主战场在隐喻层面,但就语言本身的性质而言,其形而上学层面与隐喻层面本就不可能完全分离。因此,当马士曼使用"朱子集注"辅助其理解《论语》时,他很可能不自觉地接受朱熹的解读视角,或者说以宋儒理学的视角

---

① 此词汇表出现在每一段译文和注释的最后面,题为"汉字备注"(Remarks on the Characters),是根据原文中标号的每一个汉字所对应的英文译文而补充生成的词条解释。
② Joshua Marshman, trans., *The Works of Confucius: Contained the Original Text, with a Translation*, Serampore: Mission Press, 1809, p.xxxvii.
③ 中文回译为:"一个人没有知识,但不嫉妒,难道不是君子吗?"(Ibid., p.8.)
④ 在每一段译文之后,作为评注(Comment)出现。
⑤ 笔者译自:Paul Ricoeur, "Existence and Hermeneutics," trans. by Kathleen McLaughlin, in Don Ihde ed. *The Conflict of Interpretations: Essays in Hermeneutics*, USA: Northwestern University Press, 1974, p.4.

去审读《论语》。继而,当他将"朱子集注"英译并引入其译作时,"又将其含义纳入到自己现阶段所能理解的范畴中"①,形成"马氏解读"(带有基督教文化背景),如此便形成了形而上学和隐喻两个层面上的跨文化对话,同时促成了儒家文化(新儒家)与基督教文化的邂逅与交流。

当然,在正文部分,马士曼并未将朱熹的《论语集注》逐字逐句地英译,而是结合他自己的理解和需要,进行了修剪与编译。首先,他将朱注当中所有的"正音"部分全部剪切并部分移植到其后的"汉字备注"之中;其间因由,或可推论为中西方阐释学标准中对于"评注"的不同看法②。而后,对于朱注当中就个别字词进行的解读,马士曼也依据自己的标准做了类似的切割与移植,不过不是全部且选择看似随意。最后,对于文本内容的语义评注部分,马氏解读下的《论语集注》出现了以下五种情况:

第一,评注全文直译且相对忠实原文本的语义及语言风格;

第二,评注按照马士曼认为"充分"的标准被部分直译,其余的"过度"阐发和联想被删除;

第三,评注部分直译,部分概括意译或编译引入译者自己的理解;

第四,评注全文直译,但全部错误,甚至影响了《论语》译文的准确性;

第五,没有评注译文。

显然,马士曼眼中的《论语集注》主要还是用来辅助理解《论语》含义的,而其自身价值仅被发掘为中文学习的又一"教辅材料"便止步了③;因此,在马氏解读下的朱熹宋儒理学思想被限定在了《论语》语义解读之内,没能得到完全的展现和重视,委实可惜。不过,《论语集注》的引入确实有效辅助了英语读者对《论语》之简练文言的理解,同时使马士曼译本呈现出涵盖隐喻和形而上学两个层面的文本形态:英译《论语》和英译《论语集注》的相得益彰。

---

① 笔者译自:Paul Ricoeur,"Existence and Hermeneutics,"trans.by Kathleen McLaughlin,in Don Ihde ed. *The Conflict of Interpretations:Essays in Hermeneutics*,USA:Northwestern University Press,1974,p.4.
② 在西方阐释学系统中,评注主要是对于文本内容的阐释、解读或评价,而"正音"则属于语文学(philology)的范畴;而在中国传统阐释学中,"正音"却是评注的一部分,因为有时某一个字词的某一个发音也会揭示出其不同的含义与理解,阐释与评价。
③ 马士曼在序言中曾表示,引入"朱子集注"亦可介绍中文和汉字,"因为朱注的文本更加现代而丰富,涉及更多的文本,词组和汉字"。(Joshua Marshman,trans.,*The Works of Confucius:Contained the Original Text,with a Translation*,Serampore:Mission Press,1809,p.xxxiii).

此外，值得一提的是，马士曼在译本序言当中所展示出的跨文化阐释下的孔子及其著作。除结合《论语集注》和杜赫德（Du Halde,1674—1743）之《中华帝国全志》①，编译"论语序说"中的孔子生平外，马士曼还从历史考据的视角对"四书五经"作了概述并赋予了自己的理解。他认为，"五经"当中，《春秋》的作者是孔子，《礼记》的编者亦是孔子；而后者，更多的体现出的是孔子的思想和价值观，尤其是对于"礼仪"的观念，不过是借古人之言以抒己意罢了。② 至于"四书"，马士曼则认为《大学》《中庸》及《论语》皆为孔子的著作，因此，也难怪他会将此译本的题目定为"孔子的著作"了。虽然，马士曼对于儒家经典的概述不甚准确，但其结合"朱子集注"和《论语》内容进行的历史考据却是认真而谨慎的。而作为新教传教士，马士曼对于孔子其人和相关中国历史的考证参照《圣经》及基督教历史年表③，亦无可厚非。或许有人会认为马氏解读下的儒家经典和中国历史，因此而带有了欧洲中心主义或基督教排他思想之痕迹；而笔者则更愿意肯定这样基于跨文化阐释背景下的历史勾连，因其使两大文明原本独立隔绝的历史得以接触交流，形成更为完整的人类文明之历史。

（三）"汉字备注"及其功能意义

如果没有每段译文和评注之后的"汉字备注"（Remarks on the Characters）④，《孔子的著作》或可被简单地看作英译《论语》的最初尝试。然而，正是这"额外的"备注，倾注了马士曼最多的心血与新意，也使这世界上首部出版的英译《论语》直译本不仅仅是译著，更是一部学习中文汉字的教材。如前文所述，为了撰写这个独具创新的词汇表，马士曼选择了直译的翻译策略，甚至偶尔会牺牲译文的美感来迁就它，可谓煞费苦心。不过，好在这个"汉字备注"确实行之有效，不仅

---

① Jean-Baptiste Du Halde, *Description géographique, historique, chronologique, politique, et physique de l'empire de la Chine et de la Tartarie chinoise, enrichie des cartes générales et particulieres de ces pays, de la carte générale et des cartes particulieres du Thibet, & de la Corée; & ornée d'un grand nombre de figures & de vignettes gravées en tailledouce*, La Haye: H.Scheurleer, 1736.

② Joshua Marshman, trans., *The Works of Confucius: Contained the Original Text, with a Translation*, Serampore: Mission Press, 1809, p.xix.

③ 马士曼对孔子其人及相关中国古代历史的考据结论是或可存在，且与基督教历史年表所述并不冲突。（Joshua Marshman, trans., *The Works of Confucius: Contained the Original Text, with a Translation*, Serampore: Mission Press, 1809, pp.xxix-xxxiii.）

④ 实际情况为：当出现新的字词时，就会有"汉字备注"的出现，前文解读过的字词再出现时，便不再纳入"汉字备注"中，因而整部译本的后面部分，"汉字备注"会逐渐递减，甚至没有。

展示了汉字结构和字面含义(literal meaning),同时还在某种程度上传达出了汉字作为符号(symbol)的隐含意义(hidden meaning)。

"汉字备注"基本上由三部分组成,依次为:注音①、释义和汉字结构(及每部分结构的含义),偶有额外的加注。其中,字音同时也被标注在《论语》原文汉字的旁边,以便查阅。例如,"和"在马士曼的词汇表中为:

Wo, peace, tranquility, gentleness, benignity. The key of this character is hou, a mouth, which is placed on the right; the left side is wo, rice.②

(和、和平、安宁、温柔、良善。这个字的偏旁是"禾",右边的"口"表示嘴巴,左边的"禾"表示稻。)

马士曼对于汉字结构(偏旁部首)和含义的理解源于他手边的汉语字典③及其中文老师的教导④,而其对于汉字结构的英文介绍和阐释方式却别具匠心。按他自己的话说,"对于欧洲人来说学习语言最合理的模式是,先将一个词分解,并形成复合概念,再将每一部分重组"⑤;或许正是这种欧洲式的语言学习方式启发了他对于汉字结构的独特解读。之后,马士曼对于汉字结构的研习在他1814年出版的《中国言法》⑥中得到了发展和延伸,此处暂不作赘述。

释义的部分,马士曼并没有生搬硬套字典中呆板的解读,而是参考朱注对《论

---

① 马士曼所使用的注音系统与现今可查的任何一种注音系统都不完全匹配。但可推测出的是,其用罗马字母标出的读音属粤语发音,但音调仅有四种:缓和平声、急促扬声、长音、快速短音。译本的开始部分中,汉字旁边除粤语发音外,还用斜体字母注出了其官话发音。
② Joshua Marshman, trans. , *The Works of Confucius: Contained the Original Text, with a Translation*, Serampore: Mission Press, 1809, p.51.
③ 当时马士曼手中有三种不同的汉语字典:"一本四卷小字典,一本十四卷的字典和《康熙字典》。"(*Memoir Relative to the Translations of the Sacred Scriptures: to the Baptist Missionary Society in England*, Dunstable: J.W.Morris, 1806, p.14-15.)
④ 马士曼的中文老师除之前提过的拉沙和几位中国人外,还有一位天主教传教士柔瑞国(Pater Rodrigues)。他曾在中国居住近20年,在北京传教10年,并于1809年至1810年间到访塞兰坡8个月,对马士曼的中文学习有所指导,还赠予马士曼一本拉丁语-汉语字典(手稿副本)。这本拉汉字典推测为自1724年左右便开始著写,倾注了天主教传教士们近80年的心血。不过,马士曼得到这本字典时,《孔子的著作》已经完成并准备付印,所以他并没有在翻译时使用这本字典,而仅用其辅助了最终审校。(Joshua Marshman, trans. , *The Works of Confucius: Contained the Original Text, with a Translation*, Serampore: Mission Press, 1809, p.xxxviii; Letter to BMS of March 30,1810.)
⑤ Joshua Marshman, trans. , *The Works of Confucius: Contained the Original Text, with a Translation*, Serampore: Mission Press, 1809, p.4.
⑥ Joshua Marshman, *Elements of Chinese Grammar*, Serampore: Mission Press, 1814.

语》的阐释以判断语境中字词的确切含义,其中或多或少,或自觉或无意地,融入了宋儒理学对汉字的释义角度及背后的思想观念。例如,文本中频繁出现的"礼"字,一般直译即为"礼仪""礼貌"①,但在马士曼的译文及"汉文备注"中,"礼"却多被释为"reason"(理,道理,理性)和"equity"(天理,天道)②。这并不是马士曼的误译,而是他根据朱注理解下的有意识选择。在宋儒理学的观念中,"礼"同于"理",即"礼者,理也"③;或如马士曼所译的"朱子集注"中所示:"礼者,天理之节文,人事之仪则也。"④而"reason"和"equity"或许是马士曼在其可理解范围内能够找到的最适合解读"人事之仪则"和"天理之节文"的词汇。因此,需要肯定的是,马士曼确实在尽力诠释一个符合或接近朱子理学标准的"汉文备注";不过,其可理解范围是由其基督教文化背景来限定的。故而,马士曼将"天理之节文"译为"the rule dictated by heaven⑤",仍旧意指神谕之天道。

可以看出的是,马士曼对于"朱子集注"的运用有他自己的矛盾:一方面他不希望引入宋儒理学中过多神秘或抽象的理念,因此在译文中尽可能删减朱熹阐发的言论,简化其作用;另一方面他又非常依赖"朱子集注"的指引来理解《论语》及汉字,并将其流露于"汉字备注"中。然左右平衡间,新儒家文化和基督教文化已于"汉文备注"中再次相遇,对话,并形成了独有的跨文化交流过程:在隐喻解读中体验形而上学的交织。

### 三、结语

《孔子的著作》无疑是 19 世纪初期对于儒家经典之跨文化阐释的一次有益尝

---

① "礼"表层意义被马士曼补充在了释义的最后,"In common life it is used to express the politeness and attention which friends owe to each other, and is a grand virtue among the Chinese."(Joshua Marshman, trans., *The Works of Confucius: Contained the Original Text, with a Translation*, Serampore: Mission Press, 1809, p.51.)
② "*Ly*, reason, equity, to rule according to law."
③ 孔颖达:《礼记正义》,北京:北京大学出版社,1999 年;黎靖德编:《朱子语类》,北京:中华书局,1986 年。
④ 马士曼译文为:"*Ly* is the rule dictated by heaven; the rule for human actions."(Joshua Marshman, trans., *The Works of Confucius: Contained the Original Text, with a Translation*, Serampore: Mission Press, 1809, p.51.)
⑤ heaven 一词在西方文化中具有很强的宗教意义,不加定冠词时,多表示天堂,或者神(上帝)的居所。(Oxford Advanced Learner's Dictionary of Current English, Oxford; New York: Oxford University Press, 2000.)

试。可惜的是，因其出生于印度且为传教士之译作，过去很长一段时间里都得不到研究者的重视，甚至被批评为粗浅之作，或谴责其为带有基督教文化曲解的译本。而在笔者看来，这样的评价有失公允，且缺乏人文历史研究者应有的同情的理解与包容。就马士曼所处的情境与时代而言，其译本始终在试图架联中西文化，沟通儒家与基督教文化；无论是从语言和文学上，还是从历史与哲学上，都竭尽所能，不遗余力，而且确有实效。

相较于理雅各和阿瑟·韦利（Arthur Waley, 1889—1966）的《论语》英译本，马士曼的译本可能不够卓越完善；但作为历史上首部出版的《论语》英译直译本来说，它确实填补了19世纪初期西方对于儒家经典与中文认知的空白，而后又于19世纪中期在美国思想界得以复苏。作为汉语语法研究的前奏，对此译本的考量1822年第一次出现在雷慕沙（Jean Pierre Abel Rémusat, 1788—1823）的《汉文启蒙》①之中；而作为儒家经典之英译本，它亦为绍特（Wilhelm Schott, 1807—1889）1826年出版的首部《论语》德译本②提供了重要参考。19世纪中期，它传至美国，为美国超验主义运动带去了最初的中国风：从爱默生（Ralph Waldo Emerson's, 1803—1882）的阅读笔记③到梭罗（Henry David Thoreau, 1817—1862）的书桌，《孔子的著作》最终被选出17句，登于1843年的《日晷》④，题为"孔子的话语"（Sayings of Confucius）。因此，其之于中西文化交流和西方汉学影响之深远，意义之重大，不容小觑。

从耶稣会士翻译儒典，到马士曼英译《论语》，其间几多变迁，物是人非，始终不变的却是对于"东方智者"为何的探知，及将"东方智者的话语"传至西方世界的执着。或许他们的译本均不甚完善，但至少经过他们的努力，"东方智者"不再只是停留于《圣经》中的神秘而遥远的传说，而是真正可以碰触和交谈的"他者"。

---

① Jean Pierre Abel-Rémusat, *Élémens de la grammaire chinoise, ou, Principes généraux du kou-wen ou style antique : et du kouan-hoa c'est-à-dire, de la langue commune généralement usitée dans l' Empire chinois.* Paris : Imprimerie Royale, 1822, pp.xv-xvi.

② Wilhelm Lauterbach, *D' Wilhelm Schott's Vorgebliche Übersetzung der Werke des Confucius Aus der Ursprache, Fine Literarische Betrüger.* Leipzig；Paris : Ponthieu, Michelsen and Comp, 1828.

③ Ralph Waldo Emerson, *The Journals and Miscellaneous Notebooks*, Vol. 1-16, ed. William H. Gilman et al. Cambridge : The Belknap Press of Harvard University Press, 1960-1970.

④ *The Dial : A Magazine for Literature, Philosophy, and Religion*, Vol Ⅲ. Boston : E.P. Peabody；London : J. Green, 1843, pp.493-494.

# 第三章 人物研究

## 第一节 文明与文化考察

### 纪念俄国汉学家李福清的不朽功绩

北京大学俄罗斯语言文学系　李明滨

李福清院士（Б.Л.Рифтин，1932—2012）离别了人世，消息从莫斯科传来，使我们感到十分震惊。我们只能强忍悲痛来追思他，纪念他一生的丰功伟绩。

李福清院士的贡献巨大，他是俄罗斯中国文学研究史上的三个里程碑之一。

回顾历史，中国文学传入俄罗斯的时间，可从18世纪算起，有几家杂志时常发表中国文章的译文。尤其是汉学家列昂季耶夫（Алексей Леонтьев，1716—1786）译自中文的《易经》、《大学》(1780)、《中庸》(1784)等书的选段和童蒙读物《三字经》(1779)。1832年出现了章回小说《好逑传》的首次俄译本。比丘林（НикитаяковлеВИч Еиуурин，1777—1853）完成了大量中国文化典籍的翻译，内容包括历史、地理、哲学、政治体制、社会律法及部分语言文学，后来编成12卷文集，从而完成了俄国汉学奠基人的使命。

作为俄国汉学的分支学科——中国文学翻译和研究，于19世纪下半叶已经突显出来。这门课程在19世纪末进入高校(先是喀山大学,后为圣彼得堡大学),并出版第一部中国文学史[瓦西里耶夫(В. П. Васильев,1818—1900)著《中国文学史纲要》,1880],为俄国开创了两项中国文学研究的"世界第一"。

此后,俄国的中国文学研究历程,出现了三个里程碑式的人物:王西里(Василий Павлович Василрев,1818—1900)、阿翰林(В. М. Алексеев,1881—1951)和李福清。他们分别代表19世纪下半叶、20世纪上半叶和20世纪下半叶苏俄研究中国文学的最高成就。

19世纪下半叶,瓦西里耶夫,中文名王西里,在喀山大学首开中国文学课,著成《中国文学史纲要》,编译多卷中国文学作品读本,成为文学学科的创始人,他本人也成为俄罗斯科学院第一位中国文学学科的院士(1886)。

20世纪上半叶,阿列克谢耶夫院士(尊称阿翰林)从翻译古诗起步,译成《诗品》《文赋》《聊斋志异》,研究古典诗学,并且采用比较分析的方法,最早写出论《诗品》的专著,成为中西比较诗学研究的先驱。该专著在1916年出版,它可能是世界(包括中国)首部论《诗品》的著作。在其推动下,形成了俄罗斯汉学学派。他为文学研究的全面开拓和均衡发展准备了条件。

20世纪下半叶,汉学总体学科和文学分支全面发展,走向辉煌。俄国研究中国文学的专家学者人才辈出,灿若星辰,汉学队伍,仅副博士以上就有612人,其中文学研究者145人,占总数的四分之一。李福清便是其中的佼佼者。2008年5月29日,晋升为俄罗斯科学院院士的李福清,是俄国史上专以研究中国文学荣膺院士的第三人。

李福清院士的学术成就广受中国学界的认可和赞誉。

李福清系科学院世界文学研究所主任研究员、莫斯科人文大学教授,迄今已发表文著255篇(部)以上,学术成就杰出。他在2003年12月22日接受了中国政府教育部授予的"中国语言文化友谊奖"。这是授予国外最为杰出的汉语教育工作者和汉语语言文化研究者的专门奖项。李福清是俄罗斯第一位获此殊荣的人。

李福清1955年毕业于列宁格勒大学,入科学院工作。他从民间文学开始,逐步扩展研究领域至俗文学、古典文学、中国传统文化。他发表过一系列文章和著作,其中主要著作《万里长城的传说与中国民间文学的体裁问题》(Сказание о

Великой стене и проблема жанра в китайском фольклоре, 1961)、《中国的讲史演义与民间文学传统——论三国故事的口头和书面异体》(Историческая эпопея и фольклорная традиция в Китае. Устные и книжные версии, Троецарствия, 1970)、《从神话到章回小说》(От мифа к роману. Эволюция изображения персонажа в китайской литературе, 1979) 业已全译或部分译成中文。还有直接出版的中文著作《中国神话故事论集》(1988)、《李福清论中国古典小说》(1997)、《关公传说与三国演义》(1997)、《从神话到鬼话——台湾原住民神话故事比较研究》(1998,2001年社会科学出版社的增订本改题为《神话与鬼话》)。

　　李福清还著有数量巨大的文章。中文本《古典小说与传说(李福清汉学论集)》(中华书局,2003)则是从他的文章和著作中选编出来的篇目并经作者亲自审定的,可说是他的著作代表。

　　李福清研究中国文学的成就,主要可以概括为以下五个方面:

　　第一,李福清在中国文学的各个领域,从古典文学到现当代文学,乃至整个中国文学的研究,都广有建树,包括翻译、介绍、辑录、评论和阐释。他对中国文学的理解是创造性的,用比较的方式来分析中国小说,角度独特,提法新颖,很有内容。作家王蒙称赞李福清对中国古典小说的传统技巧在当代小说中的运用分析得细致精当,有些议论则发前人所未发,甚至超过了中国同行。

　　第二,中国民间文学和俗文学,始终是李福清研究的一个重点,为不断探索和阐明的对象,其成绩尤显突出。他所涉及的领域,有些在我国的同行中也颇感生疏。著名民间文艺学家钟敬文教授认为,李福清提出许多民间文艺学上的问题,有的中国民间文艺学者或未曾想到,或未曾涉及,可说已成为他独特的一家之言了。

　　第三,李福清对台湾原住民文化的研究,把它同大陆各族文化作比较分析。这使李福清近期在研究工作上更为辛苦,因而在成绩方面也更上了一层楼。他本来对台湾原住民并不了解,在60岁之后还不辞辛苦到当地去做田野调查,深入布农族等少数民族地区中访问、采录,搜集到大量素材,经过仔细整理、反复对比和分析研究,取得了超越前人的巨大成就。他也超越了自己以往的研究路子,不仅依靠书本和典籍资料,而且着重于田野调查,这正是他有别于当代其他俄国汉学家而独树一帜的重要标志,也是继承前辈导师阿翰林深入实地调研优良传统的体现。

第四，李福清非常熟悉中国民间艺术，研究卓有成效，不仅在论著中大量引用历代民间艺术，包括石刻、画像砖、墓雕、壁画、帛画、神像、戏剧道具、插图等，而且着重搜集并整理中国年画资料，开展专题研究。其搜集中国历代年画的范围不但有俄国的，而且遍及日本、德国、英国及捷克、丹麦等国家，重点为中国已失传的年画，所获得的种类和数量也是惊人的。艰苦的劳作造就了他敏锐和准确的鉴别力，其所编《苏联藏中国民间年画珍品集》(中国人民美术出版社，苏联阿芙乐尔出版社，1990)就是从5000多幅旧年画中挑选出来的200幅在我国已失传的珍品，这最能说明他在年画研究上的功力。如今该书已在世界各国受到重视和珍藏。天津的中国年画博物馆盛情请他当顾问，台湾还有基隆的民间艺术博物馆拟延聘他去当馆长。李福清在年画研究上继承了阿翰林的传统，并且在许多方面有了创新。

第五，李福清陆续发表多篇文章披露在各国做汉学考察的成绩，发现多种流失海外的中国古籍。比如《前所未有的〈红楼梦〉抄本》(与孟列夫合写，1964)、《中文抄本、刻本寻访记》(1965)、《苏联汉学图书馆藏的中国章回小说》(1983)、《红楼梦年画在苏联》(1986)、《奥地利国家图书馆所藏汉文珍本目录》(1992)、《海外孤本晚明戏剧选集三种》(1993)、《小说〈姑妄言〉抄本之发现》(1997)。其中《红楼梦》抄本经多位我国红学家确认。曾做过该书11种古抄本的汇校勘本(《石头记会真》)的红学家周汝昌及著名红学家冯其庸前往列宁格勒作实地鉴定，认为是中国国内迄今未见的新本。《姑妄言》也经北京和台北等地专家认定是国内早已散失的孤本。

李福清运用俄罗斯文学文化理论，乃至欧洲的文学理论来研究中国文学，尤其是将俄国的历史诗学理论、系统研究和比较分析的方法引进中国文学研究之中，寻找到一条适合于研究中国文学和文化的路子。这是他作为第三个里程碑式人物的标志，也是他超越前辈的创新之点，自然使他的研究别开生面，当然也为我们的学术研究提供了可资借鉴的经验。

在我国学者中，首先指出李福清的创新具有方法论意义的，是中国社会科学院文学研究所研究员马昌仪先生。她于1984年写的评李氏关于孟姜女故事的论文中，提出了一个新的命题，即李氏把俄罗斯的文学理论引进到他的中国文学研究之中，从而找到了一条适合研究中国文学的路子。这一发现非同凡响，不但引起了前辈学者钟敬文对李氏的惊奇和赞赏，而且也得到了李氏本人的认同。李福清在2008年当选院士之前提供的学术界评论他的资料中，外国学者中仅有马昌仪的一篇文章入选，足见李福清对此文之重视。

实际上，李福清的研究反映了俄国在比较文学研究中既不同于法国学派，也不同于美国学派的一种新观点。他们认为，在研究国与国之间的文学关系时，唯有俄国的历史诗学理论才是行得通的、正确的理论。李福清正是运用了维谢洛夫斯基、日尔蒙斯基的历史诗学理论和他的导师契切罗夫的系统研究方法，才使他的中国文学研究别开生面。李福清从而成为当代世界汉学研究俄国学派的一个代表。

李福清院士毕生致力于中国文化研究和中俄文化交流，创造了辉煌的业绩，博得了中国同行的尊敬，不但得到前辈学者、权威专家郑振铎、何其芳、顾颉刚、钟敬文、季羡林的认可和表扬，而且得到许多同辈学人的赞誉。反过来，他也帮助了不少中国同行的学术研究，尤其指导年轻学人。江苏省社会科学院研究员王长友赴俄进修，从1991年起跟随李福清学习，与他合作完成许多科研项目。以后来往从未间断，直至李福清病重。王长友说："在这个过程中，我学了专业，开阔了眼界，更重要的是亲身体验了李福清先生严肃的科学态度、虔诚的敬业精神。"

还有另一位接受李福清指导的北大博士张冰，她满怀激情地感激李福清，说她在承担了《世界神话百科全书》李福清撰写的"中国神话"的部分词条的翻译工作后，不断向李福清请教，并将译稿交给他审阅，得以感悟其大家学养。至今译稿中仍可以见到李福清的细细修改和奖掖后学之句，很让她感动。正是20多年前的汉学翻译和李福清的教泽，引导张冰进入汉学领域，也促使她攻读博士学位时，将论文重点定为李福清汉学研究。她说："先生的丰厚学养，润泽流长。先生的奖掖后学，永远激励我们后辈不断努力。"

李福清院士热爱中国和中国文化，为研究和传播中国文化付出了毕生的心力。无论作为我个人几十年的老友，还是作为中国人民的朋友，他都值得我们永远纪念。

# 林语堂《关于中国方言的洋文论著目录》一文指瑕

洛阳师范学院历史系　王国强

在1925年5月3日刊出的《歌谣周刊》第89号中,有一篇林语堂撰写的论文——《关于中国方言的洋文论著目录》(下文简称《目录》)。在这篇文章中,林语堂肯定了西方来华传教士在记录和研究中国方言方面的工作,并收录传教士关于中国方言的论文和专著30余种。

林语堂曾游学美、法、德等国,1923年在德国莱比锡(Leipzig)大学获得语言学博士学位,对于西方学术界的情形自然较为了解。他在语言学方面的贡献之一便是"把外国人研究我国方言的材料收集整理、介绍过来"[1],《目录》一文即属于此类。1934年,林语堂将其在语言学方面的论著集为一册,定名为《语言学论丛》,交由开明书店出版,《目录》一文亦收入其中。后来《语言学论丛》成为林语堂的代表作之一,或影印,或重版,均一仍其旧。

大概是震于林语堂语言学博士和语言学家的威名,就笔者所见,《目录》一文几乎从未受到过质疑。其实,此文在收录相关论著时不仅多有错漏,还犯了个"张冠李戴"的错误,以至于无意间湮没了一段汉语方言研究的学术史。

---

① 《中国语言学家》编写组:《中国现代语言学家(第三分册)》,石家庄:河北人民出版社,1984年,第75页。

一

在《目录》一文中,林自称"本篇所列大半依据(1) Möllendorff 在 China Mission Year Book(1896),(2) Karlgron 在 Phonolgie Chinoise 所引"①。此处所列第二种文献即高本汉的《中国音韵学研究》,因有罗常培等所译之中文版,检索起来颇为便捷,相互对照后即知林文所列的"方言字汇"部分大致录自高著,基本无误,姑置不论。

至于第一种文献,情形较为复杂。笔者初读即对 1896 年的 China Mission Year Book 感到疑惑,因为熟悉基督教在华传播史的学人都知道该刊创办于 1910 年。查高第(Henri Cordier)所著《西人论中国书目》,知此处"China Mission Year Book"误,应为"China Mission Hand-Book";另 Möllendorff 乃德国人穆麟德(Paul Georg von Möllendorff,1847—1901),论文题目为"On the Foreign Languages Spoken in China and the Classification of the Chinese Dialects"。②

对比穆文和林文,可知林文所列各方言论文基本上照录自穆文之注释,仅删去了注释中的解释性文字。但在抄录过程中,出现了错误。比如林文所列第一篇论文,即艾约瑟(J.Edkins)的"The Miaotz Tribes",穆文所标页码为"p.33,74",表示该文分两部分发表,起始页码分别为第 33 页和第 74 页。但林文刊发在《歌谣周刊》时误录为"33474"(当然,此处可能是印刷过程中的手误),读来令人诧异;收入《语言学论丛》时误为"33—74"页,使读者产生此文长达 40 余页的错误认识。此外,林文中的拼写错误也有不少,恕不一一列举。

如果说上述皆为小的瑕疵,那么下文将要讨论的"张冠李戴"则要严重得多。《目录》一文称,西洋教士关于中国方言的"专论大抵登在 Chinese Recorder 及 Journal of North China Branch of Royal Asiatic Society,其中也有可供我们参考的"③,并列举相关文献 21 篇,其中专著 5 部、论文 16 篇。据《目录》一文所举之信息,显示这 16 篇论文的出处分别为:3 篇收于《在华新教传教士大会会议录》(Recorder

---

① 林语堂:《关于中国方言的洋文论著目录》,《歌谣周刊》第 89 号,1925 年,第 6 版。笔者注:此处"Karlgron"应为"Karlgren",即瑞典汉学家高本汉。
② Henri Cordier,Bibliotheca sinica:dictionnaire bibliographique des ouvrages relatifs a l' Empire chinois,Taipei:Ch'eng-Wen Publishing Company,1966,p.1728.
③ 林语堂:《关于中国方言的洋文论著目录》,《歌谣周刊》第 89 号,1925 年,第 6 版。

*of the General Conference of the Protestant Missionaries of China*,1890),3 篇发表在《皇家亚洲文会北中国支会会报》(*Journal of North China Branch of Royal Asiatic Society*),其余 10 篇刊于《教务杂志》(*The Chinese Recorder*)。

但经笔者查考,林文所举 10 篇刊发于《教务杂志》的论文中,实际上只有两篇无误①,其余 8 篇均系发表在《中国评论》(*The China Review*,1872—1901)上的论文②。很明显,林语堂在撰写此文时将《中国评论》与《教务杂志》混为一谈,提及后者而忽略了更为重要的前者。需要特别交代的是,林文在提及《教务杂志》时用的是该刊的简写"*Chin. Rec.*"和"*Ch. Rec.*"。而《中国评论》的简写形式则有"*CR*""*CRNQ*""*China Rev.*"和"*Ch. Rev.*"等数种③。也就是说,在使用刊名的简写形式时,《教务杂志》和《中国评论》有可能仅有一字之差(一个字母而不是单词),较易发生混淆。

林语堂此文为何会发生这种"张冠李戴"的错误呢? 顺着其参引的文献来分析,无疑是最佳途径。

## 二

穆麟德之文的注释,在提及期刊时的确使用简写形式。比如,对《皇家亚洲文会北中国支会会报》用的是简写形式"*Journ. of N.C.B. of R.A.S.*";提及《教务杂志》时,亦为简写,所使用的简写形式有"*Chin. Rec.*"和"*Ch. Rec.*"④两种。若仔细比对,

---

① J. Edkins,"The Miau Tsi Tribes:their history,"*The Chinese Recorder*,Vol.3,pp.33-36,pp.74-76. and J. Edkins,"A Vocabulary of the Miau Dialects,"*The Chinese Recorder*,Vol.3,pp.96-99,pp.134-137,pp.147-150.

② 依次为:(1).E.J.EITEL,"Ethnographical Sketches of the Hakka Chinese,"*The China Review*,Vol.20,pp.263-267.(2).F.P.Gilman,"The Miaotze in Hainan,"*The China Review*,Vol.19,pp.59-60.(3).G.M.H.Playfair,"Notes on the Language of the Formosan Savages,"*The China Review*,Vol.342-345.(4).G.Taylor,"Aborigines of Formosa,"*The China Review*,Vol.14,pp.121-126. and G.Taylor,"A Ramble through Southern Formosa,"*The China Review*,Vol.16,pp.137-161.(5).E.H.Parker,"The Early Laos and China,"*The China Review*,Vol.19,pp.67-106.(6).E.H.Parker,"The old Thai or Shan Empire of Western Yunnan,"*The China Review*,Vol.20,pp.337-346.(7).C.C.Jermiassen,"Loi Aborigines of Hainan and Their Speech,"*The China Review*,Vol.20,pp.296-305.(8).F.P.Gilman,"The Languages and Dialects of Northern and Western Hainan,"The China Review,Vol.20,p.128.

③ 参见拙著《"中国评论"(1872—1901)与西方汉学》,上海:上海书店出版社,2010 年,第 32 页表 2-1。

④ P.G.von Möllendorff,"On the Foreign Languages Spoken in China and the Classification of the Chinese Dialects,"*China Mission Hand-Book*,1896,pp.47&49.

可发现穆文已经将前文注释所举《中国评论》所刊发之文的出处误为《教务杂志》。《目录》一文之误,乃承袭穆文而来。

穆麟德与《中国评论》的关系是比较密切的,他曾先后在该刊发表各类论文10余篇,所以他将《中国评论》与《教务杂志》混为一谈的可能性极小。颇疑穆文原稿使用的是《中国评论》的简写形式"Chin. Rev"或"Ch. Rev",但在排版的过程中,因为《中国传教手册》系教会出版物,其相关人员均对《教务杂志》更为熟悉,故在制版过程中将其误为"Chin. Rec."和"Ch. Rec.",最终造成此误会。当然这只是笔者的一种推测,并无实据。

其实若细读穆文,追寻其中的线索,会发现他的主要资料还是来自《中国评论》。穆麟德在文中称"我试图依靠其他人尤其是那位最不辞辛劳的中国方言研究者庄延龄(E. H. Parker)等学者的调查来解决中国方言的分类问题"①。穆文征引庄延龄著述10余篇,大部分均发表于《中国评论》。惜乎林语堂在参引穆文之时既未详读,又不曾核对所引文献的出处,以至于发生了不该有的错误。

从笔者所见的相关材料来看,林语堂对《中国评论》是有一定了解的。1919年,以赓续《中国评论》未竟之业为己任的《新中国评论》(The New China Review)在上海创刊时,林语堂还在《中国社会及政治学报》(The Chinese Social and Political Science Review)刊文介绍此刊。林语堂指出"我们很高兴地看到由著名的《中国百科全书》一书的作者、文学硕士库寿龄主编的《新中国评论》,第一期已经出版。《中国评论》这份致力于刊登中国艺术、宗教和制度等汉学研究领域的重要研究成果的出版物,停刊于1901年,该刊可能是《中国评论》的继承者"②。

虽然林语堂对《中国评论》并不陌生,但他并没有给予该刊应有之关注,甚至可以臆测,林语堂对该刊较为轻视,否则稍加检视,真相自然大白。林语堂的这种态度从何而来呢?笔者以为极有可能是受了高本汉的影响。

这又要说到前文提及的《中国音韵学研究》了,在这部享有盛誉的著作中,高本汉很严厉地批评了以《中国评论》为主阵地的方言研究者庄延龄。高本汉在提

---

① P. G. von Möllendorff, "On the Foreign Languages Spoken in China and the Classification of the Chinese Dialects," *China Mission Hand-Book*, 1896, p.50.
② Yu-tang Lin.(林语堂), "The New China Review. Edited by Samuel Couling. M. A. Kelly & Walsh, Ltd. Shanghai," *The Chinese Social and Political Science Review*, Vol.5, No.1 (1919), p.88.

及庄延龄时说，"在 *China Review* 里他作了很多的东西，最后在 Giles 字典绪论里，他就用了一个'一致'的拼法来写他的十二个方言"①。20 年来这个字典被"认为是中国方言知识的主要材料"②。但高本汉坚持认为"一直到现在，在所有发刊过的中国语言的说明当中，最'像煞有介事'而结果是最错的，就是 Parker 在 Giles 大字典里头每个字所注的十二种方言（广州、客家、福州、温州、宁波、北京、汉口、扬州、四川、高丽、日本、安南）"③。而庄延龄在这部字典里的那篇《语言学论文》(Philological Essay)"是拿中国语言史当消遣而没有科学价值的有趣的一例"④。

高本汉对于庄延龄和《中国评论》的评价很可能影响到了林语堂，以至于林没有关注其在汉语方言研究方面的贡献。

### 三

林语堂的叙述完全忽略了《中国评论》在汉语方言研究方面的贡献，极易使后来者产生误解。那么《中国评论》上关于中国方言的研究，水平到底如何？在学术史上有无价值呢？下文笔者将以庄延龄在该刊刊发的相关论文为例对此略加讨论。⑤

庄延龄在《中国评论》刊发有大量的关于汉语方言的论文，其中较为重要的有 10 篇。后来翟理斯(H.A.Giles)编纂《华英字典》(*A Chinese English Dictionary*)时，便邀请庄延龄来做关于汉语方音方面的工作。⑥庄延龄在做这项工作时所依据的主要材料，就是他曾发表在《中国评论》上的那些论文。

在《华英字典》之后，庄延龄的方言资料成为西方汉语研究者主要的参考材料之一。比如武尔坡利齐(Z.Volpicelli)的《中国音韵学》⑦一书，所用的资料几乎

---

① 高本汉：《中国音韵学研究》，赵元任等译，北京：商务印书馆，2003 年，"绪论"第 11 页。
② 同上书，"绪论"第 9 页。
③ 同上书。
④ 同上书，"绪论"第 5 页。在所引的这段话中，庄延龄的名字被写成了 G.A.Parker，显然是个错误，应为 E.H.Parker，笔者注。
⑤ 更详细的讨论可参见拙著《"中国评论"(1872—1901)与西方汉学》，上海：上海书店出版社，2010 年，第五章第三节的讨论。
⑥ H. A. Giles, "Preface," *A Chinese-English Dictionary*, Shanghai: Kelly and Walsh, 1892. p.7.
⑦ Z.Volpicelli, *Chinese Phonology, an Attempt To Discover The Sound of The Ancient Language and to Recover The Lost Rhymes of China*, Shanghai: "China Gazette" Office, 1896.

"全部来自于庄延龄先生,这篇文章可以认为是庄延龄关于中国方言辛勤研究所产生的第一项成果"①。武尔坡利齐的研究影响到了商克。商克(S. H. Schaank)的《古代汉语发音学》②一文"总算较有条理"③。商克的论文在汉学界颇有影响,如法国汉学家马伯乐(H. Maspero)"大部分是根据 Schaank 所研究的。但对于 Schaank 的系统有些修改的地方倒是进步了不少"④。

高本汉(B. Karlgren)也不例外。从方法论上来说,庄延龄已经开辟了通过研究中国方音和域外译音来认识中国古音的路径,尽管他的具体方法和材料都有不尽如人意之处。进一步说,受庄延龄影响的武尔坡利齐不仅注意到了马士曼(Joshua Marshman)和儒莲(Stanislas Julien)在研究中所运用历史比较语言学尤其是梵汉比较的方法,还提及《等韵切音指南》和《广韵》等资料,并指出应该重视中国"本土语言学者所使用的反切系统"⑤;而商克更是在方法上尝试利用《等韵切音指南》等资料来拟测古音。可以说,没有上述学者的开拓之功,也很难想象会有高本汉的横空出世。高本汉在《中国音韵学研究》一书所使用的材料如域外方音、反切、韵书、韵表和汉语方言等,庄延龄及其后来者几乎均已有所注意。以方法而言,高本汉所利用的主要有三种:构拟中国古音、描述现代方言和说明从古音到现代方言的演变。这中间的前两种方法庄延龄等人也做过一些尝试。高本汉的高明之处在于他不仅融合了上述诸家的方法和成果,还能在他们的基础上向前再推进一大步。

高本汉是汉语音韵学研究的权威,他的论断似乎永远决定了庄延龄作为一名不合格的汉语方言研究者的命运。关于这一点必须考虑到庄延龄和高本汉在时代背景和学术传统方面的巨大差别,及这两位学者对语言学研究的不同观念。庄延龄属于"业余汉学"研究圈,专业的学者不多;而高本汉则处在有悠久历史传统

---

① Z.Volpicelli, *Chinese Phonology: An Attempt to Discover the Sound of the Ancient Language and to Recover the Lost Rhymes of China*, p.7.
② S. H. Schaank, "Ancient Chinese Phonetics," *T'oung Pao*, Vol.8, No.1 (1897), Vol.8, No.2 (1897), Vol.9, No.1 (1898), Series ii, Vol.2, No.3 (1902).
③ 罗常培:《汉语音韵学的外来影响》,见罗常培:《罗常培语言学论文集》,北京:商务印书馆,2004年,第369页。
④ 同上书,第370页。
⑤ Z.Volpicelli, *Chinese Phonology: An Attempt to Discover the Sound of the Ancient Language and to Recover the Lost Rhymes of China*, pp.5,6,38.

的法国汉学的欧陆学术文化环境之下,是标准的学院派。高本汉没有能够体会到庄延龄独特的语言研究观念和其记音中独特的口语化色彩。

D.P.Branner 曾以北京话为例验证过庄延龄方言资料的准确性,结果显示:"庄延龄关于北京方言高度口语化的材料中有接近四分之三的内容甚至到现在还是可以验证的。庄延龄可能没有对他所收集的材料进行过认真的校对,所以他的材料中有一些书写方面的错误。"①

总之,《中国评论》在汉语方言研究方面是有重要贡献的。《目录》一文的叙述无意之间忽略了这段学术史,笔者此文意在引起相关研究者对此的关注。

---

① D.P.Branner,"The Linguistic Ideas of Edward Harper Parker," *Journal of the American Oriental Society*, Vol.119,No.1（1999）,p.20.

# E. R. 休斯对中国现代文学的介绍

中国矿业大学外文学院　吴格非

英国人 E. R. 休斯(E. R. Hughes,1883—1956)于 1911 年作为传教士来到中国,在中国生活了 23 年,回国后成为牛津大学中国宗教与哲学教授。同许多来到中国的西方传教士一样,他认为了解中国,不能不学习中国的文学艺术,而了解现代中国的社会发展和思想变迁不能忽视中国现代文学的存在状况。为了让西方了解现代中国,他于 1937 年出版了《西方世界对中国的入侵》(*The Invasion of China by the Western World*)。该书的创作目的是"使普通读者了解欧洲诸国和中国相区别的重要特点,同时也认识到这一事实,即中国和西方这两个古老而强健的文明之间在根本点上不存在任何的纷争之处"[1]。他还专门指出,该书不是一本关于中西之间贸易、战争和外交争端的历史,而是旨在揭示这段历史背后的中西文化关系。正因为如此,该书专门辟有《新文学》("The New Literature")一章,从近现代西方军事和文化入侵的大背景下介绍中国的文学翻译和新文学运动状况。

在该著作中,休斯首先澄清了中西方在文学上的相互误解。一方面,西方完

---

[1] E. R. Hughes, "Author's Preface", *The Invasion of China by the Western World*. London: Adam & Charles Black, 1937.

全不了解中国文学的成就,存在诸多主观、片面的判断。譬如,长期以来,由于翻译到西方的中国书籍以经典古文为主,譬如《论语》和《老子》等,这使得西方学术界普遍以为中国文学只意味着有限的几本古典经书,而且对经书的介绍阐释也不够全面。这显然是非常狭隘的见地。休斯指出,中国文学卷帙浩繁,美雅精致,远超出西方的想象力:

> 人们时常这样认为,中国文学仅仅指那些古代经书,及对那些经书不够完整的阐释。不肖说,这种看法多么荒唐……真实情况是,中国的文人雅士喜好玩赏文学,一如他们喜欢从事文学创作一样。一个显而易见的事实是,在宴饮中,在书画中,在与朋友共同欣赏自然美景和闲情逸致的交游中,在隐退高官所创作的幽雅的田园抒情诗中,大量内容精美、风格特异的文学作品被创作出来。[①]

休斯还指出,到1850年时,中国的书籍数量已经大大超出整个欧洲书籍数量的总和,其中大部分是诗歌作品,因为中国人对诗歌创作的热情超过对哲学和历史的兴趣,而且他们一直陶醉在诗歌文学成就中。另一方面,他在书中也提及中国对于西方文学认识上的欠缺,其中有中西双方的原因。他说,中国人一直不了解西方的文学成就,"直到20世纪初,中国人方才知道,西方也有伟大的诗人、散文家和小说家"[②]。这是因为19世纪以来的传教士们只专注传播笼统的西方文化观念,完全忽略了文学的独立存在价值。他们很多人尽管著作等身,但由于完全服务于传教,所以中国学者们并不认为他们的著作是优秀的文学作品。而在翻译到中国的西方文学作品中,大多数译文翻译质量粗糙,而且不够准确。他曾引用梁启超在1898年写的一篇文章中的观点,说明当时中国翻译界存在的不良状况:"在翻译过来的300多部作品中,十之六七是糟糕的、不准确的。读者和译者都是似懂非懂。他们其实什么也没搞懂,却以为什么都知道了。"[③]众所周知,梁启超曾在1920年3月游历英、法、德、比、荷、意、瑞士等国。回来后他发表了著名的《欧游心影录》,总结自己对战后欧洲的考察结果,表明对中西两种文化的观点

---

[①] E. R. Hughes, "Author's Preface", *The Invasion of China by the Western World*. London: Adam & Charles Black, 1937, pp.229-230.

[②] Ibid., p.230.

[③] E. R. Hughes, "Author's Preface," *The Invasion of China by the Western World*. London: Adam & Charles Black, 1937, p.232.

立场,并对中国前途重新充满信心,认为中国的出路和希望在于青年一代解放思想、发挥个性,在于培养组织能力和法治精神,在于对民主政治的基础有新的理解。为此从1920年4月起,他发起组织共学社和讲学社,组织翻译出版西方学术著作,还邀请英国哲学家罗素(Bertrand Rnssell,1872—1970)、美国哲学家杜威(John Dewey,1859—1952)等来华讲学,在当时的中国文化界影响很大。在这方面休斯给予了高度评价,认为以梁启超和康有为为首的年轻一代翻译家开启了中国翻译文学的新纪元:他们不仅热衷学习研究西方文化,而且创造出了新的写作风格"实务体",他们在西方文化的影响下,文学才华到达了至高,其精神发展也跃入了一个新阶段;他们不满足于了解西方的科技知识,还钻研西方的文学、历史和哲学,这些是中国老派翻译家无法做的。

休斯批评中国老派的翻译家不仅缺乏中西贯通的学术素养,同时也缺乏热情和信心,但对翻译家林纾十分推崇,称他是一个"卓越的人物,他不懂任何外语却被西方小说深深吸引"①,除盛赞林纾锲而不舍的翻译精神和卓越的翻译成就外,他还特别指出林纾的影响:

> 虽然他的翻译并不完全精准,但可读性强。通过他,中国人初步了解了斯各特、狄更斯、罗伯特·路易斯·史蒂文森、柯南·道尔、维克多·雨果、大仲马、巴尔扎克、塞万提斯、托尔斯泰和其他作家……值得注意的是,他翻译这些作品不是出于强制,也不像官方译者那样为完成任务而领取相应的薪金,更不是因为感觉中国必须模仿西方以获得拯救。他翻译是因为乐于这样做。这是他成功的秘诀——不仅体现在他得体的语言风格方面,还体现在他广受同胞欢迎的程度上。他为后者开启了了解西方生活的窗口,激发了他们极大的兴趣和满足感。②

林纾的翻译采用文言文风格,这也许是休斯欣赏他的初衷,因为休斯一向推崇中西文化的珠联璧合,反对单纯模仿西方文化的理念与形式。在对待中国现代文学所倡导的白话文运动上,他也是这个态度。他认为许多西方人对中国白话运动的看法有失偏颇,譬如有人认为"发起和领导这个运动的人从灵魂到肉体都已

---

① E. R. Hughes,"Author's Preface",*The Invasion of China by the Western World*. London:Adam & Charles Black,1937,pp.232-233.
② Ibid.,p.233.

彻底沦为西方思想的俘虏,完全放弃了中国传统的审美趣味和文学价值观"①。休斯对此观点不予认可,指出白话运动的起源虽然和康有为倡导的西学东渐有着密切关系,但他们只是把西方文学经验作为与他们有关的人类经验的一个组成部分加以对待,并把西方的想象文学作为自己文学传统的一个部分。这就是说,在休斯看来,康有为等人没有生搬硬套西方创作模式和思想理念,而是对其进行了合理思考、分解、吸收和融合,使其自然融入中国文学传统之中;而且,他们从中意识到,当下西方文学的基本精神是通俗化、大众化,这是他们需要拿来的地方,因为中国白话文学的倡导者们深切地感到,要使文学为中国普通民众所接受,就必须首先使他们读懂文学,民众基础是现代文学生存发展的巨大意义所在。

正因为发轫于西学,根植于传统,休斯把"五四"以来的中国新文学运动称为"文艺复兴运动"。他特别提到了蔡元培、胡适和陈独秀对新文学运动的贡献,对他们作为文学改革者所具备的"道德勇气"表示敬佩。他佩服胡适等人,不是因为"胡适和他的朋友们受到了西方影响,而是因为在当时,除人数不断减少的一小撮死脑筋者还固执地认为中国文化无与伦比外,绝大多数受过教育的人虽然承认中国必须学习西方,但在行动上根本不愿意放弃他们早以形成的写作习惯"②。意思是说,虽然中西文化已经开始相互碰撞交流,但当时中国文学变革依然面临相当大的困境与窘境:人们认识到改革是必须的,但思想上仍然抱残守缺,行为上保守和懒惰,这成为当时推进新文学运动的最大阻力。要冲破这种困境,决不是高喊几句西学口号就可以轻易解决的问题,而是需要行动的勇气,胡适等人是真正从实践上改革中国文学弊端的人。

休斯赞许中国的新文学运动对西方理念的大胆借鉴,但同时认为,新文学运动不完全是在西方思想影响下开展的文学革命。事实上,新文学运动者们非常善于挖掘中国过去文学中既有的价值因素。他举出相关事例说明中国传统文学和新文学的相互促进关系。譬如使某些古老的诗歌形式在20世纪焕发新的活力,大力提升元、明、清时代的小说和戏曲的生机活力;对于佛经翻译者来说,他们也从新的白话语言中找到了贴切的词语,以表达那些过去语言无法表达的意思。不

---

① E. R. Hughes, "Author's Preface", *The Invasion of China by the Western World*. London: Adam & Charles Black, 1937, p.236.
② Ibid., p.240.

难看出,休斯比其他许多西方人——甚至比一些中国人——都更为清醒地认识到,西方知识并不是解决中国问题的良药。对此,休斯进一步提出:"我们的重要性在于,中国从西方获得最初的启发,西方给他们提供词语以及最为关键的进化论理念。但同时必须清醒地看到,他们的驱动力来自中国的内在传统及中国自身的实际需要。"①

休斯罗列了一大批中国现代文学界的杰出作家,譬如鲁迅、周作人、邹韬奋、郭沫若、郁达夫、张资平、徐志摩、冰心、巴金、许地山、茅盾、田汉、曾朴、王独清等。他认为浪漫主义是中国文坛的重要思潮,其中有雪莱(Percy Shelley, 1792—1822)、歌德(Johann Wolfgang Von Goethe, 1749—1832)、穆塞(Alfred de Musset, 1810—1857)和高尔基(Алексей Максимович Лешков, 1868—1936)的影响,但外国作家只是赋予他们一定的创作冲动和启迪,每个中国作家都是用自己的眼光去观察和用自己的头脑去思考,"这些作家在与外国文学的接触中没有任何被动的表现。他们积极和激情地表达个人对于伸展个性的追求。个人主义是他们的弱点,但同时也是他们力量所在"②。

关于中国现代文学的各种文学体裁,休斯认为应有尽有,丰富多彩,包括长篇小说、抒情诗、挽歌诗、思考自然和探索情欲的散文,还有作家访谈等。他对上述体裁的创作成就一一做了评价。关于现代短篇小说,他认为:"在过去的创作中,中国没有现实主义的短篇小说,只有神话传奇。随着文艺复兴的到来,短篇小说成为最受欢迎的文学体裁。需求固然刺激了供应,但鲁迅、郭沫若、许地山等人的努力显然重要得多。"③他认为鲁迅短篇小说最显著的优势是描写了单纯而缺乏文化素养的普通男女的艰苦生活和人生困境;郁达夫则相反,很善于描写无法适应新时代的学生和青年教师的生活状态;还有许多短篇小说以爱情的困惑为主题,表达了那一代男女青年对个人权利的巨大关注,及在摆脱了父母之命、媒妁之言之后如何恋爱和选择人生伴侣。关于长篇小说,休斯认为数量还很匮乏,在表达人的天然个性力量方面不如短篇小说到位;而且,长篇小说的作者们似乎更热

---

① E.R.Hughes, "Author's Preface", *The Invasion of China by the Western World*. London: Adam & Charles Black, 1937, p.241.
② Ibid., p.246.
③ Ibid., p.246.

衷于模仿西方小说的写作技巧,在人物的心理刻画和情节编织等方面,独立创新意识不强。这种情况和国家局势不稳、人心不定有很大关系。现代文学中的新诗所暴露出的问题和小说相似,即刻意模仿西方实验技巧但并不成功。中国诗歌艺术一直与绘画艺术一脉相通,由此产生了源远流长的审美情趣,它所表达的思想自由是现代艺术无法单纯用语言表达的,这就带来了现代诗歌形式的问题。即使著名的白话诗人徐志摩也曾写出一些极不令人满意的白话诗歌;相对诗歌,散文写作要好得多。尤其是文学批评,他认为"北京和上海的文学讨论更有都市氛围……这一代中国文学家和世界其他国家的一样,都是无情的批评家"[1],他们的批评风格非常率直,譬如鲁迅,他的天才体现在他的客观观察力,因此其文风使人感觉冷峻、缺乏人情味,充满冷嘲热讽。休斯对这种批评性强烈的文风持有肯定态度,他从人文主义角度出发,指出考验这类作家的办法是看他是否真正背离了他所蔑视的人类品性,是否为人类摆脱劣根而进行过不懈努力。鲁迅便是这样,他蔑视一些职业作家,虽然讽刺他们的无知和愚蠢,但表现的是对人类的关切之情;郭沫若也是冷峻的,有时甚至是愤世嫉俗,但他真诚同情被压迫人民,表现的也是对人类的关切之情。不过,休斯不欣赏郁达夫,认为后者过度沉溺于情爱婚姻,同情陷入这类问题困境中的男女学生,显得过于多愁善感,缺少阳刚之气;他还介绍了喜爱希腊和拉丁文学的作家郑振铎和倾向共产主义的作家陈独秀,由此谈到了20世纪20年代在马克思、恩格斯和列宁思想影响下兴起的无产阶级文学,即现代文学史上的"普罗文学";在文学史方面,他提到了鲁迅的《中国小说史》和周作人的《欧洲文学史》。此外,他还讨论了20世纪20、30年代期间中国的戏剧、电影艺术、史学和哲学领域的成就,阐述了田汉、胡适、梁启超等在这些领域的重要贡献。

休斯还把关注的目光投向当时新兴的中国文学出版媒介。他介绍了20世纪20、30年代期间中国许多文学出版机构和社团,包括新世界出版公司、中华书局、商务印书馆、文学研究会和创造社等。休斯特别提到了报纸的作用,认为白话文运动背后的另一推手是公众报纸的开办和发行,而报纸的出现和西方的入侵影响

---

[1] E. R. Hughes, "Author's Preface", *The Invasion of China by the Western World*. London: Adam & Charles Black, 1937, p.248.

不无关系。鸦片战争前,中国只有一种面向政府官员的《皇帝公报》,刊载的多是官员职务任免和大内新闻。在清政府的体制下,民间办报被完全禁止。但在1858年后,外国人在一些沿海开放港口办起了面向普通读者的日报。1870年后,在这些清朝政府控制之外的地区,由中国人自己创办的报纸也开始问世。民国建立后,报纸发展迎来了新飞跃,正是从那时起,新闻工作日益成为体面而受尊重的职业。这些报纸语言大多是白话文,使得报纸日益走进普通人的视野。报纸不仅报道新闻,还登载文学作品,由此报纸对文学的推广普及起到了推波助澜的作用。

综上所述,作为一名外国传教士兼学者,休斯比较全面客观地介绍了中国现代文学及其相关领域的发展成就。其行为值得推崇之处在于,他没有像他那个时代的许多其他西方学者那样,自觉或不自觉地用殖民主义、半殖民主义或西方文明中心主义的眼光看待中国问题,相反,他更像一名倾心中国传统文化的国际学者,关注和关心中国现代文学的独立成长和进步。他在20世纪30年代的历史环境下所进行的描述和所做的结论,对我们今天开展中国现代文学研究依然极具参考价值和启发引导意义。休斯的这份中国现代文学研究报告再次证明,西方文化虽然对中国文学发展起着一定的资鉴作用,但中国文学发展的真正强大驱动力来自中国自己的传统文化内部,中国文学的现代化离不开传统文化这个深厚而坚实的根基。

# 论武内义雄与津田左右吉研究中国古籍及其思想的方法

华中师范大学历史文献研究所　刘韶军

武内义雄和津田左右吉,是20世纪20年代上半期日本最有影响的两位研究中国古代思想文化的学者。津田左右吉因思想激进,受到日本政府的司法审判,禁止他出版、发表学术论著,已出版的论著也被列为禁书。而武内义雄则是京都大学的京都学派的重要代表,主要在日本东北大学任教,培养了不少有名的学者,使京都学派的影响不断扩大。这两位学者对于中国古代思想文化及相关典籍的研究都非常深入细致,具有鲜明的个性,但在方法上又有明显不同,本文根据日本学者对武内和津田二人研究方法的分析评价,说明二人对中国古籍及内容的研究方法之特点与价值,希望中国学者从中得到一定的启示。

## 一、金谷治对其师武内义雄研究方法的总结和评价[①]

（一）武内义雄的学术研究方法及其成就

武内义雄（1886—1966）在学术上的最大贡献,是树立了思想史学研究法,改变了日本的中国哲学研究方法。他明治十九年（1886）出生于三重县内部村小古

---

① 参见金谷治:《中国思想论集》下卷,日本平河出版社,1997年,第413—419页。原载1991年11月大修馆《しにか》,后收入《东洋学的系谱》。

曾（现为四日市），名义雄，字谊卿，号述庵。父亲义渊是真宗高田派的愿誓寺的一位学问僧，享有高名。武内后到京都帝国大学文科大学学习支那哲学史，毕业后回到故乡照顾生病的祖母，之后靠内藤湖南的帮助到大阪府立图书馆任司书（1914），管理馆内的中国古籍。大正八年（1919）春，武内受怀德堂派遣，并由内藤湖南资助，来中国留学，寓居北京，并到华北、华中旅行，前往战国时齐国国都临淄，还到唐代碑刻"老子"所在地旅行。临淄在战国时是人口数十万的繁华大都会，诸子百家的学者集中于此。武内在此回想了当年的盛况。关于《道德经》的碑石，武内是据魏稼孙《续语堂碑录》得知其存在的，利用这个机会，他得到了碑文拓本，成为日后《老子》研究的重要资料之一。

大正十年（1921）初，他从中国回到日本，担任怀德堂的讲师。此时京都大学支那学会创办杂志《支那学》，武内在上面发表了8篇论文。大正十二年（1923），地处仙台的东北帝国大学创设法文学部①，武内被聘为教授，主讲支那学第一讲座（中国哲学），任此职直到昭和二十一年（1946）春。其间曾任学部长和图书馆馆长等职，退休后为名誉教授，昭和十七年（1942）被选为日本学士院会员，昭和二十一年（1946）任天皇东宫御用挂（皇太子老师），昭和三十五年（1960）由日本政府授为"文化功劳者"，昭和四十一年（1966）去世，终年80岁。

武内在京都大学读书时的指导教授是狩野直喜②，狩野开设"清朝学术沿革史"课程，使武内感慨至深，为此专门阅读了清代学者阎若璩的《尚书古文疏证》。该书通过分析《尚书》的内容，进行实证研究，从而区分出其中的较古篇章和后来新作的篇章。武内非常佩服阎氏在书中的考证精确和广博的引证。狩野是将清朝考证学引入日本学术界的代表性学者，他开设的这门课程讲授得非常精彩，遂使武内由此决定了今后学术生涯的方向，使治学的中心牢固树立在清朝考证学的基础之上，这一点，狩野的授课产生了决定性影响。

---

① 法文学部，即法学部和文学部，二学部合为一学部。日本大学中的学部，相当于中国大学里的学院，现在所说的学部长，相当于中国大学里的学院院长一职。

② 武内的学术方法亦深受内藤湖南的影响，内藤1907年到京都大学任职，专业是东洋史学，武内正好在这一年考入京都大学，但专业是支那哲学史而不是东洋史学，其导师是狩野直喜，没有资料表明武内在学生时代与内藤湖南有特别的接触，两人的学术关系加深是在以后。武内的弟子金谷治说："武内学于京都大学，师事狩野君山和内藤湖南，这是他的幸福，他在晚年经常与人谈及此事。诚为获得良师之喜。"

在武内70岁的祝寿会上,他发表了讲演,题为"高邮王氏的学问"。高邮二王,即清代学者王念孙和王引之,是清朝乾嘉学派的代表人物,武内赞颂了二王细密的实证学风,讲演最后,武内引用王引之对自己学问的评价:"夫三代语言与今之语言如燕越之相语,吾治小学,吾以之为舌人",意为自己是把古代语言传达给今天的"舌人"(翻译者)。王引之规定自己治学不问大道只治小学,武内的治学旨趣与此极其相似。小学即训诂学,这是阅读中国古籍必备的条件,忽视此事则对中国的古籍不能有正确的读解。武内对清代学者如段玉裁的《说文解字注》、王念孙的《广雅疏证》、王引之的《经传释词》都有极高的评价,视为自己进行学术研究的榜样。

武内的学问以清朝考证学为出发点,这是其学问的基础。武内的研究,最重要的一点,就是忠实地、正确地阅读原典。这对于从事古典研究和历史研究者,本是理所当然的,但对武内来说,对原典的阅读,又有着与众不同的意味,即按照清朝的训诂学原则,极严格地来读原典。不过,要想正确地阅读原典,只靠训诂还是不充分的。中国的古籍在漫长的传承过程中,产生了许多讹误,必须对这些讹误加以识别和订正,这就需要清代学者所重视的校勘学。校勘,就是比较异本异文(校),加上综合思考(勘),最后确定正确的文字和正确的文本。这种正确的文本,称为校定本。为了校勘的绝对准确,这种工作不能只做一次,必须由后来的学者多次重复进行。

这种校勘学,在日本江户时期的享保年间,已有著名学者山井鼎做出了出色的成绩,在中国,阮元等人则使此学更为扩大兴盛①。武内的校勘,则在前人的基础上又增加了目录学的方法,使此学更进一步。他的方法就是利用自古以来的历代书籍目录,调查一书的诸多异本。在校勘中,尽量把异本异文搜集齐全,在调查异本的情况时,必须选择一个正确的版本系统,然后进行比较,并思考其中的源流关系。武内的校勘学,运用目录学方法,在充分利用中国古代各种异本的基础上,又充分利用日本所独有的古抄本,从而取得了更为显著的成就。武内译注的《论语》《老子》(都由岩波书店出版),就是运用这种方法的成果。他对此二书的许多文句的解读,都是基于精密的训诂学考证,因此直到今日仍然值得参考。

---

① 阮元的《十三经注疏校勘记》非常有名,其中就吸取了日本学者山井鼎的校勘成果。

要把正确阅读更推进一步,则要在校勘学和训诂学之外,再加上"原典批判"的方法,武内的专长就在于此。原典批判,就是对古代典籍的内容做出批判性分析,考察其书形成的情况。武内把原典批判推广开来,使之成为自己思想史学的重要方法。

武内原典批判的最初成果是《老子原始》,这是他在京都大学时的博士论文。这个研究对《老子》进行文本批判,并对《史记·老子传》进行分析研究,考证了《老子》一书的形成及老子生活的年代,是老子研究领域的力作。他一反老子是孔子先辈的旧说,认为老子是孔子的后辈,《老子》一书是战国时期不同派别的思想混杂为一的合成品。

这种认识在武内以前就已存在,但为此做出整然而有体系的实证性研究,则是前人所没有的。尤其是武内对《老子》文本的批判,采取了独特方法,他对本来混杂为一的《老子》文本进行了极为明晰的分类。即分成韵文部分与散文部分两大类,以此为基础,截然分清了《老子》文本中原初的思想及后来附加上去的法家、纵横家、兵家等思想。这是一个新的见解,在他后来所撰《老子的研究》中得到了更充分的展开,伴随着当时中国疑古学派的兴起,这一研究成果得到了很多人的赞同。

武内的文献批判方法得到更高的评价,是由于他的《论语之研究》。他利用江户时代伊藤仁斋和清朝崔述的研究,但他的方法不仅是对文章和词语进行比较,而且通过目录学来考察《论语》这部书的来历,由此追究《论语》的原初形态。他的结论是,今天的《论语》二十篇,可以分为河间七篇、齐鲁二篇、传于齐的七篇、本来不是《论语》的三篇等几种类型,其中河间本(《为政》第二到《泰伯》第八)是最古的资料。

这个结论一反以前人们关于《论语》的认识,即把《论语》作为一个整体而加以信奉,因而未能得到学术界的承认。尽管如此,通过武内的研究,人们开始意识到:《论语》的内容中有不少地方应该加以分析。而且这种问题不仅仅局限于《论语》这部古籍中,通过武内的研究,人们明确认识到:作为古典研究的基础性操作,文献批判的方法极为重要。这就是武内研究方法在学术上的重要意义。

武内治学能取得成功,还有一个因素不可忽视,就是尊重日本的学问传统。运用清朝考证学方法,走一条实实在在的研究之道,同时利用中国已不存在而保存在日本的版本资料,这就是武内的方法。武内发现了多部保存在日本的贵重的古抄本,它们都被作为校勘的材料。同时他注意利用日本前代学者的成果,如富永仲基和伊藤仁斋,这也是不可忽视的因素。

对《老子》《论语》的研究,都是以古代典籍为对象的广义的文献学。但武内的研究不限于文献学,而是从思想分析和思想交流的角度来思考问题,在古典文献中看出其中与思想史相关联的内容。《老子和庄子》《易和中庸的研究》两个成果,一个是以古代典籍为对象的研究,另一个是思想史的研究。前者以《老子》《庄子》为中心,把它们与道家的其他文献联系起来进行分析,由此寻找"从周初开始一直到汉初的道家思想的变迁"轨迹。后者通过对《周易》《中庸》两部文献的批判,论证了这两部古典著作具有同样的思想内容和共同的思想背景。武内的"基于文献批判的思想史研究法",正是由此而清晰地确立起来的。

武内树立的思想史学,不局限于对个别古代典籍的研究,更进一步发展完成了研究中国古代思想全过程的《支那思想史》(后来改版时称《中国思想史》)。这部书出版后马上就被翻译为中文,与当时出版的冯友兰《中国哲学史》相并列,成为划时代的著作,得到了高度评价。

这部书不用"哲学史"之名,而用"思想史"之名,是出于武内的独特思考。因为他不满意以往那种哲学史的写法,即把自有体系的哲学古代典籍分割成一个个的列传式叙述,他要寻求思想本身推移发展的原来面貌,并且阐明其中的历史过程。他所追求的,是对思想自身的历史性考察。

他把思想史分成上世、中世、近世三个时期,认为上世有"孔门两个学派"和"稷下之学",中世有"从儒教到老庄""从老庄到佛教""道教的成立",近世则有"儒学的新倾向""佛教的新倾向"等,都是从思想长河的变迁直接把握其流变动向的。这在当时是全新的视点,对以后的中国思想史的发展影响深远。

他的思想史中包括了佛教思想,同时涉及道教,这是一大特色。在数十年后看,当时这些内容还不够充分,以儒教为中心的列传式哲学史、佛教和道教都是异端,而武内首次把它们作为中国思想史的组成部分引入进来,其意义极为重大。这一点与冯友兰相同。

(二)武内义雄研究方法形成的大背景

武内之所以能够提出如上的新方法与新视野,要从日本汉学发展的大背景上来看。

　　研究中国古代典籍,在日本是从江户时代开始的,那时称之为"汉学"。在明治维新以后,继承了"汉学"传统之正统观念和方法者,为东京帝国大学。从学科上分为历史、文学和哲学,就哲学而言,主要是以朱子学所代表的宋学为中心。其后创立的京都帝国大学的学者,避开了这一传统,开创了"中国学"的名称以代替"汉学"之名,为当时学术界带来了新风。这种新的学风,就是抑退宋明之学的思辨性学风,而对清朝考证学的实证性给予高度评价,并把这种学问当作历史科学的方法而加以运用。以内藤湖南、狩野直喜两位教授为中心的京都大学中,有一批学者及他们早期培养的学生,如后来创办《中国学》的青木正儿、小岛祐马及武内义雄等人,都是这一学派的代表。

　　武内从狩野直喜那里接受了清朝考证学的洗礼,而他的原典批判方法则来自内藤湖南。武内学术的形成与京都支那学派的存在,是不可分割的。内藤是史学家,中国哲学则通过武内而成为中国思想史学,这表示哲学变成了历史学。传统的汉学主要研究哲学思想,而新的思想史学,则要排除掉研究者的哲学倾向所产生的主观解释,追求实证科学的确实性。后来成为京都大学教授的小岛祐马重视思想的社会经济背景,武内则重视对古典文献的批判。他所重视的不是思想本身的哲学性内容,而是思想派别及其推移的历史性研究,因此,树立科学实证的研究方法,成为他的主要心愿,也可以说是京都中国学的产物。

　　在今天看来,对文献的批判,仍以文献为学术研究的中心,而使学者依赖文献,若仅是如此,则思想史研究还是有局限的。后来社会学、考古学、民俗学等学科都有很大发展,必须在思想史研究中引为参考。这就使思想史学的研究,从以往怀疑资料真伪的疑古性质,转变成把零细资料当作活的东西加以研究的释古学风。武内的思想史学当然不尽善尽美,但是作为学术方法的文献学和训诂考证学,对后来的思想史学,仍然可以作为基础方法而有必要继续存在。武内开创的中国思想史学方法,可以说是日本20世纪东洋学发展史上的重要部分之一。

　　(三)武内义雄对中国古籍的校勘方法与原典批判方法①

　　武内对中国古籍的研究成果颇多,最先有《老子原始》出版于大正十五年

---

① 这一部分论述参见金谷治《中国思想论集》下卷,第420—430页,原载1966年《怀德》杂志三七号。

(1926)，由此获得京都大学文学博士学位（昭和三年，1928）。之后又有《老子的研究》《老子和庄子》《诸子概说》《中国思想史》《论语之研究》《易和中庸的研究》及对《论语》《孟子》《老子》原文的校定译注，还有 50 余篇论文。这些成果，确立了"武内学"的学术风格，受到日本国内外学术界的高度评价。

武内义雄的治学方法以清朝考证学为出发点，这是他的学问的核心，但他又不墨守此种方法，而是发展为以原典批判为主的思想史研究法，具有新的意义。

武内的这种治学方法，是在清代训诂学、校勘学、目录学的基础上，以历史发展的眼光看待中国古代典籍中所反映的中国古代思想的前后发展演变轨迹与线索，并以极其精致和彻底的精神从事其研究，因此形成了独特的学术成就。以下用实例来看他如何运用新的方法与思路来研究中国古代典籍。

武内为岩波书店出版《论语》的日文译注而校订了《论语》。其步骤是先调查日本国内存藏的《论语》古写本和善本。经过调查，他认为最重要的版本是两种日本独有的《论语》古抄本，即宫内省图书寮的嘉历抄本和东洋文库的正和抄本，他利用这两个本子对《论语》正文进行校订。武内认为要超过阮元的校勘，最重要的就是要利用日本特有的古抄本。他用另外的善本校对上述两种日本古抄本时，发现这两个抄本有相似之处，因此断定二者都属于明经博士清原教隆的校订本系统，而津藩的有造馆本也是同一系统的版本。总之，日本流传的《论语》的善本，如果溯其源，都出自清原家，因而用这些本子不会有很大的不同。若用这些本子与中国传来的版本相校，则有很大不同，所以要用清原家的定本与中国版本的祖本进行校对，这样才能得到最好的《论语》原文文本。就清原本而言，武内选用了幕府末期模刻的本子——北野学堂本，以此作为校勘底本。而要确定中国版本的祖本，就必须利用目录学以寻求之。

介绍中国古书种类与版本的目录书并不少见，就《论语》而言，不可能把所有的版本都搜集到手，但可利用目录学把各种版本的关系搞清楚，这就是目录学的妙用。武内通过目录学方法弄清了《论语》诸种文本之间的传承关系，综合出《论语》一书的传承系谱，其结论是，这些版本都是从唐开成石经衍生出来的。然后就可用清原家的校订本（北野学堂本）与唐开成石经对校，岩波本的《论语》文本，就这样得以确定。

通过这个过程，可以看出武内校勘学的特色。以前的校勘家，如山井鼎、阮元等人，只是把不同的版本摆在一起，校勘其间的文字异同，有人甚至只追求版本的数量，其精力全部用于收集更多的版本。武内的校勘学则不同，偏重于判断这些不同版本的性质及它们在校勘上的价值。校勘的资料不贵多而贵精，只有掌握了精善的资料，才能得到精善的定本。而获得精善资料的方法，就是通过目录学寻求各种文本之间的承继关系。

武内校定《老子》的文本时也采取了同样的方法。他校定的《老子》有两种，这两种《老子》不是新旧关系，而是性质完全不同的两种版本，不可互相取代，都有存在的价值。一种是改造社出版的《老子的研究》中的《老子》文本，一种是岩波文库本的《老子》译注。因为这两种《老子》一个是王弼注本，一个是河上公注本，武内的目的就是努力恢复两种《老子》文本的原貌。《论语》的传本分为两个系统，《老子》的传本则是三个系统：王弼注本、河上公注本和开元御注本。其中唐玄宗御注本由于当时刻有石经，故其原形比较易知，而另外两种则不同；河上公注本，有敦煌本和日本古抄本等几种版本，利用它们可以帮助恢复其原貌；而作为最古的王弼本则缺乏较好的传本，因此恢复原貌时困难最大。

一般而言，人们校定《老子》，可以不管此三种版本的差别，只将古时的写本和版本集中起来，由此校定原本《老子》的文本，可在武内看来，则必须先将这三种版本的原初形态恢复出来，再来校勘三种版本的祖本，这样得到的结果才是《老子》最早的原本。之所以要分成改造社本和岩波文库本，其意义就在这里。这两个本子可以说是为了导出《老子》最早原本而必备的基石，按照他的设想，这两个本子搞好之外，下一步则要校订开元御注本，然后再对三本进行校勘。

武内校勘学的突出特色，由此大致可以了解。总之，他的学问，不是只对古代典籍做出精善的校订本，当然做出精善的校订本本身也是一项重要工作，但从哲学或思想史学的角度看，这样的工作只是整个学术研究的一部分，是基础性的工作。基础性的工作是必需的，但基础只是基础，此外还有更重要的研究工作，这就是对于原典的批判工作。

如果校勘只是比较异本的文字差异，则不会看到新的问题有待研究。如果要对这些文字差异进行判断，何为正，何为误，于是就产生了新的问题。如果在没有版本异文的情况下还能够发现文本的错误而订正之，则问题更为复杂。所谓原典批判，实际上就是从这些事情上开始的。武内对王弼注本《老子》进行校订时，因为传世的王弼注本缺乏善本,于是一方面参考王弼的注文,另一方面根据《老子》文本的押韵情况,对其思想内容进行分析,由此做出批判性的修正,最后才完成校订工作。校订之后的原典批判,是指对原典的内容进行批判性的分析,由此来考虑此书形成时的情况,然后确定这个原典作为思想史资料的特点。例如他的《论语之研究》就体现了这种原典批判方法。

对《论语》的原典批判,在武内之前已有日本的伊藤仁斋和中国的崔述进行了出色的研究。仁斋认为《论语》二十篇中,前半部分的上论十篇,时间较古,后半部分的下论十篇,则是后来的续集。崔述的看法相同,不过他又认为下论中的最后五篇值得怀疑。武内继承了他们的成果,此外又从内藤湖南《尔雅的新研究》《易疑》所示范的原典批判方法中学了很多东西。当然他在继承前人研究的同时,又加上了与之不同的新方法,这就是通过考察《论语》这部书的来历,追溯它的原初形态。他将这种独特的方法与前人的方法合起来运用,完成了《论语之研究》。

《论语》之名出现在汉代,此前以"传曰"形式被人引用,武内提出一个问题:在这部书作为《论语》一书固定下来之前,以怎样的形态流传?且这种形态对于此书的性质,又有怎样的关系?这是必须研究的问题。

通过他的解读,使如下之事得以明确:作为时间较古的《论语》,实有两种,即齐鲁二篇本和河间七篇本。以汉代壁中发现的古《论语》的篇次看,其顺序是《学而第一》《乡党第二》,于是他认定这两篇是齐鲁二篇本。他认为,上部《论语》十篇之中,将这两篇及《子罕》篇除去,剩下的七篇就是河间七篇本。而下部《论语》十篇中,《季氏》《阳货》《微子》三篇的性质不同,将此三篇除去之后的七篇,则是另一种《论语》。通过这样的区分后就可发现:河间七篇本是最为朴素的,可以看作曾子、孟子一派传下来的语录;而下部《论语》七篇是以子贡为中心流传于齐的新资料;齐鲁二篇本,则是折中上述两种本子而形成的本子。这个结论,没有得到学术界完全认同,但使人们认识到,《论语》的形成过程,曾经有过几个阶段,在不同的阶段,其相应的文本则有不同的特点。

最重要的是从中显示出来的原典批判方法,和辻哲郎、西田几多郎两位博士最为赞赏的正是这一点。武内不仅对《论语》的内容从文章和词语方面进行体会和理解,因为这仅是内在的批判,他更对此书的传承情况等外在情况,根据其他资料进行探索。如对齐鲁二篇和河间七篇本的区分，以及分析古《论语》的篇次等。在这些研究中，武内又有意运用了中国传统的目录学方法。

运用目录学对文献进行批判，这在武内的《庄子》研究中表现得最为明显。现今流传的《庄子》为三十三篇，这是晋代郭象删定而成的。然而这与删定之前的古《庄子》有什么关系呢？按照目录学的方法，首先查检《汉书·艺文志》的相关著录，发现当时的《庄子》是五十二篇而不是三十三篇，可知这中间已经有所不同。武内又根据《经典释文·叙录》的记载，查明了如下演变情况：由内篇七篇、外篇二十八篇、杂篇十四篇、解说三篇组成的五十二篇《庄子》，是汉代《庄子》的旧貌，之后变成了在晋代删定的《庄子》：内篇七篇、外篇二十篇，共二十七篇。郭象又以这个删定本为基础，参酌汉代《庄子》的旧本，作了增补，于是形成了郭象的三十三篇本《庄子》。之后武内又研究它们在内容上的相互关系。由于郭象本已经亡佚，因此就将他书引用郭象本的零星资料集中起来，以考察郭象本《庄子》的情况。例如，《惠施》篇就是今本《庄子》所没有的篇名，而在当时却有这一篇。今本中的《天下》篇，只有其前半是已经撰成的内容，而其后半部分，则完全是惠施一派的论说，因此断定这才是原来的《惠施》篇。这样的考证不断进行，就能看出今天郭象本的特点。武内研究中国古代经典的特点就体现在这种原典批判方法中。

武内对古代典籍的文本校订和原典批判，只是他的学术研究中的基础研究，武内的研究并没有停留在这一层次，否则他的研究就仅是一般的文献学研究了。武内认为，到原典批判为止，只是古典研究的基础性研究，在此基础之上还要进行其他研究，这就是要对典籍文献所处时代的思想状况，进行科学的实证研究，这才是武内学术研究的最终目标。由此他就引出了运用原典批判方法的思想史研究概念。武内的《易与中庸的研究》，就是先对《易》和《中庸》进行原典批判，再在这个基础研究之上，研究各书形成过程中的不同阶段的思想发展状况，最后研究两书在发展过程中的密切关系。通过这样的研究，他认为在《中庸》里，"过犹不及"的"两端之中"概念，其发展方向是"诚"的哲学，即以"诚"为贯串宇宙人生的根本理法。与此相对应，在《易传》中，则有三个发展阶段，首先是单纯的卜筮之书，然后发展到建立以中正之德为目标的伦理目标，之后又发展为追求"诚"的绝对性。武内论证了《易》的这种发展，而这是与《中庸》的发展相关联的。

如果只是单纯文献学的原典批判研究,不对古代典籍文献中的思想内容进行考察研究,就不会出现这种出色的原典批判。在这个意义上,原典批判的方法和思想史研究的方法又是密不可分的。《易与中庸的研究》,其目标是究明思想在历史过程中的发展状况,这个研究与《论语之研究》相比,在方法论上已更进一步。

日本的中国哲学乃至思想史学的研究及中国学者的研究,都曾对研究的方法论进行过大量而深入的讨论。在这方面,武内义雄的方法论及其研究成果,直到今天仍能获得高度评价。其最独特的贡献就在于把古典研究中所必须进行的基础性研究(训诂学、校勘学、目录学)与原典批判结合起来,再与思想史研究法结合起来,虽然时间已经过去了近一个世纪,但这种研究方法仍应得到现在学术界的认可与推广。

## 二、木村英一对武内义雄《老子》研究方法的评价

木村英一是二战后研究《老子》的著名学者,他的成果《老子的新研究》可以看作武内义雄《老子的研究》的续篇,由他来对武内义雄的《老子》研究进行评价,可以说最合适不过了。日本角川书店昭和五十三年(1978)出版《武内义雄全集》时,请木村英一撰写了《武内博士的老子研究》,作为其中第五卷的解说[①],对武内的《老子》研究做了全面的总结性评述,其见解值得中国学者了解和思考。

(一)武内义雄《老子》研究的主要成果及所提出的问题

武内义雄《老子》研究的最重要成果是《老子原始》(大正十五年,1926)和《老子的研究》(昭和二年,1927),之后又有《老子与庄子》(昭和五年,1930),对《老子》及后来的道家思想的全貌,提出了独特见解。在《诸子概说》(昭和十年,1935)和《中国思想史》(昭和十一年,1936)中,他把对《老子》和道家思想的研究,放在诸子百家及中国思想史的整体之中加以评论。在为思想社《世界精神史讲座(二)》(昭和十五年,1940)撰写的《老庄思想》中,再次阐述了这一看法。武内对《老子》文本也有精到的校勘,包括武内用日文译注而由岩波书店出版的《老子》原文(昭和十三年,1938),这是对河上公本《老子》进行绵密校勘的成果,集中了

---

① 参见日本角川书店《武内义雄全集》第五卷,昭和五十三年。

河上公本系统各种资料校订之后而确定下来的善本,此前在《老子的研究》中已对王弼本《老子》进行了校勘,这样就对古本《老子》传到今天的两大文本系统都进行了彻底的校勘,具有非常重要的意义。

武内义雄最主要的研究成果《老子原始》和《老子的研究》,各有不同的研究任务:《老子的研究》是对一系列研究的综合成果进行总结;《老子原始》则是这一总结性研究的基础,其中包括四个问题:《史记·老子传》的研究、《老子》的文本研究、《老子》五千文的性质研究、《老子原始》的学说研究。

武内义雄在《老子原始》《老子的研究》中的特色之一,是以确实详密的文献学知识为基础的研究观念。我们读中国的古代典籍而欲究明其真相时,有许多问题必须加以解决,归纳起来则为四类基本问题,需要通盘思考并不断研究,且必须一步步推进研究。这四类问题是:

第一个问题,将流传至今的古代典籍复原为原典的问题。在遥远的古代成书之后一直流传到今天的古代典籍,因不断传诵、传写而有种种变形。必须通过校合异本和文献学考证,尽量纠正后代出现的变形,订正其中的误脱和错乱,复原成原典。

第二个问题,究明原典成书情况的问题。即使能够恢复原典的文本,但若不能考察明白原典的成书情况,则原典的真相也无法弄清。因为许多古代典籍在成书问题上有种种传说,多与历史事实矛盾。

第三个问题,对原典进行正确解释和理解的问题。即使已复原为原典的文本,且查明了其成书情况,但若不能清楚知道原典产生时的语言及历史,也不能正确解释和理解原典的内容。为了正确解释和理解原典,必须了解当时的语言和历史。

第四个问题,解明古代典籍的意义和价值的问题。即使已对原典有了正确的解释和理解,但仍不能究明原典所含有的意义和价值。所以,关于原典形成以来直至今日的复杂而长久的历史过程中的每一时期,这部原典对于人类的文化生活有怎样的意义和价值应当作为古代典籍研究的终极问题而加以研究。这种意义和价值,随着时代和社会的变化而变迁,所以,意义与价值层次上的问题,是古代典籍研究中所包含的具有启示性的广泛的问题。

以上四类基本问题,都应关联起来进行解决。不能只研究其中的一个或一类问题,而无视其他。但是,这些问题范围广泛而又复杂多歧,一个学者不可能同时进行研究并完成之,而且学者个人的天分也有不同,社会地位也有不同,所以对同一部古典进行研究时,以怎样的问题、怎样的视角、怎样的方法推进其研究,各人互不相同。如果一个学者对某一类或某一个问题的研究,超过了以往的研究,又为后来的研究开辟了新道路,就可以说开辟了研究的新局面而具有开拓性意义。

武内的《老子》研究,在《老子》研究甚至是中国古代典籍的研究上,特别是对前述第一类问题(原典复原),尝试了未曾有过的详确探索,取得了杰出的成果,开辟了新的研究局面。在前述第二类问题即关于原典成书情况方面,他也抱以极大的关心,因为与第一类问题相关联,于是使第二类问题出现了光明。而对上述第三、四类问题的研究,他也从专门的角度进行了阐述,可以称为后来学者的重要参考和启示,而武内最出色的研究成果,从根本上说还是表现在第一类和第二类问题上。

在大正与昭和之交,武内《老子》研究的杰出成果发表之时,在日本还有一个今天仍然值得纪念的《老子》研究成果,即津田左右吉博士的《道家思想及其展开》(昭和二年,1927)的公开出版[①]。它与武内的方法角度不同,尤其是在第二类关于原典成书问题的研究上,显示了津田独到的犀利眼光。这一类问题的研究本来与第一、三、四类问题深刻关联,故从结果看,津田的研究方法及其成果反映了他对武内的相关研究方法的批评与不满。而津田的研究业绩,也对后来的研究产生了很大影响。可以说武内和津田两位博士的《老子》研究,是20世纪《老子》研究的双璧,对于后学来说,都是值得尊重的遗产。

(二)武内义雄《老子》研究的特点

武内《老子》研究的方法,在于前述第一类问题即原典复原的研究及与之参照的第二类问题即原典成书情况的研究。关于原典复原,就《老子》而言,学者都会面对两个共同的疑问:

第一个疑问,老子被说成先秦道家的鼻祖,后来又被说成道教的始祖,这个不可思议的人物,其传记见于《史记》,而他的著作有《道德经》五千言。但这些说

---

[①] 关于津田左右吉的《老子》研究,详见本书津田左右吉章。

法,都存在着真伪的问题。

第二个疑问,老子《道德经》的存在,最晚也不超过汉初(前2世纪)[1],自此以后2000年间出现了无数的注释,但现存的诸本中,无论是解释还是文本,都有无法列举的异同。于是又产生了一个疑问:其书的原形是怎样的?

武内为了判定第二个疑问,尽可能地调查中国及日本自古以来的《老子》注释书,以慎重的态度对待之,从历史的角度来把握这些注释书。这是以往的研究者不能企及的,在这方面的成果,就是《老子的研究》的附录三"《老子》的注释书"、岩波文库本《老子》附录《日本的老庄学》。将如此众多的注释书加以系统研究,追溯注释所据文本的异同,把后代无数的《老子》文本作为派生之流,弄清了后来的《老子》书存在着四个版本系统:六朝以前的王弼注本、河上公注本、唐代傅奕古本、开元御注本。

据武内分析,在六朝时,王弼注本和河上公注本已因流传地域和其他情况,各自产生了详、略两个系统的文本,其间又各有若干异本,而傅奕欲以河上公详本为基础,对王弼本进行取舍,作成统一的本子。开元御注本看重河上公略本而欲与王弼本统一,这就使得六朝以后1000多年间的《老子》文本主要就是王弼本和河上公本两个系统。于是武内在实证基础上确立了他的研究方针:对王弼本和河上公本各自的来历进行彻底研究,但对两者采取不同的校正方法,对两者的关系和异同及基于两者而尽量接近原典的文本之校定等,也都努力探究。又在收于《老子的研究》中的《老子道德经之研究》(《道德经析义》)中,尝试恢复王弼本《老子》原文的善本,再对它进行分析研究,欲求复原《老子》的原典。又在岩波文库本《老子》中,形成了河上公本的精善校本,在此基础上做出了包含着独特见解的译注。这些校勘、考证及建立王弼本和河上公本善本的成果,主要是关于古典原形复原的工作,但其精密和博览、对资料取舍之严正及研究的进行方法之有组织等方面,远远凌驾于前人,形成了独特的研究方法。其中还有许多问题,直到今日也未能解决,但武内都在其研究中多次预见了所存在的问题,并提示了解决的途径,堪称卓见。

---

[1] 这一观点已经过时,因为中国出土了汉代帛书《老子》和战国时期的郭店竹简《老子》,证明《老子》作为一部著作,至少在战国时就已形成。

关于《史记·老子传》的真伪和《道德经》成书的来历，武内首先校勘《史记》的异本，以研究其在唐以前的面貌，然后将它与先秦汉初的古文献进行比照，以判定是否合乎历史事实。据武内的研究，《史记·老子传》中只有记载子孙系谱的部分可信度较高。它出自与司马迁时代相近的、居于齐地的自称为老子子孙的家族。再据此而考定：老子生活的时代约在孔子之后约100年，比孔子孙子思及墨子等人稍后，比孟子稍前。这个推论，即使放在先秦诸子之间也不矛盾。他又认为，《道德经》不是《史记·老子传》中所说的那个老子所著，但既有其书，则必有著者。于是他分析《道德经》并与先秦诸子的文辞和思想进行对照和精读，于是认为在原著中混入了后人附加的文句和不同性质的文辞。武内认为，既然相信《道德经》是老子所著，则其书一定与老子及其学派有着某种关系。因此，他认为《道德经》原著是在孔子之后100年左右的某位称为老子的著作，但在成书后的流传过程中，又被同一学派的学者加进了本非原书的记述和不同的内容。为了判别《道德经》原有的旧文与后附的新文，武内认为可把如下情况当作考证的线索：文脉的混乱、韵文与散文的混合、韵脚不一致等。他认为，人们口中传诵的古代名言大体上都是有韵的文句，而后人附加的部分，大体都是无韵的散文。他的这一见解绝不是轻易提出的，是对前人关于老子的诸多研究成果[①]作了历史性了解之后才提出的。这一说法中确有值得后人重视的东西。总之，这种问题与武内所擅长的目录校勘的文献学是不同层次的问题，还有不少地方存在着不同意见，所以津田能针对这些问题提出更优秀的见解。

(三) 武内义雄《老子》研究的启示意义

武内的《老子》研究，是充分掌握了中国学者在古代典籍研究中形成的最具实证性且极广博精细的考证学中目录学、校勘学的方法上的优点之后，而形成的日本学者在中国古代典籍研究上的出色研究成果。

以目录校勘学为基础的研究，随着新的文本的出现而应有所变更，但这与当时除王注系统本和河上公系统本外看不到更多的《老子》文本的情况，是绝对不同的。其后饶宗颐从敦煌本中发现了六朝写本《老子想尔注》，于1956年发表了《老子想尔注校笺》。1973—1974年间，在长沙马王堆三号汉墓中发现了帛书《老

---

① 详见武内义雄《老子的研究》附录一"前人的老子论"。

子》甲本、乙本。《老子想尔注》据传是东汉末年张陵之作,而关于其真伪仍要考证。马王堆帛书,是前2世纪初的写本,是《史记》记载以前的老子《道德经》实物。这都不属于王弼、河上公两系统的版本,更需要考究它们与王、河两系统版本之间的关系。近年又陆续发现了先秦、汉代的遗迹和遗物,其中就有不少竹木简和帛书,这意味着中国古典学的研究将有新的发展,甚至对于历史的看法与思考方法,也比以往有了很大变化。因此《老子》研究不能满足于原有的成果。但是,学问的进步,新资料的发现,新角度的提出,绝不意味以往的研究全都无用而可废弃。以往研究中的长处在今后的研究中也绝不会丧失,后来的学者必须在继承前人研究长处的基础上,才能开拓新的研究角度,才能谈到学术进步。所以掌握武内的研究方法,然后推进斯学以取得进步,这才是后学的任务。

### 三、津田左右吉《老子研究法》的方法论

津田左右吉(1873—1961),是20世纪日本批判主义学派的著名学者,生于岐阜县米田东栃井的一个士族之家。1891年从东京专门学校(早稻田大学前身)毕业,在群马县中学任教,1907年任满鲜地理历史调查室研究员,开始其学术生涯。1913年出版著作《朝鲜历史地理》《神代史的新研究》,1916—1921年发表《文学中所表现的我国国民思想之研究》,1918年成为早稻田大学教授,之后的著作有:1919年《古事记及日本书纪的新研究》,1924年改版为《古事记及日本书纪的研究》;1924年《神代史的研究》;1930年《日本古代史研究》;1933年《古代日本的社会及思想》,属于"日本古典研究"系列,用实证方法批判日本皇室起源神话。他用多种近代学术方法,对日本最早的文献《古事记》和《日本书纪》进行研究,阐明日本神代史的真相,指出"天孙民族"和天皇"万世一系"之说,都是"神话"而不是事实。这种神代史是为了宣传皇室尊严而由人们构想出来的故事。[①] 为此他受到右翼分子的迫害,1940年,被人以"对皇室不敬罪"起诉,他与出版其著作的岩波书店老板岩波茂雄都被收审,其著作被禁,不久又以"违反出版法"之名被起诉,1942年被法院以"冒渎皇室尊严罪"处刑事拘役三个月,终身禁止写作,查禁一切著作。

---

[①] 参见严绍璗:《日本中国学史》第1卷,南昌:江西人民出版社,1991年,第430页。

津田被称为具有自由主义精神的历史学家,其学术研究的特点在于强烈的批判精神,继承了明治启蒙思想家的精神。其学术被称为"津田史学",与维护天皇制度的"皇国史观"对立。津国在战前受到迫害,战后受到社会承认,1947年成为帝国学士院会员,1949年受颁文化勋章,1951年受颁文化功劳奖。他在中国古代思想文化的研究上也有一系列大部头著作,如1927年《道家的思想及其展开》,1932年《儒教的实践道德》,1935年《左传的思想史研究》,1937年《周官研究》,1938年《中国思想与日本》,1946年《论语与孔子的思想》。逝世后,他的全部著作结集为《津田左右吉全集》,由岩波书店于1964年出版。

津田对于中国古代思想文化也予以了严厉批判,这一点与武内明显不同。如严绍璗所说,津田"继承了白鸟库吉对中国传统文化的怀疑精神,并把它发展到对中国传统文化的全面批判",最终"从批判而走向了全面否定"。而且这是"最深层次上"的批判[1],尤其值得中国学者了解和思考。如在《中国思想与日本》中论中国文化的特点时说:中国社会中最发达的思想的最大特点,是这些思想都直接与人的现实生活有关,因此,中国文化最大的特点,就是具有政治性或道德性的处世之术和成功之法。儒家学说集中于道德和政治方面,墨家学说也表现在解决政治方面的处世之术,而道家更是一种保身之道与成功之法,法家学说则是关于君主如何强化权力、如何驾御臣人、如何役使民众的学说。

对中国古代思想文化既持此种看法,则他对《老子》的研究,必然会有独特的认识,因此就与狩野直喜、小柳司气太、武内义雄等人的中国文化观截然不同,对他的研究,中国学者需要仔细品味。而他又专门撰写了《老子研究法》,提出了自己的研究方法是重视古典文献中的思想内容,而其如何分析古典中的思想内容,在方法上也很有特点,值得中国学者借鉴。

(一)研究《老子》的主导思想

津田研究《老子》的成果体现在他的专著《道家思想及其展开》中[2]。此书最初作为《东洋文库论丛》第八部,发表于1927年,原名《道家思想及其开展》,昭和十四年(1939)再版时改为现名。所以改"开展"为"展开",他说一是因为"展开"

---

[1] 参见严绍璗:《日本中国学史》第1卷,南昌:江西人民出版社,1991年,第429页。
[2] 收在《津田左右吉全集》第13卷,岩波书店,昭和三十九年。

之语比"开展"更为流行,二是想以此与初版相区别。再版时他又重写了不少词句,并把昭和八年(1933)发表的《老子研究法》也收入其内,强调《老子》研究要更重视文本的思想内容,而不相信武内根据文句用韵与否判断时间先后的方法。

津田的《老子》研究,仍然体现了他的批判精神。其书初版"前言"中,他谈到研究中国古代思想的看法,认为古代中国的典籍一直存在许多传说,但大多不可相信,可是这些传说却一直被人们当作史实,这是一大谬误。因此,中国思想研究的第一步,应对这类传说进行批判。第二步,古代中国的思想,是从中国人的生活中产生的,有着中国人的特殊性,与印度人和希腊人的想法与思考方法必有不同。要考虑的问题是:这些思想是怎样形成的?要把它们作为思想本身,并要从中国人的生活内部来观察。古代人当然会有共同的思想,因而可以与其他民族的思想相互参照,以帮助理解中国古代人的思想。但一定要记住:中国人的思想中,有着中国人的生活中所产生的特殊的内容。古代中国人虽然也从其他民族的文化中吸取各种知识,但一定要注意:中国人是如何吸收和处理这些外来知识,又是如何改变它们的?如何将这些知识作为资料而从中形成他们自己的思想?这些问题在思想史研究中,非常重要,不可忽视,所以一定要注意中国人的特殊思考方法和对事物的见解。如果对古时的传说原封不动地加以承认,并以此种态度对待那些古书,硬用属于其他文化系统的思想及思考方法来解释和说明中国古书中的思想内容,就将犯下严重的错误。他如此看待中国思想,只是作为研究方法或态度而言,并不是尊尚和赞美中国思想。中国思想如何有价值,这是另外的问题,对这个问题,只能用正确方法来研究,才能究明其中的真意。

在此思想指导下,他完成了《道家思想及其展开》,以《老子》为中心,根据先秦至汉代的道家文献,研究其中思想的发展变化。在"绪言"中,他谈了对于道家与老子思想的理解。他认为道家是后人通过属于老子及其思想系统的典籍所能了解的古代中国学派之一。这种表述表明他对研究中国古代思想的特别看法,即现在人们所能知道的道家等古代中国学派,只不过是通过某些典籍所了解的情况而已,并不是古代当时实际存在的某一学派的真实情况。这仅是后世人们主观上的了解和认识,而非客观的复原。这与武内截然不同。武内相信能够通过现存典籍复原古代道家及老子的思想原貌,津田根本不提这种原貌的复原。他认为现在人们所说的道家,是根据现存文献所了解的,大致始于汉代。《史记·太史公自序》所载的司马谈之说，就反映了这一点。但在《史记·儒林列传》等处又将此派学说写为"黄老之术"，在《淮南子·要略》篇则称为"老庄之术"。先秦有没有这样的学派之名，则缺乏文献证实。儒墨或孔墨这类称呼见于先秦的著作，可知墨家之名在先秦就已经出现而与儒家相对而称。但未见到孔老这类相对而言的名称，这一学派的通名，在当时尚未与儒家对立而行。尽管如此，此一学派在战国末年就已存在则是事实，并在当时百家相争的思想界占有重要地位。故津田将老子以来的这一学派总称为道家。

既然如此定义道家，他又说明了自己的研究任务是考察道家思想如何出现于世，如何被继承、变化、展开的。如果道家是一个学派，则有师徒相嗣，前后相续以传递某种思想，此种思想也必会随着时代变迁而发生变化。这是人的思想必然产生的现象，据道家的老子和庄子比较，也可看出这一点。他又强调对这种变化进行思考时，要注意两点：一是此种思想的本身，二是作为其背景的现实生活。前者又分为思想之内的发展和思想之外的影响，后者又分为学者的个人生活和广大的社会生活。

思想内的发展，是指随着思想本身的展开，其思想会自行深入或扩充，若出现了新问题就要作出解释，这是思想内部的运动。思想外的影响则包括多种因素，如与其他学派思想及整个思想界的潮流之间的关系，同时存在若干学派之间相互产生的交流与联系，有意无意吸收采纳其他学派的学说，在与各种学派交流中产生的融和及不自觉地受到时代思潮的影响等。学者的个人生活及作为背景的社会生活，任何一个学说，都有这两种因素起作用，根据学者个人的不同及社会状况因时间推移而发生的变化，都会使某种学说发生变化。

总之，以上诸方面或能动、或被动地起着作用，又或一波引起一波，反响产生反响，使诸因素相互融合，由此就使一个学派的思想不断变化而展开下去。在现代，关于古代思想的典籍遗存既少，几乎不能清楚地知道学者的个人情况，社会生活也无法详知，因此要对古代中国思想的上述诸方面进行精细考索，就极为困难，甚至可以说是不可能的。

在此情况下，如欲研究中国古代思想，津田的方法是：一方面，对道家典籍所表现的种种思想，一一分析探究其中的意义，同时，分析其相互的关系，追溯其活动的方向，在其他方面，将它们置于其时代思想与现实生活的背景之前加以观察，然后再用历史发展的视角对这些思想及其背景进行整体观察。他相信,总会有某种思想,先存在于所要研究的这种思想之前,先有的思想诱发后来的思想,后来的思想继承先有的思想并对先有的思想有所发展,并在若干种此类思想的系列中,占有某种地位。津田相信,只有用这种办法考察一种思想,才能看出这种思想的真正意义和价值。要理解《老子》《庄子》所反映的思想之真意,就需要这种历史性的研究。对有着长久历史的道家的全部思想的内涵,也只有用这样的研究方法才能得到真正理解。这样的研究,其目的又在于阐明中国思想的性质、思维方式及其历史发展的路径,看出它与其他文化的不同特色。

津田又认为历史之流是贯通古今而不中断的连续之流,思想史不能与这种时代之流截然分开,任何一种思想,都与前代联结,又延伸到后一时代。另一方面,无论哪个时代,都是有一种思想作为主流思潮,同时存在着若干种思想作为支流,所以,时期的区分必须要研究清楚。无论道家、儒家还是其他思想流派,都可以按这种时代分期法进行研究。用这种方法来看道家,就可知道其思想的出现始于《老子》一书,时间在孟子之后不远。因此对《老子》及道家的研究,从年代上说,大致从前4世纪末至前1世纪中期为止。把老子放在孟子之后,与通常的传说相反。为了考察道家,必须先自典籍研究开始。

以上是津田研究老子与道家思想的指导思想及基本方法,其书又有《老子研究法》一篇,是此书初版之后(昭和八年,1933)专门撰写的文章。津田之所以要专门阐述《老子研究法》,主要是因为对武内的《老子》研究方法有不同看法,故专门说明应该如何研究《老子》,其中表现了非常精密的思维方法与研究思路,值得今天的学者了解和思考[①]。

(二)研究《老子》要寻求外部证据与内部证据

研究《老子》首先要弄清楚其书何时写成。《老子》的作者,据传说是老子,老子之名见于现存文献,始于《荀子》,其次是《庄子》中作于战国末年的篇章[②]及《吕氏春秋》等书。因为老子或老聃之名在这些书中有所记录,故可知在战国末年老子之名已闻于世,但《老子》之书何时撰写,据上述文献则不得而知。在《庄

---

[①] 见《津田左右吉全集》第13卷,第557—581页。
[②] 津田认为《庄子》是将战国末至汉初的道家著作编集起来的书。

子》诸篇中,有关于老子的种种故事,据此好像能知老子的时代,但道家思想常以故事即所谓寓言的形式来阐说,《庄子》诸篇即多为寓言,因此这些记述不能当作历史事实。《史记·老子传》也不可信,其记载不可认作事实。其中记录老子子孙系谱一节,出自特殊的史料,此一节记载从外观上看,似乎可以作为事实的记录,但这一事实如此完整存在而被世人所知,也有令人怀疑之处。因为同一部《老子传》所记录的老子究竟是老聃还是老莱子或周太史儋已不能明知,那么这就与如此清楚明白的老子子孙系谱绝不可能两立而并存,老子是何人已不能知,此既是当时的事实,则此一系谱明显难以令人信服。老子其家若一直延续到汉代,此事实却只见载于《史记》,其后则完全湮没不闻,相比之下,《孔子世家》所言孔子后裔,直至武帝时仍有安国及其子某某、其孙某某的明确记载,而《老子传》所记的老子裔孙,则仅至景帝时代,这也是奇怪的,若对此事强行辩解,无论如何也说不通。《史记·老子传》既有这种矛盾的记载,则不得不令人怀疑这一节或许本来不在《史记》原本中,乃是后人添加进来的。

津田认为,古代中国人缺乏判别史料真伪的准备与能力,他们的编著不过是将种种史料记载杂然列举或剪裁补缀,《史记》即是如此,因此其中存在这类矛盾亦不足怪,产生这种疑问也很正常。大概是某人为了某种目的而虚构的老子子孙系谱,司马迁则按通例无批判地加以采用,因此《史记·老子传》不可当作确实的老子传记。而另外又没有可以看作《老子传》的文献,故欲知《老子》的成书时代,在今天是完全不可能的。这就要另求他途以解释这一问题,即在《老子》书之内求其内在证据。津田就这样论定了探讨老子其书成书年代的方法,即不可据《史记·老子传》及《庄子》等书的资料,只能在《老子》书中寻找内在根据。

求其内证之前还必须解决一个问题,即现存《老子》是否是其原作原貌,若不是,则如何能知其原形? 这个问题是研究老子思想的先决问题,也应加以解决。因为现存《老子》文本中,存在着文字之误及次序错乱,又有后人增补、删除、添加、遗脱者。现存《老子》因版本不同又有许多文字变异,但这是《老子》产生之后出现的问题,津田关心的是:在后世的版本文字变异尚未产生之前的《老子》,在其当初写定之时的文本,是否是其书的原作原貌? 为考究此问题,必须根据"文本批判"。但在文本批判上,又有不少问题需要究明。人们通常使用的方法都是外在的方法。其一是据其他古籍中引用的《老子》之语与现存的文本进行对照,但是古籍所引文句未必完全符合原文，所以这种方法也甚为危险。因引用场合的不同，原文或有节略或有脱漏，将此种引文缀合为一，为不少考证家的通常方法，但极不可靠。古人引用其他书籍，多靠记忆，故引用之际及传写之间就会造成文字之误，遂使古典多有文字变异。所以在古典中只看引文就用来判断原书文本，并不是合理的方法。其二即把逸文看作原典之文，同样也很危险。因而，当引文与现存文本存有差异时，谁是正确的，并没有据以判断的标准。若是同一条引文在同一时代的多种古代典籍中多有引用，全都一致，才能确定这个引文是正确的，但这种情况甚为罕见。另外，引文本身即使是原文，但在中国典籍中也没有表示引文的标识，如今天的引号，因此难以知道引文的起讫，所以仍易产生误解。还有为了某种特定的目的而引用《老子》文句，也会有意无意地改动原书的文本。还有一种情况，即在引用或袭用时，根本不标明它的原文来源，这种情况也甚为多见。更重要的是有些引文，只从字面上看不出来它是不是出自《老子》而未标记《老子》之名。这也让人怀疑《老子》是不是也引用其他的书籍，不过只能存此怀疑而无外部的证据。要想解决这些问题，只有一个办法，就是判断这些引文作为《老子》中的语句是否与《老子》全书的思想内容一致。而要判断它们是否一致，可以根据思想本身及它的用语或表达方式，为此就要先把《老子》的思想及其用语和表达方法罗列出来，并弄清楚它们的关系。总之，为研究《老子》而要使用"文本批判"方法时，就必须考虑到如上的问题。

  至于《老子》中使用的语汇或语法及其中多见的押韵形式或声韵本身，因时代的不同而有所不同，要从语言史及音韵史上搞清楚，才可推知其时代的先后，然后，再来区分使用于较古时代的语汇及语法、声韵和时代较晚的语汇、语法和声韵。以前者为原作中固有的，以后者为后人补入的，但这一问题靠当时的音韵学研究成果还不能解决，直至今天的音韵学也不能对每个字及其音韵都确定无疑地断定其时代的先后，所以用这个方法来判断《老子》文本中的时代先后，仍是不可能完成的任务，故这一方法仍不可靠。武内重视《老子》文本的有无押韵，据此区别是不是原作，但津田认为武内根据什么以此作为区别的标准，则没有阐述清楚。《老子》中确实有较多的有韵之句，津田认为，如果认为只是有韵的句子存在于原作中，就要证明这一说法。至少必须说明，原作者既用有韵的句子又用无韵的句子乃是不合理或不可能的，但武内并没有证明这一点。而且还必须考虑到押韵是后人也能模仿的，或说是易于模仿的。如看《齐物论》就可知道，在《庄子》诸篇中也就处处有有韵之句的情况，假若取此类句子编入《老子》中，再用武内主张的有无押韵的方法进行区别，恐怕也不能辨别原作中的有韵之句和来自《庄子》的有韵之句。所以，要对有韵之句进行辨别（谁为原作，谁为后人补进的），标准就必须不能只据有无押韵而应另外寻求标准或证据。津田认为这种标准只能存在于其书的思想内容之中，所以武内主张的根据《老子》的文本有无押韵来区分是原本还是后人所补就不是可靠合理的方法，用这种方法研究《老子》也就没有意义了。

另外还要注意到，作为研究古代音韵的材料而用《老子》和对《老子》的文本批判而分析是否押韵，并不是一回事。《老子》在押韵之外还有其独特的表达方式，通过这种形式才能适当地表达其思想。其最重要的表达方法是逆说法，这在有韵之句与无韵之句中都有运用。《老子》中又有多种修辞法，如观念的突然转向，无关系的或相反观念的突兀结合，极端夸张，不用譬喻却用直叙等，此外还有语词重复、句子重复及同样的说法反复出现、使用对称语句等，在《老子》中也随处可见，这类修辞方法不适合平叙式、说明式的表达方式，而与警句相似。这些修辞技巧是在有规则地运用，已不单是修辞技巧，实是一种有意使用的表达方式。所以《老子》中的无韵之句，称之为散文也不恰当，而应看作使用特殊表达方式的句子。这样看来，有韵和无韵的差别就不那么重要了。不采用这种特殊表达方式的平叙、说明性的文章，才是真正的散文，这样的文体在《老子》中也随处可见，在判断《老子》中是否有后人补加的文句时，这是一个重要的因素。因为这种表达方式也是后人所能模仿的，所以，要以此为标准来判断《老子》中的文句原作或非原作，也难以成立。还必须注意，对表达方式的判断，不应脱离思想内容，这样才有价值。因为之所以采取这种表达方式，本是为了表达其独特思想，所以还是要以思想为判断的基础。因此，《老子》文本批判的主要标准，只能在思想本身之中，而不在文本的外在形式上，所以研究《老子》的根本问题是研究《老子》的本来思想。

现存《老子》所包含的思想中是否混入了原本《老子》本不存在的内容，其思考方法之一是与儒家、法家及其他学派的思想进行对照，看与这些学派相同的思想是否存在于现存《老子》中。若有这种相同的思想，就可推定其思想是后来混入的。但在对照分析时还应注意多种情况,即任何一个学派的思想也不是固定的,而是逐渐变化的,在中国思想中,其变化多是吸取其他学派的思想而产生,因此与《老子》相同的思想,在道家之外的各个学派的学说中也能看到,这可能意味着这些学派把本来属于《老子》的思想吸取到自己的思想中,而不一定是相反。特别是保存这些学派思想的典籍今日仍有遗存,稍早者在战国末年,更多的是于汉代述作编纂而成的,因此必须认识到这些典籍所记载的内容是其学派发展演变了几个阶段之后的思想。

《老子》与其他典籍有同样的语句,这就产生了本末关系。要判断《老子》是不是本,就要看与这种语句相比,属于相同精神的思想且有相同表达方式的语句在《老子》中还有没有或有多少。若在《老子》中确实还有不少这类语句,就不能怀疑这类语句是《老子》固有的。

另外,还要考虑《老子》成书之后的道家思想是否混进了《老子》。道家思想也是不断变化发展的,必须估计到已经发展变化了的思想是否混入了《老子》中。《论语》中的孔子之语,其中有不少是后世的儒家思想,这种情况可以类推。问题是如何查出这种后来混入的内容,为此就必须知道道家思想的发展历史。而要知道这种发展史,又要首先知道老子的思想是什么。这就存在着方法论上的矛盾,如同那个著名的悖论一样,是先有鸡还是先有蛋。实际上,研究的方法完全可以事先建立起来,至少作为方法论应该阐明。就《老子》研究的问题而言,一个主要方法是,在明确了道家的重要典籍的性质及其述作的时代之后,将这些典籍所说的内容与《老子》的语句进行对照,由此可以大体确定老子时代的思想是怎样的,然后就可据此判断相关的文句及其思想与这种原本思想的差别和关系。

道家思想的发展也会受到其他学派思想的影响,所以,为了掌握道家思想的变化,只考察道家思想是远远不够的。对于从先秦到汉代的所有的思想的发展及其相互关系,必须加以研究才能了解这一时期思想的整体发展与相互关系。因此,对于《老子》的文本批判,就应该与中国上古思想史全部内容关联起来进行研究。

但这样又会产生一个矛盾,即这样的思想史研究,首先就要把记述这些思想的诸多古代典籍的性质及其制作年代研究清楚,还要了解它们的原始形态及后来出现的添加、遗脱、混乱的轨迹。可是这样的古典研究本身,又要等待思想史的研究才能进行,这仍然是方法论上的根本矛盾。

但就古代典籍的文本批判而言,不能期望上述方法之外还有别的方法,在必须以思想本身为依据的情况下,这个矛盾作为方法论是难以避免的。这个矛盾在实际研究中会有各种考察角度而使矛盾有所缓和。

思想的发展有一定的顺序,又有一定的方向,对此是可以判定出来的。因而,在若干点上,如果能够看出它的顺序和方向,再以此为基础,就可推测思想整体的发展过程。这时又要注意到,中国的思维不是逻辑性的,因而思想的推移很少以逻辑性的发展为目标,即使如此,仍有其独特的思维方式,所以,能据此而在某种程度上追寻其思想发展变化的轨迹,从而能在某种程度上得知社会、政治及一般文化的历史变化,就能认识与之相伴的思想变化,作为思想在许多学派中有着共同性的时代风潮,和许多思想都有着相互的关联。既然如此,若能知道一个思想的发展过程,就能借此而摸索到其他思想的历史变化。

此外,典籍的述作时代,也不是必须等到全部的思想史研究之后才能考察,而是通过几个外部的证据就可知道,因此可以此为根据或线索而推测其他,这都会在某种程度上减轻上述方法论矛盾的困扰。以前专门进行考证的学者常见的一个失误,就是他们对所研究的典籍所处的时代在思想上默认为是一成不变的,且与其他典籍中的思想没有影响和关涉,因此就把对典籍文本的孤立解释作为学问的要道,故特别尊重文字记载的文献,其学术的关注点集中在典籍及文字的考证上,而这种考证往往会形成不可靠的结论,虽然表面上看起来引用了许多证据,推论也很有逻辑,但脱离了真实的历史背景及其诸多因素的影响,所以这种考证最终往往是不可靠的。这是值得今天的学者关注的一个问题。

(三)对《老子》本身内容的精察

对《老子》进行文本批判,要将《老子》与其他典籍进行对照,要考察其他学派思想与老子思想的关系,还要把道家和整个思想史研究关联起来。但不能忘记同时还要对《老子》本身进行批判研究。这包括对《老子》所说的内容一一地彻底考察,考察其间有无矛盾,在此基础上再看所说的内容与表达方式之间的关系。当然,要理解古代的思想,首先必须对相关的文本语句的意义一一进行解释,在此基础上才能理会道家的全部思想,并从更广的角度考察道家思想与古代中国全部思想之间的关联。为此,首先必须解释只有根据《老子》才能解释的内容,要做到这种解释，只有按照如下的办法：即对《老子》的文字本身，忠实地按照文字的原样来理解，并与《老子》中的语句交互参照，然后把由此而得到的解释作为全部考察的基础。

所以，津田强调对《老子》的全部思想及其精神，必须通过对其文本语句一一理解其意义，才能大体了解之，这是最重要的工作。而不少人对《老子》的解释的一大缺点，是将文本不存在的意义强加给《老子》，其根本错误就是不对《老子》原文忠实地一字一句地进行理解。津田强调必须不能再犯这种错误，要对《老子》原文忠实仔细地进行理解，找出其思想中没有龃龉矛盾的内容及属于后来派生衍生的内容，这样再来断定这种思想是不是《老子》中原有的内容。当然，事实是不是这样，还难以判断，但从现在的情况来说，只能以此种方法来理解《老子》的思想。

例如，"大道废有仁义"的思想，是与"道可道，非常道，名可名，非常名"有关联的思想，是一个同样的思想出于不同的立场分别来阐说的。之所以这样说，是根据如下的理解：大道即是常道，仁义则是名的一例，像仁义这样的名被建立，不是普遍的常恒大道，道若用一种名来述说，就不是真的道。这样的思想，是基于一种历史性观点来阐述的：这个真道在太古就运行了，所以才用这样的语句来述说这一思想。

"常名"之语的使用，有一定原因："名"是对于"道"而言的，这是为了表达的需要而使用的说法，在这样说的时候，就包含着"在道的无名之处，才有真道"这一思想。例如，在没有"仁义"之名的地方，才有真正的仁义，这种思想就产生于上述那种思想。《老子》书中并没有明说有"没有仁义之名的仁义"，但是有"若无孝慈才称为孝慈"的说法，因此可以类推出来。于是就可以知道《老子》有"言生于有名"的思想，这样也就可知"不言之教"的思想是来自同一种思考。因此，这些思想都必须看作《老子》的根本思想。

此外还要注意，若按现代人的逻辑方法，老子这种思想中也存在着矛盾，但当时的人就不一定会认为这里存在着矛盾。为此就要考虑到：古代中国人的思维是以与现代人的逻辑思维方式不同的一种特定方式展开的。

在古代中国人的思维中，某一用语用在两种意义上，也不一定表示在思想上有矛盾。如"道可道，非常道"的"道"，是人应守之道，是道义或政治的规范之义，而在"道生一,一生二,二生三,三生万物"中的"道"及说到"有物混成,先天地生"时所说的"道",则表示的是完全不同的意义;而"道生一"的"一"和"抱一""得一"的"一",又是不同的意义。但是,在读《老子》时,这种字义上的不一致,不能简单地看作相互不一致而有矛盾,而要考虑它为何采取这样的用法。

为此必须追究清楚:在中国人的思维方式及《老子》的特殊思考方法方面,某一词语从一个意义能不能转为其他的意义? 如果能如此转义,那么采取这种用法在《老子》的思想中就有重要的意义。

另外,上述的表达方式在《老子》中是特殊的方式,所以就要考虑它为何采取这样的形式,并由此理解采用这种方式的思想之真义。同时,如果这种方式与思想内容非常一致而无任何不合,那就可以解释为这是《老子》固有的语句和思想。

这种情况,如果将《老子》中属于逆说方式和警句方式的"五色令人目盲,五音令人耳聋,五味令人口爽"与《庄子·天地》篇中属于平叙和说明性的"五色乱目使目不明,五声乱耳使耳不聪,五味浊口使口厉爽"进行对照,就能看得更为清楚。同样的思想,但叙述和表达的方式不同,于是所表达出来的精神就有不同。可以说,这样的思想,只有采用《老子》那种表达方式才能产生出来。《老子》语句上的最大特色是逆说式和警句式,由此一例就可知道。如果这种解释可以成立的话,则可以知道《老子》的章句本来都很短小,可以说是断片式的文句。

当然,《老子》的语句并非全部都用逆说式和警句式,也有从正面述说其思想的句法,但主要还是采取逆说式和警句式的修辞法和表达方式,这与散文完全不同。因此,有些学者喜欢在典籍中追寻同样的文字和同样的用语,再将散见于各处的文字语句缀合起来,而解释说这就是《老子》的原文,这种方法与结论也是错误的。

将散见的字句缀合起来,其结果是说明式、平叙式的文章,失去了警句式语句的本色。另外,这样缀合起来的各个部分,实际上原有其各自独立的意义,其间似乎是有关系,但也只是因为它们都是类似的文字,而它们相互分离之后就很少再有聚合在一起的意义。例如,三十二章说"譬道之在天下,犹川谷之于江海",六十六章说"江海所以能为百谷王者,以其善下之,故能为百谷王",如果看到两处都有江海、川谷、百谷等类似的文字,就认为是可以连贯起来的文章,那就会出现问题。因为要考虑到,用语和文字用在不同的地方,是为了说明怎样的思想。在思考上两者之间没有任何联系，而是分别在说完全不同的事情。根据这样的分析思路，津田就认为王弼本的分章是不妥当的，将本来没有关系的几章集为一章，表明他忘记了《老子》文本的性质是断片式警句的集合。如果把《老子》看作道家的经典，认为它要述说某种道理，自会像王弼本分章那样的态度来处理《老子》的文本，这种情况始于汉代，发展到后来就更严重，把全部《老子》都当作了说明式、平叙式的文章，直到近代，学者们也没有摆脱这种误谬见解。

可以认为现存《老子》中有错简，有章句的混乱和重复，但也要看到，《老子》一书本来是断片式警句的集合，所以，同样的用语和类似的思想处处散见，可说是必然现象。如果非要整理它，而作如上王弼本分章那样的缀合，反而远离了《老子》的原形。另外这样的缀合，是只就现存的语句来处理的，这样做就没考虑到:《老子》中还有后人补入的内容，对此就应删除，而且还有原本在后代脱漏的文句，所以，采取这种缀合方法就有缺陷。津田批评缀合方法，也是针对武内而言的，因为武内的方法就是根据音韵区分文句的先后及原有和后补，再来重新缀合的。

若以声韵的关系来思考问题，而把本来集中起来而有意义的一节分开，反而会失去逆说的意义，破坏了警句形式，这种方法也是不正确的。整理混乱，纠正错简，删去后人的补入，这是最初的目的，但这样做必须理解《老子》特有的精神和表达方式。声韵不过是与思想内容没有关系的外在形式，不应以它为主。声韵可以作为一个方法，但它必须与思想内容及其表达方式结合起来才有意义和价值。

这样来思考问题，自然就能解释《老子》章句为什么会有各种混乱、重复及后来的窜入和遗脱等。这主要是因为它们本来就是断片式警句的集合。《老子》本来不是以一种完整系统的平叙式方式阐述某种思想的著作，虽然在根本上有其思想主旨，但它是时时用口头表达的那种警句的集合，所以，其传承无论是通过典籍的形式还是口诵和记忆，都会容易产生如下情况:语句本身一点点地变，同时新的东西不断会添加进来，这可以是有意无意中形成的，不能认为其中一旦有了某句就会固定不动。这种现象不限于《老子》，孔子之语中也有类似情况:虽是同样的意义，却一点点地改变了说法而传承下来。

奇警的说法会引起人们的兴趣，所以在笔写口诵之际，就会产生一种欲求:要对同样的事情用同样的说法加以补足。押韵也是同样，同韵之句，因为可由后人接续,自然容易出现这种接续,或在口诵之间而将无韵的句子改为有韵,这种情况也有可能出现。

这种情况又不限于某种固定形式的句子。一章之中如果多为有韵之句,大概因为其本来是警句性质的文句。警句的本质在于可以口诵,在构思之际,也是通过口诵而构成其句,因此,自会追求声韵的谐和,这是因为警句给人兴趣的同时,而由其语句产生一种悦耳感。《老子》的警句,是根据特殊思想而作成的,所以一定会被记录成文字作为典籍而传播。从古代中国文化的情况看,从有着这种特殊内容的情况看,通过口诵而帮助它的传播,应是完全可能的。这样形成的本文有着多种变异,成为各种异本而传承,但到一定的情况下,就会由人们把它们纂集为一,而成为传于后世的文本。就《老子》而言,这种情况可能就在战国末年至西汉初年。在这样的传承过程中,产生错简及在传承之间产生语句混乱,乃是必然现象,《老子》也不例外。所以《老子》书中就有这样的重复,同样的语句处处散见。而同样的思想用稍作改变的语句另加述说,则是少见的,这样做一定有其特殊的理由。不考虑到这种特殊性,而认为它与其他典籍相同,把这种错简和重复看作文本的错误,恐怕是不妥当的。

《老子》章句中有几处混乱和一些重复,这对了解《老子》思想不应有太大的妨碍。但在《老子》中混入了不应有的思想,则必须加以识别和排除,以使《老子》原作的真面目呈露出来。同时,还要弄明白:这些东西的混入出于什么原因及是在怎样的情况下混入《老子》的,这样才有助于追溯道家思想的变化及其发展轨迹,才能了解道家思想的历史和阐明《老子》思想的精神。

津田最后指出,日本学者研究中国思想,要注意两件事:第一,要摆脱中国考证学者的思考方法。中国考证学者关于古代典籍、文字、声韵的研究有不少成就,应予尊重,但这些研究是基于他们的思考方法而进行的,存在着局限。其局限在于思索问题时没有理论的素养,不能把思想作为思想来把握,完全不注意思想的历史发展,所以用他们的思考方法不能真正开展对于中国古代思想的正确研究。第二,必须摆脱依据欧洲思想看待中国思想的方法。六朝以后的中国人往往根据佛教思想解释《老子》,其余弊也影响到今天,这使有些学者形成一种习惯:根据近代以来欧洲人的哲学观念思考中国古代的思想。古代的中国思想,是从古代中国人的生活、政治、社会、文化等多种因素及由此产生的思想氛围中而形成的,是只属于中国的特有思想,所以,对这种思想的研究,必须以中国人特有的生活为基础。近代欧洲的学者,他们研究古代典籍的方法,当然有不少地方值得学习,但用他们固有的逻辑和思想是不能真正解释中国古代思想的。日本学者如果不从以上两个方面摆脱其影响,将会产生更大的错误。

　　武内和津田对《老子》及道家典籍和思想,都做了专深的研究,在研究方法上也各有所长,并且津田作为后继的研究而对武内的方法提出了批评,且做了细致的分析。从以上的介绍中,完全可以了解他们在研究态度和方法上的造诣。对比中国学者的相关研究,也许今天会发现其中的差别。所以今天介绍他们的研究方法,仍有借鉴作用。

# "中国迷"沃尔夫与虔敬派在教育观上的冲突[①]
## ——兼论儒家教育思想对早期德国启蒙思潮的影响

中国矿业大学(徐州)外文学院　陈　猛

近年来,中西文化交流史的研究逐渐受到重视,明清之际的西学东渐成为很多学者深入研究的对象,并且已经有一些重要的专著问世。相比之下,同一时代的中学西渐似乎相对较少引起人们的关注。而国内对德国汉学,特别是启蒙早期中国文化对德国影响的研究则更少。在这方面,相对而言,"莱布尼茨(Gottfried Wilhelm Leibniz,1646—1716)与中国"在国内还是较受关注的[②],而他的学生,著名的哲学家、数学家"克里斯蒂安·沃尔夫(Christian Wolff,1679—1754)与中国"

---

[①] 本文受中国矿业大学中央基本科研业务费项目资助,项目编号:JGW 101497。
[②] 参见 Wenchao Li und Hans Poser(hrsg.), *das Neueste ueber China*, *G.W.Leibnizens Novissima Sinica von 1697*, Stuttgart:Franz Steiner Verlag,2000。中文版见李文潮、H.波塞尔编:《莱布尼茨与中国——〈中国近事〉发表 300 周年国际学术讨论会论文集》,北京:科学出版社,2002。

这个课题受国内外学术界的关注则不够①。其中国内研究中学西渐的很多文章叙述过于宏大、过于概括,缺少国别性、细致性,缺少具体展现东西方知识、思潮对撞,又兼顾学科和学理的特点。因此本文试图在这方面做一些深入的研究。通过探究18世纪中国文化在德国的接受,一方面可以更好地响应当前我国文化走出去的政策,为当代的中学西渐提供思路和借鉴。本文倡导当代文化走出去的内容应该体现在"道",而不是在"器"上面。另一方面,通过沃尔夫哲学与中国儒家思想的比较研究,可以更好地探讨中国传统思想与德国古典哲学的高峰——康德哲学的关系,因为沃尔夫的理性思想对康德哲学的出现产生了非常大的影响。

### 一、沃尔夫和虔敬派之争的始末

1721年7月12日,沃尔夫担任哈勒大学副校长一职到期。按照欧洲高校当时的惯例,卸任者应该以学术报告的形式把职务正式交给其继任者。沃尔夫把自己演讲的题目定为《关于中国实践哲学的讲话》②(以下简称《讲话》)。在沃尔夫眼里,孔子创立的儒家思想集理性、道德、国家治理等于一体,影响了中国上至皇帝下至百姓近乎2000年,这足以证明没有神权,人类依靠自己理性的力量也可以建立一套完整的伦理、道德体系和国家统治模式。他还以为,世界上所有其他不相信上帝的民族都堕入偶像的崇拜,唯有中国人保持了自然所赋予人的力量;古老的中华文明和伦理哲学完全可以与基督教文化相媲美,甚至更优越,这也进一

---

① 目前国内有关沃尔夫研究的文献有:朱谦之的《中国哲学对欧洲的影响》,楼宇烈、张西平主编的《中外哲学交流史》,许明龙的《欧洲18世纪"中国热"》,印芝虹等编的《中德文化对话》第一卷,赵林的《莱布尼茨—沃尔夫体系与德国启蒙运动》,于建福的《儒家文化教育对欧洲近代文明的影响与启示》等都提及沃尔夫。国际上对沃尔夫与中国文化的研究也很少,比如劳端纳:《沃尔夫对中国的倾慕》(The Sinophilism of Christian Wolff, Journal of the History of Ideas);还有柏林自由大学的LEE, Eun-Jeung 女士的三篇文章:《沃尔夫和信奉儒教的中国》(Christian Wolff und der konfuzianische Staat Chinas),《政治思想史中的文化碰撞》(Interkulturelle Begegnung in der politischen Ideengeschichte),《沃尔夫,中国和儒家学说》(Christian Wolff, China und Konfuzianismus) 和一本书《反欧洲——早期启蒙以来儒学接受和儒家社会史》(Anti-Europa, die Geschichte der Rezeption des Konfuzianismus und der konfuzianischen Gesellschaft seit der fruehen Aufklaerung);李文潮:《关于自然神学的几个问题——莱布尼茨和沃尔夫》(Zur Frage der natuerlichen Theologie-Leibniz und Christian Wolff);G.佐勒、张书友:《古中之今——沃尔夫的〈中国实践哲学〉及其欧洲语境》;等等。
② Christian Wolff, Oratio de Sinarum philosophia practica / Rede ueber die praktische Philosophie der Chinesen , uebersetzt, eingeleitet und herausgegeben von Michael Albrecht, Hamburg: Felix Meiner Verlag, 1985.

步证明了欧洲社会完全有理由并且有希望依靠理性不断自我完善。除此外,沃尔夫还认为儒家的伦理道德观和他自己的观点非常相近,人类能够运用自己的理性区别罪与恶,道德并不像教会告诉人们的那样取决于上帝的昭示和宗教。这些观点都体现在沃尔夫的《讲话》之中。

这次演讲在当时的学术界引起了非同小可的影响,因为这个讲话借着中国无神论的例子宣扬了沃尔夫的理性主义哲学思想,这在当时宗教思想仍然在社会各个阶层占有主要地位的德国,特别是在虔敬派(Pietist)占主导地位的哈勒(Halle)大学,简直就是一个晴天霹雳。本是数学和物理学教授的他,在哲学方面的学术发展让哈勒大学神学系虔敬派的同事们感到了不安。因为这些虔敬主义者在沃尔夫的哲学学说中嗅到了理性主义的思潮,甚至认为他的思想接近于斯宾诺莎。对坚持把信仰与理性相割裂,认为上帝的本质是理性无法认识的、只能通过神秘的直观和虔诚的信仰才能领悟到的虔敬派来说,这个发现对他们无疑是一个极大的挑战。随着沃尔夫将其哲学思维扩展到伦理学和政治学领域,他和虔敬派之间的这种紧张关系和学术争辩达到了顶峰。

正是沃尔夫的此次演讲正式打响了他和虔敬派之间的战争。在这之后长达几十年的争吵辩论中,基督教虔敬派遭到了打击,而以沃尔夫为代表的哲学开始作为大学主导的学科慢慢建立起来。这场争辩也在一定程度上为德国启蒙运动的到来做了铺垫。其间,在虔敬派掌门人弗朗克(August Hermann Francke)和沃尔夫反对者朗格的指使下,1723年哈勒大学成立了审查小组,专门审查沃尔夫的书;在1725年11月8日,普鲁士国王腓特烈·威廉一世(Friedrich Wilhelm I)宣读了一项法令,免去沃尔夫的教授职位,勒令其在48小时之内离开他所执教的哈勒大学和普鲁士,否则将被处以极刑,理由是沃尔夫的著作和公开场合的演讲违背了自然和天启神学。18世纪30年代,启蒙的思潮在德国已经势不可当。1735年,哈勒大学新成立了一个委员会,重新审查当年沃尔夫和虔敬派的争论,调查结果不言而喻,第二年沃尔夫恢复了在哈勒大学的所有职位和声誉。1740年,沃尔夫在万人的欢呼声中回到了哈勒大学,在那里他一直待到1755年去世。

沃尔夫在他的《讲话》中不仅涉及了伦理学、政治学、心理学,而且还有教育学的内容。他在《讲话》中大肆宣扬中国的"小学"和"大学"教育,丝毫不顾及当时在场听他报告的哈勒大学神学系同事的感受,因为这些神学系同事信奉的是虔敬主义教育理念。在他们看来,沃尔夫从当时传教士翻译到欧洲的中国经典中学到的东西是无神论,是在亵渎上帝。

## 二、虔敬派的教育思想

### (一)弗朗克的教育机构及他的神学使命

路德宗教改革后,基督教新教在发展过程中分裂为正统主义(Orthodoxie)和虔敬主义(Pietismus)两个派别[①]。斯彭内尔(Jacob Spener,1635—1705)是虔敬主义的创始人;而弗朗克(August Hermann Francke,1663—1727)则进一步在实践组织中促进了虔敬主义的发展和壮大。从 1695 年开始,弗朗克一边在他的哈勒附近的牧区教授小孩子神学,一边在这里建立起了穷人和平民学校,还有孤儿院;随后这种建立学校的活动拓展到了哈勒。弗朗克将上面提到的学校跟孤儿院有机地组合到了一起,组成了一个有组织及日益强大的教育机构。不到 3 年的时间,这所机构就成了哈勒地区唯一的一个神学教育组织[②]。而当时哈勒大学神学系也基本上全部被虔敬主义者把持着。弗朗克计划把哈勒大学和孤儿院学校机构,建设成世界范围内,以实践虔诚信仰为基础的普遍宗教改革的总部。虔敬派想在世界范围内传播他们的神学思想,即去其他国家传教,目的是通过全世界人类皈依基督教来摆脱他们的罪恶。哈勒大学将为这项艰巨的任务培养牧师和神父,而虔敬派教育机构则可以为在大学学习神学、以后将成为牧师的大学生们提供实习和学习的场所,让他们在课堂上能够得到锻炼。

### (二)虔敬主义及其教育思想

对虔敬主义来说,个人内心对上帝无限的虔诚才是最重要的。这种虔诚是通过基督徒的一种再生的体验实现的,它由刚开始的"神灵的感动"(goettliche Ruehrung)、"忏悔斗争"(Buß-Kampf)到"新的再造物的诞生痛苦"(Geburtsschmerz der neuen Kreatur)再到"宽恕"(Stand der Gnade)[③]。现实世界中的人被截然分为两

---

[①] 关于虔敬主义参见 Johannes Wallmann, *Kirchengeschichte Deutschlands seit der Reformation*, 7. Auflage, Tuebingen: Mohr Siebeck, 2012, S.123-171。

[②] 参见 Juliane Dittrich-Jacobi, *Pietismus und Paedagogik im Konstitutionsprozess der buergerlichen Gesellschaft: historisch-systematische Untersuchung der Paedagogik August Hermann Franckes(1663-1727)*, Postprints der Universitaet Potsdam, Humanwissenschaftliche Reihe 219。

[③] Martin Brecht, *Pietismus vom siebzehnten bis zum fruehen achtzehnten Jahrhundert*, Goettingen 1993, S.463。

类：一类是上帝的孩子，也就是基督徒；另一类是世俗世界的孩子，也就是非基督徒。在他们看来，信奉基督教的上帝的孩子只是一小部分。正因为如此，人们应该摒弃现实世界中的享受和对荣华富贵、权力仕途的追求，把主要精力集中在自己的内心跟上帝的关系上来，应该学会遵从上帝的意愿，做一个没有个人主观意志想法、顺从上帝指示的笃信的基督徒。

  虔敬主义还认为人天生都是有罪的，人的本质是恶的，是堕落腐朽的。因此，应该从小孩子抓起，坚决抵制小孩子的诉求和主观意志。小孩子不应该产生自己的想法，而应该通过皈依基督教让其成为一个"新人"。通过这种宗教皈依，小孩子完全改变了自己跟上帝、自己跟自己及自己跟世界的关系。一个真正的虔敬教徒的生活重心，是围绕在自己对上帝的主观感知上的，其他的事情对他来说都是次要的，但并不是不重要的。这种皈依在虔敬派看来只有上帝才能完成；人不能使自己或者别人皈依基督教，而只能帮助自己或别人做皈依的准备，虔敬主义认为教育的意义就在于此。这种教育的最主要目标是促使学生产生一种宗教的神秘顿悟体验，为此上述提到的弗朗克的教育机构采取了下面的措施：阻断小孩子自己天生的意愿；基督教教义必须"随着母乳"被灌输到孩子体内①；强制性的体力劳动②（这样一方面可以为学生今后的社会工作打下基础，同时可以为弗朗克的教育机构减少开支；另一方面，借此可以避免学生的懒惰和对世俗世界享乐的追求）；教育机构所在地为偏僻的市郊，而且四周有围墙圈住，可以有效避免学生跟外部世界的接触。③

  这种教育的任务主要体现在两个方面：宗教虔信的教育和基督教的聪慧教育。第二种教育方式指的是科学知识的学习和实践行为方式的训练；它是针对社会所有阶层的孩子，其目的是让学生更好地为周围人服务和显示对上帝的尊崇④。虽然如此，后一种教育方式是服从于前一种的。因为科学和实践教育并不

---

① August Hermann Francke, *August Hermann Franckes Schrift über eine Reform des Erziehungs-und Bildungswesens als Ausgangspunkt einer geistlichen und sozialen Neuordnung der Evangelischen Kirche des 18. Jahrhunderts: der Grosse Aufsatz*, 1704, mit einer quellenkundlichen Einführung. Hrsg. v. Otto Podczeck. Berlin. Akademie 1962, pp.15, 17.
② 弗朗克的教育机构中包括了很多实业，诸如出版社、印刷厂、书店和药店。除此外，还有牲口圈棚、厨房、花园和手工车间等，后者这些一般都是由孤儿和社会下层出身的孩子负责。
③ Knut Germar, "der Schinder von Glaucha," in *Bonjour Tristesse*, Nr.11, 2010(3).
④ Knut Germar, "der Schinder von Glaucha," in *Bonjour Tristesse*, Nr.11, 2010(3), p.44.

是虔敬主义教育思想的本来目的,他们这样做并不是想培养研究型、搞学问的学生,让他们在科学的各个方面获得知识,而只是想让学生变得聪慧而去除愚钝。以弗朗克为首的虔敬派并不认同当时欧洲和德国的启蒙思想,不相信通过对人的理性全面而深入的教育,可以对人的道德伦理产生积极的影响。弗朗克只是想通过经验知识的教授来让学生避免犯错、做错事,从而最终为宗教虔诚教育服务。

因此,在弗朗克的教育机构中,学生学习的主要内容还是基督教神学,认真阅读和研究《圣经》就成了对虔敬派来说最重要的宗教信仰活动,也是弗朗克孤儿院和贫民孩子学校里的基本原则。除此外,学生每天还要定时祈祷,每周日要去教堂礼拜。他们也会上一些数学课、天文学课和地理课等,但这些在弗朗克看来,都是学生学习神学之外的一种消遣和补充。学生学习上课都受到老师的严格监视,一些跟宗教课程无关的,用于世俗世界的玩耍娱乐项目,比如小说、戏剧、跳舞、喝酒和爱情故事等在这里都是遭到严格禁止的。

通过上述的描述,我们可以非常清楚地看出,虔敬派教育机构里教育的目的是让学生摆脱所谓天生的罪恶和世俗的诱惑,在信仰上帝的活动中获得一种神秘的再生的体验,进而更加虔诚信教。学生的学习主要还是研习《圣经》,并为以后成为牧师进行传教做准备,即使是伦理道德的学习也都是限制在基督教神学的范围内。在这种环境和氛围中,学生的生活学习活动是有意背离现实世界的,个人意志是绝对服从上帝意志的。虽然学生还有其他的文化课,学生主体的理智和理性在一定程度上可以得到锻炼和体现,但是基督上帝的启示真理的地位始终是远远高于个人理性真理的。

## 三、沃尔夫所倡导的古代中国教育观

(一)沃尔夫获得中国知识的来源

沃尔夫在 1721 年宣读自己的《讲话》时宣称,当时只知道卫方济(François Noël,1651—1729)1711 年在布拉格出版的《中国六经》①。所以这部书成了他当时《讲话》中有关中国知识的唯一来源。除"四书"外,这部著作还收录了《孝经》

---

① François Noël, *Sinensis Imperii libri classici sex, nimirum Adultorum Schola, Immutabile Medium, Liber Sententiarum, Memcius, Filialis Observantia, Parvulorum Schola, e Sinico idiomate in latinum traducti a P. Francisco Noel, Societatis Jesu missionario*, Prag (Kamenicky) 1711.

和朱熹的《小学》。这部《中国六经》朴素无华,除 5 页前言、20 页目录兼索引和两页刊印误外,就是长达 608 页的译文。其出版过程好像也很平淡,问世后似乎只有沃尔夫在莱比锡的《学者杂志》上发表过一篇详细报道(1712 年 3 月,第 123—128 页;同年 5 月,第 225—229 页)①。卫方济的译本以朱熹的著作为蓝本,在翻译的过程中他并不是一字一句完全忠实于原文,而是采取了一种使欧洲人能够接受的行文方式,并且在译文中加进了很多自己的主观理解②。他翻译中国经典的本意是想让欧洲人更容易理解中国人的思想③。

(二)沃尔夫论"小学"和"大学"

沃尔夫在自己 1721 年的《讲话》中专门提起了中国古代的两级学校形式,极力赞扬了中国古代的教育模式。人们有理由相信,他在此是专门为了影射虔敬派弗朗克教育机构中的宗教教育模式(见文章下部分)。下面我们先简要介绍一下沃尔夫在《讲话》中对中国古代学校的论述,然后对其进行简要的评价。

沃尔夫认为,在古代中国到处都存在着两级分类的学校形式:一级是与人的灵魂下层部分紧密联系在一起的小学;另一级是跟人的灵魂上层部分相关的大学。沃尔夫在《讲话》中还提到,8 到 15 岁的孩子上的是小学,因为这个年纪的孩童还没有能力自主使用自己的理性,所以他们的言行举止必须依靠感性来施加影响。超过 15 岁的学生才有资格上大学,因为在大学里可以通过练习使用理性,使其思想更加完善。正是由于这个原因,所有 8 到 15 岁的孩子,不论是皇室、达官贵族,还是普通老百姓的孩子都可以上小学;而上大学的只能是皇室贵族的后裔,或者是老百姓孩子中天资较高且较勤奋的。

沃尔夫还认为:在小学教育阶段,学生主要学习良好的礼节和习惯;但是这些

---

① 1700 年左右在欧洲本土爆发、长达数十年之久的所谓的"礼仪之争"明显妨碍了这一著作的传播,同时也间接说明了欧洲对儒家学说的兴趣此时已经开始逐渐降温。孟德卫认为,或许是因为当时耶稣会担心宣传这个译本会带来不良的后果,毕竟卫方济的著作中隐含着再次引发中国礼仪之争的成分,还因为欧洲汉学界在卫方济之后,对"四书"的不同版本不再持认可态度,虽然《中国六经》是继《中国哲学家孔子》以来最好的译本,至今却很少受到重视。雷慕沙(Jean Pierre Abel Rémusat,1788—1832)曾经评论卫方济的翻译不但翻译文本,还选择翻译部分注释,对儒家学说翻译得比较完备;但同时他也批评道,作者在翻译时遇到不明白的地方就自己加以解释,这样就会出现误解。
② Wolff 1985,XXVI。
③ Ibid.

业已养成的良好的行为方式，如果不是建立在尊敬长辈或者主人的基础之上，它就不会长久地保持下去；因此，在小学学到的知识对长大以后将会统治国家和不善于、不情愿顺从别人的两种学生来说都是不够的。因为统治一个国家的人没有更高的可以给自己下命令的人了；而第二种人可能会更愿意随心所欲，而不是去听从另外一个人的指使。

在说到大学的时候，沃尔夫说：因为在大学教育阶段，学生会学到如何自己控制自己，自发地去做一些会得到表扬的事情，而摒弃一些会招来唾骂的行为。由此，大学的教育其实只适合于两种人：一种是将来统治别人而不会受其他任何人统治的人；另一种是虽然受别人的统治，但是却心甘情愿领会和认可统治者规定的人。相反，那些天生就适合做侍从的人就不被允许上大学，因为他们要么天生愚笨，理解不了统治者做出的规定，进而不能按照上述的规定去做事；要么就是在别人的统治之下，根本没有学习遵守规定的必要，因为他们天生就乐于遵命顺服。沃尔夫认为，所有中国人的努力，都是为了建立一个好的政府领导，为了在这个秩序鲜明的国家每个人都能够幸福地生活。

关于中国的古代学校，沃尔夫最后说：因此，在小学阶段主要是培训学生听话顺从，而大学阶段主要是为统治领导做准备。这样教育的结果，就是天生就适合做仆人的人会主动听从主人的嘱咐；领导者、掌权者就只会颁布对大众有益的法令，而且还要为臣民做出榜样；这样的统治者的臣子中，有理智的人就不会违背领导者的意图。在这个意义上，小学阶段人们重视的是对父母、长者和达官贵人的敬畏，学生们必须学会谦虚和恭顺；在大学，学生们学习认识事物背后的道理和管理别人和自己的规则。在两个不同阶段的学校，学生都可以学到对今后生活有用的东西；在这两种不同的学校，学生一方面力争理解他们应该搞懂的学习内容，另一方面，他们还竭尽全力，勤奋地把他们理解和掌握的知识通过自己的行动体现出来。

（三）沃尔夫《讲话》中体现的中国古代教育思想

从沃尔夫上面对中国古代两级学校制度的描述中，我们可以清楚地看到：他首先对小学和大学两种学校从准入学学生的年纪、学生家庭的社会等级和学校培养的不同目标进行了区分，这里体现了古代中国的教育不是局限于贵族和官僚阶层的"教育公平"思想。然后沃尔夫专门阐述了小学教育的功能及它的局限。小学的不足,大学可以通过其对人的理智的专门培训来克服。紧接着,沃尔夫还指出了这样的大学教育适合什么样的人群,而应该排除什么样的人群,此处则揭示了"因材施教"的教育思想。最后沃尔夫再次总结了小学和大学的教育功能,描绘了这样的教育所能够带来的和谐美满的社会图景,这体现了我国古代"教育服务于现实生活和政治"的思想。我国传统的教育中确实存在过小学教育和大学教育之分,它可以追溯到夏、商、周三朝,当时的教学内容与教育方法已相当完备,而且对这两种学校阶段学生的家庭社会阶层做了仔细的区分。朱熹等儒学家特别强调"小学"中的"成人"这一教育功能,原因是首先他们认识到,"小学"这一阶段正是一个人从自然状态向社会角色自觉转变的重要时期,"成人"的教育理念有利于促进此种转变的发生;其次,当一个人"成了人",领会了社会角色的自觉承担,具有了做人的最基本信念与准则之后,学习知识与技能、发展理性,他才会朝着健康的方向成长。①

总体说来,沃尔夫对中国古代学校的分析充满了理性逻辑的思辨,认可了中国古代教育根据学生年龄的不同而采取不同的教育方式,重点强调了大学教育对人的理性的突出及这种把理性作为教育重心的理念对政治所发挥的积极作用。此外我们还可以看出,沃尔夫有关中国传统教育的上述论述虽然不是非常全面,但是确实简要,而且相对准确地概括出了古代新儒学的核心,即宋明理学中强调人不依靠上帝,凭借自己的理性能力就可以独立成为道德主体的思想。

## 四、结语

比较一下沃尔夫《讲话》中宣扬的中国古代教育理念和虔敬派弗朗克教育机构里的教育模式,我们就不难发现两者之间存在的巨大差异:虔敬派的教育理念虽然在一定程度上承认人的理智能力,但是他们认为,对人的教化,更深层次的对整个社会乃至世界的拯救,让人类摆脱自身罪恶及其恶果的最好办法还是通过宗教,具体地说就是其虔敬派神学;而沃尔夫《讲话》中表扬的中国教育思想则不依靠神学和宗教的力量,完全没有上帝的启示真理和力量,它相信人类凭借自己的

---

① 参见〔宋〕朱熹:《大学章句》,《四书章句集注》,北京:中华书局,2011年,第2页;冯达文:《简论朱熹之"小学"教育理念》,《中国哲学史》1999年第4期;〔宋〕朱熹:《小学译注》,刘文刚译注,成都:四川大学出版社,1995年。

理性就可以教育自己，拯救自己，创建没有上帝参与的道德伦理机制，建立完美和谐的人类社会生活。前者是否定人的力量，与对实际生活幸福的追求为敌，倡导的是出世，其教育的目的在于培养教徒信仰上帝的虔诚性；后者是赞扬人的力量，致力于现实生活的美满，倡导的是入世，教育的目的在于让现世的人们获得幸福。虔敬派把教育的对象按照信仰的虔诚度分为上帝的孩子和世俗世界的孩子，注重的不是因材施教；而沃尔夫倡导的古代中国教育观则按照学生的理性发展程度决定哪些学生可以上"大学"，哪些只能上"小学"。

沃尔夫在《讲话》中有关中国古代教育的话题，主要是为了证明中国人不依靠上帝，使用人类的理性就可以构建完美的道德体系和建设和谐的现实生活。基于上面两者教育观的对比，我们还可以看出，一方面，沃尔夫的中国教育话题影射了对虔敬派教育模式的挑战和否定，暗含了对否定人类理性的宗教的背离，也同时拉开了德国启蒙思潮的序幕；另一方面，它也暗含了对虔敬派在世界范围内进行传教的否定，因为中国的例子已经可以完全证明，人完全依靠自己就可以达到道德的完满，传教已经变得没有任何意义了。

上述两种教育理念的反差，很明显构成了沃尔夫和虔敬派之争的原因之一，也可以帮助我们更好地理解德国启蒙思潮前期这两派之间深层次的思想碰撞。这样，至少从教育理念之争的角度，我们完全可以证明，中国宋明儒学思想对以沃尔夫为代表的哲学派与宗教虔敬派之争及德国启蒙思潮的产生都起到了至关重要的作用。

# 早期传教士汉学对中国民俗的辑录和研究

## ——以法国来华耶稣会士为例

山东大学外国语学院法语系　卢梦雅

民俗源自英语的 folklore，本意是民众的知识，即人们习以为常、不断创造并经久传承着的生活习惯和文化。如民间信仰、鬼神巫术、祭祀仪式、神话传说、婚丧嫁娶、伦理习俗，都是民俗学探讨的对象。19 世纪初，工业革命的滚滚大潮摧毁着传统社会和传统文化，新兴资产阶级国家的社会文化和风俗习惯与过去以农牧业为主的封建社会的形态有着很大的差异，激起了欧洲知识界保护民间传统的热情，也引起不少学者产生从科学上给予解释的要求。1846 年，英国稽古学者汤姆斯提出"民俗学"一词来概括这门学科。

在我国产生民俗学学科以前，历代史书、典志、地方志及学者诗文、笔记等文献中积累了大量民俗资料。五四运动以来，顾颉刚、胡适等北大教授发起了民俗学运动，创立了中国现代民俗学，进行了大量的风俗调查，征集了歌谣等民间文艺并发表了大量的风俗研究文章，继承了西方民俗学的主要研究方法，并通过近代学者的努力，建立起现代民俗学的研究范式并逐步发展起来。

然而除历代文人和近代学者对中国民俗进行辑录外，还有一个特殊群体亦在关注着中国的民间文化——那就是不远万里来到中国，传播上帝福音的西方传教士，他们在我国近代民俗学运动以前，已经按照现代民俗学的范式在中国各地搜集、记录和研究民俗了。这些传教士为了解中国人的精神世界，除翻译、研读中国儒家典籍外,还对中国的传统宗教、民间信仰乃至民间风俗,如民间宗教、鬼神巫术、祭祀祖先、天地崇拜、神话传说、节日仪式、风俗习惯等进行了详尽的调查和研究。可以说,近代意义上的中国民俗学研究,是从明清入华传教士的大规模考察和著述工作开始的,早于中国近代民俗运动 200 年之久。

但是中国学者在考察和介绍西方汉学包括法国汉学时,往往忽视了明清传教士在民俗学方面的成果;并且迄今为止,中国民俗学学者在追溯中国民俗学史时,也未见对早期西方汉学中对中国民俗的辑录和研究进行观照。因此,这一段历史的钩稽和研究,无论对于民俗学学科的自我认识,还是对于中西文化交流的研究,都具有重要的学术意义。

## 一、首批法国籍来华耶稣会士的"中国印象"及民俗记录

耶稣会为迎接路德新教挑战而成立,宗旨便是面向海外传教、致力于复兴天主教。耶稣会是最早进入中国的天主教修会,最主要的任务是教育与传教,其成员都受到过比较高的教育,有些来中国之前已经是有名的专家。从整体上来看,他们对中国的考察之细致、研究之深入、著述之宏富,也是其他西方各国、各时期来华传教士难以望其项背的。

在法国还未向中国派遣耶稣会士之前,葡萄牙派来的耶稣会士中就已经有法国籍传教士来中国进行短暂的游历并对中国民俗撰有著述了①。罗德(Alexandre de Rhodes,1591—1660)②便是明代被派往东方的法国籍耶稣会士之一,于 1623 年在中国逗留了一年的时间,游历了北京、南京、杭州、澳门等地,在中国乐不思蜀:

> 我都忘了面包的滋味,倒犯愁没有米饭该怎办。……那里的大米比我们的好得多……对米饭的重视至于进餐的时候都要说吃"饭",这个"饭"就是指米饭。他们不像我们一样喝生水,说是否则会生病……不过在东方的三十年里我确实没听说谁得痛风、肾结石,当然也可能与这里的空气和肉食质量

---

① 葡萄牙当时享有在远东的"保教权",欧洲的传教士要到中国传教,首先必须获得葡萄牙国王的许可,早期来华耶稣会士均是受葡萄牙耶稣会传道部派遣的。
② 罗德神父中文名为罗历山,是出身法国的耶稣会传教士,于 17 世纪初远赴当时的交趾支那进行天主教的传教任务。

有关系。①

罗德来华之时还是明末葡萄牙控制在华耶稣会活动时期,到了17世纪末,时移世易,最早称霸海上的葡萄牙走向衰落,雄心勃勃的路易十四迫不及待地想要扩大法国在世界上的影响,于是罗马教皇转为支持由后起的法国向中国派遣传教士。法国是以天主教为主的国家,耶稣会的势力强大,1666年皇家科学院的成立使法国更加具备了中国皇帝所需要的科技和学术要求,这一切使得法国耶稣会士成为中西汇通的新主角。于是康熙年间清廷出现了人称"国王数学家"的一批路易十四派出的传教士学者,这就是法国耶稣会第一批来华传教士。他们将西方的近代科学技术传授给中国朝廷,又著写了大量报告,将中国传统文化西传。

法国耶稣会士一经来华,便千方百计地深入朝廷和上流社会,希望塑造国王及贵族以自上而下地影响整个国家,然而民众知识的力量是强大和不容忽视的,因此亦可在他们的著述中得见对中国民间俗事的关注和记录。白晋(Joachim Bouvet,1656—1730)②在著名的《古今敬天鉴》一书中从中国已有的文献出发,来寻找天主的"自然启示"。虽然其传教策略以走上层路线为主,但并非不关心普遍百姓的信仰,相反他通过研究民间俗语,企图把天主教信仰渗透进平民生活。本书的下卷中引用了大量与"天"有关的俗语:"头上有老天爷作主""老天爷看的真真的""人千算计,万算计,当不得老天爷一算计""没良心的人,老天爷不容他"等。这些民俗民谚,与士俗、经文互证,形式有趣,旨在证明无论雅俗,天主教理都贯串于其中,说明百姓是不可忽视的教化对象,民间信仰是重要的教理依据。

著有《中国近事报道》(Nouveaux mémoires sur l'état présent de la Chine,1687—1692,Paris)的李明(Louis Le Comte,1655—1728)③,将14封致当时国内要人的长信附以精美的插图集册成书,通过其个人5年多的游历,对中国进行了全方位的

---

① 1854年在巴黎出版的一位耶稣会士撰写的《罗德神父在中国和其他东方王国的旅行和传教》(Voyage et mission du père Alexandre de Rhodes de la compagnie de Jésus en la Chine et autres royaumes de l'Orient)中,有五分之一的篇幅展示了在中国的见闻。
② 白晋,字明远,法国籍耶稣会士,1687年来华,是主张将中国固有传统与《圣经》相结合的所谓"索隐派"的创始人之一,他的研究本意是认为可以借助中国人自己的口头谣谚、传说故事和迷信崇拜来让他们明白救世主的存在及《圣经》的教义,其著述多为论证其观点。
③ 李明,字复初,法国籍耶稣会士,本为贵家子弟,擅长数学研究,喜好天文、地理与博物学,于1688年抵京。

介绍。书中谈到日食、月食发生时,老百姓想象:

> 天上有一条无比巨大的龙,是太阳和月亮不共戴天的仇人,要把太阳和月亮吞噬。因此,每当人们发现日食和月食开始,他们就会敲鼓击铜盆,发出惊天动地的响声……直到天上的怪物慑于声响松嘴为止。

对于中国妇女裹足习俗,李明写道:

> 最使她们与世界上所有女人不同的……是她们的小脚。女孩一降生,就被精心地把脚紧紧捆扎起来,以免长大……她们用金线、银线和丝线绣的缎子小鞋真是一尘不染。

李明时常加入自己细微的观察:"脚虽小,她们走路时却总是设法露出来。"在介绍中国人的婚姻观念和婚嫁仪式时说道:

> 女方父母都要给媒婆一定好处,好让她们美化自己的女儿……因为中国男人都是买老婆,就像其他商品一样,质量好坏不同,价格也高低有别。……婚期到了,新娘坐着精美华丽的大轿,前面唢呐笙箫,鸣锣敲鼓,后面亲戚朋友一路簇拥。新娘随身带的只有婚衣、饰物和父亲送她的家具……新郎新娘均是第一次见面……。每家只有一位合法妻子,但男人可以随心所欲地纳妾;孩子们都被视为正妻所出,都有继承权。

李明还谈到与西方习俗的差异:

> ……我们欧洲人与中国人的习俗截然不同……在这一点上更有节制……他们说,凡事都有不足之处,哪儿都会出乱子,一个妻子说不定比几位老婆麻烦更多,最好的办法是一个也不要。①

李明笔触幽默、绘声绘色,不仅有力地激发了西方人对中国文化的兴趣,也使欧洲人在其文章中发现自己并非世界上仅有的文明人,从而使欧洲人的风俗文化中心论发生了动摇。

作为"国王数学家"一同来华的刘应(Claude de Visdelou,1656—1737)②和张诚(Jean-François Gerbillon,1654—1772)③两位神父不但关注民间情况,更是走出

---

① [法]李明:《中国近事报道》,郭强等译,郑州:大象出版社,2004年。
② 刘应,字声闻,法国籍耶稣会士,1687年至1709年来华,文学、数学方面均见长,后为贵州代主教,曾献金鸡纳霜治好康熙皇帝的疟疾。
③ 张诚,字实斋,原为法国科学院院士,1700年担任法国耶稣会在华第一任总会长,参与了《尼布楚条约》的签订谈判并作为译员起了决定作用。

宫廷远赴中国边疆,在其所著书卷中我们可以尽览满、蒙古等少数民族的民俗情况。刘应著有《鞑靼史》(*Histoire de la Tartarie*,1780)四卷,汇集了中国史书有关匈奴、鞑靼、蒙古、突厥等史料,讲述其宗教礼俗、战争、朝代更易等,刊于《东方文库》(*Bibliothèque orientale*,1697,Paris)中。张诚以 1668—1689 年间陪同康熙 8 次行至外蒙古、东蒙古等地的实地考察,撰写了《鞑靼纪行》(*Relations du huit Voyages dans la Grande Tartarie*),以日记的形式忠实记录了生活在这个地区的满、蒙古、回等少数民族的情况。例如他关注到鞑靼人作为游牧民族的特殊饮食:

> 夏天吃驼马、牛和黄羊的奶,加上一点用牲畜从中国换来的粗茶。冬天牲畜没有奶,一整天喝两次茶汤,吃一两块鸡蛋大小晒干或烤干的肉;也用酸奶酿造一种味道不佳但浓烈的酒。……鞑靼人的习俗是把各种禽兽的肉在太阳下晒干并保存起来,一般人在野外吃的主要是这种肉干。

张诚对鞑靼人的评价是:

> 喀尔喀鞑靼人……惧怕俄罗斯人……退入中国的疆界……过着一种极其懒惰与闲散的生活……一年到头除了饲养牲口、捕猎野兽……余下的时间都待在破烂的毡包里,既不读书,也不游戏,更不会干别的生计。

可以看出这种评价还是带有开化民族对野蛮民族的居高临下的口气的。他还注意到老虎对于鞑靼人的意义:

> 按此地习俗须将虎骨和虎头埋葬,注意将它的头骨朝北……这是出于对这种猛兽的敬畏……犹如对待一个职位不小的官员。……虎胃据说是医治呕吐极有效的药……虎关节据说可以医治人腿虚软,虎椎也可入药。①

《鞑靼纪行》被编入杜赫德(Jean-Baptiste du Halde,1674—1743)②的《中华帝国全志》③第四卷中。可惜的是已有的中译本④没能全面或忠实地翻译该书,忽略

---

① Du Halde,*Description de l'empire de la Chine*,P.G.Le Mercier,1735.
② 杜赫德,法国籍耶稣会士,曾在巴黎书院任教。继巴黎耶稣会总会长哥比安之后,1711 年至 1743 年间《通信集》的出版工作是由杜赫德神父主持的。
③ 全名为《中华帝国及其所属鞑靼地区的地理、历史、编年纪、政治和博物》(*Description géographique, historique, chronologique, politique, et physique de l'empire de la Chine et de la Tartarie chinoise*),1735 年在巴黎出版。
④ 如《耶稣会士张诚:路易十四派往中国的五位数学家之一》中的译文为第三人称的概述方式选译,而《张诚日记》([法]张诚著,陈霞飞译,商务印书馆,1973 年)则仅译了其中关于《尼布楚条约》签订时的第二次旅行。

了很多在民俗学学科看来颇有意义的内容,而这些记录对清代满、蒙古地区的民族历史和民俗资料补充有重要意义。

早期来华的法国耶稣会士的人数不多,活动范围也限于王室贵族之间,对民俗事项的关注往往是捎带性的,被其宗教性、历史性、地理性的著述所掩盖。进入18世纪,随着法国派遣的耶稣会士的增多,教区范围的增大,对中国民俗的关注从捎带性的记录日渐发展为集中考察、深入研究,甚至开始译介书面的有关文献。

## 二、18世纪与欧洲的大量通信及引发的中国民俗风潮

由于耶稣会要求会士必须提供有关传教地区的情况报告,于是在近两个世纪的时间里源源不断寄自中国的信件,成为当时欧洲人了解中国的重要窗口。《耶稣会士通信集》《中华帝国全志》中收录了法国在华耶稣会士的通信,其中除对中国民俗的辑录外,还译介了汉、满、蒙等多种语言的大量中国典籍文献,可见法国耶稣会士对中国人的伦理道德、信仰崇拜、民间服饰、婚丧仪式等各种民俗事项都做了详尽全面的考察工作。

《耶稣会士通信集》中包括了康、乾年间众多法国耶稣会士寄回巴黎的书信,各位神父殷切汇报了中国的特有文化。如冯秉正(Joseph-Anne-Marie de Moyriac de Mailla,1669—1748)[1]在信中描述了从厦门乘船到台湾的所见所闻;殷弘绪(François Xavier d'Entrecolles,1664—1741)[2]在信中提到了地方志《浮梁志》及其中记载的景德镇逸闻、制瓷工艺及延年益寿的办法;巴多明(Dominique Parrenin,1663—1741)[3]信中有关于冬虫夏草、阿胶等中药材的性能、制药及服用等[4]。这一时期耶稣会士陆续来华,人数渐多,分布渐广,他们深入中国各地进行民间实地考察,正如现今民俗学学科的乡村田野调查一般,尽管这一时期他们肩负传教和收集情报使命而非真正的学术研究,却是第一批集中地、大规模地以西方思想和

---

[1] 冯秉正,法国籍耶稣会士,主要研究中国历史、文学,《中国通史》就是其在历史研究方面的成果。
[2] 殷弘绪,法国籍耶稣会士,在信中详细地介绍了瓷器的原材料和瓷器的制作方法,从而使法国人在法国本地仿造出瓷器。
[3] 巴多明,其主要科学活动在中国传统医学、药学领域。
[4] 参见 Lettres Édifiantes Et Curieuses des Jésuites de Chine,Desjonquères,2001.[根据1819年版本再版。原为巴黎耶稣会总会长郭弼安(Charles Le Gobien,1653—1708)及杜赫德主编,于1703—1776年间陆续出版,共34卷,其中16—26卷收载了由中国寄来的信,多次再版]。

眼光考察中国民间情况。

以殷弘绪的信件为例,其信中对中国老百姓的陋习陈规关注很多:

中国的习俗是,有身份的寡妇必须寡居,以表示对亡夫的尊重。但平民百姓的情况有所不同,父母为收回替儿子娶妻时花去的部分钱财,不管寡媳是否同意,会迫使她再婚……如这个女子有一个还需喂奶的女儿,孩子便和母亲一起卖掉。……因为根据中国的风俗,女儿不能继承不动产。

传教士常对中国的弃婴、溺婴习俗表示震惊和关注,并利用这来宣传基督之仁善,殷弘绪写道:

经常有中国人因无力养活一大家子,就让接生婆把生下的女婴在水盆里溺死;我吩咐仆人到附近挖一点土来……他才挖两下就发现了刚埋在那里的一只小箱子,开箱后发现里面的孩子居然还在喘气……在饶州及附近,随地抛弃的婴儿不多,穷人趁着夜色把孩子放在育婴堂门口,来人把孩子放入后敲一下铃就马上离开。

其谈及的弃婴现象,后来的传教士和专业汉学家也多为关注[①]。殷弘绪还得知:

家产不多的中国人往往到育婴堂领养女孩,以便养大后给儿子做媳妇,这种办法可省去一大笔聘礼。

他分析道:

中国人孩子生的多,导致了贫困。父亲若不为所有子女成家就会丢面子,儿子若是无传宗接代的后嗣便是有失人子的首要职责。因此出现了贫困和纳妾。

殷弘绪曾在景德镇居住 7 年,悉心观察记录了江西地区的民俗并时常加以评述,在其寄回欧洲的信中还翻译引用一些当地颁布的各种法令:"关于主人须善待奴仆,官员须悉心劝耕""须同情贫穷孤寡""设立义冢",甚至"向城隍爷祈求的祷文"等,不管其用意如何,这些译文及大量的评注帮助欧洲人了解了当时的中国穷

---

[①] 如顾方济(Francois-Xavier-Timothé Danicourt,1806—1860)神父写有 40 余页的报告《中国之杀婴和弃婴》(*Infanticide et Exposition des enfants*,1863)、学者葛兰言(Marcel Granet,1884—1940)的论文《放在地上的孩子——古老仪式和神秘考验》(*Le Dépôt de l' Enfant Sur Le Sol, Rites Anciens et Ordalies Mythiques*,1922)等。

苦人民的生活情况及中国人的传统观念和风俗习惯。

杜赫德虽然终身未曾到过中国，却利用工作之便得以广泛收集一手材料，基于耶稣会士的书信、译介及考察报告整理之上，编入了大量未出版的报告和各种中国文本的译作，整理出四卷本《中华帝国全志》。此书的作者共有27人，绝大多数为法国籍耶稣会士。杜赫德认为这些资料不应只是为耶稣会传教服务，希望欧洲的平民百姓对耶稣会士们搜集的关于中国的民间知识也能有所了解，于是就有了这样一本中国风俗志。书中翔实地介绍了中国各民族的文化习惯及风土人情，包括中国边疆吐蕃、苗族及中国15省的民风民情的介绍，特别是第二、三卷中的篇章广泛涉及民间生活的主题，大量译介了中国人的伦理，如对天的崇拜、对帝王的忠诚、对父母的服从、对师长的尊敬、夫妻的相处、兄弟的情谊、朋友的诚信及姻亲间的关系差异和联系等。亦有关于家庭、犯罪、复仇、庄子的哲学的《中国故事四篇》《诗歌四首》《中国人之性格和道德》《中国当代哲学家关于世界起源与状况之对话》《长生——延年益寿的艺术》等篇目，较为全面地描写了中国民众的精神世界。这些通信引发了欧洲的中国民俗风潮，在欧洲本土有多部像《中华帝国全志》一类的汇编著作应运而生[①]。

尽管这些通信洋溢着向与其通信的欧洲显贵人士表达自己传教事业的功绩和赞美之词，且个别通信有过分夸张和猎奇的弊病，但是较为全面地为欧洲读者提供了传教区的真实情况，为西方研究中国提供了详细生动的原始资料，激发了当时启蒙运动的思想家在宗教、文明、民俗等各方面的重新思考。

莱布尼茨（Gottfried Wilhelm Leibniz，1646—1716）认为重要的是这些真实、客观地汇报中国生活风貌的书信"使得欧洲的风俗习惯开始相对化"；从1740年开始研究世界历史的伏尔泰（Voltaire，1694—1778），得益于从1703年开始陆续出版的《通信集》及1735年出版的这部《中华帝国全志》提供的及时而宝贵的资料，写了不朽著作《风俗论》，用相当的篇幅谈到非西方世界的文化，关注了各民族风俗及其背后隐藏的民族精神和心态伦理，尤其以很大的热情介绍了中国古代的神

---

[①] 如1818年法国编纂家Antoine Caillot在巴黎出版的《中华帝国历史自然、历史及风俗猎奇》(*Curiosités naturelles, historiques et morales de l'Empire de la Chine*)；1845年巴黎Jean-Baptiste Gros出版的两卷本《中国来信》(*Lettres sur la Chine*)，辑录了17世纪末至19世纪中期法国耶稣会士的来信，信件时期跨度远远超过《通信集》，向西方人再度展示了中国元宵节，米和棉文化，奇特的饮食——燕窝、猴脑，瓷器与瓷神等，亦是包罗万象。

话、政治制度和独特信仰。可见,在民族主义和启蒙思想兴起的欧洲,传教士的原始资料激发了知识分子的灵感,所讲述的中国人的日常生活及反映其中的伦理观念和道德风俗,激发了当时启蒙运动的思想家在宗教、文明、民俗各方面的重新思考。

### 三、耶稣会士对于中国民俗问题意识的产生及研究范式的探索

从学术价值来看,《通信集》是原始资料的汇编,《中华帝国全志》是作者根据传教士的书简删繁就简,按照自己的逻辑加工成书,而《中国杂纂》(*Mémoires concernant l'histoire,les sciences,les arts,les moeurs,les usages,etc.des Chinois,par les missionnaires de Pekin*,1776—1814)①才是真正的论文集。《中国杂纂》出版之时已是18世纪末,与《通信集》相差近半个世纪,这期间欧洲对中国的了解和认识进展巨大,好奇心理逐渐淡化,学者的理性思考与日俱增,于是对中国各个领域的研究和探索应运而生。《中国杂纂》中亦有大量的传教士通信,但不同的是,收信人不再是达官贵人或宗教人士,而是语言学、历史学、化学、物理学、天文学等学科的欧洲学者②,通信对象决定了通信内容的严肃性和学术性。因此,这部丛书显示了法国耶稣会士从传教士向学者的转型,也为后来法国汉学界对中国的研究提供了学术导向和研究范式。该丛书的出现说明法国耶稣会士的中国学已经达到一个顶峰。

《中国杂纂》是一部百科全书式的著作,全面汇集了乾嘉时代钱德明(Jean-Joseph-Marie Amiot,1718—1793)③、韩国英(Pierre-Martial Cibot,1727—1780)④、晁

---

① 直译《北京传教士关于中国历史、科学、艺术、风俗、习惯的论文集》,共十六卷,从1776年第一卷问世到1814年付印为止,前后费时38年。又译《中国丛刊》等。冯承钧在翻译《在华耶稣会士列传及书目》时,将这套书译为《关于中国之记录》。
② 如历史学家布雷基尼(Bréquigny)、戏剧学家夏尔巴特(Charles Batteux)、东方语言学家萨西(De Sacy)等。
③ 钱德明,字若瑟,1750—1793年在华。
④ 韩国英是撰写《中国杂纂》的5位法国在华耶稣会士之一,还撰有《中国人口调查》(卷六)、《各省居民调查》(卷六)、《广东的南京和中国人口情况》(卷九)、《皇帝亲耕的典仪》(卷三)、《中国的响石》(卷六)等。

俊秀(François Bourgeois,1723—1792)①、宋君荣(Antoine Gaubil,1689—1759)②等多位法国耶稣会士的汉学论述,其中既有关于中国风俗伦理的研究,也有对民间俗说、警句谚语的译介和评注,但是其中有关民俗研究的篇目并未得到学界的足够重视。拿主要撰写者之一韩国英来说,其多篇长短不一的论文③分散在《中国杂纂》的多部卷本中,荣振华(Joseph Dehergne,1903—1990)④认为这部杂纂选编文章的随意性很大,一些高水平论文没被选上,而"韩国英絮絮叨叨的文章几乎每集都有,令人不堪其烦"⑤。显然,荣振华所说的天文、医学等高水平论文并非钱德明等编纂此书的唯一目的,从民俗学角度来看,这些所谓的"絮絮叨叨的"研究和译介却是具有宝贵价值的。比如韩国英的《桃树》(卷十一)中引经据典讲到中国特有的桃木信仰和桃树传说;《中国人的羽饰》《铁艺》《镜面画》《石画》等文章详述民间技艺;《论汉语》(又译《论中国语言文字》)一书的附注中常因一字发挥,及于风俗、习惯,其续篇详述文字的起源、六书,及其对道德、艺术、历史、宗教、风俗习惯之适用;《中国的新旧孝道》以译介的形式,通过中国历代典籍、诗歌、颂歌、政府法令甚至圣谕等文本呈现出自古至清的中国人的家庭伦理,洋洋洒洒300页,蔚为壮观。

钱德明对中国古代音乐舞蹈研究颇为精深,还通音律、善吹奏,在西方传教士中并不多见。他译介了李光地的《古乐经传》,编写了《中国古今音乐考》(*Mémoire de la Musique des Chinois tant anciens que modernes*)⑥,介绍了中国音乐史、中国乐器、乐系⑦等部分,并附有古乐谱唱词若干。结论是"中国乐制发源甚古,在其他

---

① 晁俊秀,1767年来华,法国籍耶稣会士。
② 宋君荣,字奇英,法国籍耶稣会士,1722年来华,有"耶稣会中最博学者"之称,重要工作之一便是以孔安国本的满文译本为底本,翻译并注释《书经》,并专门对书中涉及的上古天文学内容进行研究。
③ 《中国的羽饰》(卷十一)、《华人和〈以斯帖记〉所志的风俗习惯比较》(卷十四)、《中国的新旧孝道》(卷四)、《中国人的风俗习惯》(卷十五)、《论中国古人的长寿》、《中国古代论》、《论汉语》,翻译作品《司马光的燕子寓言》(卷十一)、《中国书籍中的名言和谚语》(卷十)、中国古诗数首(卷十一)等。
④ 荣振华,法国入华耶稣会士,著有《1552—1800在华耶稣会士列传》。
⑤ [法]荣振华:《一部大书:中国论集(1776—1814)》,载《法国远东学院学报》1983年,第268页。转引自许明龙:《欧洲十八世纪中国热》,北京:外语教学与研究出版社,2007年。
⑥ 收入《中国杂纂》(卷六,第1—386页),1700年于北京写成,1776年在巴黎出版。
⑦ 中国乐器金、石、皮、丝、木、竹等八音、八种乐器,律准,五弦琴和七弦琴的调音方法及中国的乐系十二律,音阶,7种调式,84种移调,和声等。

国家之前"①。《中国古今音乐考》可以见证,中国的音乐不但在华夏大地上诞生、发展并影响着中华民族的文化和精神生活,并且通过各种渠道传到了世界各地,对世界音乐的发展做出过巨大贡献。这本书中有关中国古代祭祀舞蹈的一些段落译介到了欧洲,引起了人类学、历史学等相关学者的关注②。

钱德明继而写有《中国古代宗教舞蹈》(*Mémoire sur les danses religieuses des anciens Chinois*)③一文,介绍了从尧之后包括小舞(文舞、武舞、旄舞、羽舞)、大舞(大韶、大夏)等舞蹈及配乐、配器(干戚、五彩缯等)、步法(起、停、转、收)、转势、眼神方向及动作寓意,其研究建立在古乐、鼓舞产生于上古时期这一假设的基础上,推断出中国上古神话时代的舞蹈与祭祀仪式的关系,此篇对西方学界研究宗教起源、舞蹈与祭祀关系等问题具有启发性的影响④。

钱德明还对中国上古史与神话时代进行了研究,并在著作《历代帝王年表》、《由载籍证明中国之古老》(1775,Paris)及补篇《中国通史编年摘要》、叙论一篇(1770)中论述了他的看法,在年代的看法上,钱德明把时间上溯到帝尧以前,将其他人认为的神话时代也列入历史⑤。此外,其译作《御制盛京赋译注》(*Eloge de la ville de Moukden*,1770,Paris),译文附有东三省地理物产、中国古俗及三十二体字的说明⑥。

其实对于中国上古神话的研究,自第一批法国来华耶稣会士对中国上古史起

---

① 许光华:《法国汉学史》,北京:学苑出版社,2009年,第55页。
② [法]陈艳霞:《华乐西传法兰西》序,耿昇译,北京:商务印书馆,1998年。
③ 《中国古代宗教舞蹈》,共32页,于1788年写于北京,附有不少墨画,稿本藏于西班牙马德里图书馆。
④ [比]钟鸣旦:《明末清初的中国礼仪舞蹈图示》,张佳译,上海:上海古籍出版社。转引自宫宏宇:《钱德明、朱载堉与中国礼仪乐舞之西渐》,《中央音乐学院学报》2010年第2期。
⑤ 《由载籍证明中国之古老》(1775,Paris),撰于北京,文后有图38幅,辅以说明,是中国史籍的总表录。"可于其中见中华民族在任何时代行为大致相同:常为同一原则、同一风俗习惯。总而言之,在一切部门中皆统一步骤。"在年代的看法上,钱德明把时间上溯到帝尧以前,将其他人认为的神话时代也列入历史。为此,书中印证了四份资料:已经保存久远的传说、《易经》中伏羲的画卦、《尚书》《诗经》《春秋》等典籍证明及司马迁的《史记》。另外,长达900页的《历代帝王年表》中,用30页的篇幅梳理了从远古到夏朝时的太昊伏羲氏、炎帝神农氏、黄帝有熊氏、仓颉、少昊金天氏、颛顼高阳氏、帝喾高辛氏、帝尧陶唐氏、帝舜有虞氏、后羿、大禹。并对此书写有补篇《中国通史编年摘要》及叙论一篇(1770),说明了中华民族的重要特性,动物、祭器、卦象,中国古今度量衡的准确图像并附有25页的说明及据中国传说的神话时代至历史时代。
⑥ [法]费赖之:《在华耶稣会士列传及书目》,冯承钧译,北京:中华书局,1995年,第885页。

点进行争论时就展开了，但是以白晋为首的"索隐派"耶稣会士对中国神话和上古史的研究，目的是进行学术传教——希望在中国典籍中重新梳理中国上古史以证明《圣经》的权威，在如此预置目的的研究之下，反倒给中国编造了新的神话——中国人是大洪水之后重新繁衍而生的，是诺亚一家的后代。尽管"索隐派"耶稣会士针对中国上古史和上古神话的著述颇丰并言之凿凿，但这种研究和结论只停留在了一场争论和一种说法，并没有在中国教徒甚至民间传播开来并且传承下去，也就只能成为一场笑谈。然而值得注意的是，这场争论激发了欧洲学者对中国上古史的关注，并逐渐形成了学术问题。18世纪的法国历史学家弗雷烈（Nicolas Fréret,1688—1749）开始怀疑和研究中国历史，甚至得出了与中国近代古史辨学派类似的结论——尧舜以前都是神话时代而非历史①。后来法国汉学中宗教学家马伯乐（Henri Maspero,1883—1945）、社会学家葛兰言均重拾中国上古神话问题，在此方面亦写有论著②。

除对中国民俗事项的著述外，法国来华耶稣会士这个学者群体的特殊性更体现在进行中西文化的比较研究上。如宋君荣对中国的传统礼仪进行了研究，指出中国的传统礼仪与亚伯拉罕制定的以色列法有相似之处；韩国英写有《华人和〈以斯帖记〉所志的风俗习惯比较》，比较了波斯与中国的礼仪、政制、习俗；钱德明的《中国古代宗教舞蹈》一书中还有署名为阿尔诺（François Arnaud,1721—1784）③的文章，将中国古代仪式舞蹈与古希腊舞蹈传统相对比。这些论述已经不止于对中国民俗的辑录和译介，这些传教士学者们开启了比较研究的学术范式，在比较异同中发现学术问题，企图探究不同地域文化的来源、关联和相异，这俨然已经具备了现代学术研究的雏形。

可以看出法国来华耶稣会士除民间调查和文献译介爬梳外，以西方人的知识和视野，将中国的文化、宗教、风俗与其他国家和民族的文化、宗教和风俗进行比较，这种初步的关于民族文化风俗异同的比较研究，开启了中外文化相互融合的历史过程。其论文更为学术界打开了一扇亮窗，显示了法国耶稣会士从传教士向

---

① 吴莉苇：《当诺亚方舟遭遇伏羲神农——启蒙时代欧洲的中国上古史论争》，北京：中国人民大学出版社，2005年，第542页。
② 马伯乐《〈书经〉中的神话》、葛兰言《古代中国的舞蹈与神话》等。
③ 阿尔诺，法国耶稣会士，也是法兰西学院成员。

学者的转型,也为后来法国汉学界对中国的研究提供了学术导向和研究范式。

**四、重返中国的传教士汉学家与现代学术范式下的中国民俗研究**

18世纪后期"中国礼仪之争"终致耶稣会被逐出中国,此之后百年间,法国耶稣会士的在华活动陷入低谷,汉学研究更是陷入困境。而此时西方近代学科在欧洲兴起,法国汉学创立,传教士深受西方学科理论影响,鸦片战争重新打开中国国门之后,法国耶稣会传教士以汉学家姿态再度来华。

这前后近一个世纪的时间里,欧洲本土也发生着翻天覆地的变化。在资产阶级革命震撼整个欧洲的大环境下,随着德国人民的民族意识觉醒,18世纪末在文化界掀起浪漫主义思潮,民俗学早期的代表人物格林兄弟提倡"向民间请教,广泛研究古代民间文学,以寻找那个具有悠久历史和丰富文化财富的独立民族",开始了民俗学研究。由于民俗现象的普遍存在及由于近代许多民族、国家要求民族自我认识、争取民族独立和某些资本主义国家统治殖民地的需要,促使这门学科在西方得到广泛迅速的发展,成为社会科学中一门引人注目的学问。

文献考察与田野调查是民俗学科的主要研究方法。清末来华的传教士之所以能以更客观、科学的态度观察、收集、记录民俗,一个重要的原因就是,随着西方民俗学、人类学、社会学等学科陆续建立,传教士不可避免地受这些新兴学科的影响,借用这些学科的概念、范畴和方法作为工具,尤其是田野调察的方法,深入其海外教区,发现当地的民俗。

回顾早期法国来华耶稣会士的著述,大致都没有民俗学意义上田野调查的观念,因为他们身处的教堂、教区就在民间,他们本身就亲历着民众生活的一切,没有与"田野"分开,并且其任务以传教为主、了解中国民风为辅。而鸦片战争后再度来华的法国耶稣会士,由于在欧洲已经通过大量前人的著述基本了解了中国的情况,来华的驱动因素趋于理性,狂热的传教热情大大降低,亦不再与中国人的传统信仰、风俗习惯发生激烈争论,加之受到民俗学、人类学等新兴学科的影响,他们以比较客观的眼光更大程度地认可和接受了中国的传统文化和观念,并且带着更具体的考察目标甚至研究计划,以职业汉学家的姿态再次赴华。他们多半借助"治外法权"的条约保护在上海、天津建立民间事业,在江南、河北的农村社会建立稳固教区。以这一时期关于中国民俗著述颇多的江南教区的禄是遒和河北献县教区的戴遂良为例，可以看出他们的著述形式多样，明显借鉴了西方最新的人文学科学术范式和理论，表现出向法国汉学界的靠拢，具有传教士和学者双重身份。

禄是遒(Henri Doré,1859—1931)①于1884年来华，将其在江南传教30余年所收集的民俗资料，以接近于现代人类学的方法，撰写了十六卷的《中国迷信研究》(Recherches sur les Superstitutions en Chine)②。这是一部关于中国民间风俗及信仰的人类学报告，保留有大量19世纪末江南地区民间风俗和信仰活动的珍贵图文，从百姓生活的婚丧嫁娶、岁时节庆到当时流行的符咒占卜、各路神怪、儒释道神祇等，做了详略不一的讲解，旨在帮助新来的耶稣会士了解有意皈依天主教的中国人的生活习俗、思想意识及宗教信仰等。从这部书中可以看出19世纪法国汉学界对中国历史、文化的研究成果直接影响了作为汉学家的传教士——禄是遒"将这些汉学成果与江南地区民间祭祀活动中出现的传说故事结合起来进行讨论"③。

这部书在资料的使用上，除基本上禄是遒独自完成的田野调查外，还参照了中国籍神父黄伯禄的《训真辩妄》；在其学术思想和研究方法上，如在第一部分"民间习俗"中，禄是遒不断引用法国本土汉学家的最新成果，如葛兰言的《古代中国的节庆与歌谣》，试图加重"学院派"色彩④。禄是遒这样做在某种程度上和法国本土的比较宗教学新方法相契合，使得本书的研究更具客观性和现代性。在第二部分"中国众神"中，禄是遒从江南地区民间信仰的实地访察中，找到了"三皇五帝"等古史传说中的圣贤人物，发现了结合上古神话传说的仪式活动，注意到了民间传说和民间活动的密切关系，可以说禄神父从民间信仰的角度参与了法国汉学的研究。同时，他借鉴了同时期法国汉学家马伯乐的《古代中国》和葛兰言的《中国文明》这些西方汉学的主流成果。比如对于中国神话的来源，禄是遒采纳了马伯乐《古代中国》一书中的某些观点，如"神话是神灵和精怪间斗争的产物""所有的神话英雄，乃中国的历史学家……将这些历史人物置于人类史前的

---

① 禄是道，法国籍耶稣会士，勒芒神学院预科毕业，1884年来华。
② 《中国迷信研究》(Recherches sur les Superstitutions en Chine,1926)，目前出版的十卷中译本《中国民间崇拜》是参照英译本译介的。
③ 李天纲主编：《中国民间崇拜》，上海：上海科学技术文献出版社，2009年，英译版序。
④ 葛兰言个人亦关注禄是道神父的研究，于1911年留居平、沪两地，或许与禄是道神父有互动。

造神运动中,于是一个接一个的神话被创造出来""除商周二代明显可考的丰功伟绩之外,其他的一切都可归结为神话传说而已"①。不过相对于专业汉学学术著作而言,本书更多着墨于人们对这些历史人物的实在的祭祀活动,对于是历史还是神话,禄是遒并不打算在本书中探讨个究竟。编写此书的目的之一,是给一般读者提供一种公众性的知识读物,向人们特别是初到中国的传教士展示普通民众的信仰状况和真实生活,这也正是传教士汉学与专业汉学研究的重要区别。禄神父还著有《中国民间迷信手册》②《中国民俗》③等。

清末民初,虽然基督新教的传教工作也在中国开展起来,但耶稣会士的传教方式不同于他们的新教同行,他们更愿意经年累月地生活在贫苦人民当中,这就要求他们深入了解和掌握汉语。耶稣会士们在街头、田野等地与人交谈时,理应对民间故事,尤其是能让他们了解日常民俗、方言及社交伦理规范的那些故事有所关注。另一位对中国民俗颇有贡献的戴遂良(Léon Wieger,1856—1933)④,也基于同种目的,编写了很多此类知识指南手册。如《汉语口语教程》⑤,这部教程使语言教学与文化相结合,生动有趣,几乎就是一部中国民俗大观。

戴遂良还著有一部特别的著作《近世中国民间传说》(*Folklore Chinois Moderne*,1909)⑥,记述唐代开元以后中国的民俗情况。这是一本民间著作的文集,所以法国汉学家考狄(Henri Cordier)在其《中国书目》中将它归入"民俗部分"。⑦这部著作有故事和关键词两重索引,由220篇长短不一的文章、民间故事

---

① 李天纲主编:《中国民间崇拜》,上海:上海科学技术文献出版社,2009年,英译版序。
② Henri Doré,*Manuel des superstitions chinoises*,la Mission Catholique à L'Orphelinat de T'ou-sè-w,1926.
③ Henri Doré,*Chinese Customs*,M.Kennelly(trans),Graham Brash,1987,p.223.
④ 戴遂良,于1887年来华,在直隶东南耶稣会任教职,大部分时间在献县教区。开始为医生,后致力于汉学研究。
⑤ 全名《官话入门:汉语口语使用教程,供赴直隶东南部传教士使用,河间府日常口语声韵》(1892)。戴遂良一直对其修改,几年后以《汉语口语教程》(*Rudiments de parler chinois*,1894—1898,河间府印)两部十二卷的形式付梓,长达1523页,是一部汉语教材,于1894—1898年陆续出版。其中第一部《汉语入门》(*Rudiments de parler chinois*)有六卷,讨论口语,以河间府方言写成,着重介绍了河间府方言及民间传说,民俗内容极其丰富,其篇幅超过1000页[第三卷使团训诫、节日庆典训诫,第四卷《民间道德与风俗讲义》(*Rudiments*. 4. Morale et usages,1905),第五、六卷《民间传说》(*Rudiments*. 5 et 6.Narrations populaires,1903)是根据《今古奇观》《聊斋志异》《官话指南》等书中故事的集成]。
⑥ Léon Wieger,*Folklore Chinois Moderne*,Imprimerie de la mission catholique,Hien hien,1909.
⑦ 许光华:《法国汉学史》,北京:学苑出版社,2009年,第131—132页。

组成，对应21段主题，是从中国历代文献经典中编译出来的。整部书读来生动有趣，又可进行各种查阅检索，有可能是第一本按照"民间故事母题索引"形式编写的中国民间传说故事集。当代汉学家魏若望评价此书："标志着在华耶稣会从注重宫廷、学者的趣味，转为同样重视下层民众的信仰，开始了系统的中国民间宗教研究。"①

另外作为《近代中国民俗志》的补充，戴遂良还编写了一部以教科书形式讲述中国上古到中古时期风俗的书，名为《历代中国：上古时期到公元220年》②，共有九课内容，分为从夏到战国的封建时代、秦朝帝国时代至汉朝，引用了大量历史文献资料，亦有大量关于上古崇拜、信仰、历法、音乐、诗歌、绘画、建筑等各方面的翔实资料。

1906年，戴神父出版了一本以儒、释、道三家为核心的文集《哲学文集》③，为了不让读者认为这本文集仅仅适用于明朝以前的哲学思想，还在其中加入了一个专论"现代崇拜"部分，其中印有一些反映官方祭祀天地先皇、孔庙祭孔等典仪场景的木刻版画，取材于雍正年间出版的《古今图书集成》一书，文集出版后供不应求④。

《现代中国》一书中摘译了大量当时的中文报刊文章，主要关注了中国人自己的观点，如社会美德、民族主义、功利主义、女性问题（包括婚姻前途、家庭变革、性教育、终止纳妾制等），也包括一些学者谈论"怪力乱神"的论说⑤，均为戴氏本人所在教区的语言和民间故事，"都得之于第一手素材，更为珍贵"⑥。《中国宗教

---

① [美]魏若望(John Witek)：《在中国的汉学》，2007年"北京世界汉学大会"选读论文，未发表。转引自李天纲：《中国民间宗教研究二百年》，《历史教学问题》2008年第5期。
② 《历代中国：上古时期到公元220年》(La Chine a Travers Les âges-Première et deuxième périodes: jusqu'en 220 après J.C.)，1920年献县出版，1924年再版。
③ 《哲学文集》(Textes philosphiques，1906，河间府出版)，共554页，中、法文双语刊行。旨在说明佛、道两家是中国思想完整而不可缺失的部分。
④ 于1930年再版，名为《哲学文集：儒家、道家、佛教》(Textes philosphiques: Confucianisme, Taoïsme, Bouddhisme，1930，献县)。参见[美]魏若望：《在中国从事汉学研究：戴遂良著述回顾》，刊于《世界汉学》2009年秋季号，北京：中国人民大学出版社。
⑤ [美]魏若望：《在中国从事汉学研究：戴遂良著述回顾》，刊于《世界汉学》2009年秋季号，北京：中国人民大学出版社。
⑥ 许光华：《法国汉学史》，北京：学苑出版社，2009年，第132页。

信仰及哲学观点通史》①是戴遂良对中国宗教信仰研究的集大成之作,从上古社会原始宗教信仰的研究即古代神话阶段至宋代以后的新儒教发展史,是一部以儒、道、佛教为核心的中国古代思想史性质的著作。这部著作中,除我们关注的中国人几千年的信仰变化外,重要的是可以看到西方在我国的古史辨运动之前,已经将中国上古至前500年间定为神话时代了。

对戴遂良的评价莫衷一是,然而他对中国近代民俗著述丰富,方言俗语、传说故事、民间信仰、节日祭祀、宗教崇拜,其著作几乎包罗了所有民俗事项,且形式、题材各异,讲义、译介、论文、索引书……实在应当封戴遂良为"中国民俗学家"。

这一时期的法国耶稣会士不但进行了更为细致和深入的中国研究,如各教区教士纷纷撰写各种地方志②,还出版有《宁波简讯》③《中国往来》④等刊物,介绍了江南地区的文化风景、民风民情,为汉学和清史研究提供了珍贵资料。

再次来华的法国耶稣会士,最显著的特征是吸收了欧洲民俗学、人类学、宗教社会学等新兴人文学科的学术成果,著述也更为系统化、通论化、学术化,很多观点与当时法国汉学家十分接近,结合了在中国获取的第一手素材的同时,进行了深入且规范的学术研究,成为名副其实的传教士汉学家。

### 五、结语

法国来华耶稣会士所记录的明清时期我国各地各民族的风土人情,数量浩

---

① 《中国宗教信仰及哲学观点通史》(*Histoire des croyances religieuses et opinions philosophiques en Chine depuis l'origine jusqu'à nos jours*),1917年初版,1922年和1927年在献县出了第2、3版,1927年出了英译本,1969年在纽约重版,1976年再译成英文本,译名为《道教:中国的哲学》。

② 夏鸣雷神父(Henri Havret,1848—1901)的《安徽》(*La province du Ngan-Hoei*,1892年第1版、1903年再版,上海)、《崇明岛》(*L'île de Tsong-Ming*,1893年第1版、1901年再版,上海)两本书,配注有大量中文。勒华神父(Henri Joseph Leory,生卒不详)在法国出版了以500多页的篇幅写成的《中国东南见闻》(*En Chine au Sud-est*,1900),汇报了鸦片战争以后在中国东南部的教务及风俗逸闻。除老子、孔子思想,送子偶像崇拜等常见于传教士著述中的内容外,还有专门章节关注其他的细节,比如客栈文化、街巷的剃须师傅、墓地里供奉祖先的食材、婚礼和游街仪式的大轿子等,涉及很多前人未关注的迷信崇拜、伦理风俗内容。

③ 许光华:《法国汉学史》,北京:学苑出版社,第127页,现存于杭州天水桥天主教堂。

④ 法国耶稣会的教务季刊《中国往来》(*Relations de Chine*),该刊在法国国家图书馆仅存至1931年4月刊。自1903年第一期开始,每期容量从90页到400多页不等,图文并茂,且有"民风专栏"报告各种民俗事项。如第一期文章内容是日食、月食之时,宫廷及民间的"救日""救月"仪式;1905年4月刊登盛夏时节,民间如何捉知了、斗蛐蛐;在耶稣会士书信栏目里也有大量民俗内容,如1906年刊里(Gimbretière)神父撰写的《中国人及死亡》,讲述了穷富各异的葬礼及对待死亡的风俗。

瀚,尽管其中不可避免地渗透了西方中心主义的偏见,但其所留下的资料异常宝贵。他们更为具体的记录注重社会的各个阶层、各个方面,因而补充了中国史料记载中的不足,为我们研究明末清初中国社会的民俗状况提供了新的史料和新的视角。在中国民俗学意义上来说,传教士的情况与现代民俗学学者非常接近,他们置身于异域风俗之中,思想上保有距离,因此能将中国民众本身习而不察、视而不见的各种民俗事项作为观察和研究对象。只是民俗学毕竟是以民众为主体的学科,耶稣会士的民俗记述仍然站在个人立场、西方立场进行价值判断,自然难以做到价值中立。但他们的观察、思考和写作习惯与中国文人不同,不管他们是拿民俗当作学问来研究,还是抱着猎奇心态来记述;不管是对中国民俗作品的简单译介,还是零散的见闻或集中的收集,都对中国民俗资料起到保存作用,对现代民俗学学科的理论范式、学术方法研究具有启发作用。因此,梳理和研究法国耶稣会士著述中的民俗资料,对正确把握中国现代民俗学的历史渊源,有着重要的学术史价值。我们应当基于前人的研究开展中国民俗研究,要知道前人研究了哪些,是如何研究的,努力做研究的递进工作而不是重复性工作。

从欧洲汉学意义上来说,来华耶稣会士的著述是最早的以中国为"田野"的民俗事项的考察并形成的关于近代中国民俗的文献,这些文献涉及广泛的民俗事项:上古历史、神话传说、风俗习惯、伦理道德、宗教信仰等,为后来欧洲的专业汉学家在进行中国民俗、中国上古神话等研究时大量地引用和参考提供了丰富的资料。他们为19世纪到20世纪汉学在欧洲特别是在法国的兴起和蓬勃发展,准备了良好的学术土壤和社会氛围。

## 第二节 翻译研究

### 宇文所安诗歌翻译艺术的"想"与"因"[①]
#### ——以宇译王维诗为例

华中师范大学外国语学院 魏家海

### 一、引言

钱钟书在《谈艺录》和《管锥编》里提到,宋代文人利用大乘佛教《楞严经》中的"想"与"因"的结合,解释诗歌创作中既可写梦境,也可写想象,是诗歌创作的重要方法。[②] "想"指期待性想象,同接受美学中的"期待视域"很合拍,"因"指与"想"有关的声音,是"想"的延续。不过,我们可以把"因"的声音理据引申泛化为依据或本源,"想"和"因"的结合是诗歌创作、鉴赏的手段,也可为文学批评提供借鉴。与此类似,诗歌翻译需要发挥译者丰富的想象力,以再现和表现原诗的意境、神韵和情感,同时,也离不开原诗之"因",否则,译者就是脱缰的野马,译诗便

---

[①] 本文是教育部人文社科规划项目"宇文所安的唐诗英译研究"成果之一(编号:12YJA740075)。
[②] 周振甫、冀勤:《钱钟书〈谈艺录〉读本》,上海:上海教育出版社,1992年,第55页。

成了自由创作了。本文从"想"和"因"的相互关系,探讨宇文所安(Stephen Owen)英译王维诗的"以画入诗""以禅入诗"和"以典入诗"的翻译艺术和美学价值。

## 二、以画入诗:诗歌翻译中的画意之"想"与画境之"因"

苏轼称王维"诗中有画",道出了王维诗歌创作的最重要的美学特征。王诗中的画,具有画意的启示性和写意性,而非还原成"与诗句一一对应的、平面的图画"[①]。"诗中有画"实质是诗歌的一种境界,需要诗人和读者密切合作,调动读者的丰富想象力,把诗歌的画意以联想的方式展示出来。读者对诗歌中的画意的体会("想"),通过变"形"传"神",把诗歌中蕴含的画境之精髓("因")形象化。

就中国诗歌翻译而言,一方面,译者运用诗性认知能力,发挥审美主体的能动作用,另一方面,译者也不可抛开原诗意境之"因",而要依原诗蕴含的画意之"因"转化为原诗之"言",即变"画"成"言",然后以译语所"想"之"言"传递原诗意境之"因",把诗人"以画入诗"的意蕴审美思维模式变成译者"变画出诗"的语言审美思维模式,使译者之"想"和诗意画境之"因"相互配合,传递或创造原诗之意境和神韵,以达到"思与境偕"(即"想"与"因"的和谐一致)的翻译艺术效果。

(一)以动态译动态

王维在诗歌创作中,借鉴"散点透视"的绘画构图方法,先点明背景,接着由大及小、由远及近、由整体到局部再到细节。这种描写的多视角性、多空间性和距离性,把画面拉入诗中,如同蒙太奇一样,诗中往往隐藏着一个叙事者,通过不同的视点观察画境,移步换形,然后摄入诗中,诗的意境在一连串的意象衔接和变换过程中,呈现动态性。宇文所安在翻译王诗过程中,突出意象和意境的写意性,随"意"赋形,译者对意境之"想",旨在再现原诗生动的意境之"因",使译句灵动化,也就是因循原诗画面的流动性和生动性。例如,王维的一首诗如下:

### 渡河到清河作

泛舟大河里,积水穷天涯。

天波忽开拆,郡邑千万家。

行复见城市,宛然有桑麻。

---

[①] 邓国军:《中国古典文艺美学"表现"范畴及命题研究》,成都:巴蜀书社,2009年,第13页。

回瞻旧乡国,淼漫连云霞。

**Written Crossing the Yellow River to Qing-he**

The boat set sail upon the great river

whose swollen waters stretched to sky's edge.

Sky and waves split apart suddenly—

the district capital's thousands of homes.

Moving on, I can see the town market

and vaguely make out mulberry and hemp.

I turn to gaze back toward my homeland—

only vast floods that stretch to the clouds.

原诗是一幅横渡黄河的画面,从水天一色的开豁处,忽然看见郡城和农田,然后回首故乡,水天相接,故乡的轮廓消失在视野之外。宇文所安把自己置身于诗歌的情景之中,移情于诗,把具有动态情景意义的"泛""积""穷""开拆""行""见""有""回瞻"和"连",分别译为英语动词(词组)和动态形容词——set sail upon, swollen, stretch, split apart, move on, see, make out, turn to gaze back, stretch,译者通过这些动态词,使人联想到舟行旅途中,汹涌澎湃的河水和郡城田野的蒙太奇画面之间的切换,因视点的变换而让整个画境活了起来,灵动而又富有生气。

译者的想象,基本没脱离"以物观物"的审美视域,译文使用了动态的临摹性,把原诗中动态的生活情景句法化。"翻译中按生活情景取句,一方面彰显着译者的创作才能,另一方面实践、延伸着译者的诗学观,抑或呼应着其时的时代诗学。"[①]以动制静的叙事性诗学特征满足了西方读者的期待视野。

(二)以静态译静态

王维山水诗中的景物描写,注重绘画般的静态美的表现,打破了"画宜描写静物""诗宜叙述动作"的诗画界限,将一刹那的空间中的景境,在语言里记录为相对静止的画面,而动态、音响等的描写服务于静境的创造,"通过写动来写静,利用

---

① 张保红、刘士聪:《文学翻译中绘画因子的借用》,《中国翻译》2012年第2期,第100页。

局部的动态描写来衬托山水景物的整体的静谧"①,实现以动衬静。宇文所安为了突出静态意象,抑制住了自由想象的冲动,让主体性之"想"趋向于瞬间凝固的静景画面之"因",译文的意象组合临摹了原诗的静境,句子中动词的动作性不是很强,以维持画意的静态美。

例如,《辋川闲居赠裴秀才迪》中的诗句"渡头余落日,墟里上孤烟"译为 The ford holds the remnants of setting sun;/ from a hamlet rises a lone column of smoke。译文中,意象 ford,remnants of setting sun 之间尽管增加了动词 hold,但动感很弱,且原诗中的动词"余"译为名词 remnant,加大了译诗意境的静态美;第二句中,hamlet 是常表示隐士居住的小村庄,加之 lone column of smoke,中间用 rise 连接,给人的感觉仍然是整体的静谧美意境占主导地位。又如:

渭川田家

斜光照墟落,穷巷牛羊归。
野老念牧童,倚仗候荆扉。
雉雊麦苗秀,蚕眠桑叶稀。
田夫荷锄至,相见语依依。
即此羡闲逸,怅然吟式微。

**Farming Homes by Wei River**

The setting light falls on a hamlet,

through narrow lanes cattle and sheep return.

An old man, concerned for the herdboy,

leans on his staff and waits by the door of a shack.

A pheasant cries out, wheat sprouts rise high,

the silkworms sleep, the mulberry leaves now few.

Fieldhands come, hoes over shoulders;

when they meet, their talk is friendly and warm.

At this moment I yearn for freedom and ease,

---

① 张福庆:《唐诗美学探索》,北京:华文出版社,1999 年,第 113 页。

and,downcast,I sing "Hard Straits!"

原诗描写的是初夏乡村的平静闲适的意境：夕阳西下、牛羊回归、老人倚杖、野鸡鸣叫、麦苗吐秀、桑叶稀疏、田夫荷锄，体现出王维诗歌"诗中有画"的典型艺术特色。宇文所安也模仿原诗中以动衬静的手法，用动词 fall,return,lean,wait, cry,rise,sleep,come,meet 等来烘托静谧的气氛，译文的总体效果摹写了一幅静态的图画。在翻译过程中，译者对再造意境的想象，并没有打破原诗恬然自乐的静境之"因"，"想"和"因"由此融合，共同构建了意境静谧美的主题基调。译诗带有浓郁的西方乡村的宁静、纯真和幸福的牧歌色彩，王诗以动衬静的美学意蕴在译诗中植入了大众化、通俗化和静景化的诗学特征。

（三）光线色彩意象的语境化翻译

王维的诗绘画色彩浓厚，注重光线的明与暗、柔与强的搭配，视觉意象虚实相生，展示了光的敏感性，视觉的多样性，用以刻画恬静的生活环境和缥缈明净的境界。宇文所安的色彩意识也很强，他善于追踪原诗的光线色彩，自觉地把主体的审美能力之"想"同王诗色彩意象之"因"会通起来，在英、汉两种语言里取得一致的审美效果。例如，"日色冷青松"译为 hues of sunlight were chilled by green pines, "客舍青青柳色新"译为 all green around the guest lodge/the colors of willows revive。其中，两句诗中的"青"不约而同地译为 green，译者充分考虑语境的特点，避免了汉语里"青"字的多义性和歧义性。又如：

### 欹 湖

吹箫凌极浦，日暮送夫君。
湖上一回首，山青卷白云。

### Lake Qi

Playing the pipes we pass to far shores,
I bid you a twilight farewell.
Upon the lake turn your head just once—
hills' green is rolling the white clouds up.

这首送别诗用"日暮""山青"和"白云"三个意象衬托景色的萧瑟，用箫声烘托离别气氛的哀婉。译文中用表示色彩的意象 twilight,hills' green 和 white cloud

呼应极浦送别的伤感画面,表达了诗人惜别友人的依依之情,再现了原诗朦胧、缥缈、恬淡、感伤的意境。

但王维诗中有更多的描写光线的,光线的多变性决定了色彩的变化。为了照顾译文读者的审美习惯,译者有时必须对原诗的色彩和亮度进行调整,而非机械模仿。正如鲁道夫·阿恩海姆(Rudolf Amheim)所言:

> 我们从"视觉不是对元素的机械复制,而是对有意义的整体结构式样的把握"这一发现中,同样也吸取了有益于健康的营养。如果这一发现适合于知觉一件事物的简单行为的话,那它就更应该适合于艺术家对现实的把握。很明显,无论是艺术家的视觉组织,还是艺术家的整个心灵,都不是某种机械复制现实的装置,更不能把艺术家对客观事物的再现,看作是对这些客观事物偶然性表象所进行的照相式录制(或抄写)。[1]

以上叙述表明,艺术家的视觉和心灵都不是对外界客观事物的机械复制,而是在更高层次上的表现式审美再现。所以,不仅在诗歌创作中,诗人不是对视觉所感知的对象进行直接机械模仿或"照相式抄写",而且在文学翻译中,译者为了配合整个诗歌的审美意蕴,在很多情况下并不需要机械复制表示色彩和光线的词语,而有不少灵活变通的发挥空间。译文画境中的视觉艺术是既模仿又变通妥协的产物。译者对色彩审美效果之"想"与原诗诗意之"因"并不构成机械对应关系,而是根据译诗的具体语境,灵活阐释或添加某些色彩意象,以增加译诗的审美情趣。例如:

### 白石滩

清浅白石滩,绿蒲向堪把。

家住水东西,浣纱明月下。

### White Stone Rapids

White Stone Rapids are shallow and clear,

green reeds almost ready to gather in hand.

---

[1] [美]鲁道夫·阿恩海姆:《艺术与视觉》,滕守尧、朱疆源译,成都:四川人民出版社,2001年,第7页。

> There are homes on both sides of the water,
>
> and gossamer washed in bright moonlight.

诗中的明月、清水、绿蒲、白石相映相衬,令人视觉鲜明,诗歌的图像色彩浓厚。译诗不仅复制了 white,clear,green 等多样性的色彩,而且月光 moonlight 前面使用 bright,增加了亮度,使月光更加耀眼生辉。又如,《木兰柴》中的诗句"彩翠时分明"译为 The glittering azure is often quite clear,译文中不仅有 clear 一词,而且落日余辉映照下的霞光"彩翠",灵活自如地译为 glittering azure,意即闪烁发亮的蓝色光辉,很有品味,联想丰富,但因循了合理的意象思维逻辑。正如陈大亮所言:"意象思维强调对审美对象的直观把握,其思维方式具有形象性、直观性、跳跃性、移情性等特点。"光线和色彩意象的"跳跃性""移情性"思维是"想"与"因"的灵活和协调对应。

### 三、以禅入诗:诗歌翻译中的"以物观物"之"想"与禅意之"因"

禅宗是佛教中国化的最终产物,王维在精神追求上远离享乐和感伤,他主动接受禅宗思想,有自己独特的理解,并将禅宗与道家哲学融会在一起,消解了空与有、无我与自我的矛盾。他的山水诗创作,禅意哲理和寄情山水相互"打通",互证互补。同时,由于社会意识形态和社会生活方式的变化,他的诗歌表现为"在和谐中包含了不和谐,由和谐逐渐向不和谐转化"[1]。王维的诗在《辋川集》里达到了"无心"的境界,把山水自然融入禅宗思想和宗教体验的审美方式之中。

(一)"梵我同一"的意境与译诗的"无我之境"

诗人"以物观物"的审美方式,并非脱离"我"之审美主体,而关键在于"观"的态度,强调"我"的非介入性,达到"无我之境"。叶维廉指出:"中国的山水诗人要以自然自身构作的方式构作自然,以自然自身呈现的方式呈现自然,首先,必须剔除他刻意经营用心思索的自我——即道家所谓'心斋''坐忘'和'丧我'——来对物象作凝神的注视,不是从诗人的观点看,而是'以物观物',不渗与知性的侵扰。"[2]王维诗歌中的禅宗思想常与道家的虚无观念相互交融,通过"以物观物",

---

[1] 谢思炜:《禅宗与中国文学》,北京:中国社会科学出版社,1993年,第37页。
[2] 叶维廉:《中国诗学》,北京:人民文学出版社,2006年,第93页。

排除诗人的直接介入。

意象和意境存在于各民族、各文明的诗歌之中。"语象、物象、意象和意境是人类诗歌的共性。只是因为语言的特点不同,形成意象的特色也不同。"①这为意象和意境的可译性提供了前提条件。在诗歌翻译中,宇文所安借助"以物观物"的诗学观,立足于原诗的真实性,即原诗自然呈现的方式,不以译者自我的意识形态和审美偏向来改造原诗的审美价值,而以"无我"译"禅",这便是诗歌翻译行为的"禅"释方式。这实际是宇文所安"非虚构性"文学史观在诗歌翻译中的具体投射。例如:

### 辛夷坞

木末芙蓉花,山中发红萼。
涧户寂无人,纷纷开且落。

### Magnolia Dell

On the tips of trees are lotus blossoms,
red calyces come out in the mountains.
Silent gate by a torrent, no one there:
In tangled masses they blossom and fall.

明代胡应麟评《辛夷坞》为"入禅"之作,南宋刘辰翁评其为"无意之意,不着一字,渐可语禅"②,都强调诗与禅宗的联系。诗歌的山水美景与禅意互渗其间,诗人以"木""芙蓉花""红萼""涧户""无人"等意象建构"空寂"意境,体现了诗人的"梵我同一"的心境和情感。宇文所安深谙其道,以"以物观物"的审美心态,用基本对应的意象 tree, lotus blossom, red calyces, gate by a torrent, no one 等来翻译和接纳原诗的意象和意境,译者尽量不介入译文之中,使"想"进入"无我之境",与原诗禅意之"因"对接,相互贯通,互补互渗,实现"梵我同一"。西方读者或多或少会悟出译诗的"禅"意。

(二)禅意之情景交织与译诗的虚实相间

王维的山水诗和哲理诗交互呈现,禅意和情景相互交织,"寂""空""静"

---

① 史忠义:《中西比较诗学新探》,开封:河南大学出版社,2008 年,第 272 页。
② 周振甫、冀勤:《钱钟书〈谈艺录〉读本》,上海:上海教育出版社,1992 年,第 382 页。

"虚"与动、响相互映衬,"静中之动,动中之静;寂中之音,音中之寂;虚中之实,实中之虚"①,最基本的特征是虚实相间,体现了禅意中的审美境界和审美境界中的禅意之间的交织,把哲理诗和山水诗寓于一体。这是对译者的审美能力的挑战,译诗应体现复杂的虚实相间性。例如:

### 栾家濑

飒飒秋雨中,浅浅石溜泻。

跳波自相溅,白鹭惊复下。

### Rapids by the Luan Trees

The moaning of wind in autumn rain,

Swift waters trickling over the stones.

Leaping waves strike one another—

a white egret flies up in alarm, then comes down.

译者以合理的审美想象,把"飒飒"翻译成 moan(呜咽),因循了中国文学传统中秋雨的愁之绪,把"浅浅石溜泻"的意象化和语言化,译为 Swift waters trickling over the stones,其中 trickle 一词把流水的样子形象化和具体化,此外,"跳波""溅""惊""下"等,具有很强的动感和鲜明的色彩,表明王维后期的山水诗并不只是"空寂"的意境,有动态化趋向,译诗分别用 leap,strike,fly,come down 体现这种动感。译者把"以物观物"的美学观念语境化,把"想"与"因"之间的"虚"与"实"有机结合起来。

就原诗而言,虚实相生的特征既靠诗歌内在的审美特性,又靠读者的体验,"诗歌艺术之所以能有无相成,虚实相生,除作品本身的精妙之外,还靠读者的积极响应;诗歌作品艺术境界之所以在'无'与'虚',也因为诗歌艺术的终点不在作品本身,而在读者心里。"②作为特殊读者的译者,要凭借敏锐的跨民族、跨语言的虚实审美感知能力和以语造象、以语造境能力,在译语环境里实现意象情景虚实之间的"想"与"因"的密切关联。

---

① 叶维廉:《中国诗学》,北京:人民文学出版社,2006 年,第 94 页。
② 王方:《虚实掩映之间》,南昌:百花洲文艺出版社,2005 年,第 119 页。

## (三)乐声意象与译诗的乐感

王维山水诗常以声写静,以声音衬托环境的荒僻幽静,实际上是一种禅意。译者对乐声的再现,是认知能力的具体表现。例如,《过香积寺》一诗里有两句"深山何处钟""泉声咽危石",诗人描写了两种声音——悠扬回荡的钟声和山泉流水的幽咽,以描写山中的动,来衬托山中的静。宇文所安译为 deep in hills, a bell from I knew not where/ A stream's sounds choked on steep-pitched stones,译文中的两种声音 bell 和 stream's sounds 让读者的"想"直接联系到它们的声音之"因",特别是 choke 一词保留了原诗以声衬静的艺术效果。又如:

### 竹里馆

独坐幽篁里,弹琴复长啸。

深林人不知,明月来相照。

### Lodge in the Bamboo

I sit alone in bamboo that hides me,

plucking the harp and whistling long.

It is deep in the woods and no one knows—

the bright moon comes to shine on me.

原诗以"弹琴"和"长啸"表现诗人在茂密的竹林独坐所映衬的闲适恬淡的静境和声情。译者用 plucking the harp and whistling long 来表现诗中的乐声美,虽然中国的古琴同西方的乐器 harp 迥然有别,但译文中乐音效果仍然起到了对比铺垫的作用。与此类似,《鹿柴》一诗中的"人语响"译为回声 echoes of speech,惟妙惟肖地反衬了山之静,再现了竹林中的乐感:

### 鹿 柴

空山不见人,但闻人语响。

返景入深林,复照青苔上。

### Deer Fence

No one is seen in deserted hills,

only the echoes of speech are heard.

Sunlight cast back comes deep in the woods

and shines once again upon the green moss.

### 四、以典入诗：诗歌翻译中的造境之"想"与典故之"因"

王维的生活经历很复杂，长期隐居终南山，过着亦隐亦仕的生活，以审美的理想体验生活，其审美、政治和宗教相互纠结，其诗歌既有淡远、冲淡的纯粹艺术境界，又有宗教和政治的超然性和入世性，其审美追求的矛盾性，造就了诗歌艺术的多样性和文化基因的互文性，有些诗"以典入诗"的特点很分明。译者对中国文化典故背景的敏感性和熟悉度，对翻译王维诗歌都会产生重要影响。例如：

#### 漆 园

古人非傲吏，自阙经世务。

偶寄一微官，婆娑数株树。

#### Lacquer Tree Garden

That man of old was no disdainful clerk,

he just lacked the mission to run the world.

He happened to lodge in a minor post—

several trees swayed there dancing.

诗中反引郭璞《游仙诗》中"漆园有傲吏"的典故，指庄子曾任漆园吏，楚王欲聘其为相，被其拒绝。王维借此表明自己宁做小官，也不愿抛弃隐逸恬淡的生活的心愿。宇文所安在译文中用 disdainful clerk（倨傲的职员）译"傲吏"，并在脚注中注明指"曾经担任过漆园吏的庄子"，这样一来，西方读者就易于了解庄子的身份了，因为庄子在英语世界的知名度很高。又如：

#### 椒 园

桂尊迎帝子，杜若赠佳人。

椒浆奠瑶席，欲下云中君。

#### Pepper Garden

A cinnamon beaker greets the god's child,

> The asarum, a gift for the fairest of all.
> 
> On onyx mats peppered libations of beer
> 
> to bring down the Lord in the Clouds.

诗人以庄园中的《椒园》之椒(指香料花椒),联想到《楚辞·九歌》中的香草美人的传说,借此祭奠"帝子"(尧帝之女湘夫人)和"云中君"(云神)。诗中的香料名"椒"、香草名"杜若"、美酒名"桂"和垫席名"瑶席",都借用于《楚辞·九歌》。译文大体是直译,并在注释中点明"云中君"等意象都来自《楚辞·九歌》,译文使用了"厚重翻译法",方便了译者的欣赏和接受。宇文所安在翻译过程中,交替使用了"推末以至本"和"探本以穷末"的解释方法,准确把握了原诗中的文化细节和整体意境,译文有模仿,有变通,语言畅通,把中国性和西方性、现代性和古代性打通,是文化互文性翻译。译者之"想"尊重中国文化典故之"因",显示了译者对中国文化的自觉性。

## 五、结语

宇文所安英译王维诗,从"以画入诗""以禅入诗"和"以典入诗"三个方面,探讨了诗歌画境中的动态性、静态性和光线色彩的多样性在翻译中的摹写和润饰,分析了禅宗审美意境翻译中的"无我之境"、情景交织中的意境翻译动感、乐声意象的翻译的乐感,总结了典故翻译的文化交互性。宇文所安的翻译再现性重于表现性。

# 孙康宜对中国抒情传统的理解与建构[①]

北京语言大学人文学院　徐宝锋

孙康宜(Kang-i Sun Chang)一直致力于六朝诗和词体的研究,力求确立六朝诗和词体在抒情传统中的地位。其《抒情与描写　六朝诗歌概论》[②]和《晚唐迄北宋词体演进与词人风格》[③]两部著作采用结构主义的方法分析了部分诗、词作品在抒情、描写、叙述等方面的特征,可以视为高友工律诗美学的前史和后续,尤其是《晚唐迄北宋词体演进与词人风格》在很大程度上弥补了高友工构建中国抒情传统时因忽视北宋这一时段所带来的缺憾。

## 一

孙康宜的《抒情与描写　六朝诗歌概论》初版于1986年,该书既延循了中国诗学的批评传统,又保持了汉学家应有的新鲜视角,多元的问题论述和现代理论的切入点都非常值得称道。在书中,孙康宜着重提出了"表现"和"描写"两个理

---

[①] 本文获中央高校基本科研业务费专项资金资助。
[②] Kang-i Sun Chang, *Six Dynasties Poetry*, Princeton: Princeton University Press, 1986. 中文版由钟振振译,台北允晨文化实业股份有限公司,2001年,上海:上海三联书店,2006年。
[③] Kang-i Sun Chang, *The Evolution of Chinese Tz`u Poetry: From Late Tang to Northern Sung*, Princeton: Princeton University Press, 1980. 中文版由李奭学译,台北:联经出版事业公司,1984年;北京大学出版社2004年出版时更名为《词与文类研究》。

解六朝诗歌的角度,将之视为六朝诗歌创作中既对立又互补的观念,通过对这两种诗歌要素的具体把握,孙康宜在研究了陶渊明、谢灵运、鲍照、谢朓、庾信等人的诗歌作品时发现了六朝诗人创作中"表现"和"描写"之间的复杂关系,认为中国古典诗歌就是在表现与描写的互动中,逐渐发展起来的一种复杂而又丰富的抒情文学。作为第一部用英文出版的研究六朝文学的全面性著作,"它在欧美汉学界中曾激起了热烈的反应,它使读者看到中国抒情传统和西方文学传统的异同,也使读者看到中国古典描写艺术的特殊性"[1]。

作为一个汉学家,孙康宜并不回避西方流行的理论观点对其学术思想的影响。她明确指出"表现"和"描写"是对中国传统诗学关于六朝诗歌"浮华"与"绮靡"评述的反动。之所以选择"表现"和"描写"这两个文学因素作为检验个别诗人风格的参照点,主要受到了美国学界不同时期学术风气的影响。她指出:"80年代初期的美国文学批评界,'描写'正是许多批评家所探讨的重点。在逐渐走向后现代的趋势中,人们开始对视觉经验的诸多含义产生了格外的关注。而这种关注也就直接促成了文学研究者对'描写'的兴趣。""从某种程度看来,这种对'描写'的热衷乃是对前此的 20 世纪六七十年代文化思潮的直接反应。20 世纪六七十年代间,美国研究文学的学者们特别专注于情感的'表现'问题,其中尤以普林斯顿大学于 1971 年出版的《表现的概念》(*The Concept of Expression*, by Alan Tormey)一书为代表。"[2]孙康宜这样直陈自己理论前见的态度使其在进行具体的六朝文学的梳理和研究时保持了十分清醒的立场,她没有像其他汉学家一样把西方的理论混同于中国的观点,也保持了援引西方的理论标尺撬开中国诗学大门时应有的审慎。她之所以把"表现"和"描写"用作两个既对立又互补的概念来讨论,"一方面为了配合现代美国文化思潮的研究需要,另一方面也想利用研究六朝诗的机会,把中国古典诗中有关这两个诗歌写作的构成因素仔细分析一下"[3]。

孙康宜认为六朝诗歌是一种在"表现"和"描写"基础上成长起来的抒情文学,因此通过梳理六朝诗人作品中的"表现"和"描写"既可以理解六朝独特的抒情传统,也可以"给古典诗歌赋予现代的阐释"。在孙康宜看来,六朝的诗歌中并

---

[1] 孙康宜:《抒情与描写 六朝诗歌概论》,上海:上海三联书店,2006 年,总序第 3 页。
[2] 同上书,中文版序言。
[3] 同上书,中文版序言。

没有什么绝对的"抒情"与"描写",二者并不是对立存在的。当六朝的诗人们尝试通过改变自我的感觉去超越政治时,外在的自然便成了除政治外更加广阔的注视中心,成了其抒情范围内一个较重要的组成部分。"诗人对其自我在外部世界中的定位或再定位,引发了诗歌创作的一个新拓展:在视觉残像的一段,站着一个个性化了的对于感情的'抒发',而在另一端,站着一个触目可见的对于自然现象的'描写'。"孙康宜认为在六朝诗歌中"抒情"和"描写"获得了"联姻",并"最终发展成为阅读中国诗歌的一种主要的参考构架"。在追踪中国诗歌中这两个基本要素之复合发展(同时包括延续和中断)的轨迹时,孙康宜挑选了陶渊明、谢灵运、鲍照、谢朓、庾信五位诗人当作"重要的路标""来标示六朝诗歌中'抒情'和'描写'渐趋接近的漫长里程"[1]。

孙康宜之所以把陶渊明放在最前面,是因为她认为陶渊明通过诗歌中对于"自我"的急切寻觅,表露了其对于历史和自然的真诚关心,并借此扩大了自我抒情的领域,为抒情诗体的成熟开辟了道路。"念之动中怀",孙康宜认为陶渊明的诗歌充满了抒情的音符,诗的很多主题都是诗人感情,如《诗大序》"诗者,志之所之也,在心为志,发言为诗"所言明的一样,为内心感情的发抒。"正是陶渊明个人的声音,复活了古代的抒情诗,宣告了他对一个多世纪以来在文学界占统治地位的那种哲理诗歌模式的背离。……玄言诗缺乏感情的声音,而陶渊明诗的特征却在于高质量的抒情。""陶渊明的贡献不只局限于使古典抒情诗复活;实际上他的诗歌抒发了普遍的人类感情。"[2]孙康宜之所以给予了陶渊明在六朝抒情传统中十分重要的地位,是因为她认为陶渊明有着一种不同于同时代其他诗人的一种处理抒情主体的方法。在陶诗里,一切都是用抒情的口吻来表达的,诗作中很多诗句直接就是诗人心中最隐秘的情感的披露,是对于纯粹个人生命的领悟,体现了陶渊明十分明显的独立个性。这种独立的个性表现在形式上,具体体现为陶诗中那种富有弹性的结构,那种诗歌文法的自由与多样化。"陶渊明的诗歌是反其时代潮流的一种个性化创作,其'平易'正是自我抒情的一个信号。"[3]而这种个性化,孙康宜认为体现为"自传"和"自然"两个方面。

---

[1] 孙康宜:《抒情与描写 六朝诗歌概论》,上海:上海三联书店,2006年,中文版序言。
[2] 同上书,第10页。
[3] 同上书,第14页。

首先,孙康宜认为陶渊明的诗歌充满了对于自己生命中"自我认知"(self-realization)这一终极目的的界说,呈现为一种自传体的模式。陶渊明本人往往是其诗歌表现的重要主题,他的诗歌酷似"一种用形象做出自我界定(self-defination)的'自我传记'(self-biography)"①。陶渊明披露"自我"的自传式诗歌是借助虚构的口吻来完成的。"他把自己对诗中主角直接经验的关注放在视焦中心,从而成功地使其诗歌达到了共性的高度……他在'写实'(factuality)与'虚构'(fiction)两端之间走平衡木,把中国文学带进了更加错综和多样化的境界。"②依此理论出发,孙康宜较为详细地分析了陶渊明的《桃花源》诗、《拟古》诗系列、《五柳先生传》、《杂诗》、《咏荆轲》和《饮酒》等作品。在分析了陶渊明的《桃花源》诗之后,孙康宜指出,陶渊明把自己化身为那些生活在理想国里思想通达的人,借此把虚构与自传、想象中的自我认知与自传式的映象契合无间地结合在了一起,进而使整首《桃花源》诗都具备了自传式诗歌的性质。这种自传性质在《拟古》第五首中表现为陶渊明以戏剧性的手法,突破了传统抒情诗的藩篱,创制了一种能够清晰而直接地表达自己思想的新诗体。这种新的抒情诗体的艺术技巧主要在于"构造一幕纯客观的人物场景,从而更公开地观照自我"。其突出的特征就是"抒情的冲动加上叙述的客观距离"。"咏史诗"是诗歌体裁的一大类,孙康宜认为从左思到阮籍的作品虽然不乏抒情的成分,但是他们的作品中更多的是一些消极的牢骚和"奄奄凄凉"。"咏史诗"到了陶渊明这里,他在自己的诗作中"不懈地寻觅理解他的朋友,这使他诗中的自我界说增加了一定的深度。他在历史的范畴内,最大限度地探索了'知音'这个概念"③。陶渊明通过对古代有德人的歌颂和赞美,大大地拓展了抒情诗的视野。他的作品中充满了一种自我实现(self-fullfilling)的幻想,这种幻想恰恰是基于其在历史中寻找知音的自信。这种自信是和自己无法自我满足的忧郁情绪结伴而行的。恰是这种自信和忧郁的多元性情感使陶渊明的作品呈现出了一种直率的自我表达方式,而"他的'自我意识'(self-consciousness)则为中国诗歌注入了新鲜的活力"④。因此,孙康宜在分析了陶渊明其他几首作

---

① 孙康宜:《抒情与描写 六朝诗歌概论》,上海:上海三联书店,2006年,第15页。
② 同上书,第15—16页。
③ 同上书,第27页。
④ 同上书,第29页。

品后认为"作为'自传式'诗歌的主角,陶渊明不仅告诉我们他所有的欢乐和悲哀,而且还告诉我们他的感情的精神价值。自古以来,中国诗歌第一次获得了如此强烈的自信"①。

其次,孙康宜认为陶渊明作品中流露的泰然自若的情感来自其对自然的信赖。孙康宜认为陶渊明的"挽歌诗"在其孤独的感情和对"自然"的无条件信赖之间达到了巧妙的平衡,其作品具有了中国诗歌里难得一见的客观构思的效果,意味着诗歌中文学批评的一个转折点。陶渊明的作品里少了类似《古诗十九首》那种对于稍纵即逝的生命的悲哀,其"别出心裁之处在于他那征服死亡的抒情",在于"一种对死亡的强调意识和积极态度"。孙康宜认为陶渊明诗歌的这种客观性"产生于顺应自然的信念,而非产生于冷静的推理,本自道家庄子'大化'的思想"②。"陶渊明的回归'自然'、回归'大化',可以把它放在余英时称之为 Neo-Taoist Naturalism 的魏晋思想特征之上下文来理解。然而陶渊明最伟大的成就,还在于通过从自己日常所诚心诚意实践着的道家对待自然的态度中获得灵感,从而在诗歌中创造了一个抒情的世界。他诗中所描写的自然,往往与质朴的'道'同义。"③陶渊明往往把自己作为自然的一部分,用融合自我的眼光观照外在世界的所有侧面。因此,"他的诗歌不再局限于主观的抒情,而是扩展到包容自然的运行"④。在陶渊明看来,"自然"不只是像陆机所言的"遵四时以叹逝,瞻万物而思纷,悲落叶于劲秋,喜柔条于芳春"一样鼓荡人心,其实还能起到镇定和净化感情的作用。因此,陶渊明的作品凭借自然表达的是一种有意识的自我认知,一种升华了的自我控制的情感。对此,孙康宜总结说,"'自然'是自我认知的钥匙,这个信念独特地处在陶渊明诗法(我想称之为'抒情诗的升华'[lyrical sublimation])的中心位置"⑤。

刘勰曾经如此描述刘宋之后的文学创作走向:"自近代以来,文贵形似,窥情风景之上,钻貌草木之中……故巧言切状,如印之印泥,不加雕削,而曲写豪芥。"在这一强调"描写"的文学潮流中,谢灵运是最著名的诗人。孙康宜认为"谢灵运

---

① 孙康宜:《抒情与描写 六朝诗歌概论》,上海:上海三联书店,2006年,第39页。
② 同上书,第41页。
③ 同上书,第42页。
④ 同上书,第45页。
⑤ 同上书,第49页。

的山水诗是艺术的创造、真正的抒情"。"谢灵运的手段是美学的,他的诗歌是'艺术意识'(artistic consciousness)的产物。"①这主要基于以下三点认识:第一,孙康宜认为谢灵运第一个在诗中激起了强烈的描写意识。谢灵运经常运用"惊""险"这样的字眼去描述他那生气勃勃的旅行,这既打破了生活中狭隘的范围的局限,也体现了谢灵运掘进和拓展生活的深度与广度的努力。这样的描写既使谢灵运的作品呈现出了十分生动活泼的情味,也反向体现了谢灵运经受政治挫折强烈打击之后的郁闷心情。"自我完成的审美快感和不可避免的幻灭情感"②是并存于谢灵运的山水描写之中的。第二,孙康宜认为谢灵运有着其独特的描写激情的方法。一方面,谢灵运不像陶渊明一样为了激励自己而把目光投向古代的贤者(知音),而几乎"总把'视觉的经验'(他称为'观')作为抚平烦恼的法宝"③。另一方面,在谢诗的风景描写中,采用的是一种"同时的描写"(synchronic description)。"它成功地传达了中国人的一种认识——世间一切事物都是并列而互补的。明显不同于实际旅行的向前运动,谢灵运在其诗中将自己对于山水风光的视觉印象平衡化了。他的诗歌就是某种平列比较的模式,在他那里,一切事物都被当作对立的相关物看待而加以并置。在这种有序的扫描中,无论一联诗句内的两组印象彼此之间的差异多么大,他们都必然是同时产生的。"④谢灵运的"同时的描写"本无什么特殊之处,只不过是中国"对应"(parallelism)的传统宇宙哲学的一种反映。关键在于谢灵运以一种对仗描写的手法准确地抓住了事物的精神,因此孙康宜高度评价谢灵运,认为谢灵运以"对应"的方法漂亮地表达了中国人的生活精神意识。第三,孙康宜认为谢灵运擅长一种"描写现实主义"(descriptive realism)的描写手法。谢灵运对自然界加以深刻描写、精心设色、直接观照。具体来说,"他的赋的描写不带个人的主观色彩,而在他的诗里却有某种对于自然之瞬间'感觉'(perception)的强调"⑤。

孙康宜对鲍照的评价较高,认为他扭转了谢灵运留下的对仗描写的负担,第

---

① 孙康宜:《抒情与描写 六朝诗歌概论》,上海:上海三联书店,2006年,第55页。
② 同上书,第85页。
③ 同上书,第68页。
④ 同上书,第69页。
⑤ 同上书,第79页。

一个"有意识地在谢灵运所树立的眼界之外,去追求一种新的文学视野"①。"有意识地把他的感情投入他的视觉经验。然而他不像陶渊明那样创造出某种象征性意象——如青松、流云和归鸟,恰似其自身固定的寓意物;他对变换着的景物所能提供的隐喻义更有兴趣。光、色、动作,都赋予他的视觉探求(visual exploration)以想象力。"②孙康宜这里突出强调了视觉经验在鲍照描写中的重要作用,她认为鲍照这种基于典型描写模式基础之上的视觉手法使他"能够专注于物的真正冲动,那使他有可能发觉生活内在联系的真正动力"③。孙康宜从文学发展史的角度出发,给鲍照这种动力之下所创作的作品加以"社会现实主义"(social realism)的巧妙命名,同时指出,这种表层现实主义描写背后是那种男子作闺音的强烈抒情。鲍照在其作品中把故事讲述、描写、戏剧对话等抒情方式强有力地混合在一起,最终实现了个人和社会的合二为一。这样一来,"鲍照的诗歌已经成为外部世界与他个人世界之间的一条纽带:他最擅长在诗里反映他个人的经历,同时在生活的纷繁现象中将自己对象化"④。

对于谢朓,孙康宜通过梳理南齐名流圈子里的形式主义潮流,认为谢朓是最优秀的诗人,他在抒情传统上的贡献主要有两个方面:一方面,谢朓的用沙龙体八句写成的作品具有像唐律那样分成三部分的结构形式。在唐律中,"抒情的自我犹如经历了一次象征性的两阶段的旅行:第一,从非平行的、以时间为主导的不完美的世界(第一联),到平行的、没有时间的完美状态(第二联和第三联);第二,从平行而丰满的世界,回到非平行而不完美的世界(第四联)。通过这样一种圆周运动的形式化结构,唐代诗人们或许感到他们的诗歌从形式和内容两方面,都抓住了一个自我满足之宇宙的基本特质"⑤。孙康宜认为谢朓的作品恰恰是唐代这种新的抒情结构的开端。另一方面,"谢朓通过对山水风光非凡的内化(internalization),创造了一种退隐的精神,一种孤独而无所欠缺的意识"⑥。

在该书的最后一章,孙康宜把篇幅留给了庾信。孙康宜认为庾信的贡献在于

---

① 孙康宜:《抒情与描写 六朝诗歌概论》,上海:上海三联书店,2006年,第91页。
② 同上书,第99页。
③ 同上书,第107页。
④ 同上书,第116页。
⑤ 同上书,第145页。
⑥ 同上书,第157页。

他创制了一种"形式现实主义"的手法,这种手法不仅是咏物诗的模式,也是宫体诗的模式。"这形式上的革新,其实是支持当时所有转变时代精神的一种特殊表达。"①庾信应景突破了当时流行的宫体诗的藩篱,其用质朴的语言表达强烈感情的方式非常接近陶渊明。庾信北渡之后的诗歌"开始看到一种可谓之'广抒情性'(expanded lyricism)的新视点,其中两种主要因素——'个人的'和'政治历史的'——很自然地合而为一了"②。在庾信的抒情诗里,总有一个内在统一的自我,把复杂多变的现实生活调整到一个统一的口吻之中。"诗人通过他对历史和政治的思考,只能揭露能够被披露的那些历史和政治。在这种抒情诗的历史模式之中,是主观感情在担负着重要的作用。"③孙康宜对比了庾信前期"形式现实主义"向后期抒情风格的转化轨迹,她认为虽然庾信的个性使其天生倾向于一种"中庸的现实主义",但是后期的庾信有足够的自由去超越个人的悲戚。其作品中镇静的描写展现了庾信成熟的"视觉现实主义"的表现手法。这种视觉现实主义是一种"感官现实主义",和庾信早期的宫体诗写作不无关系,但是孙康宜认为北渡之后的庾信"对个人价值的新的强调,使一种新的风格,或者毋宁说是一种混合的风格得以兴起。这种风格,是更为广阔的现实主义与辞藻修饰、直率抒情与艳情描写的联姻"④。庾信早期的作品是缺乏抒情性的,但是庾信在其北渡后的作品中巧妙地平衡了"描写"与"抒情"两种模式的关系,使自己的作品兼具了这两种模式的美学效果。"庾信后期的诗歌,含有大量罕见其匹的自我抒发(self-expresssion)和自我认知(self-relization)。"孙康宜认为抒情诗在庾信的手里实现了个人化的转变,其在抒情诗方面的最高成就是"将个人的感情和对历史的深切关心——这种关心最终超越了狭隘的自我——统一了起来"⑤。也正是基于此种认识,孙康宜认为六朝虽然政治上不统一,但是这一历史时期里,"中国诗歌之抒情被探索到了极限",而庾信正是"六朝精神活生生的表达"。

---

① 孙康宜:《抒情与描写 六朝诗歌概论》,上海:上海三联书店,2006年,第189页。
② 同上书,第193页。
③ 同上书,第194页。
④ 同上书,第201页。
⑤ 同上书,第206页。

## 二

孙康宜的另外一部著作《晚唐迄北宋词体演进与词人风格》分别选取了温庭筠、韦庄、李煜、柳永和苏轼几个词人，概述了晚唐到北宋这一历史时期词体的演进与词人风格的变化。其中涉及了很多抒情因素的讨论，在很大程度上弥补了高友工所建构的抒情传统中北宋这一段的历史空白。在该书中，孙康宜注意到了通俗词的抒情性，并对其抒情技巧展开了讨论。孙康宜认为"敦煌抒情词最显著的技巧是：开头数句会引介情境，亦即词人会用直截了当的短句来抒发情感或开启疑窦"。到了唐代的通俗曲词则"每每以直言披露情感，语调朴拙直坦"。这种风格直接影响了晚唐乃至宋代的文人词写作。以韦庄为例，通俗曲词重感性的特征对韦庄的词产生了很大的影响。她认为韦庄的词对感性的强调使他"不但喜欢道出心中所想，而且也喜欢顺手导出读者的心绪。直言无讳的修辞言谈一旦结合附属结构与直述词，作者就得敞开心扉，把意图暴露在众人之前"[①]。也正是因为这一点，韦庄成功地把自己诗中的"个人情感与'自传'细节转化为直接的陈述"[②]。孙康宜认为这种逐渐揭露感性的词到了李煜这里逐渐演化为对个人情感的直接抒发及对心扉深处个人思绪的敞开。这种个性情感的表达往往体现在李煜本人对"月"和"梦"等意象的感性抒写，他的词显得真而无伪，往往直抒胸臆。不管是直言无隐的抒情企图还是欲说还休的言传模式，李煜的各种风格特色都会涉及其坦然率直的根本修辞策略。除此外，李煜也十分喜欢"制造意象"使用明喻来表达感情的深浅，强调人类情感的特殊意义。孙康宜认为，李煜最强烈的抒情大多出现于晚年，而这时的抒情是"叙述"与"描写"兼而有之的。"我所谓的'叙述'与'描写'，是指词义外现的风格，基本上和抒情的'内铄'者处于对立之局。抒情者会渐次强调经验的内化，非抒情者则会将生命客观化。"[③]李煜晚期词作是基于抒情感性的美学之上，而不是在叙事的色彩上。孙康宜认为，李煜晚期词"感性的自我融会在过去的各种群己关系之中。在抒情的一刻，词中的自我会观照生命灵视的意义，而词家所追忆的过往人际关系也跟着浮现，再度厘清眼前美感经验的

---

① 孙康宜：《抒情与描写  六朝诗歌概论》，上海：上海三联书店，2006年，第38页。
② 同上书，第44页。
③ 孙康宜：《词与文类研究》，北京：北京大学出版社，2004年，第73页。

基本价值。他人虽然不过是个人的附属品,却也不仅仅是抒情时刻所回忆的对象,因为人我之间早已交织成一片。相对地,内省的过程也会因此而变得更为绵密"①。这使他在创作中成功地把外在的现实转化为了抒情自我的内在感性世界的附加物,这种化外相为抒情的手法对词艺的发展产生了巨大的影响。在谈及柳永的词作风格时,孙康宜认为柳永最主要的艺术成就之一就是把抒情和意象语谨慎地结为一体。柳永通过领字,把情感的推衍与意象的细写结为一体。孙康宜认为柳永发展起来的最富创意的技巧就是"摄影机拍出连续的镜头"(the progression of the camera-eye view),通过这样的手法,柳永把词景的连续化为时空并重的画面,而感性的经验经由心灵转化为名实相符的内省性表白。因抒情自我(lyric self)参与其词句之中,所以柳永的词不只是单纯的写景,"词人的自我所面对的乃一辽阔的现实,可以绵延而拥抱整个虚构世界"②。这种"'完美的抒情自我'可以吸取外在世界的一切意象"③而不为时限,行文环勾扣结的多面性结构是柳永"完美的抒情"的质素的原因。孙康宜认为,虽然柳永的词作中存在一种线性的时间结构,但是其"所谓'叙述上的连场戏'(narrative continuity)却挡不住追求抒情的基本关怀"。"叙述与写景巧妙融为一炉,抒情的表现又特有倚重,显然才是柳永的词艺伟大的原因。"苏轼的词是迥别于柳永的词的一种新的词体,但是在谈及苏轼的词的抒情风格时,孙康宜认为"对苏轼来讲,'词'是反映生命美学经验的最佳工具:他不仅让想象力驰骋在其中,而且还借着创作的过程把生命和艺术融为一体。这种因词而体现自我的方式,恐怕是抒情文学最独特的功能"。苏轼的词和柳永的一样都重视对自我的表现,区别之处在于,苏轼更多地把自我情感的表现留在了自己的词前小序里。"如果词本身所体验的抒情经验是一种'冻结的'、'非时间'的'美感瞬间'——因为词的形式本身即象征这种经验——那么'词序'所指必然是外在的人生现实,而此一现实又恒在时间的律动里前进。事实上,'词序'亦具传记的'向度',——这是词本身所难泄露者,因为词乃一自发而且自成一格的结构体,仅可反映出抒情心灵超越时空的部分。"④一旦词序成

---

① 孙康宜:《词与文类研究》,北京:北京大学出版社,2004年,第79页。
② 同上书,第106页。
③ 同上书,第107页。
④ 同上书,第125页。

为全词自我体现的抒情动作的对应体,那么整首词就会化为永恒的现实的"抒情性版本"。在其慢词里,苏轼经常浓缩自然景致,以便架构抒情语气。"种种感官印象都被冻结在诗人的抒情灵视里。"①孙康宜比较详细地研究了苏轼词的抒情结构。认为苏轼词的抒情特征之一,就是借他人之酒杯,浇自己心头之块垒,挖掘他人的感情,但也从不否认这些感情源于自己的想象。苏轼善于运用"感情的投射"(projection of feeling)的文学手法,移情地处理周围的景物。另外,苏轼把乐府歌谣中原属于"叙事"作品的套语,转化成为抒情的"词法"。"就某方面而言,苏轼融通柳永的慢词结构和李煜的原型意象,发展出独树一帜的词中意境。"②苏轼的词和柳永摄影机式的视镜不同,他采取的是全景式的序列结构,通过别具一格的抽象自然意象将破碎的思绪凝结成环环相扣的一体,使心情得以无遗展现,想象力得以彻底发挥。

## 三

综观孙康宜对六朝抒情传统的梳理,有几个关于现实主义的提法非常值得注意。它们分别是谢灵运的"描写现实主义"(descriptive realism)、鲍照的"社会现实主义"(social realism)以及庾信的"形式现实主义"和"视觉现实主义"。可以肯定,孙康宜不是从现代文论的角度出发来使用这几个术语的,但是我们似乎可以从中窥见其研究六朝抒情传统时遵循的学术路径。这是一条游离于历史与文本之间的学术路径,既最大限度地接近文本,又对历史和社会实存始终保持客观视角的审慎。我认为这恰是孙康宜在构建中国抒情传统的系统工作中能够超越陈世骧和高友工等人的地方。汉学界对于孙康宜的理论和阐述提出了很多具有建设性的批评意见。侯思孟(Donald Holzman)指出孙康宜一方面宣称"六朝文学是以一个伟大创新时代而存在的,尽管因为政治的分裂或者恰是因为政治的分裂中国的抒情诗在此发展到极致",另一方面又在讨论梁武帝统治时期的文学时认为,梁朝提供给诗人的和平和稳定的感觉对中国文学的繁荣产生了关键性的(crucial)影响。这实际上在文本表述方面体现出了孙康宜文学观念的矛盾之

---

① 孙康宜:《词与文类研究》,北京:北京大学出版社,2004年,第129页。
② 同上书,第153页。

处。① Robert Joe Cutter 明确指出了孙康宜的三个失误之处：首先，她过高地评价了曹植通过文字表达内心深处感情的地位和影响，因为通过文字表达个人感情的诗作在曹植之前就普遍存在；其次，因为建安时期诗赋之间相互影响的现象在建安时期就已经普遍存在，因此孙康宜通过并置诗和赋的风格来讨论谢灵运的创作的独特性并不具有说服力；最后，Cutter 认为孙康宜在讨论玄风和玄言时直接把新道家主义与玄学相对译本身缺乏严格的界定和诠释。②

　　孙康宜对于晚唐迄北宋词体演进与词人风格的描述也非常具有创建性。海陶尔(James Hightower)、林顺夫(Lin Shuen Fu)、刘若愚和叶嘉莹都曾对词的风格问题展开过讨论，但是他们关注更多的是词中的个人角色或代表性的词人。孙康宜的创新之处在于她把自己所选定的温庭筠、韦庄、李煜、柳永和苏轼等几个具有代表性的词人放置在了"文学中词体演进"这一观念框架中加以描述，因此其著作更多地具有了某种文学批评史的价值和意义。白璧微瑕，一些学者对于孙康宜的细节处理提出了商榷意见。刘若愚明确提出了两点批评意见。首先，他认为孙康宜表现出了过度简单化的处理方法。其著作中以"暗示意"(implicit meaning)/"直陈意"(explicit meaning)、"意象的语言"(imagistic language)/"表现的语言"(expressive language)与"文人词"(literati tz'u)/"通俗词"(popular songs)这种二分法术语分析问题的倾向非常容易导致人们对中国词的错误印象，进而模糊诗歌的整体属性。因为诗歌是语言的、文化的、知识的和艺术的多种因素的综合，并非任何层面的二元对立式的分析就可以加以解读概括的。其次，刘若愚认为，过于强调创新自然不可避免地导致孙康宜对于冯延巳、晏殊、欧阳修和秦观等一些"正统"词人的相对忽视，而这些"正统"词人和孙康宜所引述的那些词人的内在审美价值是可等量齐观的。因此，孙康宜的这部著作并不能视为其所论时代关于词的风格的综合史，而只能视为对于早期词的发展的一种里程碑式的介绍。芝加哥大学的 Anthony C.Yu 认为苏轼 1080 年之后的律诗也已成为他表达其内心苦恼、愤怒和抗议情绪的最佳载体。所以孙康宜把苏轼的词看作最能表现其内心深处感情的形式的说法有些不妥。③

---

① Donald Holzman, *Harvard Journal of Asiatic Studies*, Vol.48, No.1 (Jun., 1988), pp.249-250.
② Robert Joe Cutter, *The Journal of Asian Studies*, Vol.46, No.3 (Aug., 1987), p.636.
③ Anthony C. Yu, *The Journal of Asian Studies*, Vol.41, No.2 (Feb., 1982), p.318.

## H. A. 翟理斯：英国汉学史上总体观照中国文学的第一人

福建师范大学文学院　葛桂录　徐　静①

翟理斯(Herbert Allen Giles,1845—1935)在英国汉学发展历程中,上承理雅各(James Legge,1814—1897),下启韦利(Arthur Waley,1889—1966)。尽管他与后两位在相关问题上颇有争议,但恰好表明了英国汉学家对中国某些问题关注度上的一致性及前后传承关系,这些特点也表现在其对中国文学的译介和研究上。

翟理斯的汉学著作颇丰,其所观照的中国问题既涉及民族、思想等大课题,也对中国的各种习俗,诸如女性裹脚等颇为用心。这也许在很大程度上得益于其童年及少年时代所受之教育。1845年,翟理斯出生于英国牛津北帕雷德(North Parade,Oxford)一个具有浓厚学术氛围的家庭之中。在父亲的熏陶下,他涉猎了拉丁文、希腊文、罗马神话等,并接触到了历史、地理、文学、艺术等各类学科。这种开阔的视野一直延续到他与中国相遇之后,幼年时代的艺术熏陶及由此而形成的艺术品位与修养,使他很快与中国文学结缘并对此有了某种独到的鉴赏力。

---

① 葛桂录(1967—),江苏泰州人,文学博士,福建师范大学文学院教授、比较文学与世界文学专业博士生导师,主要从事中英文学与文化关系研究,著有《雾外的远音——英国作家与中国文化》《他者的眼光——中英文学关系论稿》《中英文学关系编年史》《跨文化语境中的中外文学关系研究》《中英文学交流史》等。徐静(1984—),福建南平人,曾在福建师范大学比较文学与世界文学专业攻读硕士学位,参与过本文写作过程中的资料搜集及初步分析工作。

一

在中英文学交流史上,翟理斯译介中国文学方面的成就举足轻重。他的文学类译著主要包括《聊斋志异选》(*Strange Stories from a Chinese Studio*,1880)、《古文选珍》(*Gems of Chinese Literature*,1884)、《庄子》(*Chuang Tzu, Mystic, Moralist and Social Reformer*,1889)、《古今诗选》(*Chinese Poetry in English Verse*,1898)、《中国文学史》(*A History of Chinese Literature*,1901)、《中国文学瑰宝》(*Gems of Chinese Literature*,1923)等。除此外,他的其余汉学著述,如《中国札记》(*China Sketches*,1875)、《佛国记》(*A Record of the Buddhist Kingdoms*,1877)、《翟理斯汕广纪行》[*From Swatow to Canton（Overland*,1882)]、《历史上的中国及其他概述》(*Historic China and Other Sketches*,1882)等,在内容上也涵盖了部分中国文学的内容。因此,在翟理斯的著作中,读者可以深深地感受到中国文化、文学的韵味。相对而言,英国汉学的功利色彩较强,翟理斯的汉学著述亦无法避免,不过那种流淌于其行文中的中国文学情趣则足以令人耳目一新。

《中国札记》是一本评介中国各种风俗、礼仪、习惯等方面的著作,涉及的问题非常广泛。在该书序言中,翟理斯反驳了这样一种在当时欧洲广为流行的观点,即认为"中华民族是个不道德的退化的民族,他们不诚实、残忍,以各种各样的方式来使自己堕落;比松子酒带来更多灾难的鸦片正在他们中间可怕地毁灭着他们,并且只有强制推行基督教义才能将这个帝国从快速惊人的毁灭中拯救出来"[1]。并且以自己身处中国8年的经历来说明中国人是一个勤劳、清醒并且快乐的种族。[2] 翟理斯此后的许多创作皆延续了该书所关注的中国问题,并着力纠正其时西方负面的中国形象,这成为他撰著许多汉学著作的最重要出发点。在《中国札记》中,翟理斯已开始显现出对中国文学的兴趣。其讨论的话题中,便包括"文学"(literature)和"前基督时代的抒情诗"(pre-Christian lyrics)。翟理斯以为当时的汉学家只是在诸如科学、历史及传记类著述中才稍微提及中国文学,这使得当时欧洲许多渴望了解中国文学的人失去了机会。[3] 正是基于对中国文学

---

[1] H. A. Giles, *China Sketches* (preface), London: Trübner & Co., Ludgate Hill.Shanghai: Kelly & Co.1876.
[2] Ibid.
[3] H. A. Giles, *China Sketches*, London: Trübner & Co., Ludgate Hill.Shanghai: Kelly & Co.1876.p.23.

英译现状的不满，翟理斯于此方面用力最勤，这在其后来的汉学著作里有充分体现。

《历史上的中国及其他概述》分为三大部分，包括朝代概述、司法概述及其余各种概述。在叙述周、汉、唐、宋、明、清等六个朝代的历史演变中，加入了一些中国文学译介的片段。如在"唐"这一章节中，翟理斯插入了《探访君子国》(A Visit to the Country of Gentlemen)，即《镜花缘》的片段节译。由是观之，《镜花缘》起初并非作为小说来向西方读者介绍，更倾向于其史料上的文献价值，目的是由此窥探唐代的中国。宋代则选译了欧阳修的《醉翁亭记》，清代选译了蒲松龄《聊斋志异》中的一篇短篇故事。这些文学作品大都被翟理斯作为史料或作为史书的一种补充而出现，起到了以诗证史的作用。

翟理斯的一些涉及中国的杂论也多将文学作为一种点缀，如《中国和中国人》(China and the Chinese, 1902)、《中国绘画史导论》(An Introduction to the History of Chinese Pictorial Art, 1905)、《中国之文明》(The Civilization of China, 1911)、《中国和满人》(China and the Manchus, 1912)等。这些著述涉及中国的宗教、哲学、文学、风俗习惯等的介绍，并将文学视为了解中国人性格、礼仪、习俗诸方面的一个路径。

## 二

1880年，翟理斯选译《聊斋志异选》二卷在伦敦De Larue出版公司刊行，以后一再重印，陆续增加篇目，总数多达160多篇故事。这是《聊斋志异》在英国最为详备的译本，也是翟理斯第一部真正意义上的中国文学译著。在初版的《聊斋志异选·说明》中，翟理斯指出自己的译本所依是但明伦刊本："自他（指蒲松龄——笔者注）的孙子出版了他的著作（指《聊斋志异》）后，就有很多版本印行，其中最著名的是由道光年间主持盐运的官员但明伦出资刊行的，这是一个极好的版本，刊印于1842年，全书共16卷，小8开本，每卷160页。"[1]翟理斯还提示"各种各样的版本有时候会出现诸种不同的解读，我要提醒那些将我的译本和但明伦

---

[1] H. A. Giles, *Strange Stories from a Chinese Studio*, Vol.I, London: Thos. De La Rue & Co. 1880, Introduction xxiv.

本进行对比的中国学生,我的译本是从但明伦本译介过来,并用1766年出版的余集序本校对过的"。虽然余集序本现在已难寻觅,但仅从翟理斯个人叙述来看,其对《聊斋志异选》所依据的版本是经过挑选的。翟理斯选择了《聊斋志异》近500篇中的164篇,但最初并非选译,而是将但明伦本共16卷一并译介,只不过后来他考虑到:"里面(指《聊斋志异》)的一些故事不适合我们现在所生活的时代,并且让我们强烈地回想起上世纪(指18世纪——笔者注)那些作家们的拙劣小说。另外一些则完全不得要领,或仅仅是稍微改变一下形式而出现的对原故事的重复"①,而他所最终选译的164篇故事则是"最好的、最典型的"。这些短篇故事也最具有中国特色,最富有中国民间风俗趣味的气息,其他作品除翟理斯所言"重复"原因外,也由于在观念、礼仪、生活习惯等方面的相似性而被排斥。

翟理斯译介《聊斋志异》的目的在于,"一方面,希望可以唤起某些兴趣,这将会比从中国一般著述中获得的更深刻;另一方面,至少可以纠正一些错误的观点,这些观点常常被那些无能而虚伪的人以欺骗的手段刊行,进而被当作事实迅速地被公众接受了"。他一再强调"虽然已经出版了大量关于中国和中国人的书籍,但其中几乎没有第一手的资料在内",因而那些事关中国的著述就值得斟酌。他认为"中国的许多风俗习惯被人们轮流地嘲笑和责难,简单地说,是因为起传达作用的媒介制造出了一个扭曲的中国形象"。而试图纠正这种"扭曲"的中国形象,正是翟理斯诸多汉学著作产生的一个重要原因。为了说明这一点,他还引用泰勒(Edward Burnett Tylor,1832—1917)②的《原始文化》一书,否定了那种荒唐的所谓"证据":"阐述一个原始部落的风俗习惯、神话和信仰须有依据,难道所凭借的就是一些旅游者或者是传教士所提供的证据吗?他们可能是一个肤浅的观察家,忽略了当地语言,也可能是一个粗心带有偏见的,并任意欺骗人的零售商的未经筛选过的话。"翟理斯进而指出自己所译《聊斋志异》包含了很多涉及中国社会里的宗教信仰及信念和行为的内容,并谈到自己的译文伴有注释,因而对欧洲的读者更具启发性,也更容易被接受。这就是说,翟理斯通过文本译介与注释说明两方面,来向英语世界的读者展示他亟欲真正呈现的中国形象。如此处理使得《聊斋

---

① H. A. Giles, *Strange Stories from a Chinese Studio* ( preface ) ,Introduction xxix,以下翟理斯观点的引文皆出于此,不再另注。

② 爱德华·泰勒,英国最杰出的人类学家,英国文化人类学的创始人,代表作《原始文化》。

志异选》不仅展现了中国文学的重要成就,而且也具有了认识中国的文献史料价值。

确实,《聊斋志异选》译本的一个显著特色就是其中有大量注释。正如当时的一篇评述文章所说,"并非只有正文才对研究民俗的学人有帮助,译者的注释也都具有长久的价值,译者在注释中体现的学识产生了很大的影响"[1]。在有些故事译介中,注释的篇幅比原文的篇幅还要长。这些注释内容涉及中国的各种习俗、宗教信仰、传说、礼仪等,称得上是一部关于中国的百科全书。具体而言分为四大类:一是对中国历史人物的介绍,如关公、张飞等;二是对于佛教用语的解释,如六道、文殊菩萨等;三是对中国占卜形式的介绍,如"镜听""堪舆"等;四是对中国人做事习惯、性格的分析。这些注释对西方人了解中国的各种知识信息具有很强的实用性,更重要的是,这种实用性与此前翟理斯所著之汉语实用手册一类的书籍已有所区别。翟理斯通过译介如《聊斋志异》这样的文学作品,承载着更多涉及中国文化的信息。读者既能享受阅读文学作品带来的情感趣味,又可获得大量关于中国的知性认识。

在《聊斋志异选》中,翟理斯全文翻译了蒲松龄的自序《聊斋自志》(以下简称《自志》)及一篇由唐梦赉撰写的序文。蒲松龄在《自志》一文中引经据典,即便是当代的中国读者,倘使没有注释的帮助也很难完全理解其中的含义。因此翟理斯关于《自志》的注释与其正文中的注释并不完全相同,《自志》中的注释看来更符合中国本土士大夫阶层的习惯,不把重点放在民风、民俗等习惯的介绍上,而是重点解释典故之由来。[2] 如对于《自志》中最后一句"知我者,其在青林黑塞间乎"中的"青林黑塞"的注解如下:"著名诗人杜甫梦见李白,'魂来枫林青,魂返关塞黑'[3]——即在晚上没有人可以看见他,意思就是说他再也不来了,而蒲松龄所说的'知我者'也相应地表示不存在。"[4]除此外,仅在《自志》注释中所涉及的历史

---

[1] Books on Folk-Lore Lately Published: Strange Stories from a Chinese Studio, Folk-Lore Record, Vol.4, 1881.
[2] 或许确实存在一位帮助翟理斯的中国学者,但目前并无这方面的明确记载。
[3] 即杜甫的诗歌《梦李白》中的诗句。
[4] H. A. Giles, Strange Stories from a Chinese Studio, Vol.I, London: Thos. De La Rue & Co. 1880, Introduction xxii.

人物及相关作品就包括屈原①(其作品《离骚》,并不忘记提到一年一次的龙舟节——端午节)、李贺(长指甲——长爪郎,能快速地写作②)、庄子③、嵇康(是魏晋时期的另一个奇才,是著名的音乐家、炼丹术士,并提及《灵鬼志》中关于嵇康的故事④)、干宝(提到他的《搜神记》)、苏东坡、王勃(有才华,28岁时被淹死)、刘义庆(《幽冥录》)、韩非子、孔子⑤、杜甫、李白、刘损⑥、达摩。此外,也有少量关于习俗传说的注释,如三生石、飞头国、断发之乡、古代孩子出生的习俗、六道等。可以说,这些注释皆有典可考,具有很深的文化底蕴。

事实上,翟理斯对《聊斋志异》的译介已经具备了研究性的特征。或许是受到了中国学者"知人论世"学术方法的影响,翟理斯在篇首便介绍了蒲松龄的生平,继而附上上文所提到的《聊斋自志》译文,并作出了详尽准确的注释。"为了使读者对这部非凡而不同寻常的作品能有一个较为准确的看法与观点,我从众多的序言中选择具有代表性的一篇。"⑦翟理斯所选择的这篇便是唐梦赉为《聊斋志异》所作的序,翟理斯认同了唐序对蒲松龄文风的肯定及《聊斋志异》"赏善罚恶"的主旨。关于蒲松龄的文风,唐序云:"留仙蒲子,幼而颖异,长而特达。下笔风起云涌,能为载记之言。于制艺举业之暇,凡所见闻,辄为笔记,大要多鬼狐怪异之

---

① 对《离骚》书名的翻译显然是采用了东汉王逸的说法,即指"离开的忧愁"。
② 李商隐《李长吉小传》:"长吉细瘦,通眉。长指爪。能苦吟疾书。"翟理斯之注释当参考此文。
③ 翟理斯翻译了《庄子·齐物论》中的"女闻地籁而未闻天籁夫"一句。依翟氏的译文为:你知道地上的音乐,却没听过天上的音乐。
④ 《太平广记》引《灵鬼志》载:嵇康灯下弹琴,忽有一人长丈余,着黑衣革带,熟视之。乃吹火灭之,曰:"耻与魑魅争光。"翟理斯注释的乃是此故事。
⑤ 翟理斯的注释提到了《论语·宪问》中"子曰:'莫我知也夫!'"一句。
⑥ 《南史·刘粹传》附《刘损传》:"损同郡宗人有刘伯龙者,少而贫薄。及长,历位尚书左丞、少府、武陵太守,贫窭尤甚。常在家慨然召左右,将营十一之方,忽见一鬼在傍抚掌大笑。伯龙叹曰:'贫穷固有命,乃复为鬼所笑也。'遂止。"翟理斯注释的即是此事。
⑦ H. A. Giles, *Strange Stories from a Chinese Studio*, Vol.I, London: Thos.De La Rue & Co.1880, Introduction xxv.

事。"而翟理斯也认为在隐喻的价值和人物的塑造上只有卡莱尔可以与之媲美[1]，他评述蒲松龄的文字"简洁被推到了极致"，"大量的暗示、隐喻涉及了整个中国文学"，"如此丰富的隐喻与艺术性极强的人物塑造只有卡莱尔可与之相媲美"，"有时候，故事还在平缓地、平静地进行，但是在下一刻就可能进入到深奥的文本当中，其意思关联到对诗歌或过去三千年历史的引用与暗指，只有在努力地熟读注释并且与其他作品相联系后才可以还原其本来的面貌"[2]。而关于第二点，唐文中有云："今观留仙所著，其论断大义，皆本于赏善罚淫与安义命之旨，足以开物而成务。"翟理斯对此亦表赞成，"其中的故事除了在风格和情节上的优点，它们还包含着很杰出的道德。其中多数故事的目的——用唐梦赉的话来说——就是'赏善罚淫'，而这一定是产生于中国人的意识，而不是根据欧洲人关于这个问题的解释而得到的"。翟理斯还强调了该作品的"文人化"特征，说他在中国从未看到一个受教育程度比较低的人手里拿着一本《聊斋志异》。他也不同意梅辉立的"看门的门房、歇晌的船夫、闲时的轿夫，都对《聊斋志异》中完美叙述的奇异故事津津乐道"[3]的论调。虽然《聊斋志异》的故事源于民间，但是经过蒲松龄的加工后，它并不是一本易懂的民间读物，而这一点恐怕也会成为英语世界的读者接受的障碍。因此，翟理斯一再表明："作为对于中国民间文学知识的一种补充，以及作为对于中国人的风俗礼仪、习惯以及社会生活的一种指导，我所译的《聊斋志异》可能不是完全缺乏趣味的。"[4]

综上，翟理斯对于《聊斋志异》的译介主要立足于两个基点：一是通过这部作

---

[1] 对于这个对比是否恰当的问题，张弘的相关论述可以参考："中国读者恐怕很少人会把卡莱尔同蒲松龄联系在一起，因为一个是狂热歌颂英雄与英雄崇拜的历史学家，另一个是缱绻寄情于狐女花妖的骚人墨客；一个是严谨古板的苏格兰加尔文派长老信徒的后代，另一个是晚明个性解放思潮余绪的薪传者；一个是生前就声名显赫被尊崇为'圣人'的大学者，另一个是屡试不中的科场失意人；一个是德意志唯心精神在英国的鼓吹手，另一个是古代志怪小说在人心复苏的历史条件下的复兴者。如果硬要寻找什么共同点，唯一的相通之处就是两人都不用通俗的语言写作：卡莱尔有意识地破坏自然的语序，运用古代词汇，创造了一种奇特的散文风格；蒲松龄则在白话小说占据绝对优势的时候，重新操起文言文与骈文做工具。"参见张弘《中国文学在英国》（广州：花城出版社，1992年）第211—212页。而王丽娜则说："翟理思把蒲松龄与卡莱尔相比，可见他对《聊斋志异》的深刻理解。"参见《中国古典小说戏曲名著在国外》，上海：学林出版社，1988年，第215页。

[2] H. A. Giles, *Strange Stories from a Chinese Studio*, Vol.I, London: Thos. De La Rue & Co. 1880, Introuduction xxi.

[3] Ibid.

[4] Ibid.

品大量介绍关于中国的风俗、礼仪、习惯;二是基于对《聊斋志异》"文人化"创作倾向的认同。① 正是这两点的结合,促使了翟理斯将其作为自己译介的对象。这样的立足点与其时欧洲读者对于中国文化、文学了解的状况也恰好相对应,因此受到了读者的青睐。

## 三

1882年,翟理斯在《中国评论》(*The China Review*)上发表了一篇题为"巴尔福先生的庄子"(*Mr. Balfour's "Chuang Tsze"*)的文章,评论当时著名汉学家巴尔福(Frederic Henry Balfour,1846—1909)所翻译的《南华真经》(*The Divine classic of Nan-hua*,1881)②。开篇就说:"《南华真经》被翻译成一些蹩脚的三流小说,而不是中国语言中非凡卓越的哲学论著之一,我应该很乐意将上述提到的翻译者和评论者默默放在一起。正由于如此,我冒昧地出现在备受争议的舞台上。……后世的汉学家们绝不会断言,巴尔福先生的庄子翻译被1882年头脑简单的学生温顺地接受了。"③翟理斯批评巴尔福对于庄子著作中的一些核心概念的翻译很拙劣,并针对一些句子的翻译,列举巴尔福的译文与中文原著及他自己认为正确的翻译。可以说,翟理斯通过对巴尔福翻译的考察与批评,初步尝试了对庄子著作的译介。因而,他才有文中如此一段表述:"然而,尽管在这篇文章中提出了一些问题,但巴尔福先生翻译的准确性大体上是经得起检验的。我个人没有任何理由不感谢巴尔福先生翻译《南华真经》所做出的贡献。他的努力,也激发了我将从头到尾去阅读庄子的著作,这是我在以前从来没有想过要这样做的。"④

1889年,第一个英语全译本《庄子:神秘主义者、道德家、社会改革家》(*Chuang Tzu*,*Mystic*,*Moralist*,*and Social Reformer*)出版,正如翟理斯所说的那样,在理雅各博士的儒家经典之外,他发现了另一片天地。《庄子》一书可以看作翟

---

① 在1908年重版的"序言"里,有意识地将《聊斋志异》与西方文学作品比较:"蒲松龄的《聊斋志异》,正如英语社会中流行的《天方夜谭》,两个世纪来在中国社会里广泛流传,人所熟知。""蒲松龄的作品发展并丰富了中国的讽喻文学,在西方,唯有卡莱尔的风格可同蒲松龄相比较。""《聊斋志异》对于了解辽阔的天朝中国的社会生活、风俗习惯,是一种指南。"
② 巴尔福从1879年至1881年在《中国评论》第8、9、10期上发表了英译《太上感应篇》《清静经》《阴符经》等。其译著作为单行本在伦敦和上海出版的有《南华真经》和《道教经典》(1884)。
③ *The China Review*,*or Notes and Queries on Far East*,Vol.11,No.1,1882,Jul.,p.1.
④ Ibid.,p.4.

理斯对两个领域的重视,即道家思想与文学性。也就是说,《庄子》之所以受到翟理斯的推崇,主要是因为庄子瑰丽的文风及在这种文风中所体现出来的玄妙的哲学思想:"……但是庄子为子孙后代们留下了一部作品,由于其瑰丽奇谲的文字,因此占据了最重要的位置。"①

翟理斯专门邀请当时任教于牛津大学摩德林学院与基布尔学院的哲学导师奥布里·莫尔(Aubrey Moore),对《庄子》的一到七章即内篇进行哲学解读。奥布里·莫尔在自己的论文中提出,"试图在东西方之间找出思想与推理的类同,可能对于双方来说都是有用的。这种努力可以激发那些真正有能力在比较中理解两者概念的人们,来告诉我们哪些类同是真实存在的,哪些类同只是表面的。同时这种努力也可能帮助普通读者,习惯于去寻找和期待不同系统中的相似之处。而这两种系统在早年的人们看来,只存在差异,没有类同"②。曾经有一段时间,希腊哲学的历史学者常常指出哪些东西可以被认定为希腊思想的特征,同时将那些不契合这些特征的任何思想,都贬低地称为"东方的影响"。奥布里·莫尔指出,这种西方固有的偏见,直到1861年理雅各向英国介绍一系列以孔子为主的儒家著作,才开始有所松动。

奥布里·莫尔在文章中也说,"在不考虑两者之间是否有任何的盗版或抄袭他人作品的情况下,我们可以在庄子和一个伟大的希腊思想家之间,指出一些相似之处"③。他先是介绍了西方哲学传统中的"相对论"(relativity),接着说庄子的"对立面"(antithesis)包含于"一"(the One)之中,详细阐述庄子与赫拉克利特的比较:"庄子是一个理想主义者和神秘主义者,有着所有理想主义者对实用体系的憎恶,也有着神秘主义者对一种生活作为纯粹外在活动的蔑视。……我们接触到了庄子神秘主义所构成之物。赫拉克特特并非一个神秘主义者,但他却是一个悠久传统的创立者。这个神秘主义传统历经柏拉图,9世纪的艾罗帕齐特人狄奥尼西和苏格兰人约翰,13世纪的梅斯特·埃克哈特,16世纪的雅各布·伯麦,一直

---

① H. A. Giles,*Chuang Tzu*,*Mystic*,*Moralist and Social Reformer*,London:Bernard Quaritch,1889.
② H. A. Giles,*Chuang Tz:Taoist philosopher and Chinese mystic*,p.19.
③ Ibid.,p.20.

到黑格尔。"①

在《庄子》一书的说明中,翟理斯全文翻译了司马迁《史记·老子韩非列传》中庄子的传记。为了说明庄子的思想,翟理斯简要介绍了老子的主要思想——"道""无为","老子的理想主义已经体现在他诗歌的灵魂中了,而且他试图阻止人类物欲横流的趋势。……但是,显然他失败了,'无为'的思想无法使主张实用性的中国人接受"②。辜鸿铭曾经评价翟理斯"拥有文学天赋:能写非常流畅的英文。但另一方面,翟理斯博士又缺乏哲学家的洞察力,有时甚至还缺乏普通常识。他能够翻译中国的句文,却不能理解和阐释中国思想"③。当然,不可否认的是,翟理斯在汉学造诣的深度上与法国的汉学家相比,的确存在不少差距,但他的重点在于向英国人或者英语世界的读者普及与中国相关的诸种文化知识。这是翟理斯汉学成果的主要特征,但却并不能因此否认其对于中国思想的理解力。事实上,辜鸿铭所做的评论乃是针对翟理斯关于《论语》中的一则翻译而言的。而据笔者考察其关于《庄子》的译介,可以发现,对于庄子的思想,翟理斯的理解存在误读的现象还是比较少的。除对庄子文风的认同外,对道家思想(如对上文所述之老子思想),尤其是《庄子》中所体现出来的哲学思想已经有了较深入而准确的认识:"庄子尤其强调自然的情操而反对人为的东西。马和牛拥有四只脚,这是自然的。而将缰绳套在马的头上,用绳子牵着牛鼻子,这便是人为了。"④因此,在翟理斯看来,"《庄子》也是一部充满着原始思想的作品。作者似乎主要认同一位大师(指老子——笔者注)的主要思想,但他也设法进一步发展了这种思想,并且将自己的思考所得放进其中,他的这种思考是老子未曾考虑到的"⑤。翟理斯对于老子的《道德经》的真伪问题始终存在着疑问,但是对于《庄子》及道家在中国社会中所占的地位及所起的作用却认识得很到位:

---

① H. A. Giles, *Chuang Tz:Taoist philosopher and Chinese mystic*, p23. 王尔德正是借助翟理斯译本中奥布里·莫尔的论文,把握住了庄子思想的要旨,如其中的对立统一的辩证法思想及其中的理想主义与神秘主义色彩,而成为其唯美主义思想的域外资源。
② H. A. Giles, *Chuang Tzu, Mystic, Moralist and Social Reformer*, introduction, London:Bernard Quaritch. 1889.
③ 辜鸿铭:《中国人的精神》,黄兴涛、宋小庆译,海口:海南出版社,1996 年,第 121—122 页。
④ H. A. Giles, *China and Chinese*, New York and Landon D.Appleton and company, 1923, p.60.
⑤ H. A. Giles, *Chuang Tzu, Mystic, Moralist and Social Reformer*, introduction ix, London:Bernard Quaritch, 1889.

庄子,在几个世纪以来,他的确已经被定位为一位异端作家了。他的工作就是反对孔子所提倡的物质主义并诉诸具体化的行动。在此过程中他一点都不吝惜自己的措词。……词语的华丽与活力已然是一种受到承认的事实了。他也一直被收录于一本大规模的辞典《康熙字典》中。……但是,了解庄子哲学却无法帮助那些参加科考的读书人走上仕途。因此,主要是年纪稍大的人才学习庄子的哲学,他们往往已经赋闲或者是仕途受挫。他们都渴望一种可以超越死亡的宗教,希冀在书页中可以找到慰藉,用以反抗现存烦恼的世界,期望另一个新的更好的世界的到来。①

对于《庄子》的版本及《庄子》的注释,翟理斯在翻译过程中亦有所思考。因此他引用了《世说新语》中的说法,认为"郭象窃取了向秀的成果。向秀的庄子注已有出版,因此与郭象的庄子注一起流通,但是后来,向秀的注释的本子失传了,而只剩下郭象的本子"②,并于众多的庄子注释中选出了6种供欧洲读者参考。对于那些各家注释不一的地方,翟理斯说自己则"返回庄子所说的'自然之光'"③,从原典中找寻其中所要表达的真实内涵。这就是说,在对《庄子》进行译介的过程中,翟理斯下了一番苦功夫,并介绍了中国学者关于《庄子》内外篇的说法,认为"内篇"相对而言比较神秘,而"外篇"则比较通俗易懂。和"杂篇"相比,"外篇"具有一个较为统一易理解的思想内涵;而"杂篇"则包含了一连串截然相反且晦涩难懂的各种思想。"一般认为,'内篇'皆由庄子独立完成,但是,其他大多数章节显然都含有'他人'的迹象。"④翟理斯选取了《庄子》的三十三篇译成英语,在英国颇受欢迎,成为当时英国人认识中国文学与文化的一个桥梁。王尔德正是通过翟理斯的译本得以了解道家思想并与之产生共鸣的。⑤ 而毛姆在翟理斯的译本中也找寻到了自己的心灵契合点:

我拿起翟理斯教授的关于庄子的书。因为庄子是位个人主义者,僵硬的

---

① H. A. Giles, *Chuang Tzu*, *Mystic*, *Moralist and Social Reformer*, introduction xiv–xv, London: Bernard Quaritch, 1889.
② Ibid., introduction xii.
③ Ibid., introduction xiii.
④ Ibid., introduction xiv.
⑤ 可参阅葛桂录《奥斯卡·王尔德对道家思想的心仪与认同》,收入葛桂录:《他者的眼光——中英文学关系论稿》,银川:宁夏人民教育出版社,2003年。

儒家学者对他皱眉,那个时候他们把中国可悲的衰微归咎于个人主义。他的书是很好的读物,尤其下雨天最为适宜。读他的书常常不需费很大的劲,即可达到思想的交流,你自己的思想也随着他遨游起来。①

虽然翟理斯对《庄子》瑰丽的文风赞赏有加,但这种青睐更多的是源于对中国社会儒、释、道三家思想的关注。正因为此,翟理斯在此后也完成了一系列介绍中国社会各种哲学思想(在某些时候这些哲学思想也被称为某种宗教)的书籍,这方面的著作除上文所述及的《佛国记》外,还有《中国古代宗教》(Religions of Ancient China,1905)、《孔子及其对手》(Confunism and its rivals,1915)等。

总而言之,上述《聊斋志异选》与《庄子》选译本这两部著作,是翟理斯对中国文学的译介中最具代表性的且较完整的两部文学作品。当然,从两部著作的具体译介情况看,翟理斯并不是完全基于两部作品的文学性而选译的。通过《聊斋志异选》的译介,英语读者可以从中了解大量的风俗礼仪;而《庄子》的译介也在很大程度上源于翟理斯对中国社会各种思想的关注。也就是说,两部作品的文学价值与文献价值共同促成了翟理斯的选择。

### 四

1884年,翟理斯译著的《古文选珍》(Gems of Chinese Literature)由伦敦伯纳德夸里奇出版公司与上海别发洋行分别出版,一卷本,1898年再版。② 至此,翟理斯已经开始全面关注中国文学:"对于英语读者来说,想要寻找可以借以了解中国总体文学的作品,哪怕只是一点点,都只是徒劳。理雅各博士确实使儒家经典变得唾手可得,但是作家作品领域却依旧是一块广袤的处女地,亟待得到充分的开发。"因此,翟理斯"选择了历史上最著名作家的一部分作品向英语读者来展示,这些作品得到了时间的认可"。这的确是"在新方向上的一次冒险"③。在这部译

---

① W. S. Maugham, *On a Chinese Screen*. London: Heinemann, 1922, p. 95. 相关讨论参阅葛桂录《雾外的远音——英国作家与中国文化》(银川:宁夏人民出版社,2002年)之"'中国画屏'上的景象——试看毛姆的傲慢与偏见"一节内容。
② 1922—1923年,这两家出版商又分别出版了修订增补本,分上、下两卷。上卷为中国古典散文的选译与评介,与原一卷本之内容基本相同。下卷为中国古典诗词之选译与评介,乃新增部分。此二卷本1965年由美国纽约帕拉冈书局重印,在欧美有较大影响。
③ H. A. Giles, *Gems of Chinese Literature*, London: Bernard Quaritch, 15, Piccadilly. Shanghai: Kelly & Walsh,1884,preface.

著中，翟理斯基本上按照历史的时间顺序分别介绍了从先秦至明末的共52位作者及其109篇作品。此外，该书亦附有一篇中文的序，是由辜鸿铭介绍的一位福州举人粘云鼎撰写的：

> 余习中华语，因得纵观其古今书籍，于今盖十有六载矣。今不揣固陋，采古文数篇，译之英文，以使本国士人诵习。观斯集者，应亦恍然于中国文教之振兴，辞章之懿铄，迥非吾国往日之文身断发、茹毛饮血者所能仿佛其万一也。是为序。……翟理斯耀山氏识。

可以说，翟理斯是第一个对中国总体文学进行观照的英国汉学家。这里的总体文学更主要的是指一种纵向历史上的脉络。

如果说《古文选珍》是翟理斯对于中国文学散文的一种总体概述的话，那么1898年《古今诗选》(*Chinese Poetry in English Verse*)的出版则是他在诗歌领域的首次尝试。这部诗选所涉及的时间范围与《古文选珍》类似，上自先秦，下至清朝。既有《诗经》选译，又包括清代赵翼等人的诗歌。在该书卷首附有作者自己所撰写的一首小诗："花之国，请原谅我从你闪闪发亮诗歌宝库中攫取了这些片段，并且将它们改变后结集为一本书。"①在这首小诗中，翟理斯表达了自己对于中国诗歌翻译现状的不满，诗歌这种体裁在中国像珍宝一样闪耀着光芒，但"庸俗的眼光"却遮挡了这种光芒，只有耐心的学人才可以在"迷宫般语言的引导中领会这种光彩"②。选入这本集子中的诗人共有102人，其中包括被认为在中国传统文学史上占有重要地位的文人，如张籍、张九龄、韩愈、贺知章、黄庭坚、李白、李商隐、孟浩然、欧阳修、鲍照、白居易、蒲松龄、邵雍、苏轼、宋玉、岑参、杜甫、杜牧、王安石、王维、王勃、元稹、韦应物、袁枚、赵翼等。由此可见，翟理斯所选作家有较大的涵盖面，但所选译的诗作也并非完全为大家所公认的经典。

《古文选珍》与《古今诗选》两本译著的完成说明翟理斯对于中国文学的总体面貌已经有了较为全面的了解。事实上，在《古今诗选》完成之前，翟理斯先后完成了《华英字典》(*Chinese-English Dictionary*, 1892)、《古今姓氏族谱》(*A Chinese Biographical Dictionary*, 1893)、《剑桥大学图书馆威妥玛文库汉、满文书目录》

---

① H. A. Giles, *Chinese Poetry in English Verse*, London: Bernard Quaritch. Shanghai: Kelly & Walsh, 1898.
② Ibid.

(*Catalogue of the Wade Collection of Chinese and Manchu Books in the Library of the University of Cambridge*,1898)等三本具备工具书性质的著述,这对于学习汉学的欧洲读者来说具有很强的实用性。关于《华英字典》与《古今姓氏族谱》二书,翟理斯如是说:"从1867年算起,我主要有两大抱负:1.帮助人们更容易、更正确地掌握汉语(包括书面语和口语),并为此做出贡献;2.激发人们对中国文学、历史、宗教、艺术、哲学、习惯和风俗的更广泛和更深刻的兴趣。如果要说我为实现第一个抱负取得过什么成绩的话,那就是我所编撰的《华英字典》和《古今姓氏族谱》。"①的确,这两本字典性质的工具书在容量上可谓居翟理斯所有著作之首,其中凝结着翟理斯的许多心血。虽然正如翟理斯自己所言,这两部书籍的目的是使人们掌握汉语,但《古今姓氏族谱》的性质与《华英字典》却并不完全相同。在《古今姓氏族谱》中,翟理斯列举了中国历史及传说中的各类人物共2579条,其中不乏文学家,如屈原、曹植、嵇康、阮籍、王维、李白、杜甫、韩愈、白居易、欧阳修、黄庭坚、罗贯中、施耐庵、蒲松龄、曹雪芹等。此外,与文学相关的人物还包括一些古代的文学批评家,如萧统等。凭借这部著作,翟理斯也获得了欧洲汉学界的"儒莲奖"。事实上,翟理斯主要选取了这些人物最为人所熟知的事迹进行介绍,这主要是一些脍炙人口的小故事等,这些故事或出于正史,或出于野史与民间传说,标准并不统一。

另外,1885年,翟理斯译《红楼梦,通常称为红楼之梦》(*The Hung Lou Meng, commonly called The Dream of the Red Chamber*),载于上海刊行的《皇家亚洲文会北中国支会会报》(*Journal of the North China Branch of the Royal Asiatic Society*)新卷20第1期。皇家亚洲文会北中国支会为近代外侨在上海建立的一个重要文化机构,在中西文化交流过程中做出了突出贡献。② 1898年,其所著《华人传记辞典》(*A Chinese Biographical Dictionary*)由上海别发洋行(Kelly & Walsh)刊行。上文

---

① H. A. Giles,*Autobibliographical*,*etc.*,Add.MS.8964(1).Cambridge University Library,p.173.转引自王绍祥:《西方汉学界的"公敌"——翟理斯(1845—1935)研究》,福建师范大学2005年博士论文。
② 1857年9月24日,寓沪英美外侨裨治文(E.C.Bridgman)、艾约瑟(J.Edkins)、卫三畏(S.W.William)、雒魏林(W.Lockhart)等人组建了上海文理学会。次年,加盟英国皇家亚洲文会,遂更名为"皇家亚洲文会北中国支会";"所以名为北中国支会者,系立于香港的地位观之,上海居于北方故也。"(胡道静:《上海博物院史略》,《上海研究资料续集》民国丛书第四编,第81辑,上海:上海书店,1993年,第393页)

已提及的《剑桥大学图书馆威妥玛文库汉、满文书目录》则是翟理斯在继威妥玛任剑桥大学汉学教授之后所作。事实上,剑桥大学设置汉学教授这一职位的初衷主要是为了妥善管理威妥玛捐赠给剑桥大学的这批书籍,因此,翟理斯在接触到这些书籍后,便列出了这批书籍的目录。这些书目不论是对学习汉学的剑桥大学学生,还是对于国内学界而言,都具有很重要的文献价值。并且,对于了解这一时期的英国汉学水平也具有相当大的参考价值。

五

从写作时间上看,在汉学界产生重要影响的《中国文学史》,出现于翟理斯汉学译介生涯的中后期,它是翟理斯关于中国文学研究成果的总汇。当然,《古文选珍》《古今诗选》已为其写作这部文学史奠定了重要基础。同样,翟理斯在文学史料等方面的积累也不断向前推进,如于 1923 年刊行的《中国文学瑰宝》(诗歌卷、散文卷)中,作家的数量较之于《古文选珍》与《古今诗选》已经有了大幅度增加,其中许多已出现于《中国文学史》之中,在时间跨度上也从原来的明清时期延伸至民国。

翟理斯的《中国文学史》于 1901 年[①]由伦敦海涅曼(William Heinemann)出版社发行。这是英语世界出现的第一部中国文学史。该书主要是应英国文学史家戈斯(Edmund W.Gosse)之邀,而作为其《世界文学简史丛书》(Short History of the Literature of The World)中的一种而作。翟理斯接受友人戈斯的建议,在书中尽可能纳入作品的译文,以便让读者自己感受与评判,同时引证一些中国学者的评论,便于西方读者了解中国人自己如何理解、评析这些文学作品。原作翻译在书中占据不小的篇幅,而这些内容绝大多数是由翟理斯自己动手翻译。翟理斯的英译以明白晓畅著称。他曾引托马斯·卡莱尔的话"还有什么工作,比移植外国的思想

---

[①] 对于该书的初版时间存在的争议较多,主要集中于 1900 年与 1901 年之争,王丽娜和熊文华的相关论著中认为是 1900 年,而后来的学者多认为是 1901 年。笔者并未见到 1900 年版的《中国文学史》,而 1901 年的版本则有,因此此处暂时采用 1901 年为初版时间。该书随后于 1909 年、1923 年与 1928 年由纽约伦敦 D.阿普尔顿出版社(New York & London D.Appleton and Company)再版,1958 年、1967 年由纽约丛树出版社(Grove Press;Friderick Ungar Publishing Co.)再版,1973 年又由拉特兰郡查理斯 E.塔尔出版社(Rutland,Vt;Charles E.Tuttle Co.)再版。该书一版再版也从侧面说明了该书受英语世界读者的欢迎程度,翟氏于 1935 年离世,而该书出版至 1973 年,足见该书的生命力。

更高尚？"(《中国文学瑰宝》卷首引)来表明翻译异域知识的重要性。因而其译文颇能传达原作的神韵。①

《中国文学史》是19世纪以来英国汉学界翻译、介绍与研究中国文学的一个总结，在某种程度上代表了整个西方对中国文学总体面貌的最初概观。在该书序言里，翟理斯批评中国的学者无休止地沉湎于对个别作家作品的评价与鉴赏之中，由于认为要在中国文学总体历史研究上取得相对的成就都是毫无指望的事，他们甚至连想也没有想过文学史这一类课题。翟氏《中国文学史》一书实际上是当时英国汉学发展过程中取得的一个阶段性成果的总结。翟理斯前承理雅各、威妥玛等人，后启韦利，在英国汉学的发展过程中起着重要的衔接作用；同时也对中国文学和文化在英语世界包括西方世界的传播有着举足轻重的地位。以"中国文学史"为题，在英语世界中属于开山之作，不论其所涉及的内容为何，此书的发行及其在西方英语世界的传播便向英语读者们传达了一个信息：中国文学的一个总体概貌在英语世界开始呈现了。

文学史作为文学研究的一个重要组成部分在欧洲已经有了较为成熟的发展，但是对于史学发达的中国来说，文学史却是舶来品。翟理斯的《中国文学史》是早期几本中国文学史之一，具有一定的代表性。这部中国文学史在西方一版再版，足见其受欢迎之程度，并且在一定程度上影响了中国学者在文学史上的写作。

翟理斯这部《中国文学史》全书共448页，以朝代的历史演变为经，以文学的各种体裁为纬，分为封建时期(前600—前200)、汉朝(前200—公元200)、小朝代(200—600)、唐朝(600—900)、宋朝(900—1200)、元朝(1200—1368)、明朝(1368—1644)、清朝(1644—1900)等八卷。全书具有一定的"史"的意识，总体上将中国各时期的文学(此处"文学"不单指审美性的纯文学作品)做了详简得当的介绍。

---

① 此书面世后，郑振铎先生曾撰写书评《评 Giles 的中国文学史》，指出它存在着疏漏、滥收、详略不均、编次非法等缺点；并认为其根本原因在于作者对中国文学没有做过系统的研究。由于作者"对于当时庸俗的文人太接近了，因此，他所知道的中国文学，恐除了被翻译过的四书、五经及老庄以外，只有《聊斋》《唐诗三百首》以及当时书坊间通行的古文选本等等各书"。(《中国文学论集》下册，开明书店，1934年) 翟理斯的文学史将中国文人一向轻视的小说戏剧之类都加以叙述，并且能注意到佛教对于中国文学的影响。这两点可以纠正中国传统文人的尊儒和贱视正当作品的成见。

根据每个时代所特有的文学特征,每一卷又分为若干章来叙述。第一卷题为"封建时期"的文学,即对先秦文学的总述,包括神话传说,以孔子为中心的"四书""五经",与儒家思想并存的其余各家及诗歌等。第二卷题为"汉朝"文学,实际上则包含了秦与汉两个时期的文学概况,作为文学史上的一些重要事件(如"焚书坑儒"),翟理斯也没有忘记讲述,此外还涉及了史传文学(《战国策》《史记》《汉书》等);而李斯、李陵、晁错、路温舒、扬雄、王充、蔡邕、郑玄、刘向、刘歆等人的相关作品也在翟理斯的译介讨论之中;还有贾谊、东方朔、司马相如、枚乘、汉武帝、班婕妤等人的诗赋亦包含在内。另加上关于辞书编撰与佛教传入中国为主题的两章,共同构成了翟氏《中国文学史》第二卷的主要内容。题为"小朝代"的第三卷涉及的主要时间段为国内文史学界所说的魏晋南北朝时期。翟理斯将这一时期的文学作品从文学(主要是诗歌)与学术(主要指经学)两方面来展开,前者为其介绍的重点,包括了当时的"建安七子"、陶渊明、鲍照、萧衍、隋朝的薛道衡及我们习惯上认为的初唐诗人王绩。第四卷的唐代文学中,唐诗成为翟理斯着重介绍的文学体裁,在对中国的成熟诗歌形式做了简要介绍之后,分别选择了王勃、陈子昂、宋之问、孟浩然、王维、崔颢、李白、杜甫、岑参、常建、王建、韩愈、白居易、张籍、李涉、徐安贞、杜秋娘、司空图等人的一些作品;也从学术研究的角度出发简要介绍了魏徵、李百药、孔颖达、杜佑等人。同时还介绍了诗歌以外的文学体裁,主要是散文,包括柳宗元、韩愈和李华的一些作品,这样构成了翟理斯心目中唐代文学的整体面貌。作为第五卷的宋朝文学,翟理斯将雕版印刷(主要是木版印刷)发明后对文学的影响放在了首位;其次论述了宋朝的经学与总体文学,分别介绍了欧阳修、宋祁、司马光、周敦颐、程颢、王安石、苏轼、苏辙、黄庭坚、朱熹等人;而关于宋朝的诗歌则主要选取了陈抟、杨亿、邵雍、王安石、黄庭坚、程颢、叶适等人的一些作品。除此外,翟理斯还介绍了宋朝时所编撰的一些字典,主要有《广韵》《事类赋》《太平御览》《太平广记》《文献通考》及宋慈的《洗冤集录》等。第六卷的元朝文学,除介绍传统的诗歌作品(主要有文天祥、王应麟、刘因、刘基等人)外,翟理斯开始引入了文学中的新体裁即戏曲和小说,并对戏曲、小说的起源阐述了自己的看法,收入的戏曲作品主要包括纪君祥的《赵氏孤儿》、王实甫的《西厢记》及张国宾的《合汗衫》;小说则主要有《三国志演义》《水浒传》,而以对《西游记》译介作为了该卷的收尾。第七卷的明朝文学,翟氏将李时珍的《本草纲目》和徐光启的《农政全书》纳入了这一时期的总体文学之中,宋濂、方孝孺、杨继盛、沈束、宗臣、汪道昆等人的相关作品与上述的农政和医药方面的书籍一起做了相关的介绍。而小说和戏曲方面则选择了《金瓶梅》《玉娇梨》《列国传》《镜花缘》《今古奇观》《平山冷燕》《二度梅》《琵琶记》等。诗歌作品则将解缙、赵彩姬、赵丽华的一些作品选入了该文学史中。最后一卷的清朝文学,着重译介了蒲松龄《聊斋志异》中的一些篇目(包括《聊斋自志》《瞳人语》《崂山道士》《种梨》《婴宁》)及《红楼梦》的故事梗概;简要介绍了康熙王朝时所组织编写的百科全书,主要有《康熙字典》《佩文韵府》《骈字类编》《渊鉴类函》《图书集成》等五部及乾隆帝的一些作品;此外还介绍了顾炎武、朱用纯、蓝鼎元、张廷玉、陈宏谋、袁枚、陈扶摇、赵翼等人,并在该卷要结束时引入了新的文学式样——"墙壁文学"、"报刊文学"、幽默故事及谚语和格言警句等。

　　翟理斯以介绍文学作品自身内容为重点,而对文学作品本身的评论可谓一鳞半爪。他在序言中对此做出了解释:"在翻译所能达到的范围内,由中国作家们自己说话。我也加上了一些中国学者的评论,读者通过这些中国人自己的评论也许可以形成自己的观点。"①

　　翟理斯这部《中国文学史》涉及的文学种类主要包括诗歌、散文、小说、戏曲等,以宋朝为分水岭,呈现出之前(包括宋朝)的文学史侧重诗文,宋朝之后的文学史侧重小说、戏曲这样的面貌,并称"在元朝,小说和戏曲出现了"②。不难看出,这种文类的架构已呈现出了现代文学模式中所包含的几种主要体裁即诗歌、散文、小说、戏剧。西方的文类发展正如艾布拉姆斯所说:"自柏拉图和亚里士多德起,根据作品中说话人的不同,倾向于把整个文学区分成三大类:诗歌类或叫抒情类(始终用第一人称叙述),史诗类或叫叙事类(叙述者先用第一人称,后让其人物自己再叙述),以及戏剧类(全由剧中角色完成叙述)。"③中国文学史的书写在很长一段时期内所用的文学分类形式都是这种来源于西方的现代文学分类模式,而翟理斯的文学史可谓早期的尝试。

---

① H. A. Giles, *A History of Chinese Literature*, New York and Landon D.Appleton and company, 1923.(preface)
② Ibid.p.256.
③ Abrams.M. H.（艾布拉姆斯）, *A Glossary of Literature Terms*（《文学术语汇编》第 7 版,北京:外语教学与研究出版社,2004 年,第 109 页）。

《中国文学史》里的诗歌文类具体包括赋、五言诗、七言诗等。但对于词这一在中国文学中占有重要地位的文体,翟理斯只字未提。基于词在韵律方面的特点,将之划归于西方文体中的诗歌类应为较为妥当的一种方式。对于"词"的"缺场",有学者援用一位研究词的加拿大汉学家的观点,认为:"关键是词比诗难懂得多。如果没有广博的背景知识,外国读者面对词里众多的意象将会一筹莫展。"[1]还有人指出宋词由于"受格律形式的限制,译解难度比较大"[2],因此才被忽略。从欧洲文学传统来看,并无词这种文学体裁,在中国传统的文艺观中,词则被视为"诗余",长期处于"失语"的状态,在此文学语境中,"词"这一诗歌文类要进入翟理斯的视野确属不易。

翟理斯对小说这一传统上被视为"小道"的文体亦较为推崇,让其登上了文学史这一大雅之堂。不过他对中国小说的着眼点却侧重于其外部因素,即更看重小说在文献方面的价值,而对于内部美学方面的价值关注较少。这或许是翟理斯时代即维多利亚时代英国汉学的一个总体特征。比翟理斯略早的伟烈亚力(A. Wylie)曾经如此评价中国的小说:"中文小说和浪漫传奇故事,作为一个品种,是太重要了,其重要性是怎么说都不为过的。它们对于不同年龄者的民族风格方式和习惯的洞见,它们所保留下来的那些变化了的语言的样本,使得它们成为人们学习历史,获得相当部分历史知识的唯一通道。而且,它们最终形成了那些人物,实际上这些并非毫无价值可言,而这些根本就不应该遭到那些学者们的偏见轻视。""而且,那些阅读这种类型的中国小说的读者将会发现,尽管那些故事中充满幻想,但却常常是忠实于生活的。"[3]虽然翟理斯有注重文学性的倾向,但在这种总体汉学的氛围中,其突破也是相当有限的。中国典籍(包括小说)的价值更多地体现在文献价值上,这依然是这一时期欧洲汉学的主要倾向[4],但不能否认的是同时也蕴藏着一股从美学角度观照小说的潜流。在这股潜流尚未发展为主流之前,翟理斯《中国文学史》中的小说部分只能体现当时汉学领域小说的研究

---

[1] 张弘:《中国文学在英国》,广州:花城出版社,1992年,第152页。
[2] 程章灿:《魏理眼中的中国诗歌史——一个英国汉学家与他的中国诗史研究》,载朱栋霖、范培松主编:《中国雅俗文学研究》(第一辑),上海:上海三联书店,2007年,第51页。该文指出,魏理唯一翻译的一首词为李煜的《相见欢》。
[3] *The China Review*, or *Notes and Queries on Far East*, 1897, Vol.22, No.6, p.759.
[4] 如翟理斯的《聊斋志异选》就被当作民间故事或者民俗研究的材料来看待。

水平。翟理斯还喜欢将本土文学与异国文学进行比附。如将《聊斋志异》中的《孙必振》一篇篇名译为《中国的约拿》；对《婴宁》中某些细节的描写与吉尔伯特(W. S. Gilbert,1836—1911)《心上人》(Sweethearts)第一幕结尾处相似,翟理斯认为吉尔伯特是"中国人的学生"①。翟理斯对中西文学进行总体的观照并不仅仅在小说中有所体现,对于诗歌,也在有意无意之间进行中西的比照。如将"平仄"与西方诗歌中的"抑扬"做类比,并向"欧洲的学生们"介绍说："长诗对于中国人来说并没有吸引力,中文中也没有'史诗'(epic)这个词,但达到上百行的诗歌还是有一些的。"②不难推测,翟理斯对中国诗歌的观照是以西方传统的诗歌为参照对象的。

小而言之,这是一本由汉学家来完成的文学史著作,因此从整体上看,该书带有浓厚的汉学色彩,这主要体现在：

其一,受英国汉学水平及成果所限,收入《中国文学史》中的作家作品极其有限。加之该书仅有448页,在如此有限的篇幅内要容纳上迄前600年、下至19世纪末这一漫长时期的文学,实属不易。因此,郑振铎先生认为其存在"疏漏"的缺点。

其二,就翟氏《中国文学史》的具体内容而言,确有参差不齐等缺陷。翟理斯于中国的所见所闻成了其写作的最重要依据。因此民间最底层的文学与政府(皇帝钦定)官方色彩最浓重的文学同时出现,却忽略了许多士大夫的作品,这些士大夫从属于上层贵族阶层,然其作品上未能进入政治权力的核心,下未能达于民间广泛传诵,因而难以进入翟理斯之视野。这样,那些为官方与民间普遍接受的文学最为翟理斯青睐,代表儒、释、道文化的文学作品遂成为其文学史内容的主导。此外,翟理斯自身对女性文化的兴趣亦成为其文学史内容重要的另一方面,由此构成了翟氏《中国文学史》的主体部分。

其三,驳杂的文学。英国汉学界巨擘理雅各关于儒家经典作品的译介已然成为英国汉学家们绕不过的一块"石头",翟理斯作为继理雅各后的又一较有成就的汉学家,虽然对于理雅各的译介间或总有批评,但不可否认在儒家经典的英语

---

① H. A. Giles. *A History of Chinese Literature*. New York and London: D. Appleton and company, 1923, p.348.
② Ibid., p.145.

译介上,尚无人可以逾越理雅各。在如此强大的汉学成果的影响下,翟理斯下意识地传承了这一成果,然而却又在另一层面上不自觉地企图超越这一成果,正如他在《古文选珍》序中所说的那样:尚有一块广袤的处女地亟待开垦。正是在这两种思想的共同作用下,《中国文学史》既大致呈现出了经学发展的脉络,又试图勾勒出中国文学发展的面貌。这样,中国文学便包括了"四书"、"五经"、小说、戏剧、百科全书等。此外,对于自己既有的译介成果,翟理斯似乎也不忍舍弃,因此诸如宋慈的《洗冤集录》、蓝鼎元的审判案例等也收入了该部文学史之中。这也是郑振铎对之不满的重要原因,即"滥收"与"详略不均"。但是,翟理斯却相当注重外界因素对于文学发展的影响,除郑振铎所提到的重视佛教之于中国文学的影响之外,翟理斯还强调了文学文本在产生过程中生产方式的影响,如文字的发明、印刷术的发展及统治者的提倡与庇护等。

因此,这部 20 世纪初用英文写作的中国文学史若以现代眼光视之,确实存在诸多缺陷。但如考虑到当时汉学尤其是英国汉学的总体状况,此部著述的写作达到如此水平已属不易。

从《古文选珍》《古今诗选》到《中国文学史》,直至《中国文学瑰宝》,收入其中的作家作品逐步增加与完善。在 1923 年版的《中国文学瑰宝》中,翟理斯在诗歌卷中主要增加了几首白居易的诗,在散文卷中则主要增加了近代晚清时期的作品如曾国藩、梁启超等人的作品。从《中国文学史》与《中国文学瑰宝》(诗歌卷、散文卷)两部著作来看,由于翟理斯置身于"文学史写作"较成熟的欧洲,因此在译介中国文学的过程中具有一定的文学史意识,但由于英国汉学成果所限,尤其是文学史料的缺乏使其文学观又呈现出驳杂的一面。

晚年的翟理斯还译介了《中国神话故事》(Chinese Fairy Tales,1911)、《中国笑话选》(Quips from a Chinese Jest-book,1925)。《中国笑话选》选译了《笑林广记》中的几则笑话,使英国人看到了中国人及中国社会的另一面。

总而言之,翟理斯是英国汉学史上乃至整个欧洲汉学界对中国文学进行总体观照的第一人。英国汉学的功利性虽然令其汉学研究无法像法国汉学那样精深,但却并不妨碍其对中国文学的关注。或许也正是这种相对的业余性质使得英国汉学对中国文学的关注较于欧洲其余国家更多一些。由于既有成果与条件所限,翟理斯并没有深入研究中国文学及作品,但是这种总体的观照与"总体文学"的提出,使英语世界的读者对中国文学有了一个大致的了解,加之翟理斯流畅的文笔及大众化的倾向,遂使传播面更加广泛,在中英文学交流史上起到了非常重要的作用。

# 英文本《中国参考书目解题》述评

北京外国语大学中国海外汉学研究中心　顾　钧

1936 年,英文本《中国参考书目解题》(*An Annotated Bibliography of Selected Chinese Reference Works*)一书由燕京大学哈佛燕京学社正式出版。编者是中国学者邓嗣禹(1906—1988)和美国学者毕乃德(Knight Biggerstaff,1906—2001)。编写这本书的目的,正如前言中所说,"是为了向西方学者初步介绍中国研究领域最为重要的参考书"[①]。该书将中国参考书分为八大类,每一类下又分若干小类。具体情况如下:

Ⅰ.书目(Bibliographies)

　A.综合性书目(Bibliographies Useful for General Reference Purposes)

　B.古人所编书目(Bibliographies Related to Historical Periods)

　C.现代人所编书目(Modern Critical Annotated Bibliograhies)

　D.版本书目(Bibliographies of Editions)

　E.珍本书目(Reference Catalogues of Rare Editions)

　F.珍本注解书目(Annotated Catalogues of Rare Editions)

---

[①] Ssu-yu Teng and Knight Biggerstaff, *An Annotated Bibliography of Selected Chinese Reference Works* (Peiping:The Harvard-Yenching Institute, Yenching University, 1936), p.iii.序言写于 1936 年 6 月 6 日。

G.专业书目(Bibliographies for Special Subjects)

1.道教与佛教(Taoism and Buddhism)

2.经书与辞书(Classics and Dictionaries)

3.考古(Archaeology)

4.绘画与书法(Painting and Calligraphy)

5.地图(Maps and Atlases)

6.地方志(Gazetteers)

7.戏剧与小说(Drama and Fiction)

8.农业(Agriculture)

9.法律(Law)

10.政府出版物(Official Publications)

11.满语文献(Manchu Books)

H.丛书书目(Catalogues of Tsung Shu)

I.书目之书目(Bibliographies of Bibliographies)

J.当代出版物书目(Bibliographies of Recent Publications)

K.报纸刊物索引(Indexes to Periodicals and Newspapers)

Ⅱ.类书(Encyclopedias)

A.综合性类书(General Encyclopedias)

B.词语典故性类书(Encyclopedias Elucidating Phrases and Literary Allusions)

C.事物缘起性类书(Encyclopedias Giving Material on Origins)

D.艺术科学类书(Encyclopedias of Arts and Sciences)

E.政治性类书(Encyclopedias Dealing with Government)

1.通志(The Tung)

2.会要(The Hui Yao)

3.其他(Other Encyclopedias Dealing with Political, Social and Economic Matters)

F.掌故性类书(Collections of Anecdotes and Stories)

G.检索类(Encyclopedias Useful for Rapid Reference)

Ⅲ.辞书(Dictionaries)

A.字词类(Dictionaries of Words and Phrases)

B.词源和碑帖类(Etymological and Calligraphists' Dictionaries)

C.语法类(Works on Grammar)

D.语音类(Works on Pronunciation)

E.其他专业类(Dictionaries for Special Fields)

Ⅳ.地理著作(Geographical Works)

A.辞书类(Geographical Dictionaries)

B.历史地图类(Historical Atlases)

C.现代地图类(Modern Atlases)

D.图表类(Geographical Tables)

E.索引类(Indexes to Geographical Works)

Ⅴ.传记著作(Biographical Works)

A.辞书类(Biographical Dictionaries)

B.名人生卒年类(Works Useful for Dating Important Persons)

C.传记汇编索引类(Indexes to Collections of Biographies)

D.作家传记索引类(Indexes to the Biographies of Writers)

E.同姓同名考证类(Works on Identical Names)

F.名号谥号类(Works Giving Alternative and Posthumous Names)

G.姓氏研究类(Special Studies of Surnames)

Ⅵ.表格(Tables)

A.中西历对照表(Concordances with the Western Calendar)

B.其他表格(Miscellaneous Tables)

Ⅶ.年度报告(Year-Books)

Ⅷ.其他索引(Miscellaneous Indexes)

在这八大类中编者共介绍了近300种参考书目。每一种书目都是先介绍作者、主要版本,然后对内容和价值进行简要评述。如综合性书目类中的《书目答问补正》条是这样的:

《书目答问补正》,5卷。张之洞在缪荃孙的协助下编写,张的序言写于1875年(光绪元年)。目录学家范希曾又对之进行了修订、增补。南京国学图书馆1931年(民国20年)活字版,2册。这份精心编选的书目收录了晚清时期依然存在的2266种重要书籍。一代鸿儒张之洞于19世纪70年代编写了这本书,目的是方便初学者查找文献。该书原名《书目答问》,多次印刷。20世纪20年代范希曾对原书进行了修订、增补,他的增补在现在的版本中用"补"字标示。前4卷按照传统的经史子集顺序编排,每一种书给出卷数、作者名字、朝代及编者和修订者所知道的所有不同版本,不少条目还有关于该书内容和价值的简要说明。第5卷开列了一些丛书目录,使本书成为中国第一本将丛书单列的书目。另外本书还附有编者认为对初学者而言最为重要的书籍目录及清朝著述诸家名录。这些著述家被分为14类,按照时间先后排列,名字第一次出现时编者也给出了他们的字、号和籍贯。本书无疑是《四库全书总目》之后最为重要和最广泛使用的书目。对于某个领域的专门研究者来说,本书目可能不够完备,但对于想全面了解中国典籍的人说,本书是必不可少的。[1]

书目是通向学术研究的起点,重要性不言而喻。而对于中国研究来说,则更显得重要。因为中国历史长,文献多,目录学自刘向、刘歆父子以来早已成为专门的学问。所以该书出版后立刻得到了国际汉学界的广泛欢迎。美国汉学家J. K. 施赖奥克(John K. Shryock)在书评中写道:"在这本书之前,这个领域唯一的英文书是伟烈亚力编写的《中国文献提要》(Notes on Chinese Literature)。这两本书内容不尽相似,难以详细比较。但我们完全可以说,最近出版的这一本更有价值……这本书涵盖的范围很广,对于不知道如何着手寻找资料的学人来说,本书是最好的门径。"[2]

英国传教士汉学家伟烈亚力(Alexander Wylie,1815—1887)编写的《中国文献提要》于1867年由上海美华书馆出版。该书"基本以《钦定四库全书总目》为底本,采用经史子集四部分类法,共收入1745种中文图书的提要"[3]。从目的上看,《中国文献提要》也和《中国参考书目解题》一样,都是为西方学者提供基本的文献参考,但由于两者的重点不同,一个是全面介绍中文基本文献,而另外一个则

---

[1] Ssu-yu Teng and Knight Biggerstaff, *An Annotated Bibliography of Selected Chinese Reference Works* (Peiping:The Harvard-Yenching Institute,Yenching University,1936),pp.2-3.
[2] John K. Shryock, "Review of An Annotated Bibliography of Selected Chinese Reference Works," Journal of the American Oriental Society,Vol.57,No.3(Sep.,1937),p.350.
[3] 胡优静:《英国19世纪的汉学史研究》,北京:学苑出版社,2009年,第38页。

是介绍中文参考书目,所以应该说各有其价值,很难说谁更有价值。这也可以解释为什么《中国参考书目解题》于 1936 年出版后,《中国文献提要》仍在 1939、1967、1969 年被多次重印。

值得一提的是,《中国文献提要》中也列有一些书目,集中在史部第 14 类目录(Catalogues)一节中,在这一节中伟烈亚力简要介绍了以下重要目录:《直斋书录解题》《文渊阁书目》《千顷堂书目》《世善堂藏书目录》《国史经籍志》《汲古阁校刻书目》《勿庵历算书目》《钦定四库全书总目》《钦定四库全书简明目录》《汇刻书目合编》《禁书目录》《集古录》《金石录》。同这些书目在《中国参考书目解题》中的介绍相比,伟烈亚力的文字显得过于简略。以《直斋书录解题》为例,《中国文献提要》中的介绍是这样的:"《直斋书录解题》,22 卷,宋陈振孙编,此乃他个人藏书的分类目录,有注解。"① 而《中国参考书目解题》中的介绍则要详细得多:

《直斋书录解题》,22 卷,陈振孙编,据载陈振孙于 1234—1236 年(宋端平时)曾在浙江任职。主要版本:江苏书局 1883 年(清光绪九年)版,6 册;三种"武英殿聚珍版丛书"版本:(1)1868 年(同治七年)福建重刻版,第 564—575 册;(2)1874 年(同治十三年)江西书局重刻版,第 49—56 册;(3)1895 年(光绪二十一年)福建重刻版,第 397—408 册。这是编者对自己所藏书籍的编目。他是 13 世纪最大的私人藏书家。全部书籍按照四部分类,又细分为 53 小类,其中经部 370 种,史部 838 种,子部 830 种,集部 1032 种,共计 3070 种。解题文字与《郡斋读书志》一样,简明清晰而切中肯綮。原书已佚,现书是从《永乐大典》中辑佚而来,经四库馆臣的编订,并偶有增补,增补文字用小字印刷。书前有目录。《直斋书录解题》与《郡斋读书志》是最著名的,也很可能是最重要的宋代书目。《文献通考》中的经籍考部分就基本以两书为依据。这两部书目非常有用,因为它们不仅提供了现在已佚书籍的信息,而且对现存旧籍的真伪也提供了判断的参照。②

《中国参考书目解题》的两位编者邓嗣禹、毕乃德后来都成为知名学者。毕乃德一直是康奈尔大学东亚系的领军人物,曾当选 1965—1966 年度美国亚洲学

---

① Alexander Wylie, *Notes on Chinese Literature*, Shanghai: American Presbyterian Mission Press, 1867, p.60.
② Ssu-yu Teng and Knight Biggerstaff, *An Annotated Bibliography of Selected Chinese Reference Works* (Peiping: The Harvard-Yenching Institute, Yenching University, 1936), p.17.

会主席。邓嗣禹移居美国后长期执教于印第安纳大学，是该校中国史研究的台柱。编写《中国参考书目解题》时两人还很年轻。邓嗣禹1935年燕京大学历史系硕士毕业后留校任讲师，毕乃德1934年获得哈佛大学博士学位后，在燕京大学做为期两年的博士后研究。

对于两个初出茅庐的年轻人来说，编写《中国参考书目解题》既是机遇，也是挑战。这个课题涉及中国研究的各个领域，要想全面把握绝非易事。好在两人周围有众多师长友人可以请教，在致谢名单中我们可以看到这样一些活跃在当时北京学术界的中美学人：博晨光（L. C. Porter）、洪业、卜德（Derk Bodde）、聂崇岐、顾廷龙、谭其骧、朱士嘉、裘开明、毕格（Cyrus H. Peake）、富路特（L. C. Goodrich）、岳良木、张尔田、邓之诚、韩慕义（A. W. Hummel）、Charles S. Gardner、王力、周一良。从这个名单中我们或许可以下这样一个结论：《中国参考书目解题》不仅是中美两个学者合作的成果，也是中美两国学术界合作的产物。

# 诗性美感的别样话语再现

## ——论卫礼贤对《道德经》的移译[1]

西南交通大学外国语学院　华少庠

《道德经》是中国先秦最为重要的典籍之一。17 世纪《道德经》被当时来中国的西方传教士译为拉丁语传往欧洲并在 18 世纪译为多种欧洲文字。1870 年《道德经》第一次被译为德语,而且这一年就有两个德语版本问世。至 2009 年《道德经》德译本已有 103 种版本问世。[2] 这在中国典籍的外译上绝无仅有。而在众多的德译本中,卫礼贤(Richard Wilhelm,1873—1930)在 1911 年翻译出版的《道德经》成为百余年来最为著名的德语译本。卫礼贤的《道德经》是第一本译自中文原文的德译本,凭借其本人对中国文化的深刻理解和汉、德两种语言的功底,从而在德语的语境中再现了《道德经》所具有的诗性美感。

### 一、韵律美感的再现

《道德经》是一部有着宏伟完整思想体系的智慧之作,言简意赅的文字包含了宇宙观、人生观、价值观、道德观、自然观、历史观等博大精深的哲学思考。无论是《道德经》中词语的精妙细微还是各个概念与全文含义的内在呼应,这部旷世

---

[1] 本文为 2012 年度教育部人文社会科学研究一般项目"儒家典籍《四书》在欧洲的译介与研究"(项目编号:12YJA740025)阶段性成果。
[2] Wolfgang Kubin, *Lao Zi Der Urtext*, Freiburg, Basel, Wien: Herder Verlag, 2011, p.8.

杰作的深刻哲学意蕴,都根植于其特有的汉语语言结构之中,体现了一种华夏文明特有的哲学理念与诗歌美学的浸润和融合。《道德经》的语辞和意象、节奏和气韵中都蕴含着一种诗意的栖息,一种基于诗歌韵律的语言美感的沉淀,从而构成了哲学与语言艺术的美妙结合。这也意味着在把《道德经》译为德语时,每位译者将面临两方面的挑战:极具中国文化特色的诗性词语在德语中的转译及《道德经》原文中固有的语言美感的再现。

充满乐感律动的三言、四言、五言和三、四、五言复合句式在《道德经》中的广泛运用,使全文弥散着悠然神远的节奏感。其整齐的句式之多,除《论语》外,无其他先秦典籍能与之相比。卫礼贤对《道德经》的移译,其着眼点正在于使原文的思想意蕴在德语这一新语境中得以存留,同时赋予译文自身的语言艺术审美价值。在此以《道德经》第一章第一句为例:"道可道,非常道。名可名,非常名。"[1] 卫礼贤的德语译文为:

"Der *Sinn*, der sich aussprechen läßt,

ist nicht der ewige *Sinn*. Der Name,

der sich nennen läßt,

ist nicht der ewige Name."[2]

根据中文原文的三句式短句特征,德语句也呈诗歌的短句式。每句的开始词Sinn 和 Name 与结尾词保持一致,通过第一个和最后一个词的同声而产生了韵律。这样就构成了德语的诗歌的首尾韵。接下来"无,名天地之始。有,名万物之母"两句中,"无"与"有"的对立统一,卫礼贤用西方诗歌特有的首韵形式加以表达:

Jenseits des Nennbaren liegt der Anfang der Welt.

Diesseits des Nennbaren liegt die Geburt der Geschöpfe.[3]

"故常无,欲以观其妙。常有,欲以观其徼"的德语译文为:

Darum führt das Streben nach dem Ewig-Diesseitigen

zum Schauen der Kräfte,

---

[1] 高亨:《老子注译》,北京:清华大学出版社,2010 年,第 17 页。

[2] Richard Wilhelm, *Laotse, Das Buch vom Sinn und Leben*. Wiesbaden: marixverlag, 2004, p.65.

[3] Ibid., p.65.

das Streben nach dem Ewig-Diesseitigen

zum Schauen der Räumlichkeit.①

这两句在德语译文中分为四行,并以德语诗歌 ABAB 交叉尾韵的形式,产生了隔行押韵的音韵效果。"此两者同出而异名,同谓之玄。玄之又玄,众妙之门"为第一章最后四句。卫礼贤按德语诗歌 ABBA"环抱韵"来进行每句最后一个词的音韵处理:

Beides ist eins dem Ursprung nach und nur verschieden durch den Namen.

In seiner Einheit heißt es das Geheimnis.

Des Geheimnisses noch tieferes Geheimnis

ist das Tor, durch das alle Wunder hervortreten.②

与原文相比较,其原有的节律美和音韵美则以另外的形式在译文中出现。在这一章里,仄平相应,或平仄相间,高下有致,起伏悦耳。同时句式上的长短参差,一言、三言、四言、五言相间,体现了一种寓变化于整齐的形式美。这些基于汉语特色的句式结构,必然使文本拥有一种独一无二的节奏明快、快慢交替、回环往复、音韵铿锵的诗性乐律美感。《道德经》中这些语言节奏感和音乐美感是以中国文化为背景,以汉语语言为信息传递载体的。这就意味着《道德经》译为德语时,不能仅仅是从汉语到德语的词与句的单纯转换。尽管思维和语言密不可分,同一思想内容可用不同的语言表达,同样的审美情趣可通过不同的语言载体呈现,但这并不意味着汉语和德语在语言上有相同的意义而可以进行直接转换,因为这两种语言都局限于自己特定的文化背景中,它们各自在源远流长的历史中形成了自己独特的思想和艺术表达方式。正因为使用汉语语言的读者和使用德语的读者拥有对自己所属的语言系统独特的表达方式,因而德语读者对《道德经》文本信息和语言美感的接收渠道与汉语读者的接收渠道大相径庭,这也就决定了只有通过语言和句式的转换,赋予《道德经》以德语的诗形,才能使译本拥有自己的诗性乐感律动,从而在德语的语境中呈现一种新的诗性美感。

再以《道德经》第六十四章部分词句为例:"其安易持,其未兆易谋。其脆易

---

① Richard Wilhelm, *Laotse*, *Das Buch vom Sinn und Leben*. Wiesbaden: marixverlag, 2004, p.65.
② Ibid., p.65.

泮,其微易散。为之于未有,治之于未乱。合抱之木,生于毫末。九层之台,起于累土。千里之行,始于足下。为者败之,执者失之。"①卫礼贤的译文为:

  Was noch/ in Ruhig ist,/ kann man / leicht behandeln.

Was noch/ unentschieden ist,/ kann man / leicht bedenken.

Was noch / saftig ist,/ kann man / leicht brechen.

Was noch /winzig ist,/ kann man / leicht zerstreuen.

Man muß wirken / auf das,/ was noch　nicht da/ ist.

Man muß ordnen,/ was noch nicht /in Verwirrung/ ist.

Ein Baum /von zwei Klafter Umfang/wächst/ aus einem haarfeinen Sprössling.

Ein Turm/ von neun Stockwerken /entsteht /aus einem Erdhaufen.

Eine Reise /von tausend Meilen/ beginnt/ mit dem ersten Schritt.

Wer handelt,/ verdirbt es./ Wer festhält/, verliert es.②

  在《道德经》第六十四章原文中,多为四言句式,排列整齐,长短一致。每句二拍,间有押韵,音韵谐洽,朗朗上口,节奏鲜明,呈天然的音乐美感。但如果在德语的语境中,这些基于汉语语境的语言美感则无法得以表现。在译文中,原文的平仄因字形和句型的改变而不复存在,取而代之的是德语以音节的读音轻重构成的一行之内的节拍。译文中大部分句式都是既押首韵,又押尾韵,同时卫礼贤用德语独特的语音特点,把每一句处理成四个音步,用轻重律把同一音步的"轻重"格局反复平移递推,从而赋予译文鲜明的音乐节拍感,使读者获得了特有的审美快感。

  德语诗歌中无论是重轻律还是轻重律,都是同一音步的格局反复平移递推。这种反复平移递推则是基于德语句型所具有的等价性结构功能:每一行的一个音节等价于与之组合的、与之具有同样序位的音节,上下两句同时重读音与重读音对等,轻读音与轻读音对等,停顿与停顿对等。这种等价性结构功能使诗句在语音的轻重、高低、长短上,在大致相同的时间单位里,产生了有规律的重复性,彰显了诗文的节奏感。此外,首韵、尾韵、叠韵及隔行押韵等韵步方法,使句型构成节

---

① 高亨:《老子注译》,北京:清华大学出版社,2010 年,第 102 页。
② Richard Wilhelm, *Laotse, Das Buch vom Sinn und Leben*. Wiesbaden: marixverlag, 2004, p.132.

奏,声调连同语调构成旋律,韵式相当于调式。把这种基于德语语言特色的音步格局和韵式用于《道德经》译文,使文本在德语的语境中形成了语音有序的排列组合,各句之间产生了基于德语语音规则的呼应对衬。句与句之间音步和谐,节律规整,使《道德经》在德语的语句中具有了鲜明的音乐性节拍感。中、德的诗句同样都是依靠特定的格律来产生乐感律动。中文的平仄在译文中则是不同音步的扬抑,平仄和扬抑作为中、德诗句的发音特性,则分别构成了符合中文、德文语言规律的合辙押韵。卫礼贤对《道德经》原文的外在诗性节奏,即外在韵律进行了疏离,在翻译词汇的"所指"大体忠实于原文的基础上,在《道德经》的译文中通过赋予与原文相异,却符合德语诗学传统的节奏和韵律,使译文在德文的语境中产生了新的乐感律动,表现了新的听觉美感,从而赋予了译文新的诗性审美情趣。

**二、诗性词语美感的再现**

《道德经》的移译,也是数目众多的诗性词语的转化过程。作为先秦典籍,《道德经》充满了诗性词语,其深刻的哲学理念通过联想、想象、隐喻、象征等诗歌艺术的表现手法加以表达。中国古典诗歌中,"引譬连类"的"比兴"是一种较为典型的艺术手法,诗人以类比的方式抒发情感,其中心是"比",其发端是意。"引譬连类"的比兴艺术手法可把先寓于诗人内心世界的情感、理念,借助可以类比的物像表达出来。在这样的诗性语言所构成的艺术境界里,语言符号的"能指"和"所指"之间是一种比附的关系。而理解这种"能指"和"所指"关系的前提,则是特定的民族文化语境。然而要把特定的"比兴"进行中、德语语境的转换,必然受到中、德两国语言体系和历史文化传统巨大差异的双重制约。这种制约的结果,则是原文中的"比兴"在德语中的对应缺失。因此诗性词语的选用,以再现原文的语言美感,是卫礼贤必然要面对的挑战。在此以《道德经》第六章的翻译为例:"谷神不死,是谓玄牝。玄牝之门,是谓天地根。绵绵若存,用之不勤。"[1]

《说文解字》对"牝"的解释为:"牝,畜母也。"[2]可见汉语中"牝"与母兽或母体相连。在《大戴礼记·易本命》有这样的话语:"丘陵为牡,溪谷为牝。"[3]这样,

---

[1] 高亨:《老子注译》,北京:清华大学出版社,2010年,第23页。
[2] 许慎:《说文解字》,郑州:中原农民出版社,2008年,第92页。
[3] 《辞海》(下),上海:上海辞书出版社,1981年,第1530页。

"谷神""玄牝"和"溪谷为牝"形成了一个共同的逻辑结果:"谷"即"溪谷","谷神"即"溪谷之神",同时为"牝",也即母体或女神。卫礼贤的德语译文为:

>Der Geist der Tiefe stirbt nicht.
>
>Das ist das Ewig-Weibliche.
>
>Des Ewig-Weiblichen Ausgangspforte
>
>Ist die Wurzel von Himmel und Erde.
>
>Endlos drängt sich's und ist doch wie beharrend,
>
>In seinem Wirken bleibt es mühelos.[①]

"谷神"的德语表述为"Der Geist der Tiefe",可回译为"山谷之神"。古人对"谷神"的含义,历来仁者见仁、智者见智。卫礼贤忠实于原文字面含义的翻译策略,可在一定程度上避免争议。而"玄牝"一词的移译,则表现了他的独具匠心。"谷神不死,是谓玄牝"一句,其"玄牝"的表述,意蕴深刻。"玄"是《道德经》中的重要概念。开篇第一章便有"玄之又玄,众妙之门"的名句。它表述了"道"的深远、神秘、微妙难测而又无往而不在的思想。"谷神不死,是谓玄牝。玄牝之门,是谓天地根",同时又"绵绵若存,用之不勤"。可见"谷神"这位永恒不死的玄妙母体成为了"道"的化身。"她"就是"道"。用这种比兴的方式,哲学本体论最高概念"道"通过"谷神""玄牝"这些充满诗性的词语,展现了一个创造一切的母体——女神形象,更为生动地说明了"道"的神秘性和普遍性。她是万物之母,化育一切,自高伟大,又变化莫测、深远微妙。但在德语的语境里,Göttin 女神一词却无法表达原文的深意。西方的女神源于希腊神话。希腊神话的众多女神在以宙斯为首的神祇等级结构中各司其职,但都在宙斯之下,并无人神世界之首的地位。"玄牝之门,是谓天地根。"这样,"玄牝"被赋予了基督教上帝创造万物的职能。但一神教的基督教不会容纳上帝之外还有别的最高神祇的存在,一神教教义的神圣性也必然会导致任何与上帝齐名的比喻,甚至是暗喻词汇的缺省。即使勉强套用女神 Göttin 一词,也必然会使原文"玄牝"这一具有诗性生动性和鲜明性的词汇黯然失色。作为受过良好高等教育的卫礼贤熟知德国文学经典,他选用了"Das Ewig-Weibliche"——"永恒女性"的表述来翻译"玄牝"一词。"永恒女性"

---

[①] Richard Wilhelm, *Laotse*, *Das Buch vom Sinn und Leben*. Wiesbaden: marixverlag, 2004, p.70.

一词出自德国伟大诗人歌德最为著名的作品《浮士德》结束时的诗句。在《浮士德》结束时，歌德写下了这样的诗句："跟随永恒女性，我等向上、向上。"[1]

《浮士德》全剧结束时，在宗教神秘主义气氛中，浮士德的灵魂在多名悔罪女子、天使及飘然而至的光明圣母的伴陪下，在神秘的合唱声中升向天堂。《浮士德》中文译者杨武能先生认为，把"永恒女性"解释为人类赖以生存、繁衍和发展的仁爱，较为符合歌德的人道主义思想。[2] 此外，"永恒女性"在德语中是具有诗性含义的名词，由形容词转化而来，本身就表现了歌德极具天赋的语言表达能力。"永恒女性"是理念的人格化，同时又具有神秘的色彩。更为重要的是"永恒女性"是理念的诗性化表达。在歌德看来，女性的温柔、慈爱、圣洁、和平构成了人道主义的精神内涵，犹如耀眼的光芒，引导人类走向光明的未来。与《浮士德》全剧的女性人物相联系，足见"永恒女性"这一诗性表达的言约旨远及其象征性和暗喻性所具有的意蕴深邃。

"玄牝"和"永恒女性"是中、德各自语境中的诗意符号，其"能指"和"所指"毫无保留地彰显了两个民族各自的思想特征和历史文化传统。正如19世纪德国语言学家洪堡特认为的那样："语言是一个民族现象，各民族的语言在结构形式、意义内涵上有所不同，一定的民族语言与一定的民族性和文化特征相维系。"[3]这就意味着"玄牝"和"永恒女性"作为充满深刻意蕴的诗意符号，其真实含义，也只能存在于原文的语言环境之中，任何异族语言的替代都无法表达出其深刻的含义。这也是任何中外经典著作翻译必然要面对的事实。然而，经典著作尽管表现了不同语言的差异性，同时也体现了人类对世界本原、社会行为的规范及人类发展的前因后果的探索和思考。这一共性，决定了中、德思想的可沟通性。作为一个杰出的翻译家，卫礼贤犹如一座桥梁，使中、德不同的思想世界得以沟通、交流。要构筑这样一座桥梁，就需深潜于语言相异性的表层之下，寻找不同"能指"所具有的"所指"共性或类似性。卫礼贤的着眼点在于"永恒女性"这一诗性词语所包含的神秘性和含蓄性。在《浮士德》最后一场，场景是森林、岩壁和旷野，圣隐修士们悠闲地坐卧在沟壑和洞穴间，呈现了一幅充满神秘气息的基督教天堂色彩的

---

[1] 歌德：《浮士德》，杨武能译，第二部，桂林：广西师范大学出版社，2003年，第551页。
[2] 同上书，第552页。
[3] 胡明扬：《西方语言学名著选读》，北京：中国人民大学出版社，1988年，第43页。

图景。浮士德得救的灵魂、圣母、天使和悔罪圣女同台出场,在神秘的合唱声中,"永恒女性"的表述出现了,同时也结束了全剧。她指谁?歌德没做任何说明。"永恒女性"的神秘,正应对了"玄牝"之"玄"。"道"只可意会,不可言传。作为其别名,"玄牝"也只能大约为"玄妙莫测的母体"或"玄妙莫测的女神"。这样,在玄妙、含蓄的层次上,"玄牝"与"永恒女性"有了交汇点。

卫礼贤立足于两国诗性词语的同异比较,采用归化比附的策略,用歌德《浮士德》"永恒女性"这一在德国广为人知的诗性词语,发掘"玄牝"和"永恒女性"这两个诗性词语在神秘和女性层面上的一致性,为《道德经》的德语读者提供了一个生动、鲜明的形象比附,使"道"这一抽象哲学概念以一种诗意词语表现在无中国文化前见的德语读者面前,同时也符合《道德经》原文用"玄牝"比附"道"的本意。中、德文化差异决定了"永恒女性"比附不可能是整体性地取代和移位,而是一种模拟相似,是"玄牝"和"永恒女性"在神秘、玄、母体、女性等元素的相似性和可比性基础上的重新组合。同时,卫礼贤《道德经》译本中"永恒女性"也为这一诗性词语赋予了《浮士德》原文中所没有的新含义。卫礼贤采用了歌德"永恒女性"的诗性词语后,与此相应,"玄牝之门"也译为了"Des Ewig-Weiblichen Ausgangspforte",可回译为"永恒女性的通幽曲径"。这一段的德语译文可回译为:"永恒女性的通幽曲径是天地之根。她绵绵无尽,永恒不变,举重若轻创造世界。"无中国文化前见而又熟悉《浮士德》的德语读者,在接触"永恒女性"这一表述时,可以发现这一诗性的词语已不仅是仁爱理念的比附,而且超越了仁爱,具有了世界本原的本体论含义。"永恒女性"其诗性在德语中的表述,不仅与原文"玄牝"有着差异性,而且与歌德使用的这一诗性词语的内涵也有着差异性。但从积极意义上讲,卫礼贤用"永恒女性"对"玄牝"带有归化色彩的替换翻译,通过模仿与再创,在形式和意义、诗意的转换、借用与超越等方面形成一种新的诗歌审美情趣,在德语的语境中创造了一种新的语言含义和诗性美感。卫礼贤在原文众多的诗性词语转化过程中,力图在德语的语境里呈现新的语言美感,"玄牝"转换为"永恒女性"的移译,为此提供了一个典型范例。

### 三、结束语

如何让老子深邃的思想和博大精深的哲学理念能在德语的语境中仍然可以

保持着诗意的表述,使任何无中国文化前见的德语读者在理解其伟大的精神存在的同时,也能感受到一种诗性律动和诗意想象的美感,是卫礼贤翻译《道德经》的焦点所在。在20世纪初世界文化格局的历史背景下,卫礼贤的努力可谓弥足珍贵。当然,《道德经》的深邃意蕴并不依赖于其诗性的语言结构,但译者通过对翻译文本赋予德语的诗形和诗意,达到了诗意的突显,从而为德语读者理解《道德经》铺就了一条充满律动和节奏美感的通道,在诗性的词语和韵律中,展现了《道德经》博大精深的深邃思想,在充满诗意的审美情趣中打开了一扇通往东方文明的大门。这应该是卫礼贤《道德经》德译本百余年来仍然引人注目的根本原因。

# "名"与"实"之间的时代张力

## ——以卫方济对"道""天""鬼神"的翻译为例

北京外国语大学海外汉学研究中心　罗　莹

比利时来华耶稣会士卫方济（François Noël，1651—1729）是 18 世纪中西"礼仪之争"历史舞台上的关键人物，其重要性一方面体现在他在耶稣会饱受各方批评质疑的危机时刻，两度被任命为中国会省的差会"代理人"（Sinensis missionis procurator）寄往罗马，就中国礼仪的性质向教皇上呈来华耶稣会士收集的各方教友证词，并凭借自己出色的语言能力及对于中国文化的深入了解撰写报告为耶稣会的"文化适应政策"进行辩护；另一方面作为一名拉丁文语文学家，他不仅在古典文学及修辞学方面造诣颇深，而且曾撰写若干拉丁文诗歌并创作拉丁文戏剧。沿袭比利时天主教教会（当时与卢森堡、荷兰及法国北部同属于西属尼德兰地区)的开明传统①,他撰写的《在印度和中国所进行的数学及物理学观察》(*Observationes mathematicae et physicae in India et China…ab anno 1684 usque ad annum 1708*, Pragae 1710)一书保留了许多宝贵的天文学测试数据,例如中国城市的经纬度,对日食、月食及木星的观测数据,中国星宿的名录等;更值得称道的是他的三部介绍中国文化的巨著:六部儒家经典的拉丁文译本《中华帝国六经》(*Sinensis Imperii Libri Classici Sex*, Pragae 1711)、介绍中国哲学思想特质的《中国的哲学》(*Philosophia Sinica*, Pragae 1711)及旁征博引意图解析中国"礼仪"性质的《中国礼仪的历史记录》(*Historica Notitia Rituum et Ceremoniarum Sinicarum*, Pragae 1711)。这三部作品都是他在 1708 年第二次作为"代理人"前往罗马汇报工作后,深入了解到无望扭转教廷对于"中国礼仪"问题的否定态度,之后不知何故②他来到位于布拉格的耶稣会大学继续其典籍翻译及著述工作,并于同一年集中出版了这些著

---

① 耶稣会在 16 世纪就已确立一整套培养耶稣会士的教育方案(Ratio atque Institutio Studiorum Societatis Jesu),其内容包括:为期 5—6 年的人文中学阶段的学习、3 年哲学及 4 年神学阶段的学习。其中,人文中学阶段的学习主要集中于古典语言方面的训练,包括了语法、人文和修辞学方面的课程(耶稣会特别重视拉丁文训练);哲学阶段的学习则明显打上了亚里士多德思想体系的烙印,主要学习逻辑学、自然哲学、形而上学及伦理学;而最后神学阶段的学习则以托马斯·阿奎那的经院哲学思想为主。耶稣会的教育方案采取阶层中立的态度,面向来自各个阶层的受教育者;强调灵修经验的同时采取训练军人的模式,着重培养受教育者针对具体情况进行分析、独立反应并综合判断的能力,其最终目标是要培养教会内部的领导精英。这一教育方案的制定也为罗马天主教内部的改革提供了一个积极范例,详见 W.Kasper (hg.), *Lexikon für Theologie und Kirche*, Freiburg im Breisgau: Herder, 1993-2001, pp.842-843。有别于大多数耶稣会学校都遵循这一固定的学习计划,弗莱芒——比利时耶稣会在教育体系方面表现出更多的灵活性:他们将通常的文科学习("Arts Course",主要是学习希腊哲学)从 3 年缩短为 2 年,将更多的时间用于数学、天文学方面的学习,因而比起其他葡萄牙、法国、德国及意大利的来华传教士,南怀仁、柏应理等弗莱芒传教士在哲学方面所获训练较少,他们更多是以天文历法及学术研究方面的成就著称,参见 Liam Matthew Brockey, *Journey to the East. The Jesuit mission to China*, 1579-1724, London: The Belknap Press of Harvard University Press, 2007, pp.212-214。

② 关于卫方济为何会来到布拉格的原因一直有多种揣测,例如费赖之追随弗雷德里克·阿尔文(Frédéric Alvin)的说法,认为卫方济是接到当时的耶稣会会长的命令前往布拉格的;鲁保禄认为可能布拉格耶稣会大学这样的地方在"礼仪之争"这一敏感时期,恰是远离罗马及法国这些论争中心的安全处所;还有一种可能则是詹森派出于积怨,介入并导致卫方济被贬布拉格,因为卫氏此前提交给教皇克莱蒙十一世的备忘录中,将论争的矛头直接指向詹森派这一主要"敌人":詹森派声称教皇亚历山大七世由于受到耶稣会士在中国礼仪性质方面的欺骗,才会容许耶稣会在华实行适应政策并允许中国教徒祭祖祭孔,因而铎罗主教应该推翻这一谕令。按照这样的做法,那么亚历山大七世谴责詹森派的谕令也可出于同样的理由被推翻。参见 P.Rule, "François Noël, S.J., and the Chinese Rites Controversy," in *The History of the Relations between the Low Countries and China in the Qing Era* (1644-1911), Leuven: Leuven University Press, 2003, pp.155-156。

作。其中,后两部作品更因其争议性及隐含的"挑衅性",传闻耶稣会内部曾对其进行审查并下令查封,以致后世流传下来的藏本甚少。①

学界对这三部著作的关注一直存在,而与之相关的专题研究却不多见。②下文谨以《中华帝国六经》一书的《中庸》译文为例,试图通过勾勒"天""道"及"鬼神"这三个在"礼仪之争"中极具争议性的概念,以深入了解卫方济本人的儒学观及其对于中国礼仪的定位。

## 一、卫方济其人③及《中华帝国六经》一书

1651年卫方济出生于比利时北部埃诺省(Hainaut)的埃斯特吕城(Hestrud)。19岁时他加入耶稣会高卢——比利时会省(Gallo-Belgium)位于图尔奈(Tournai)的初学院成为一名见习修士。在此,他一边学习神学,一边教授了多年的文学及修辞学。1684年1月,他与另一名比利时传教士(Philippe Selosse,1649—1685)一同从里斯本登船被派往东方传教,此时卫方济希望加入的是日本会省。1685年8月,他成功在澳门登岸,而同行的Selosse神父此前已在途中不幸逝世。

在此期间,他曾于1687年和1690年两次计划乘船奔赴日本传教,但都以失败告终,遂被派往中国江西会省常驻南昌布道。1701年奉中国副会省省长安多(Antoine Thomas,1644—1709)的指示,他与庞嘉宾(Kaspar Castner,1665—1709)同为"代理人"前往罗马就中国"礼仪之争"向教宗报告教务工作并从耶稣会的立场进行辩解,但最终教皇克莱蒙十一世做出了反对耶稣会的决定。1707年7月,卫方济重返澳门,不久他二度被选为"代理人"并于1708年1月陪同康熙特使艾

---

① 法国汉学家鲍狄埃(M. G. Pauthier)和雷慕沙(Jean Pierre Abel Rémusat)都持这一观点,而鲁保禄则认为尚无充分的证据说明这一点,参见 Paul Rule, "François Noël,S.J., and the Chinese Rites Controversy," p.159.
② 卫方济的《中华帝国六经》曾对德国启蒙思想家沃尔夫产生了深远的影响,杜赫德、雷慕沙、潘凤娟、孟德卫、鲁保禄对其都进行过研究。
③ 关于卫方济的生平,笔者主要参考了下列学者的著述:[法]费赖之:《在华耶稣会士列传及书目》(上)(下),冯承钧译,北京:中华书局,1995年,第418—423页;[法]荣振华等:《16—20世纪入华天主教传教士列传》,耿昇译,桂林:广西师范大学出版社,2010年,第253—254页;Paul Rule, "François Noël,S.J., and the Chinese Rites Controversy," pp.138-156;David E. Mungello, "The First Complete Translation of the Confucian Four Books in the West," in International Symposium on Chinese-Western Interchange in Commemoration of the 400th Anniversary of the Arrival of Matteo Ricci,S.J.in China (Taipei,1985),p.515.

逊爵（Antonio Francesco Giuseppe Provana，1662—1720）、陆若瑟（José Ramón Arxó，d.1711）再次前往罗马，同行的还有艾逊爵的中国助手樊守义（Louis Fan，1682—1753）。1709 年 2 月，他们一行在罗马汇报工作并提交了数种教务报告及回忆录，此时，卫方济认为教宗在综合了解各方面的证词后，已倾向于支持耶稣会的观点。① 之后卫方济先是来到布拉格的耶稣会公学并于 1710—1711 年出版了多部重要著作，继而在 1713 年前往法国里尔，在此两度申请返回中国都被拒。1716 年他来到里斯本第三次申请返回中国，仍旧无法成行——鲁保禄猜测或是因为身体状况或是由于船只故障，待考——于 1729 年在里尔去世。

卫方济是 16、17 世纪来华耶稣会士的集体译经活动的重要参与者及集大成者。早在南昌工作期间，他已开始并完成《孟子》及《中庸》两书的拉丁文翻译，现藏于布鲁塞尔图书馆的两个译本手稿上面所署"1700 年南昌"的字样证明了这一点。② 此后利用第二次前往罗马汇报工作并在布拉格逗留的机会，完成了《中华帝国六经》一书并刻印出版。为了更好地从"礼仪之争"这一大时代背景考察卫方济译本在耶稣会译经传统中的地位及特点，下文谨以卫氏《中庸》译本中"道""天"和"鬼神"这三个"礼仪之争"时代的敏感术语为例，比较卫氏译本与其前辈的差异及其成因。

**二、《中华帝国六经》儒学概念翻译举隅**

《中华帝国六经》一书内容上包括：《致读者的序言》（Praefatio ad Lectorem），六本书的目录及纲要（Index et Synopsis），《大学》（Ta Hio）、《中庸》（Chum Yum）、《论语》（Lun Yu）、《孟子》（Memcius）、《孝经》（Filialis Observantia）、《小学》（Parvulorum Schola）6 本书的拉丁文全译本及勘误表。尽管早在 1593 年一份由罗明坚署名编纂的拉丁文"四书"手稿就已包括《孟子》一书的译文③，但此后的一个多世

---

① 卫方济在一封写给自己的赞助人阿维罗公爵夫人（Duchess Of Averio）的信中透露了这一观点，参见 *The Far Eastern Catholic Missions*，1663-1711：*the Original Papers of the Duchess d'Aveiro*（Tokyo，1975），vol.II, p.99，转引自 Paul Rule，"François Noël, S.J., and the Chinese Rites Controversy"，p.155，note 86。但实际上教皇克莱蒙十一世后来在 1715 年 3 月 19 日颁布了《从登极之日》（*Ex Illa Die*）通谕，完全否定并禁止了中国礼仪。

② David E. Mungello，"The First Complete Translation of the Confucian Four Books in the West"，p.517.

③ 该手稿藏于罗马国家图书馆，编号为：耶稣会手稿档案（Fondo Gesuitico=FG 3314）1185 号。

纪,《孟子》的译文从未被正式出版过,哪怕被视为耶稣会译经顶峰之作的《中国哲学家孔子》(*Confucius Sinarum Philosphus*, Paris,1687)一书也并未收录《孟子》的译文,直至卫方济完成并出版了耶稣会历史上第一个"四书"全译本。

卫氏的译文不管是在体例上还是译词的选用上,都与其修会前辈有所区别。在翻译底本及体例上,卫方济的"四书"译文同时参照了朱熹及张居正的注解。以《中庸》的译文为例:卫氏先是全文翻译了朱熹的《中庸章句序》,之后以朱熹《中庸章句》所定33章的顺序、依据朱熹的划分逐句标号翻译;其译文明显参照张居正《中庸直解》一书的注解,开篇一段在正文之后有明确说明:此处将张居正的解释补注在后,其余各处都是将张氏的观点直接融入自己的译文中。至于卫氏译词的特点,下文将通过3个具体例子来呈现:

(一)"道"的西译

16、17世纪来华耶稣会士在处理儒学典籍中概念的西译时,往往会结合具体的上下文选用不同的拉丁词汇,例如《中国哲学家孔子》一书"道"的拉丁文译词包括:regula(准则)、via(道路)、virtus & leges & ipse Magistratum gerat(美德、律法及对地方官员的管理)、ratio(理性)等。且不论耶稣会士在主观上是否深入理解了儒学概念内涵多层次性的特征,抑或充当他们汉语老师的中国文人对此给予了详细的解说,客观上一词多译的做法确实有效体现了儒学概念内涵的丰富性,但也给读者留下儒学概念的所指含混、定义多变的印象,不利于借助概念建构起清晰明确的哲学体系。

有别于修会前辈译本中所充斥的丰富的一词多译现象,卫方济明确采用了一词一义的做法①,只在个别篇章对词义有调整并加注进行说明。例如"道"的翻译基本固定为"道路"(via)。卫氏在开篇翻译"率性之谓道"时,将"道"译为"正确行事的道路"(recta agendi via)②。随后所加的注释(Nota)中,卫方济遵循张居正

---

① 19世纪之后儒学经典的外文译本都采取了"一词一义"的做法,例如:理雅各译本中"道"统一翻译为 way,辜鸿铭的《中庸》英译本统一译"道"为 the moral law;当代美国汉学家安乐哲的《中庸》译本也统一译"道"为 way,术语内涵的统一及固定化符合近现代哲学学科建自身理论体系的需要。

② 卫氏的译文为"hujus naturae doctus est recta agendi via",参见 François Noël, *Sinensis Imperii Libri Classici Sex*, Pragae 1711, p.41;在添加的注释(Nota)中,卫方济也曾把"道"译为"人类正确生活的道路"(recta hominum vivendi via)。

的注解进一步解释道①:

没有一种事物会没有自己的道路。"路"这个名字从何而来呢?人及其他的事物依照自己身上与生俱来的某种本性倾向,在采取各种举动时会有各自的道路,应尽可能地把握住。例如,子女体贴孝顺(peitas)以回报父母;臣子和皇帝各行其职以实现公正(aequitas);不管是对内还是对外都怀有敬意,待之以礼,这便是雍容大度(honestas);辨明真伪、区分忠奸,做任何事都不要违背自己的本性,凡事都依据天性给予的指引,这便是睿智(prudentia)。以上这些便是所谓的:依据天性的指引便是正确行事的道路。

此处卫方济将张居正注释中的"仁""义""礼""智"对译为西方语境中不同的四种德行。

卫方济则译"道"为正确行事的道路。译"道"为路,不仅明显遵循了中国阐释者的解释,而且有意思的还在于:中世纪经院哲学称人为"路途中的人"(homo viator),视人生为一条回归(神)的路,"人的命运是透过物质世界而回归上帝,如托马斯所说,'由物体之手所指引'而回归上帝,而在回归的旅途上,上帝在各存在物内在最深之处"②,应该说译文做出这样的选择处理可以使得儒家学说更为符合欧洲受众的接受视域,从而引发了一种"选择性共鸣"。尽管此处《中庸》之"道"与西人文化传统积淀中的"回归之途"有某些字面上的相似之处,但不可忽视的是其背后宗教观、天人观之根本不同,耶稣会译文表面流畅、自然的拉丁文翻

---

① 张居正在《四书直解》一书中的注解是:"天下之事,莫不有道,然道何由而得名也?盖人物各循其性之自然,则其日用事物之间,莫不各有当行的道路,仁而为父子之亲,义而为君臣之分,礼而为恭敬辞让之节,智而为是非邪正之辨,其运用应酬,不过依顺着那性中所本有的,所以说率性之谓道。"详见〔明〕张居正撰:《四书直解》,北京:九州出版社,2013年,第21页。卫方济此处的译文为:"Deinde nulla res est, quae suam viam non habeat. Sed unde hoc nomen viae? Homo certeraeque res juxta innatam naturae suae propensionem in omnibus suis actionibus habent viam, quam teneant; v.g. pietas, qua parente & filii se invicem diligunt; aequitas, qua Rex & Minister sui muneris partes adimplent; honestas, qua reverentia interior & exterior, comitásque & urbanitas servatur; prudentia, qua veritas à falsitate, honestas à turpitudine discernitur, nihil sunt aliud quam actus nostrae naturae conformes, & juxta innatum illius ductum exerciti; id circo dicitur; naturae ductus est recta agendi via." 详见:François Noël, *Sinensis Imperii Libri Classici Sex*, p.41. 下文凡涉及张居正注解及卫方济《中华帝国六经》拉丁译文的文句皆引自上述两书,只在引文后标明页数,遂不赘述。
② 高凌霞:《中世纪哲学教学讲义》,2006年台北辅仁大学外语学院西洋古典暨中世纪文化学程,第69页。

译背后却隐藏着"译文文化'吞并'原著文化"的"归化"现象①。

另有少数地方,卫方济也采取了灵活意译的处理手法,为使欧洲读者更为明确此处该术语的特殊内涵。例如在"国有道,不变塞焉"一处,卫氏意译为"在全国很好地进行治理"(in Regno bene gubernato);"诚者,天之道也"中则译为"道路,或者说正确的理性"(via, sive recta ratio)。前者将"道"译为好的治理,无疑凸显了"道"这一儒家从修身到治国一以贯之的法则;后者把"道"译为 ratio(理性),则是在西方视域下对于儒家之道的诠释,或者说这一翻译是西方译者与儒家之"道"视域融合的产物。耶稣会神父在这里译"道"为理性,将儒家意指不偏不倚、无过与不及的中和之道译成了阿奎那哲学体系中格外强调的那种能够积极地去认识事物的先天性能力。"修身以道,修道以仁"一处也采取了类似的手法。②这些都恰好印证了老子的那句箴语:"道可道,非常道",经由翻译再现的此"道"已不同于彼"道"了。

(二)"天"的西译

《中庸》:天命之谓性,率性之谓道,修道之谓教。

CSP:Id quod à caelo est homini inditum dicitur natura rationalis; quod huic conformatur natura & eam consequitur, dicitur regula, seu consentaneum rationi, restaurare quoad exercitium hanc regulam se suaque per eam moderando, dicitur institutio, seu disciplina virtutum.

译文:这一来自上天、人身上所具有的事物,被称为理性的本性;受到这一本性的塑造并追随它,被称为准则,或者说是符合这一理性;修正直至自身行为能遵循这一准则,这被称为教育或者说是德行的修炼。

卫方济:Caeli lex est ipsa natura; hujus naturae ductus est recta agendi via; hujus viae directio est recta vitae disciplina, seu recta vivendi praecepta.

Nota: Sic hujus textum fusius explicat *Cham Kiu Chim*: nullus est homo, qui

---

① 谢天振教授对于文学翻译中译者的创造性叛逆、个性化翻译有一系列的分析,详见谢天振:《译介学》,上海:上海外语教育出版社,2005年,第146—160页。

② sed recta morum & vitae compositio in exequendis accurate omnibus quintuplicis ordinis, qui in humana conditione reperitur, officiis posita est. Horum denique omnium officiorum executio consistie in adimplenda naturali cordis sui pietate seu rectitudine.

naturam (nempe rationalem) non habeat; sed unde hoc naturae nomen? Coelum in producendo homine, postquam illi aerem seu materiam sensibilem indidit ad formandum corpus, tum eidem rationem ad perficiendam naturam infundit; haec ratio, quatenus in Coelo residet, dicitur principium primum seu magnum, communicatiuum, directiuum, perfectiuum. Quatenus autem in homine existit, dicitur pietas, aequitas, honestas, prudentia, seu intelligentia congenita. Hujus rationis infusio & receptio est instar legis ac praecepti a Coelo impositi. Idcirco dicitur: natura est Coeli lex; (scilicet in actu primo.)

"天"在中国思想史上自先秦始便一直交织着自然之天和神性之天的双重身份,只是在不同的时期各有偏重,比如《诗经》《尚书》中的"天"明显富于神性与主宰性,到孔子、孟子、墨子那里"天"的双重身份仍俱在,但神性之天的倾向较为明显;相对地,在庄周、荀子的著作中则更突出了自然之天的含义;待《易经》和《中庸》出,又演变出了"德性之天"的观点。正如金岳霖所概括的:"在中国哲学里,'天'的含义既包括自然,又包括君临自然的上苍。"①从朱子的著作可以看出,他在认同"德性之天"的基础之上,进一步分疏出了主宰之天和驳杂之天②,尤其后者更是朱熹的个人创见。倘若总结朱熹与张居正对《中庸》一书关于"天"的主要注释,则包括:主宰之天③("天命之谓性""上不怨天,下不尤人""故天之生物,必因其材而笃焉""受禄于天,保佑命之,自天申之""诚者,天之道也"等);自然之天④,一个有其道、有其理也因此具有了美德的上天("博厚配地,高明配天,悠久无疆""天地之道:博也,厚也,高也,明也,悠也,久也""今夫天,斯昭昭之多""天地之道,可一言而尽也""考诸三王而不缪,建诸天地而不悖""质诸鬼神而无疑,知天也""上律天时""辟如天地之无不持载,无不覆帱""立天下之大本,知天下之化育""苟不固聪明圣知达天德者,其孰能知之"等)。

---

① 冯友兰:《中国哲学简史》,北京:新世界出版社,2004年,第168页。
② 这对概念的提出和深入论述可见于钱穆先生和王儒松先生著作中有关天人关系的章节,详见钱穆:《朱子新学案》(上),成都:巴蜀书社,1986年,第251—258页;王儒松:《朱子学》(上册),台北:教育文物出版印行社,1995年,第107—112页。
③ "Der religionsgeschichtliche Glaube betrachtete den oberhalb der Erde ausgespannten räumlichen Kosmos als Himmel", in W. Kasper (hg.), *Lexikon für Theologie und Kirche*, Freiburg im Breisgau: Herder, 1993-2001, pp. 115-122.
④ Ibid.

按照西方宗教史的观点,"coelum"被定义为在土地之上并与之相分离的宇宙空间[1]。在《圣经·旧约》中,"天"被视为雅威的居住地("Theologisch gilt der Himmel im AT als Wohnort Jahwes"),但是与东方宗教不同的是,旧约中的"天"并没有被神圣化,而是被视为雅威的受造物:他造出了穹苍[2],从而"把穹苍下的水和穹苍上的水分开,并称这穹苍叫天"[3]。很明显,上文所描述的儒家之"天"是coelum这一译词所无法囊括的。

需要注意的是:与利玛窦等人所主张的以适应求同为主[4]的传教方针有所不同,殷铎泽及卫方济在翻译时似乎更为注重中国之"天"与神的区别,一如龙华民及徐光启所明了的:基督的上帝与中国的天之间的差异要远大于其相似之处[5]。卫方济在译文中从未将"天"直译为"Deus(God)",而多译为自然之天。此外,他将"天下"译为世界、帝国(orbis,imperium)也颇符合原意,某些段落中也译为宇宙,由此可以看到西方文化视野下更为宏大的世界观,当然不可或缺的还有其背后所蕴含的近代天文地理知识。殷铎泽在文本中对概念翻译用词选择的谨慎,尤其对于"天"和"神",或许也从一个侧面说明了他更多地视儒家为一哲学派别抑

---

[1] "Der religionsgeschichtliche Glaube betrachtete den oberhalb der Erde ausgespannten räumlichen Kosmos als Himmel", in W. Kasper (hg.), *Lexikon für Theologie und Kirche*, Freiburg im Breisgau: Herder, 1993-2001, pp.115-122.

[2] „Im Unterschied zum alten Orient wird in Israel der Himmel nicht vergöttlicht, er ist vielmehr ein Geschöpf Jahwes, das durch Trennung der oberen und unteren Wasser entstand.—Gen 1,6ff.1", in W. Kasper (hg.), *Lexikon für Theologie und Kirche*, pp.115-122.

[3] 《牧灵圣经》(圣保罗国际出版公司,圣母圣心爱子会国际出版公司,圣言会国际出版公司),第3页。

[4] 从利玛窦开始,早期来华耶稣会从先秦的典籍中找到"上帝""天"等术语,并特意使用这些传统术语使基督教能够适应中国文化,并以"天主"一词来对应基督教的"God";但自从1631年多明我会入华、1633—1634年方济各会入华传教之后,各个天主教修会之间对于中国礼仪问题的分歧和争议日渐扩大,详见 Josef Metzler: *Die Synoden in China, Japan und Korea 1570-1931*, Germany: Ferdinand Schöningh, 1980, pp.11-17。另外,"天主"一词也属于佛教用语,利氏借用该词来称谓基督宗教中的最高神,也引发了他与池莲大师的辩论,详见张西平:《中国与欧洲早期宗教和哲学交流史》,北京:东方出版社,2001年,第190—191页。

[5] 谢和耐:《中国和基督教——中国和欧洲文化之比较》,上海:上海古籍出版社,2003年,第47、53页。

或是一种还缺乏基督启示真理的自然神论思想①。结合当时轰轰烈烈的"礼仪之争"这一时代背景及卫方济本人也在自己的《中庸》译本中明确声明自己选择了朱熹和张居正的"四书"注本作为翻译的底本，或许可以理解为：他意在将利玛窦的"儒教"换装为"儒家"，借助宋儒的解释转而强调儒家"唯物""无神"的一面——就像之前龙华民就曾在其著作中提到过的："他们(指中国人)的神秘哲学是一种纯粹的唯物论。"②这其实也可视为卫神父为耶稣会在"礼仪之争"的大背景中进行的辩护，为他们之所以宽容儒家祭祖祭孔等中国礼仪从中国典籍中找论据：强调儒家是一哲学门派而不是宗教，将其祭祖祭孔等礼仪指责为宗教异端的行径的指控也就无法成立，耶稣会对之的宽容也就不会有悖罗马教会所规定的主旨③，一如当年利玛窦从《诗经》《尚书》中找到中国人实有"上帝"("天主")这一原始信仰的证据，从而建构中国的"基督论"。殷铎泽反其道而行之，用相同的方法服务于不同的目的。一方面这当然是耶稣会长期以来重视研读中国典籍并利用之吸收中国文化来辅助传教的策略赋予之的特长；但另一方面也说明了传教士的诠释、译介不仅能反映部分的现实，而且能塑造现实，而从欧洲中国形象的不断变迁及其所造成的影响来看，游记、书信、报告、图片等"话语"也确实产生了这样的效果。比如启蒙时期欧洲"崇华派"和"贬华派"之争。

总而言之，不管是利玛窦所强调的神性之"天"，还是卫方济所传递出的物质之"天"，他们都只反映出中国之"天"的某个侧面。一方面，作为来华外国传教士，他们确实很难完全把握理解中国之"天"从殷周之变到汉儒的注解、宋儒的注

---

① 不管是早前来华耶稣会士所承担的"四书"拉丁文翻译工作还是之后法国耶稣会士对"五经"所给予的更多关注，耶稣会借助中国的原始典籍发展出了一套理论以证明在中国存在着一种自然、原始的宗教，正是这种原始宗教提供给中国人道德的真理，中国人在判断是非对错时更多的是借助自己的理性而不是神启。该种宗教中有许多因素是与基督教相契合的，比如待人如己、强调人的守信，甚至有着相同的"敏于事而慎于言"的实践观等，由此可见儒家思想中包含了人类在伦理和理性方面的真理；但是儒家与基督教也有相冲突的部分文化因素，如祭拜亲人和孔子、一夫多妻及明朝时包养娈童的风气等，这些便被视为是缺乏基督启示真理的表现。需要耶稣会作为中介，在亲近并取得中国人的信任之后进一步地启示他们，让他们在受洗前抛弃。这些都可以用来向欧洲人论证耶稣会在华"本土适应"策略的合理性。
② 谢和耐：《中国与基督教——中西文化的首次撞击》，上海：上海古籍出版社，2003 年，第 184 页。
③ 在《中国哲学家孔子》原始手稿的第一册里，殷铎泽屡次于边注上强调：儒家祭祖祭孔的性质是非宗教性的(Ex textu ipso liquet, quod ritus et official Sinensium erga defunctos, à prima Priscorum institutione, fuerint mere civilia)，为耶稣会在华实行"适应"政策进行辩护。

解中一系列的复杂演变及由此赋予的多重内涵。另一方面,他们也不需要这样去理解,对他们而言更重要的是用他们的眼睛去找到他们想要看到的"天",并以此为在华传教活动服务。耶稣会士在跨文化语境下对这一概念的内涵进行人为的重新设定,在此背后掩盖的是中西异质文化之下不同的天人观。

(三)"鬼神"的西译

两个《中庸》拉丁文译本中,"鬼神"都被翻译为 spiritus,该词含义广泛,包括精神、鬼神、心灵及灵魂等①。托马斯·阿奎那视之为"incorruptio"(不会腐朽),在其著作中明确谈论到的 spiritus 包括:动物的精神,或者说有知觉的精神体(spiritus animalis sive sensibilis);善的和恶的精神体(s.bonus & s.malus sive malignus);天上的和地上的精神体(s.caelestis & s.terrenus);欲望的力量和精神(s.concupiscentiae);与肉体相结合的精神,或者说人的灵魂及与肉体相分离的纯粹精神(s.coniunctus & s.separatus);上帝的精神,或者说圣神(s.Dei sive divinus sive Domini sive sanctus);形而上学认识的精神(s.intelligibilis);看得见的和看不见的气息(s.invisibilis & s.visibilis);施行神迹与进行预言的能力(s.miraculorum & s.prophetiae sive propheticus);理性的精神(s.rationalis);等等②。

此处耶稣会士在《中庸》译文中增添了冗长的解释。这些注释内容不仅涉及《礼记》和《书经》中关于皇帝祭天的记载,还特别强调对"鬼神"——关于鬼神的性质,耶稣会士借中国人之口指出:它们都是"纯粹的无生命物质"("meras has qualitates materiales et inanimes");它们源于"理性"("spiritus,utique verè est hoc è ratione")——进行祭祀是源于美德,并不是什么罪恶的行为或是对神的有意疏忽,为中国礼仪的性质辩护。其中尤其值得注意的一点是:

耶稣会士关于"鬼神"的翻译处理充分体现了他们对于中国礼仪的"理性化"处理及寻求儒家文化与基督教文化共性的目标。如何在捍卫孔子形象的同时——在《前言》中,孔子已被塑造成一位借助个人理性对于真神已有正确认识的伟大哲人——适当地解释中国人的鬼神观,耶稣会翻译团体对此做出了两种处理:第一,将鬼神解释为纯粹的自然力,这从他们将之称为"纯粹自然的无生命物

---

① 雷立柏:《汉语神学术语辞典》,北京:宗教文化出版社,2007年,第144页。
② 各项分类名称皆总结自阿奎那的神学著作,该名称所在章节及部分原著引文详见:http://www.corpusthomisticum.org/tls.html#spiritus(2011-4-30)。

质"可以看出;第二,将"鬼神"与基督宗教中"天使"的形象相联系:"这样的一些人,他们想通过这两个字来理解一种最高的存在……这些名字大部分都是指那些鬼神,上帝(Deus)创造他们作为看守者和管理者,用于看守及保护上帝的受造物。"看到这段译文,在一个西方读者的脑海中所浮现的是基督宗教中"天使"的形象。"天使"作为纯精神的受造体,既没有肉体也没有感觉,因而也不会腐朽或死亡[1]。译文中提到的"作为看守者和管理者,用于看守及保护上帝的受造物"其实是基督宗教中"天使"所肩负的两大职责。耶稣会士在注释中巧妙地实现了"鬼神"与"天使"之名的隐形替换,使欧洲读者在阅读时无意识地将"鬼神"之名与"天使"之内涵相重合,从而人为地制造一种文化认同进而引发欧洲读者内心的共鸣或好感——与这种"归化"翻译相反的手段便是"异化"或者说"陌生化"的处理手法:在翻译中刻意使用突兀陌生的词汇(譬如古语或者外来词),提醒读者对翻译这一"不透明"行为的注意,进而强调译文与目的语中主流文化价值观之间的差异。施莱尔·马赫(Friedrich Daniel Ernst Schleiermacher,1768—1834)就曾主张通过"异化"翻译来强化民族文化身份认同,甚至借此来创造和丰富自身的民族文化[2]。

此外,译文中也透露出17世纪来华耶稣会士经院哲学"前理解":"他们(天使/鬼神)依附于最高的帝王(指上帝),是他的臣民,他们负责掌管行星及其他星辰,肯定也掌管了尘世间的事物",此处涉及亚里士多德天文学知识及托马斯·阿奎那(Thomas Aquinas,约 1225—1274)讨论行星的专著 *De Indiciis Astrorum* 及 *De Sortibus*[3]。阿奎那在书中试图解决的问题是:中世纪以降占星术兴起,人们普遍相信行星的运行和位置对于人及事物的形体会产生影响;而亚里士多德哲学认

---

[1] 雷立柏:《汉语神学术语辞典》,第15页和《神学辞典》:http://www.chinacath.org/book/html/131/6849.html(2011-5-2);教会里有关"天使"的神学论述可以在奥古斯丁(Augustine,354—430)、额我略一世(Gregory I,590—604在位)等早期教父的著述中找到。被称为"天使博士"(Doctor Angelicus)的托马斯·阿奎那在他的《神学大全》第一部分,从第50个到第64个问题都是在谈论"天使"这一上帝的受造物及其职责、功能。感谢麦克雷教授在"天使"问题上跟笔者进行的讨论和分享。
[2] 关于"归化"翻译和"异化"翻译、"异化"翻译策略对于民族文化建构的作用等问题,详见劳伦斯·韦努蒂(Lawrence Venuti):《译者的隐形——翻译史论》,张景华等译,北京:外语教学与研究出版社,2009年。
[3] 在此特别感谢郎宓榭教授在托马斯·阿奎那神学思想及中世纪哲学方面给予笔者的热心指导和无私分享。

为,由于灵魂具有三种作用:生产、感觉和思想,因此它具有创造和追求的能力①,此即灵魂自由。这样就因灵魂自由、意志自由而可能出现灵魂可以不受管束的危险倾向。为了填补其中有可能造成歧义的"知识断层",阿奎那著书对此进行解释——"新知识的生产"——他提出:一方面各大行星都由上帝所造的各位天使掌管;另一方面,天使作为上帝的使者,也能够对人的灵魂施加影响。经由阿奎那的系统调和,人从形体到灵魂都获得了"管束":天使不仅推动着各个行星的运行,使行星影响着人与事物的形体;同时,星球上的天使们也能影响人的灵魂。

从这样一个"新知识生产"的事例,我们可以清楚地看到:没有任何知识具有不可侵犯不可质疑的原初性,貌似权威而稳固的现代知识体系,回顾它过去的历史往往是多元而不稳定的。无论是关于身体与灵魂的关系,或是涉及宗教和迷信这样的对立,这些"知识"的形成,在一开始是由不同时期不同教父对于异教徒质疑的回应,对自己神学思想的系统表述、宗教裁判所的各种判决(宗教裁判所的判决及其行刑,充分体现了"话语"不仅具有陈述"真理与正统"的功能,还具有行动的力量)及巴黎大学神学院的辩论著述等多重阐释相互覆盖、相互补充而成,最后还要取决于历代各任教皇的主观判断和最终决策,正是这一系列关系之间的同谋实现了它们对今天人们世界观与价值观的主导和控制。

---

① 邬昆如:《西洋哲学史话》,台北:三民书局,2004年,第170页。

# 附 录

## "中国古代文化经典在海外的传播及影响研究——以 20 世纪为中心"国际学术研讨会综述

北京外国语大学 孙 健

2012 年 12 月 15—16 日,由北京外国语大学中国海外汉学研究中心主办的"中国古代文化经典在海外的传播及影响研究——以 20 世纪为中心"国际学术研讨会在北京外国语大学举行。会议吸引了来自 7 个国家和地区的百余位学者参加,涵盖了目前在该领域取得突出成就的老、中、青三代学者,集中展现了当前该领域研究的整体面貌。在为期两天的会议中,与会学者围绕本次会议的主题,"20 世纪以来中国典籍、文化在国外的传播与影响",展开了自由而充分的讨论,下面便对会议的讨论情况作一简要综述。

### 一、主题报告

会议开幕式由北京外国语大学科研处处长张朝意教授主持,北京外国语大学金莉副校长和北京大学比较文化与比较文学研究所所长严绍璗教授分别致辞,随后进入正式讨论。北京外国语大学海外汉学研究中心主任张西平教授、中国人民大学副校长杨慧林教授、上海外国语大学高级翻译学院院长谢天振教授、日本京都大学金文京教授分别作了主题发言。张西平教授以"中国古代文化典籍在西方的传播研究的方法论初探"为题，对如何深入展开对中国古代文化经典在域外传播的研究进行了分析，并阐发了类似研究在学术上的价值和意义。张教授提出，历史是展开中国典籍外译研究的基础，跨学科的知识修养是对研究者的基本要求，跨文化的比较文化视角是基本方法。同时，学科的发展还亟须建立西方汉学文献学，并摸索具有"本土意识"的中译外翻译理论。杨慧林教授《文化传播的双向考察》对此前的中外文化交流进行了反思，指出当我们尝试用西方的概念工具如民主、人权等来批评西方时，实际上表明我们已经在潜意识里接受了西方的价值观；而当西方的概念工具被命名时，中国的思想经验也被带入了西方概念中，中西方文化之间的影响是交互的、潜移默化的。

谢天振教授《中国文化如何才能"走出去"？——译介学视角》一文认为，中国文化"走出去"并不能简单归结为翻译问题。该文运用译介学理论视角，对制约中国文化"走出去"的诸多因素进行考察和分析，同时结合《红楼梦》的百年英译史和 20 世纪 80 年代"熊猫丛书"在国外的传播情况，对中国文化如何真正有效地"走出去"进行了比较全面而深入的探讨。金文京教授《展望 21 世纪的东亚比较文学——简评和汉比较文学和域外汉籍研究》一文对和汉比较文学和域外汉籍研究进行比较，认为二者在内容上虽有相当部分彼此呼应，但立脚点和目的却完全不同。二者的思考方式都以国家对国家或域内对域外的框架为前提，未能摆脱一国史观的界限。21 世纪的东亚比较文学，需要超越国度和时间的局限，细心考察包括各国文字在内的相关资料，开阔视野，用更宏观的观点加以诠释。

## 二、关于翻译理论的探讨

建立具有"本土意识"的翻译理论，是学界公认亟待解决的问题，本次会议以此为主题的论文虽然数量不多，但却不乏精彩之作，成为会议的一大亮点。法国艾克斯马赛大学 Pierre Kaser 教授回顾了此前有关中国文学法译的研究，介绍了其主持的"远东文学法文译版数据库"的基本情况，指出在数据库资料的基础上，才能真正开始书写中国文学在法国的翻译和传播史。南京大学刘华文教授《从

"点化"到"夺胎换骨":诗歌翻译的活法论》一文,将中国传统诗歌批评中的"活法"论——点化法、夺胎法、换骨法引入诗歌翻译领域,来实现原诗和译诗之间理想的互文性关系,在开拓具有"本土意识"的翻译理论方面迈出了坚实的一步。香港中文大学庄柔玉《论"经典性"的文化可译性——从经典文本到经典模式》借助埃文-佐哈尔(Itama Even-Zohar)的理论,探讨把文化经典移植到另一文化体系时牵涉的问题,包括何谓文化经典、"经典化"与"非经典化"之角力、"经典性"的意涵及其文化可译性等。该文以圣经翻译为例,指出翻译文化经典必须超越"文本"层面,针对译语系统对文学"模式"的要求,才能真正把作品引进译语系统的文学经典库。

### 三、人物研究

人物研究是本次会议的一个重点议题,研究的广度和深度均较此前有所突破,与会论文表明,学者的注意力已不局限于人物的翻译活动,而是采用更具张力的研究方法,将研究延展到翻译背后的深层语境。北京外国语大学李雪涛教授《乔冠华及其庄子哲学研究》一文追溯外交家乔冠华早年在德国蒂宾根大学完成的有关庄子哲学的博士论文,对乔冠华早年留学经历、博士论文的内容及哲学研究对乔冠华的影响等问题进行了深入讨论。中国矿业大学吴格非教授《评狄更生对中国文明的乌托邦解读》对英国文学家狄更生(Goldsworthy Lowes Dickinson)关于中国文明的看法进行了梳理,并就其见解进行了分析。北京外国语大学李真《清初儒家基督徒对来华传教士中国经典研究的影响——以刘凝为中心》一文,通过对刘凝的生平及学术的考评,分析刘凝本人基督徒身份与其经学研究之相互渗透关系,重点讨论他的治学方法和特点如何对一个西方传教士的中国经典研究产生影响。洛阳师范学院王国强对林语堂的《关于中国方言的洋文论著目录》一文进行了考察,认为该文有诸多不确定之处,尤其是混淆了《中国评论》和《教务杂志》两份刊物,无意间隐去了一段汉语方言研究的学术史。北京外国语大学管永前《何炳棣晚年对〈孙子〉〈老子〉的考证述论》对何炳棣晚年有关《孙子》《老子》成书年代和思想渊源的研究进行了评析。

北京大学李明滨教授《纪念俄国汉学家李福清的不朽功绩》追述了俄罗斯著名汉学家李福清(Б.Л.Рифтин)教授在汉学研究领域取得的成就,对其在俄罗斯汉学发展史上的地位进行了评价。福建师范大学葛桂录教授《H. A. 翟理斯：英国汉学史上总体观照中国文学的第一人》考察了英国汉学家翟理斯（Herbert Allen Giles）的汉学研究，并讨论了其在中英文学交流史上的地位。北京外国语大学顾钧教授《美国汉学家卜德的翻译贡献》以《燕京岁时记》为重点，分析了卜德（Derk Bodde）的翻译成就。华中师范大学刘韶军《论武内义雄和津田左右吉研究中国古籍及其思想的方法》就两位日本学者研究中国古籍所采用的方法的特点和价值进行了剖析。北京外国语大学陈国华教授《作为注释者和解读者的中国典籍译者》提出译者在翻译时并不只是机械地翻译，同时还在扮演着注释者和解读者的角色。

**四、文本研究**

对典籍译本进行文本研究是学界关注的重点领域，本次会议也不例外，而且研究对象广泛，既涉及对传统经、史、子、集四大部类典籍外译的研究，又有关于民族文学、小说、近现代文学向外传播的论述。在经部典籍外译研究方面，华东师范大学顾伟列教授和重庆旅游学院刘国敏都对《诗经》在海外的译介与研究情况进行了回顾，不同之处在于，顾文从宏观角度对20世纪《诗经》在国外的传播与研究情况作一鸟瞰，而刘文则着重对顾赛芬（Séraphin Couvreur）的《诗经》研究进行个案研究。西南交通大学廖文武《卫礼贤的易学观及其易经翻译述评》讨论了德国汉学家卫礼贤（Richard Wilhelm）对《易经》的翻译和研究。南开大学孟庆波《二十世纪九十年代〈美国东方学会会刊〉中的"孝"及〈孝经〉研究》通过对刊登在《美国东方学会会刊》上的两篇关于"孝"的研究文章进行分析，探究美国学界在《孝经》研究方面的切入点和深度。

更多的论文集中在传统儒家"四书"海外译介研究方面，切入的角度又各有不同。北京外国语大学麦克雷（Michele Ferrero）教授 Reference to Chinese Classics in XX Century Official Catholic Documents and Catholic Theologians at World Level 一文回顾了20世纪天主教官方文献和天主教思想家对中国传统"四书""五经"的引用和认识，反思了中国传统文化在多大程度上真正为世界其他文化所接受的问题，并就新时期中国文化"走出去"进行了思考。四川大学金学勤《准确流畅而不乏哲学洞见——评刘殿爵英译〈论语〉和〈孟子〉》对华裔汉学家刘殿爵《论语》

《孟子》译本进行了分析,总结了其学术特点和价值。海军装备研究院王琰《英美汉学界的〈论语〉英译》宏观勾勒了《论语》在英美汉学界 200 年的翻译史。北京外国语大学韩振华《预设与关怀——1990 年以来西方〈孟子〉研究的问题意识》关注 20 世纪 90 年代以来西方汉学家诠释《孟子》过程中的三次争论,即孟子与现代民主人权、孟子人性论的文化性与生物性、孟子与德性伦理和角色伦理。中国矿业大学陈猛《"中国迷"沃尔夫与虔敬派在教育观上的冲突——兼论儒家教育思想对早期德国启蒙思潮的影响》一文,通过挖掘比利时汉学家卫方济(François Noël)所译《中华帝国六经》中的教育思想对德国哲学家沃尔夫(Christian Wolff)的启发,来论证中国古代教育思想对启蒙时期欧洲的影响。北京外国语大学罗莹《"名"与"实"之间的时代张力——以卫方济对"道""天""鬼神"的翻译为例》同样关注到卫方济《中华帝国六经》对沃尔夫及其学生比尔芬格(Georg Bernhard Bilfinger)的影响,并进一步论述了早期欧洲启蒙思想家对儒学的定位及评价。北京外国语大学康太一《东方智者的话语:19 世纪初期第一部英译〈论语〉之历史研究》重点考察了 19 世纪英国传教士马士曼(Joshua Marshman)的第一部英译《论语》。北京外国语大学刘美华《〈大学〉马礼逊译本之历史研究》通过考察马礼逊(Robert Morrison)的《大学》译本,揭示了早期儒经英译的特色。

相对其他部类而言,本次会议以史部典籍译介研究为主题的论文较少,韩国启明大学诸海星(Je Hae-sung)教授《韩国〈史记〉〈汉书〉翻译现状的概括与评价》是仅有的一篇。该文勾勒了《史记》《汉书》在韩国的流传背景与接收过程,概括了 20 世纪以来《史记》《汉书》在当代韩国的翻译现状,并对其间存在的不足进行了检讨与评价。

在子部典籍译介研究方面,四川乐山师范学院杨玉英《英语世界〈孙子兵法〉英译本对"奇正"之法的解读》对英语世界各译本就"奇正"的英译与阐释进行了梳理,以透视"他者"对中国军事和文化的解读视野。更多论文集中在以《道德经》为代表的道家经典译介的研究方面。整体而言,论文展现出两种基本思路:个案研究与综述。在个案研究方面,中南大学辛红娟教授《颠覆与传承:厄休拉·勒瑰恩〈道德经〉英译研究》分析美国女性主义作家厄休拉·勒瑰恩(Ursular K. Le Guin)对《道德经》文本的阐释,揭示 20 世纪末《道德经》英译本对文本原意的颠覆与传承。西南交通大学华少庠教授《诗性美感的别样话语再现——论卫礼贤对

〈道德经〉的移译》对卫礼贤《道德经》德译本的翻译特点进行了勾勒。综述方面，西南交通大学俞森林、张粲、叶琳，天津师范大学袁朝云分别对中国道教经籍在英语世界、法国、俄罗斯的译介与传播进行了梳理。两种思路之外，印度帕尔塔图拉大学舒明经(Shubhra Tripathi)教授 Tao Te Ching in Hindi? Another Translation? A Discourse on the Need for an Exhaustive Commentary and Authentic Translation in Hindi 对《道德经》在印度的传播情况及面临的困境进行了分析。

在集部典籍译介研究方面，对古典诗歌外译进行研究的论文较为显著。复旦大学徐志啸教授《楚辞在20世纪日本的传播与接受》和中央民族大学罗文荟《日本20世纪楚辞研究述评》分别对《楚辞》在20世纪日本译介和研究的历史进行了梳理，并对研究展现的特点进行了总结。四川大学郭晓春《英语世界〈楚辞〉英译和研究综述》对英语世界《楚辞》的研究状况进行了梳理，并对其学术的发展过程进行了总结。北京外国语大学吴文安教授《译坛姊妹合译先锋——1921年美国出版的中诗英译集〈松花笺〉简介》介绍了弗罗伦斯·埃斯库(Florence Ayscough)和艾米·罗威尔(Amy Lowell)合作翻译唐人诗集《松花笺》的过程，并对译本进行了评价。华中师范大学魏家海教授《宇文所安诗歌翻译艺术的"想"与"因"——以宇译王维诗为例》从"想"和"因"的相互关系，探讨宇文所安的英译王维诗，总结了典故翻译的文化交互性，指出宇文所安翻译艺术的再现性重于表现性。北京语言大学徐宝峰《北美汉学家眼中的中国抒情传统》介绍了北美汉学家挖掘、建构中国诗学中的抒情传统的过程。华东师范大学蒋向艳《20世纪唐诗在法国的传播——以李白为例》结合道家典籍在法国的翻译和道家思想在法国的传播，分析了李白在法国接受度较广的原因。安徽大学陈德喜、黄焰结《中国古典诗歌的模糊性及其英译》提出诗歌英译不单要考虑诗歌自身的模糊性，同时也要考虑尽可能用模糊性的手段来翻译。

一些论文对诗歌以外其他作品的对外译介进行了研究。北京外国语大学车琳教授《两汉魏晋南北朝散文在法国的传播与研究》梳理了法国国内传播和研究中国古典散文的历史。北京语言大学钱婉约教授《白坚其人及〈唐写本说文残卷〉流入日本考》对白坚其人进行了扎实的考证，并揭示了《唐写本说文残卷》由中国辗转至日本的实际情况。苏州大学张玲《英语国家的汤显祖翻译和文学研究述评》介绍了汤显祖作品在英语国家，特别是在2000年以后美国、英国和加拿大的翻译和研究情况。中国石油大学任增强《陆机〈文赋〉在美国学界的接受与阐释》揭示了20世纪《文赋》在美国的流布线索与阐释路向。

经、史、子、集之外,针对民族文学、章回体小说、现当代文学等文本外译进行的研究也不在少数。天津师范大学刘顺利教授将视野扩展到民族史诗方面,其《羌族史诗〈羌戈大战〉的半岛影像》通过对比我国羌人史诗《羌戈大战》与韩国传统歌舞《强羌水越来》,认为后者是前者在朝鲜半岛的一种映象,进而考证朝韩人可能是与羌人大战的戈基人的后代,羌人与戈基人共同尊奉的"天神",便是韩民族始祖檀君的生父帝喾高辛氏。

在"四大名著"对外译介的研究方面,上海交通大学王金波《文学经典变译的社会文化透视——以余国藩〈西游记〉英译本为例》通过分析余国藩《西游记》英译本,提出文学经典变译受制于复杂的社会文化因素和译者的翻译目的,全译本和变译本之间是相互竞争而又共生的关系。北京语言大学李萍《跨文化视域下〈西游记〉审美媒介的演进》一文提出,《西游记》在向国外传播过程中,审美媒介在对大众欲望的迎合中不断演变,然而其间却并未脱离原著的影响。澳大利亚国立大学范圣宇《从校勘学角度看霍克斯〈红楼梦〉英译本》借用史学家陈垣提出的校勘法方法论,来考察大卫·霍克思(David Hawkes)组织《红楼梦》英译文底本的过程,提出应该重视版本校勘在研究中国典籍英译本中的意义。河南理工大学姚军玲《德国柏林国立图书馆〈红楼梦〉藏本揭密》对德国柏林国立图书馆所藏《红楼梦》的版本进行了考证。北京外国语大学韩笑《20世纪〈三国演义〉在马来西亚的翻译和传播》从传入历史、翻译版本、传播渠道等方面分析了20世纪《三国演义》在马来西亚的翻译和传播状况。北京外国语大学张欣《库恩及其〈水浒传〉德语译本翻译研究》探讨了库恩(Franz Kuhn)在翻译《水浒传》时采用的编译手法及其文化成因。法国艾克斯马赛大学黎诗薇《中国古典长篇小说在法国的翻译与传播——以"四大奇书"与〈红楼梦〉为例》追溯了以"四大奇书"和《红楼梦》为代表的中国古典长篇小说在法国翻译和传播的过程,对各时期译本的优劣进行了评价。

在现当代文学对外译介研究方面,北京外国语大学何明星《〈我的前半生〉一书对外传播半个世纪》梳理了爱新觉罗·溥仪自传体文学作品《我的前半生》半个世纪以来对外传播的过程,揭示了东西方读者之间的思想鸿沟。北京外国语大学梁颖《回归家园,自我流放,还是自我改写——析张爱玲的〈倾城之恋〉与〈金锁记〉在美国接受迥异的原因》考察了张爱玲两部著作在美国的接受情况,并分析了造成接受迥异的个中原因。上海海事大学耿强《翻译蓝图的勾画者——萧乾与中国文学的对外译介》回顾了作家萧乾对中国文学的译介,并对其所持的翻译心态与目的、选择的方法与手段进行了分析。北京外国语大学王靓《田汉及其创作在俄罗斯的翻译与研究》对田汉作品在俄罗斯的译介和研究情况进行了梳理。

**五、国别研究**

在国别框架体系下对中国典籍对外译介的情况进行研究,是一种重要的研究范式,本次会议中,类似的论文也不在少数,并且视野遍及欧、亚各洲诸多国家。北京外国语大学李颖《中国文学在芬兰的翻译略谈》以时间为轴梳理中国文学作品的芬兰语翻译历史,厘清中国文学在芬兰翻译和接受的路径、发展情况及各时期特点。在俄罗斯方面,南开大学阎国栋教授《爱新觉罗·德沛著作俄译之谜》对德沛著作向俄语的翻译进行了考证。国家图书馆陈蕊《国图藏中国(20世纪)古典文学的俄译本》对国家图书馆藏20世纪中国古典文学俄译本进行了整理。在日本方面,北京外国语大学罗小东教授《日本汉文小说〈大东世语〉的汉风呈现》通过考察日本汉文小说的代表作《大东世语》中所反映的天皇群像,再现了日本平安朝汉风盛行的图景。北京语言大学段江丽教授《1949—2011日本"中国文学"研究侧影——〈日本中国学会报〉"文学"类论文统计与分析》根据《日本中国学会报》刊发的"文学类"论文的统计分析,描述了日本半个多世纪以来"中国文学"研究的总体趋势、关注对象及研究方法等多方面信息。北京外国语大学赵苗《中国文学史在日本的缘起——以儿岛献吉郎为中心》讨论了日本学者儿岛献吉郎对中国文学史理论的建构及其中国文学史观,归纳了其关于未来中国文学史研究走向的设想。北京教育学院常雪鹰《日本汉文小说家菊池纯及其汉文小说研究》对日本学者菊池纯的汉文小说研究进行了考察。

有关中国典籍在东南亚的传播的研究,北京外国语大学学者凭借语言优势,取得了突出成就,本次会议中的相关论文几乎都来自他们。苏莹莹《20世纪中国古代文化的流播与影响:从马来亚到马来西亚》对20世纪百年间中国古典文化在新马地区的传播进行了整体考察,梳理了中国文化传播的不同途径,勾勒出新马地区中国文化传播的整体图景。吕小蓬《中国古代小说传统在越南的绝响——以潘佩珠汉文小说的近代化特征为例》通过考察潘佩珠汉文小说的特点,透视越南汉文小说在殖民主义入侵、西学东渐、中国近现代小说变革等多种因素作用下的转型轨迹,勾勒出汉语文学逐渐在越南式微的过程。陆蕴联《中国古代文化经典在老挝的翻译与传播》分析了《三国演义》《孙子兵法》和《西游记》等中国古代经典在老挝的翻译和传播情况,并对中国古代文化经典在老挝翻译及流传滞后的原因进行了总结。赵瑾《中国文学作品在缅甸的传播和影响》概括了中国文学作品在缅甸传播的情况,并分析了中国文学作品在缅甸传播和影响较小的原因。王嘉《1900—1930 年越南明清小说翻译及出版情况》对 20 世纪最初 30 年汉文小说在越南的译介情况进行了考察。越南河内国家大学阮俊强(Nguyễn Tuấn Cư'ờ'ng)《朱子学在越南的沿革:从〈四书章句集注〉到〈四书约解〉》从诠释学角度,研究从朱熹《四书章句集注》到古代越南《四书约解》中汉文注释特点的沿革,进而就朱子经学观念在 17 世纪越南的接受进行案例研究。

关于中国典籍在亚洲其他地区的传播方面,深圳大学郁龙余教授《中国古代经典在现代印度》考察了徐梵澄的学术成就、当代印度学者的《道德经》研译、当代印度的中国古代诗歌翻译、《西游记》的印地语译本等几方面内容,整体上对中国经典在现代印度的传播情况进行总结。北京外国语大学薛庆国教授《中国文化经典在阿拉伯的传播与影响综述》对阿拉伯地区中国典籍的译介和影响进行了梳理。北京外国语大学李丽秋《韩国古典文学对中国古典戏曲接受情况研究》对在韩国影响最为广泛的三部中国戏曲作品——《西厢记》《伍伦全备记》和《荆钗记》在韩国的接受情况进行了研究。上海政法学院常立霓《中亚东干文学对中国古典文学的传承与变异——以阿尔布都〈惊恐〉与白行简〈三梦记〉为例》一文,通过两部书的对比,分析中国古典文学在中亚地区的传播与影响。

## 六、汉学研究

一些论文超越了文本研究、译介研究的局限,将目光投向更广阔的汉学研究领域。四川大学王晓路教授《中国大陆汉学研究范式问题:回顾与反思》对当前中国大陆汉学研究中存在的问题进行了反思,并对汉学学科的建构和汉学研究方法的摸索进行了思考。山东大学卢梦雅《明清之际来华传教士的中国民俗研究——以法国在华耶稣会士为例》梳理了从17世纪末至20世纪初法国耶稣会士对中国民俗的研究成果和学术传统，并探讨了其研究对我国民俗学界的影响。四川大学万燚《英语世界苏轼研究述论》将英语世界的苏轼研究史分为三个时期，在作品译介、作品分析、生平研究、思想探讨等四个领域对英语世界的苏轼研究展开总结。

### 七、本次会议呈现的总体特点

在闭幕式上，深圳大学印度研究中心主任郁龙余教授和四川大学文学院院长曹顺庆教授分别作了总结报告。郁龙余教授以《中国与世界：在高层次上互相加深了解》为题，对未来中国与世界其他国家之间的文化交流与互动进行了思考。曹顺庆教授《英语世界中国文学译介与研究——意义与方法》论述了对英语世界中国文学译介与研究的多重意义与价值，提出在中外文明的对话中需要实现基本立场的转变，并对异质文明对话中的策略进行了思考。

本次会议所提交的论文，从各种角度出发，围绕中国古代文化经典在域外的传播与影响这一主题加以阐释，集中反映了当前学界在中国典籍外译这一领域研究的整体面貌，展现出学术发展的新趋向。综合而言，本次会议呈现如下几方面特点：

第一，基于文本的文献研究仍然是中国典籍外译研究领域最主要、最常见的研究方法。本次会议共收到论文94篇，其中半数以上都基于译本研究而展开，这表明在对中国文化外传情况进行考察的时候，文本仍然是一个最易把握的对象，也预示在今后的研究中，文本研究仍将会是重要的学术支撑点。

第二，学者的研究视野更加开阔，更多内容被纳入观察范围以内，研究的广度大大拓展。如果根据主题加以分类，本次会议的论文涉及翻译理论研究、人物研究、文本研究、国别研究、汉学研究等几个方面。在人物研究方面，既有近代以来不同身份的华裔学者，又有来自不同国度的海外汉学家；在文本研究方面，既涉及传统的经、史、子、集四大部类，又包括章回体小说、近现代文学等新兴体裁，"小众"的民族史诗也被纳入考察视线；在国别研究方面，除已为人所熟知的英、法、德、美、日、韩等国外，又涉及东南亚、南亚、中亚、阿拉伯等诸多此前囿于视角而被忽视的地区，这是本届会议的一大亮点。

第三,研究的深度不断延展,学者的研究已不满足于停留在对译本进行简单转述、介绍的层面,而是尝试将文本还原到具体的社会、历史、文化语境中加以系统性研究和阐释,发掘译本背后深层的文化信息,探索不同文化之间互动的深层模式,昭示出未来学术发展的方向。